经济法通关宝典

陆中宝 编著

苏州大学出版社

图书在版编目(CIP)数据

经济法通关宝典/陆中宝编著;财鑫教育研究院组织编写.—苏州:苏州大学出版社,2020.10(2021.7重印)
中国注册会计师(CPA)认证应试指导.得"鑫"应"首"系列
ISBN 978-7-5672-3344-7

Ⅰ.①经… Ⅱ.①陆… ②财… Ⅲ.①经济法-中国-资格考试-自学参考资料 Ⅳ.①D922.29

中国版本图书馆 CIP 数据核字(2020)第 195314 号

经济法通关宝典

陆中宝　编著

责任编辑　史创新
助理编辑　曹晓晴

苏州大学出版社出版发行
(地址:苏州市十梓街1号　邮编:215006)
苏州工业园区美柯乐制版印务有限责任公司印装
(地址:苏州工业园区东兴路7-1号　邮编:215021)

开本 787mm×1 092mm　1/16　印张 22.25　字数 536 千
2020 年 10 月第 1 版　2021 年 7 月第 2 次印刷
ISBN 978-7-5672-3344-7　定价:100.00 元

若有印装错误,本社负责调换
苏州大学出版社营销部电话:0512-67481020
苏州大学出版社网址:http://www.sudapress.com
苏州大学出版社邮箱:sdcbs@suda.edu.cn

序 言
Preface

我国经济体制改革的目标是建立社会主义市场经济体制，与这一体制相适应，要大力发展注册会计师事业。1993年10月，全国人民代表大会常务委员会审议通过了《中华人民共和国注册会计师法》，从法律的高度全面推动了我国注册会计师行业建设和管理的规范化。为了加快注册会计师人才的培养和严格把关我国注册会计师职业资格的取得，我国从1991年开始每年组织一次注册会计师考试。凡是符合报考条件并通过考试，获得中国注册会计师协会非执业会员资格，且在一家会计师事务所任职时间达到要求者，即可申请中国注册会计师执业会员资格，拥有独立从事审计和相关会计鉴证业务的权利。这种注册会计师考试制度不仅向广大考生，而且向全社会很好地宣传了注册会计师事业，扩大了会计服务行业的社会影响力，不仅为注册会计师队伍增添了新鲜血液，而且为我国经济建设培养了大批高质量的会计专业人才。因此，每年有越来越多的青年学子踊跃报名参加中国注册会计师考试。

目前，中国注册会计师考试分为专业阶段和综合阶段。专业阶段主要测试考生对于注册会计师执业所需基本知识的掌握程度及其专业技能和职业道德水平；综合阶段则是测试考生是否具备在执业环境中综合运用专业科学知识，遵守职业价值观，正确处理实务问题的能力。只有全部通过专业阶段规定的会计、审计、财务成本管理、公司战略与风险管理、经济法、税法6门考试之后，考生才能参加综合阶段的试卷一、试卷二考试。所以，注册会计师考试是一种具有相当难度的职业资格考试，其通过率不是很高，被人们一致认为在各种职业资格考试中"门槛最高"。因此，凡是通过考试者也被认为是含金量最高的人才，受到企事业单位的热捧。

尽管注册会计师考试不易通过，但报考者仍然热情不减。为了帮助广大考生准备和通过注册会计师专业阶段的考试，财鑫教育组织了一批有丰富授课经验、有热情的中青年教师，结合其自身复习备考和通过考试的心得体会，撰写出一套考试辅导丛书，分为会计、审计、财务成本管理、公司战略与风险管理、经济法、税法6个分册，旨在用生动活泼的语言、图文并茂的形式、案例习题的演练和线上线下的讲解互动，迅速提高考生的解题能力和理解记忆能力。这套丛书的特色在于紧跟考试大纲，较少纠缠于细枝末节，突出各门考试内容的重点、难点、得分点；语言通俗，条理清楚，逻辑紧凑，便于消化理解；淘汰过时的业务和规定，内容紧跟最新法规制度和准则要求。

相信该套丛书一定会成为每一位考生的良师益友，能够为大家顺利通过注册会计师考试提供必要的帮助。作为一名从教38年的会计专业教师和注册会计师协会会员，我将此书推荐给你们，预祝越来越多的考生早日实现自己的追求！

北京国家会计学院　于长春

目录

- **第一部分　重难点考点精辨**
    - 专题一　民事法律制度　／1
    - 专题二　合伙企业法律制度　／41
    - 专题三　公司法律制度＋证券法律制度　／48
    - 专题四　企业破产法律制度　／80
    - 专题五　票据法律制度　／105

- **第二部分　章节课后精练**
    - 第一章　法律基本原理　／121
    - 第二章　基本民事法律制度　／125
    - 第三章　物权法律制度　／132
    - 第四章　合同法律制度　／143
    - 第五章　合伙企业法律制度　／158
    - 第六章　公司法律制度　／165
    - 第七章　证券法律制度　／188
    - 第八章　企业破产法律制度　／202
    - 第九章　票据与支付结算法律制度　／225
    - 第十章　企业国有资产法律制度　／237
    - 第十一章　反垄断法律制度　／246
    - 第十二章　涉外经济法律制度　／257

- **第三部分　历年试卷精析**
    - 2016年注册会计师全国统一考试《经济法》试卷　／267
    - 2017年注册会计师全国统一考试《经济法》试卷　／277
    - 2018年注册会计师全国统一考试《经济法》试卷　／287
    - 2019年注册会计师全国统一考试《经济法》试卷　／296
    - 2020年注册会计师全国统一考试《经济法》试卷　／305
    - 历年试卷参考答案　／313

第一部分　重难点考点精辨

专题一　民事法律制度

【鑫考点1】法律规范

表1-1　法律规范的基本概念与种类

法律规范与规范性法律文件	规范性法律文件是以规范化的成文形式表现出来的各种法的形式的总称，是有权制定法律规范的国家机关制定或发布的、具有普遍约束力的法律文件，如《公司法》	
	规范性法律文件是表现法律内容的具体形式，是法律规范的载体	
法律规范与国家的个别命令	国家的个别命令也有法律效力，但其效力仅针对特定的主体或场合，不具有重复适用性和普遍适用性，如立法机关的个别性决定、行政措施、司法机关的判决等	
法律规范与法律条文	（1）法律条文是法律规范的文字表现形式，是规范性法律文件的基本构成要素。法律规范是法律条文的内容，法律条文是法律规范的表现形式 （2）法律规范是法律条文的主要内容，但是法律条文的内容还可能包含其他法的要素，如立法宗旨、法律原则等 （3）法律规范和法律条文不是一一对应的，一项法律规范的内容可以表现在不同法律条文甚至不同的规范性法律文件中。同样，一个法律条文也可以反映若干法律规范的内容。一项完整的法律规范由假设（或称行为条件）、处理（或称行为模式）和制裁（或称法律后果）三部分构成	
法律规范的种类	授权性规范	可以……，有权……，享有……权利
	义务性规范	应当……，必须……，有……义务，不得……，禁止……
	确定性规范	确定性规范是指内容已经完备明确，无须再援引或参照其他规范来确定其内容的法律规范
	非确定性规范	委任性规范：由有关机关加以确定
		准用性规范：援引或参照（依照）其他规定

【考点2】法律关系主体的权利能力和行为能力

表1-2 法律关系主体的权利能力和行为能力

自然人	权利能力	权利能力是指权利主体享有权利和承担义务的能力（资格）	
		自然人的民事权利能力一律平等，始于出生，终于死亡	
	行为能力	行为能力是指权利主体能够通过自己的行为取得权利和承担义务的能力。行为能力必须以权利能力为前提，无权利能力就谈不上行为能力	
		完全民事行为能力人	（1）18周岁以上的成年人 （2）16周岁以上不满18周岁的未成年人，以自己的劳动收入为主要生活来源（视为）
		限制民事行为能力人	（1）8周岁以上（含8周岁）的未成年人 （2）不能完全辨认自己行为的成年人
		无民事行为能力人	（1）不满8周岁（不含8周岁）的未成年人 （2）（完全）不能辨认自己行为的自然人（包括成年人和未成年人）
法人	权利能力	法人的权利能力从法人成立时产生，其行为能力伴随着权利能力的产生而产生；法人终止时，其权利能力和行为能力同时消灭	
	行为能力	自然人的行为能力一般通过自身实现，而法人的行为能力则通过其法定代表人或其他代理人来实现	

【考点3】法律事实

表1-3 法律事实的概念与分类

法律事实	法律事实是指法律规范所规定的，能够引起法律后果即法律关系产生、变更或消灭的客观现象		
	事件	（1）人的出生与死亡 （2）自然灾害与意外事件 （3）时间的经过（如时效的经过）	
	行为	法律行为	以行为人的意思表示为要素的行为
			如签订合同、缔结婚姻等行为
		事实行为	与表达法律效果、特定精神内容无关的行为
			如创作行为、侵权行为等

【例题·多选题】根据民事法律制度的规定，下列各项中，属于法律事实中的法律行为的有（ ）。

A. 侵权行为　　B. 缔结合同　　C. 时效的经过　　D. 承兑汇票

【答案】BD

【考点4】单方民事法律行为

1. 单方民事法律行为与双方（多方）民事法律行为

（1）单方民事法律行为是根据一方当事人的意思表示而成立的民事法律行为，如撤销权的行使、代理权的授予、效力待定行为的追认、债务的免除等。

（2）双方（多方）民事法律行为是两个或者两个以上当事人意思表示一致而成立的民事法律行为，如合同。

【提示】以合同当事人是否互负有对价义务为标准，可将合同分为单务合同和双务合同。单务合同是指仅有一方当事人承担义务的合同，如赠与合同。

2. **单双方民事法律行为与有无相对人的意思表示**

【解释】有无相对人的意思表示的分类标准为"是否以相对人受领为要件"，即要不要让对方知道；单双方民事法律行为的分类标准为"是否以相对人同意为要件"，即要不要经对方同意。

【提示】并非所有单方民事法律行为都是无相对人的意思表示，如撤销权的行使、法定代理人的追认、债务的免除等为单方民事法律行为，同时也是有相对人的意思表示。

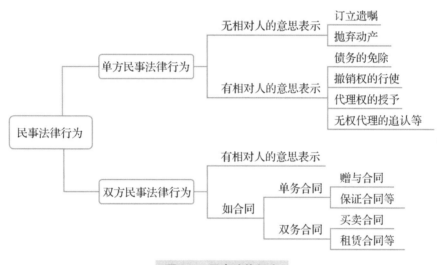

图1-1　民事法律行为

【鑫考点5】可撤销民事法律行为

1. 可撤销民事法律行为与无效民事法律行为

表1-4　可撤销民事法律行为与无效民事法律行为的区别

类型	可撤销民事法律行为	无效民事法律行为
效力	在撤销前已经生效	自始无效、当然无效
主张主体	由撤销权人以撤销行为为之，人民法院不主动干预	司法、仲裁机构可在诉讼中主动宣告其失效
行为效果	撤销权人对权利行使拥有选择权；一经撤销，自行为开始时无效	自始无效、绝对无效

续表

类型	可撤销民事法律行为	无效民事法律行为
主张情形	（1）重大误解而为的 （2）显失公平的 （3）受欺诈而为的 【提示】第三人实施欺诈行为 + 对方知道或者应当知道该欺诈行为的 （4）受胁迫而为的 【提示】在一方以欺诈、胁迫的手段，使对方在违背真实意思的情况下订立的合同中，只有受损害方才有权撤销	（1）无民事行为能力人独立实施的 （2）行为人与相对人以虚假意思表示实施的 （3）恶意串通损害他人利益的 （4）违反强制性规定或违背公序良俗的 【提示】并非违反法律的行为一律都是无效的
权利行使的时间要求	（1）当事人自知道或者应当知道撤销事由之日起1年内、重大误解的当事人自知道或者应当知道撤销事由之日起90日内没有行使撤销权的，撤销权消灭 （2）当事人受胁迫，自胁迫行为终止之日起1年内没有行使撤销权的，撤销权消灭 （3）当事人自民事法律行为发生之日起5年内没有行使撤销权的，撤销权消灭	—

2. 可撤销民事法律行为与合同保全中的撤销权

表1-5　可撤销民事法律行为与合同保全中的撤销权的区别

类型	可撤销民事法律行为	合同保全中的撤销权
当事人	"两方"当事人（受害方行使）	"三方"当事人（债权人行使）
主张情形	（1）重大误解而为的 （2）显失公平的 （3）受欺诈而为的 （4）受胁迫而为的	（1）债务人放弃其债权、放弃债权担保、无偿转让财产，影响债权实现 （2）恶意延长其到期债权的履行期限，影响债权实现 （3）债务人以明显不合理的价格进行交易或者为他人的债务提供担保，影响债权实现且相对人知道或者应当知道该情形
撤销权行使时间	（1）当事人自知道或者应当知道撤销事由之日起1年内、重大误解的当事人自知道或者应当知道撤销事由之日起90日内没有行使撤销权的，撤销权消灭 （2）当事人受胁迫，自胁迫行为终止之日起1年内没有行使撤销权的，撤销权消灭 （3）当事人自民事法律行为发生之日起5年内没有行使撤销权的，撤销权消灭	（1）撤销权自债权人知道或者应当知道撤销事由之日起1年内行使 （2）自债务人的行为发生之日起5年内没有行使撤销权的，该撤销权消灭

3. 赠与合同的撤销权（第四章　合同法律制度）

表1-6　赠与合同撤销权行使的情形和时间

任意撤销	可以撤销	赠与人在赠与财产的权利转移之前可以撤销赠与
	不得撤销	经过公证的赠与合同或者具有救灾、扶贫、助残等公益、道德义务性质的赠与合同，不得撤销
法定撤销	忘恩情形	（1）受赠人严重侵害赠与人或者赠与人近亲属的合法权益 （2）受赠人对赠与人有扶养义务而不履行 （3）受赠人不履行赠与合同约定的义务
	行使时间	（1）赠与人：自知道或者应当知道撤销事由之日起1年内行使 （2）赠与人的继承人、法定代理人：自知道或者应当知道撤销事由之日起6个月内行使

【鑫考点6】代理制度

1. 相关概念区分

（1）代理与委托。

表1-7　代理与委托的区别

类型	代理	委托
对外名义	以被代理人的名义实施民事法律行为	受托人既可以以委托人的名义进行民事活动，也可以以自己的名义进行民事活动
从事的事务	代理属于民事法律行为（以意思表示为要素）	委托不要求以意思表示为要素，可以是纯粹的事务性行为
当事人	代理涉及三方当事人（被代理人、代理人、第三人）	委托属于双方当事人之间的关系，即委托人和受托人之间的关系

（2）代理与行纪。

表1-8　代理与行纪的区别

类型	代理	行纪
对外名义	以被代理人的名义实施民事法律行为	以行纪人自己的名义实施民事法律行为
有偿性	可以有偿，也可以无偿	有偿
法律效果	归属于被代理人	先由行纪人承受，然后通过其他法律关系转给委托人

（3）行纪与委托。

表1-9　行纪与委托的区别

类型	行纪	委托
对外名义	必须以自己的名义与第三人进行民事活动	原则上以委托人的名义，也可以以自己的名义与第三人进行民事活动
有偿性	有偿	可以有偿，也可以无偿
费用承担	由行纪人自行承担，另有约定的除外	由委托人承担

(4) 代理与传达。

表1-10　代理与传达的区别

类型	代理	传达
意思表示的独立性	代理人独立向第三人进行意思表示	传达的任务是忠实传递委托人的意思表示，传达人自己不进行意思表示
主体行为能力要求	要求代理人具有相应的民事行为能力	不以具有民事行为能力为条件
身份行为	身份行为必须本人亲自实施，不得代理	身份行为可以借助传达人传递意思表示

2. 无权代理与滥用代理权

表1-11　无权代理与滥用代理权的区别

类型	无权代理	滥用代理权
情形	（1）没有代理权的代理行为 （2）超越代理权的代理行为 （3）代理权终止后的代理行为	（1）自己代理 （2）双方代理 （3）代理人与相对人恶意串通
法律后果	（1）一般情况下属于效力待定的民事法律行为（追认权、催告权、撤销权） （2）构成"表见代理"（善意相对人有理由相信）情形的，则该代理行为有效	（1）前两种情形属于效力待定的民事法律行为 （2）第三种情形属于无效的民事法律行为；代理人和相对人应当承担连带责任

3. 无权代理与无权处分

表1-12　无权代理与无权处分的区别

类型	无权代理	无权处分
概念	无权代理是指无权代理人以被代理人名义实施的民事行为	无权处分是指无权处分人以自己名义实施的民事行为
法律后果	无权代理人订立的合同（属于效力待定合同），未经被代理人追认，对被代理人不发生效力，由行为人承担责任	因出卖人未取得处分权致使标的物所有权不能转移的，买受人可以解除合同并请求出卖人承担违约责任
善意相对人保护	通过"表见代理"实现	通过"善意取得"实现

【相关链接】行为人没有代理权、超越代理权或者代理权终止后，仍然实施代理行为，（善意）相对人有理由相信行为人有代理权的，代理行为有效。（表见代理）

【鑫考点7】诉讼时效

1. 诉讼时效与除斥期间

表1-13 诉讼时效与除斥期间的区别

类型	诉讼时效	除斥期间
适用对象	债权请求权	一般适用形成权（撤销权、追认权、解除权），也可能适用请求权（受遗赠权）
援用主体	由当事人主张后，人民法院才能审查，人民法院不主动援用	无论当事人是否主张，人民法院均应当主动审查
法律效力	诉讼时效期间届满，只是让债务人取得抗辩权，实体权利不消灭	除斥期间届满，实体权利消灭

2. 诉讼时效的适用对象

（1）《民法典》关于请求权不适用诉讼时效的规定：①请求停止侵害、排除妨碍、消除危险；②不动产物权和登记的动产物权的权利人请求返还财产；③请求支付抚养费、赡养费或者扶养费；④依法不适用诉讼时效的其他请求权。

（2）司法解释关于不适用诉讼时效的债权请求权的规定：①支付存款本金及利息请求权；②兑付国债、金融债券及向不特定对象发行的企业债券本息请求权；③基于投资关系产生的缴付出资请求权；④其他依法不适用诉讼时效规定的债权请求权。

【相关链接1】公司股东未履行或者未全面履行出资义务或者抽逃出资，公司或者其他股东请求其向公司全面履行出资义务或者返还出资，被告股东不得以诉讼时效为由进行抗辩。（第六章 公司法律制度）

【相关链接2】公司债权人的债权未过诉讼时效期间，其请求未履行或者未全面履行出资义务或者抽逃出资的股东承担赔偿责任，被告股东也不得以出资义务或者返还出资义务超过诉讼时效期间为由进行抗辩。（第六章 公司法律制度）

【相关链接3】管理人代表债务人提起诉讼，主张出资人向债务人依法缴付未履行的出资或者返还抽逃的出资本息，出资人以认缴出资尚未届至公司章程规定的缴纳期限或者违反出资义务已经超过诉讼时效为由抗辩的，人民法院不予支持。（第八章 企业破产法律制度）

【相关链接4】管理人应当依照《企业破产法》规定对所申报的债权进行登记造册，详尽记载申报人的姓名、单位、代理人、申报债权额、担保情况、证据、联系方式等事项，形成债权申报登记册，不允许以其认为债权超过诉讼时效或不能成立等为由拒绝编入债权申报登记册。（第八章 企业破产法律制度）

3. 诉讼时效的起算点

表1-14 诉讼时效的起算点

情形	起算点
附条件的或附期限的债	自条件成就或期限届满之日起算
定有履行期限的债	自清偿期限届满之日起算。当事人约定同一债务分期履行的,诉讼时效期间自最后一期履行期限届满之日起算
未约定履行期限的债	(1) 依法可以确定履行期限的,诉讼时效期间从履行期限届满之日起算 (2) 不能确定履行期限的,诉讼时效期间从债权人要求债务人履行义务的宽限期届满之日起算;但债务人在债权人第一次向其主张权利之时明确表示不履行义务的,诉讼时效期间从债务人明确表示不履行义务之日起算
无民事行为能力人或者限制民事行为能力人对其法定代理人的请求权	自该法定代理终止之日起算
未成年人遭受性侵害的损害赔偿请求权	自受害人年满18周岁之日起算
请求他人不作为的债	自权利人知道义务人违反不作为义务时起算
国家赔偿	自赔偿请求权人知道或者应当知道国家机关及其工作人员行使职权时的行为侵犯其人身权、财产权之日起算,但被羁押等限制人身自由期间不计算在内

4. 诉讼时效中止与诉讼时效中断

表1-15 诉讼时效中止与诉讼时效中断的区别

类型	发生事由	发生期间	时效计算
中止	(1) 不可抗力 (2) 无民事行为能力人或者限制民事行为能力人没有法定代理人,或者法定代理人死亡、丧失民事行为能力、丧失代理权 (3) 继承开始后未确定继承人或者遗产管理人 (4) 权利人被义务人或者其他人控制 (5) 其他导致权利人不能行使请求权的障碍	在诉讼时效期间的最后6个月内发生	暂停+中止原因消除之日起满6个月
中断	(1) 权利人向义务人提出履行请求的 (2) 义务人同意履行义务的 (3) 权利人提起诉讼或者申请仲裁的 (4) 与提起诉讼或者申请仲裁具有同等效力的其他情形	在诉讼时效期间内	归零+重新计算

5. 保证诉讼时效的起算点

表 1-16　保证诉讼时效的起算点

类型	起算点
一般保证	一般保证的债权人在保证期间届满前对债务人提起诉讼或者申请仲裁的,从保证人拒绝承担保证责任的权利(先诉抗辩权)消灭之日起,开始计算保证债务的诉讼时效
连带责任保证	连带责任保证的债权人在保证期间届满前请求保证人承担保证责任的,从债权人请求保证人承担保证责任之日起,开始计算保证债务的诉讼时效

6. 担保与诉讼时效

(1) 抵押权与诉讼时效。

① 主债权诉讼时效期间届满后,抵押权人主张行使抵押权的,人民法院不予支持;抵押人以主债权诉讼时效期间届满为由,主张不承担担保责任的,人民法院应予支持。

② 主债权诉讼时效期间届满前,债权人仅对债务人提起诉讼,经人民法院判决或者调解后未在民事诉讼法规定的申请执行时效期间内对债务人申请强制执行,其向抵押人主张行使抵押权的,人民法院不予支持。

(2) 留置权与诉讼时效。

主债权诉讼时效期间届满后,财产被留置的债务人或者对留置财产享有所有权的第三人请求债权人返还留置财产的,人民法院不予支持;债务人或者第三人请求拍卖、变卖留置财产并以所得价款清偿债务的,人民法院应予支持。

(3) 质权与诉讼时效。

主债权诉讼时效期间届满的法律后果,以登记作为公示方式的权利质权,参照适用抵押权的规定;动产质权、以交付权利凭证作为公示方式的权利质权,参照适用留置权的规定。

(4) 保证与诉讼时效。

① 保证人知道或者应当知道主债权诉讼时效期间届满仍然提供保证或者承担保证责任,又以诉讼时效期间届满为由拒绝承担保证责任或者请求返还财产的,人民法院不予支持。

② 上述保证人承担保证责任后向债务人追偿的,人民法院不予支持,但是债务人放弃诉讼时效抗辩的除外。

【鑫考点8】债权行为与物权行为

1. 债权行为与物权行为

(1) 当事人之间订立有关设立、变更、转让和消灭不动产物权的合同,除法律另有规定或者当事人另有约定外,自合同成立时生效;未办理物权登记的,不影响合同效力。

(2) 不动产物权的设立、变更、转让和消灭,经依法登记,发生效力;未经登记,不发生效力,但是法律另有规定的除外(土地承包经营权、地役权)。

(3) 动产物权的设立和转让,自交付时发生效力,但是法律另有规定的除外。

【相关链接1】 负担行为与处分行为。

根据法律行为的效果,可以将法律行为分为负担行为和处分行为。

① 负担行为是使一方相对于他方承担一定给付义务的法律行为。这种给付义务既可以是作为的,也可以是不作为的。负担行为中的权利人可以享有履行请求权。

② 处分行为是直接导致权利发生变动的法律行为。物权行为是典型的处分行为(动产交付行为、不动产登记行为)。

【相关链接2】 交付类型。

表1-17 交付类型

现实交付		直接交由对方依法占有
交付替代	简易交付	动产物权设立和转让前,权利人已经占有该动产的,物权自民事法律行为生效时发生效力
	指示交付	动产物权设立和转让前,第三人占有该动产的,负有交付义务的人可以通过转让请求第三人返还原物的权利代替交付
	占有改定	动产物权转让时,当事人又约定由出让人继续占有该动产的,物权自该约定生效时发生效力

【相关链接3】 登记类型。

表1-18 登记类型

变更登记		不动产登记事项发生不涉及权利转移的变更所需的登记
		如权利人的姓名、名称、身份证号码;不动产坐落、面积、界址;抵押担保范围、主债权数额、抵押权顺位、共有性质等发生变更
转移登记		不动产权利在不同主体之间发生转移所需的登记
		如买卖、赠与、互换不动产;法人或其他组织合并、分立;共有人增加或减少及共有不动产份额的变化;主债权转移引起不动产抵押权转移等
更正登记	主体	权利人、利害关系人认为不动产登记簿记载的事项错误的,可以申请更正登记
	处理	不动产登记簿记载的权利人书面同意更正或者有证据证明登记确有错误的,登记机构应当予以更正
异议登记	条件	不动产登记簿记载的权利人不同意更正的,利害关系人可以申请异议登记
	失效	申请人在异议登记之日起15日内不起诉,异议登记失效
	责任	异议登记不当,造成权利人损害的,权利人可以向申请人请求损害赔偿
预告登记	情形	(1) 预购商品房 (2) 以预购商品房设定抵押 (3) 房屋所有权转让、抵押
	效力	预告登记后,未经预告登记的权利人同意,处分该不动产的,不发生物权效力
	失效	预告登记后,债权消灭或自能够进行不动产登记之日起90日内未申请登记的,预告登记失效

【相关链接4】抵押预告登记。

当事人办理抵押预告登记后,预告登记权利人请求就抵押财产优先受偿:

① 经审查存在尚未办理建筑物所有权首次登记、预告登记的财产与办理建筑物所有权首次登记时的财产不一致、抵押预告登记已经失效等情形,导致不具备办理抵押登记条件的,人民法院不予支持。

② 经审查已经办理建筑物所有权首次登记,且不存在预告登记失效等情形的,人民法院应予支持,并应当认定抵押权自预告登记之日起设立。

2. "一物多卖"

(1) 普通动产(交付＞付款＞合同成立)。

出卖人就同一普通动产订立多重买卖合同,在买卖合同均有效的情况下,买受人均要求实际履行合同的,应当按照以下情形分别处理:

① 先行受领交付的买受人请求确认所有权已经转移的,人民法院应予支持。

② 各买受人均未受领交付,先行支付价款的买受人请求出卖人履行交付标的物等合同义务的,人民法院应予支持。

③ 各买受人均未受领交付,也未支付价款,依法成立在先合同的买受人请求出卖人履行交付标的物等合同义务的,人民法院应予支持。

(2) 特殊动产(交付＞登记＞合同成立)。

出卖人就同一船舶、航空器、机动车等特殊动产订立多重买卖合同,在买卖合同均有效的情况下,买受人均要求实际履行合同的,应当按照以下情形分别处理:

① 先行受领交付的买受人请求出卖人履行办理所有权转移登记手续等合同义务的,人民法院应予支持。

② 各买受人均未受领交付,先行办理所有权转移登记手续的买受人请求出卖人履行交付标的物等合同义务的,人民法院应予支持。

③ 各买受人均未受领交付,也未办理所有权转移登记手续,依法成立在先合同的买受人请求出卖人履行交付标的物和办理所有权转移登记手续等合同义务的,人民法院应予支持。

④ 出卖人将标的物交付给买受人之一,又为其他买受人办理所有权转移登记,已受领交付的买受人请求将标的物所有权登记在自己名下的,人民法院应予支持。

3. 无权处分与善意取得

(1) 无权处分之债权。

债权行为因其只是负担行为而不转让物权,故无处分权之要求。由此决定出卖他人之物的买卖合同亦可有效。因出卖人未取得处分权致使标的物所有权不能转移的,买受人可以解除合同并请求出卖人承担违约责任。

(2) 无权处分之物权(善意取得)。

无处分权人将不动产或者动产转让给受让人,符合下列情形的,受让人取得该不动产或者动产的所有权：①受让人受让该不动产或者动产时是善意；②以合理的价格转让；③转让的不动产或者动产依照法律规定应当登记的已经登记，不需要登记的已经交付给受让人。

【提示1】脱手物（如赃物、遗失物）不适用善意取得制度。

【提示2】占有改定不符合善意取得制度上的交付要求。

【提示3】转让人将船舶、航空器、机动车等交付给受让人的，应当认定符合善意取得的交付条件。

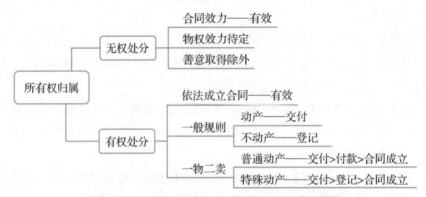

图1-2 无权处分与有权处分下的所有权归属

（3）按份共有。

① 处分共有的不动产或者动产及对共有的不动产或者动产作重大修缮、变更性质或者用途的，应当经占份额2/3以上的按份共有人或者全体共同共有人同意，但是共有人之间另有约定的除外。

【提示1】按份共有人对其享有的份额有处分自由，故可自由转让其享有的共有的不动产或者动产份额。当按份共有人转让其共有份额时，其他共有人在同等条件下享有优先购买的权利。

【提示2】优先购买权的行使期间，按份共有人之间有约定的，按照约定处理；没有约定或者约定不明的，按照下列情形确定：①转让人向其他按份共有人发出的包含同等条件内容的通知中载明行使期间的，以该期间为准；②通知中未载明行使期间，或者载明的期间短于通知送达之日起15日的，为15日；③转让人未通知的，为其他按份共有人知道或者应当知道最终确定的同等条件之日起15日；④转让人未通知，且无法确定其他按份共有人知道或者应当知道最终确定的同等条件的，为共有份额权属转移之日起6个月。

② 因共有的不动产或者动产产生的债权债务，在对外关系上，共有人享有连带债权、承担连带债务，但是法律另有规定或者第三人知道共有人不具有连带债权债务关系的除外；在共有人内部关系上，除共有人另有约定外，按份共有人按照份额享有债权、承担债务。偿还债务超过自己应当承担份额的按份共有人，有权向其他共有人追偿。

【相关链接】连带之债。

① 实际承担债务超过自己份额的连带债务人，有权就超出部分在其他连带债务人未

履行的份额范围内向其追偿，并相应地享有债权人的权利，但是不得损害债权人的利益。其他连带债务人对债权人的抗辩，可以向该债务人主张。被追偿的连带债务人不能履行其应分担份额的，其他连带债务人应当在相应范围内按比例分担。

② 部分连带债务人履行、抵销债务或者提存标的物的，其他债务人对债权人的债务在相应范围内消灭；该债务人可以依法向其他债务人追偿。

③ 部分连带债务人的债务被债权人免除的，在该连带债务人应当承担的份额范围内，其他债务人对债权人的债务消灭。

④ 部分连带债务人的债务与债权人的债权同归于一人的，在扣除该债务人应当承担的份额后，债权人对其他债务人的债权继续存在。

【鑫考点9】物权变动的公示方式

1. 动产

表1-19　动产物权的生效与对抗条件

交付生效	总原则	动产物权的设立和转让，自交付时发生效力，但是法律另有规定的除外
	质权	以动产设定质押的，质权自交付时设立
登记对抗	抵押权	以动产抵押的，抵押权自抵押合同生效时设立；未经登记，不得对抗善意第三人
	特殊动产	船舶、航空器、机动车等的物权的设立、变更、转让和消灭，未经登记，不得对抗善意第三人

2. 不动产

表1-20　不动产物权的生效与对抗条件

登记生效	总原则	不动产物权的设立、变更、转让和消灭，经依法登记，发生效力；未经登记，不发生效力，但是法律另有规定的除外
	抵押权	以建筑物和其他土地附着物、建设用地使用权、海域使用权及正在建造的建筑物抵押的，应当办理抵押登记。抵押权自登记时设立
登记对抗	土地承包经营权	土地承包经营权自土地承包经营权合同生效时设立。土地承包经营权互换、转让的，当事人可以向登记机构申请登记；未经登记，不得对抗善意第三人
		以家庭承包方式取得的土地承包经营权抵押的，抵押权自抵押合同生效时设立，未经登记，不得对抗善意第三人
	地役权	地役权自地役权合同生效时设立。当事人要求登记的，可以向登记机构申请地役权登记；未经登记，不得对抗善意第三人

【相关链接1】不动产抵押合同生效后未办理抵押登记手续，债权人有权请求抵押人办理抵押登记手续。

【相关链接2】抵押财产因不可归责于抵押人自身的原因灭失或者被征收等导致不能办理抵押登记，债权人请求抵押人在约定的担保范围内承担责任的，人民法院不予支持；但是抵押人已经获得保险金、赔偿金或者补偿金等，债权人请求抵押人在其所获金额范围内承担赔偿责任的,人民法院依法予以支持。

【相关链接3】因抵押人转让抵押财产或者其他可归责于抵押人自身的原因导致不能办理抵押登记,债权人请求抵押人在约定的担保范围内承担责任的,人民法院依法予以支持,但是不得超过抵押权能够设立时抵押人应当承担的责任范围。

3. 非基于法律行为的物权变动

表1-21 非基于法律行为的物权变动的生效条件

基于事实行为	因合法建造、拆除房屋等事实行为设立或者消灭物权的,自事实行为成就时发生效力
基于法律规定	因继承取得物权的,自继承开始时发生效力
基于公法行为	因人民法院、仲裁机构的法律文书或者人民政府的征收决定等,导致物权设立、变更、转让或者消灭的,自法律文书或者征收决定等生效时发生效力
	【提示】法律文书不包括判令一方当事人向另一方当事人作出履行的给付判决
取得不动产物权之人再处分物权时,依照法律规定需要办理登记的,未经登记,不发生物权效力	

【鑫考点10】动产抵押权

1. 未经登记不得对抗

以动产抵押的,抵押权自抵押合同生效时设立;未经登记,不得对抗善意第三人。

【提示1】动产抵押合同订立后未办理抵押登记,抵押人转让抵押财产,受让人占有抵押财产后,抵押权人向受让人请求行使抵押权的,人民法院不予支持,但是抵押权人能够举证证明受让人知道或者应当知道已经订立抵押合同的除外。

【提示2】动产抵押合同订立后未办理抵押登记,抵押人将抵押财产出租给他人并移转占有,抵押权人行使抵押权的,租赁关系不受影响,但是抵押权人能够举证证明承租人知道或者应当知道已经订立抵押合同的除外。

【提示3】动产抵押合同订立后未办理抵押登记,抵押人的其他债权人向人民法院申请保全或者执行抵押财产,人民法院已经作出财产保全裁定或者采取执行措施,抵押权人主张对抵押财产优先受偿的,人民法院不予支持。

2. 已经登记不得对抗

动产抵押即使已经登记,也不得对抗正常经营活动中已经支付合理价款并取得抵押财产的买受人。

【解释1】出卖人正常经营活动,是指出卖人的经营活动属于其营业执照明确记载的经营范围,且出卖人持续销售同类商品。

【解释2】买受人有下列情形之一的除外:①购买商品的数量明显超过一般买受人;②购买出卖人的生产设备;③订立买卖合同的目的在于担保出卖人或者第三人履行债务;④买受人与出卖人存在直接或者间接的控制关系;⑤买受人应当查询抵押登记而未查询

的其他情形。

3. 动产抵押权人的超级优先权

动产抵押担保的主债权是抵押物的价款，标的物交付后 10 日内办理抵押登记的，该抵押权人优先于抵押物买受人的其他担保物权人受偿，但是留置权人除外。

【提示】担保人在设立动产浮动抵押并办理抵押登记后又购入或者以融资租赁方式承租新的动产，下列权利人为担保价款债权或者租金的实现而订立担保合同，并在该动产交付后 10 日内办理登记，主张其权利优先于在先设立的浮动抵押权的，人民法院应予支持：①在该动产上设立抵押权或者保留所有权的出卖人；②为价款支付提供融资而在该动产上设立抵押权的债权人；③以融资租赁方式出租该动产的出租人。

【鑫考点11】不动产抵押权

1. 房地一体原则

当事人仅以建设用地使用权抵押，抵押权的效力及于土地上已有的建筑物及正在建造的建筑物的已完成部分，不及于正在建造的建筑物的续建部分及新增建筑物。该建设用地使用权实现抵押权时，应当将该土地上新增的建筑物与建设用地使用权一并处分。但是，新增建筑物所得的价款，抵押权人无权优先受偿。

2. 以违法的建筑物抵押

以违法的建筑物抵押的，抵押合同无效，但是一审法庭辩论终结前已经办理合法手续的除外。当事人以建设用地使用权依法设立抵押，抵押人以土地上存在违法的建筑物为由主张抵押合同无效的，人民法院不予支持。

【相关链接】当事人以依法被查封、扣押、监管的财产抵押，若查封、扣押、监管措施已经解除，抵押权人有权行使抵押权，抵押人不得以抵押权设立时财产被查封、扣押、监管为由主张抵押合同无效。

3. 土地出让金与抵押权

（1）当事人以划拨方式取得的建设用地使用权抵押，抵押人以未办理批准手续为由主张抵押合同无效或者不生效的，人民法院不予支持。已经依法办理抵押登记的，抵押权人有权行使抵押权，抵押权依法实现时所得的价款，应当优先用于补缴建设用地使用权出让金。

（2）抵押人以划拨建设用地上的建筑物抵押，当事人以该建设用地使用权不能抵押或者未办理批准手续为由主张抵押合同无效或者不生效的，人民法院不予支持。抵押权依法实现时，拍卖、变卖建筑物所得的价款，应当优先用于补缴建设用地使用权出让金。

4. 建设工程价款与抵押权

（1）发包人未按照约定支付价款的，承包人可以催告发包人在合理期限内支付价款。发包人逾期不支付的，除根据建设工程的性质不宜折价、拍卖外，承包人可以与发包人协议将该工程折价，也可以请求人民法院将该工程依法拍卖。建设工程的价款就该工程折价或者拍卖的价款优先受偿。

(2) 承包人享有的建设工程价款优先受偿权优于抵押权和其他债权。

(3) 承包人就逾期支付建设工程价款的利息、违约金、损害赔偿金等主张优先受偿的，人民法院不予支持。

(4) 承包人应当在合理期限内行使建设工程价款优先受偿权，但最长不得超过18个月，自发包人应当给付建设工程价款之日起算。

(5) 发包人与承包人约定放弃或者限制建设工程价款优先受偿权，损害建筑工人利益，发包人根据该约定主张承包人不享有建设工程价款优先受偿权的，人民法院不予支持。

【鑫考点12】抵押物的转让与出租

1. 抵押物转让

(1) 抵押期间，抵押人可以转让抵押财产。当事人另有约定的，按照其约定。

【解释1】当事人约定禁止或者限制转让抵押财产但是未将约定登记，抵押人违反约定转让抵押财产，抵押权人请求确认转让合同无效的，人民法院不予支持；抵押财产已经交付或者登记，抵押权人请求确认转让不发生物权效力的，人民法院不予支持，但是抵押权人有证据证明受让人知道的除外；抵押权人请求抵押人承担违约责任的，人民法院依法予以支持。

【解释2】当事人约定禁止或者限制转让抵押财产且已经将约定登记，抵押人违反约定转让抵押财产，抵押权人请求确认转让合同无效的，人民法院不予支持；抵押财产已经交付或者登记，抵押权人主张转让不发生物权效力的，人民法院应予支持，但是因受让人代替债务人清偿债务导致抵押权消灭的除外。

(2) 抵押人转让抵押财产的，应当及时通知抵押权人。抵押权人能够证明抵押财产转让可能损害抵押权的，可以请求抵押人将转让所得的价款向抵押权人提前清偿债务或者提存。

2. 抵押与出租

(1) 先出租后抵押。

抵押权设立前，抵押财产已经出租并转移占有的，原租赁关系不受该抵押权的影响。抵押权实现后，租赁合同在有效期内对抵押物的受让人继续有效。

(2) 先抵押后出租。

动产抵押合同订立后未办理抵押登记，抵押人将抵押财产出租给他人并移转占有，抵押权人行使抵押权的，租赁关系不受影响，但是抵押权人能够举证证明承租人知道或者应当知道已经订立抵押合同的除外。

【鑫考点13】抵押权的实现

1. 流押条款

抵押权人在债务履行期限届满前，与抵押人约定债务人不履行到期债务时抵押财产归债权人所有的，只能依法就抵押财产优先受偿。

2. 物上代位

担保期间，抵押财产毁损、灭失或者被征收等，抵押权人可以按照原抵押权顺位就获得的保险金、赔偿金或者补偿金等优先受偿。

3. 抵押+抵押

（1）抵押权已经登记的，按照登记的时间先后确定清偿顺序。

（2）抵押权已经登记的先于未登记的受偿。

（3）抵押权未登记的，按照债权比例清偿。

4. 抵押+质押

同一财产既设立抵押权又设立质权的，拍卖、变卖该财产所得的价款按照登记、交付的时间先后确定清偿顺序。

5. 抵押+质押+留置

同一动产上已经设立抵押权或者质权，该动产又被留置的，留置权人优先受偿。

6. 抵押+保证

被担保的债权既有物的担保又有人的担保的，债务人不履行到期债务或者发生当事人约定的实现担保物权的情形，债权人应当按照约定实现债权；没有约定或者约定不明确：①债务人自己提供物的担保的，债权人应当先就该物的担保实现债权；②第三人提供物的担保的，债权人可以就物的担保实现债权，也可以请求保证人承担保证责任。

【鑫考点14】 质权的实现

1. 流质条款

质权人在债务履行期限届满前，与出质人约定债务人不履行到期债务时质押财产归债权人所有的，只能依法就质押财产优先受偿。

2. 仓单质权

（1）存货人或者仓单持有人在仓单上以背书记载"质押"字样，并经保管人签章，仓单已经交付质权人的，人民法院应当认定质权自仓单交付质权人时设立。没有权利凭证的仓单，依法可以办理出质登记的，仓单质权自办理出质登记时设立。

（2）出质人既以仓单出质，又以仓储物设立担保，按照公示的先后确定清偿顺序；难以确定先后的，按照债权比例清偿。

（3）保管人为同一货物签发多份仓单，出质人在多份仓单上设立多个质权，按照公示的先后确定清偿顺序；难以确定先后的，按照债权比例受偿。

【提示】存在（2）（3）规定的情形，债权人举证证明其损失系由出质人与保管人的共同行为所致，请求出质人与保管人承担连带赔偿责任的，人民法院应予支持。

3. 应收账款质权

（1）以现有的应收账款出质，应收账款债务人未确认应收账款的真实性，质权人以应收账款债务人为被告，请求就应收账款优先受偿，能够举证证明办理出质登记时应收账款真实存在的，人民法院应予支持；质权人不能举证证明办理出质登记时应收账款真实存在，仅以已经办理出质登记为由，请求就应收账款优先受偿的，人民法院不予支持。

（2）以基础设施和公用事业项目收益权、提供服务或者劳务产生的债权及其他将有的应收账款出质，当事人为应收账款设立特定账户，发生法定或者约定的质权实现事由时，质权人请求就该特定账户内的款项优先受偿的，人民法院应予支持；特定账户内的款项不足以清偿债务或者未设立特定账户，质权人请求折价或者拍卖、变卖项目收益权等将有的应收账款，并以所得的价款优先受偿的，人民法院依法予以支持。

【考点15】合同履行

1. 合同约定不明的确定规则

表1-22 合同约定不明的确定规则

总规则	协议补充→按照合同相关条款或者交易习惯确定→"具体规则"	
具体规则	质量要求	按照强制性国家标准履行（GB）→按照推荐性国家标准履行（GB/T）→按照行业标准履行→按照通常标准或符合合同目的的特定标准履行
	价款或报酬	按照订立合同时履行地的市场价格履行
	履行地点	（1）给付货币的，在接受货币一方所在地履行 （2）交付不动产的，在不动产所在地履行 （3）其他标的，在履行义务一方所在地履行
	履行期限	债务人可以随时履行；债权人也可以随时请求履行，但都应当给对方必要的准备时间
	履行方式	按照有利于实现合同目的的方式履行
	履行费用	由履行义务一方负担；因债权人原因增加的履行费用，由债权人负担

2. 涉及第三人的履行规则

（1）向第三人履行。

表1-23 向第三人履行的规则

债务人向债权人承担违约责任	当事人约定由债务人向第三人履行债务，债务人未向第三人履行债务或者履行债务不符合约定的，应当向债权人承担违约责任
债务人向第三人承担违约责任	法律规定或者当事人约定第三人可以直接请求债务人向其履行债务，第三人未在合理期限内明确拒绝，债务人未向第三人履行债务或者履行债务不符合约定的，第三人可以请求债务人承担违约责任

【相关链接】合同债权转让与向第三人履行合同。

表 1-24　合同债权转让与向第三人履行合同的区别

类型	合同债权转让	向第三人履行合同
条件	债权人转让债权的,应当通知债务人;未通知债务人的,该转让对债务人不发生效力	当事人约定由债务人向第三人履行
身份	债权全部转让的情况下,原债权人脱离债权债务关系,受让人取代债权人地位	第三人不是合同当事人
效力	债务人未向受让人履行债务或者履行债务不符合约定,应当由债务人向受让人承担违约责任	债务人未向第三人履行债务或者履行债务不符合约定,应当由债务人向债权人承担违约责任

(2) 第三人单方自愿代为履行。

债务人不履行债务,第三人对履行该债务具有合法利益的(既可以基于身份关系产生,也可以基于财产关系产生),第三人有权向债权人代为履行;但是,根据债务性质、按照当事人约定或者依照法律规定只能由债务人履行的除外。债权人接受第三人履行后,其对债务人的债权转让给第三人,但是债务人和第三人另有约定的除外。

【相关链接】债务加入。

第三人与债务人约定加入债务并通知债权人,或者第三人向债权人表示愿意加入债务,债权人未在合理期限内明确拒绝的,债权人可以请求第三人在其愿意承担的债务范围内和债务人承担连带债务。

3. 双务合同履行中的抗辩权

表 1-25　双务合同履行中行使不同类型抗辩权的事由及权利

类型	权利人	事由及权利	
同时履行抗辩权	双方	当事人互负债务,没有先后履行顺序的,应当同时履行。一方在对方履行之前有权拒绝其履行请求。一方在对方履行债务不符合约定时,有权拒绝其相应的履行请求	
先履行抗辩权	后履行一方	当事人互负债务,有先后履行顺序,应当先履行债务一方未履行的,后履行一方有权拒绝其履行请求。先履行一方履行债务不符合约定的,后履行一方有权拒绝其相应的履行请求	
不安抗辩权	先履行一方 (有确切证据)	(1) 经营状况严重恶化 (2) 转移财产、抽逃资金,以逃避债务 (3) 丧失商业信誉 (4) 有丧失或者可能丧失履行债务能力的其他情形	【提示】当事人没有确切证据中止履行的,应当承担违约责任
		中止履行(及时通知),对方提供适当担保的,应当恢复履行	
		中止履行后,对方在合理期限内未恢复履行能力且未提供适当担保的,视为以自己的行为表明不履行主要债务,中止履行的一方可以解除合同并可以请求对方承担违约责任	

【鑫考点16】合同保全

表1-26 代位权与撤销权的区别

类型	代位权	撤销权
适用情形	因债务人怠于行使其对第三人享有的到期债权或者与该债权有关的从权利，危及债权人债权实现	因债务人放弃其债权、放弃债权担保、恶意延长其到期债权的履行期限、无偿转让财产、以明显不合理的价格进行交易或者为第三人提供担保且相对人知道或者应当知道，影响债权的实现
债权是否到期	债权原则上应到期	是否到期均可
被告	次债务人	债务人
权利行使范围	以债权人的（到期）债权为限	
优先受偿权	债权人的债权就代位权行使的结果有优先受偿权	债权人对撤销权行使的结果并无优先受偿的权利
费用承担	如果债权人胜诉的，诉讼费用由次债务人负担，其他必要费用则由债务人承担	债权人行使撤销权的必要费用由债务人负担
权利行使时间	—	自债权人知道或者应当知道撤销事由之日起1年内行使；自债务人的行为发生之日起5年内没有行使撤销权的，该撤销权消灭

【鑫考点17】保证

1. 保证合同

（1）第三人单方以书面形式向债权人作出保证，债权人接收且未提出异议的，保证合同成立。

（2）第三人向债权人提供差额补足、流动性支持等类似承诺文件作为增信措施，具有提供担保的意思表示，债权人请求第三人承担保证责任的，人民法院应当依照保证的有关规定处理。

【提示】上述承诺文件难以确定是保证还是债务加入的，人民法院应当将其认定为保证。

2. 保证方式

（1）在保证合同中对保证方式没有约定或者约定不明确的，按照一般保证承担保证责任。

（2）一般保证的保证人在主合同纠纷未经审判或者仲裁，并就债务人财产依法强制执行仍不能履行债务前，有权拒绝向债权人承担保证责任。有下列情形之一的，不得主张先诉抗辩权：①债务人下落不明，且无财产可供执行；②人民法院已经受理债务人破产案件;③债权人有证据证明债务人的财产不足以履行全部债务或者丧失履行债务能力;④保证人书面表示放弃本款规定的权利。

3. 主合同变更与保证责任承担

(1) 债权人转让全部或者部分债权,未通知保证人的,该转让对保证人不发生效力。保证人与债权人约定禁止债权转让,债权人未经保证人书面同意转让债权的,保证人对受让人不再承担保证责任。

(2) 债权人未经保证人书面同意,允许债务人转移全部或者部分债务,保证人对未经其同意转移的债务不再承担保证责任,但是债权人和保证人另有约定的除外。

(3) 债权人和债务人未经保证人书面同意,协商变更主债权债务合同内容,减轻债务的,保证人仍对变更后的债务承担保证责任;加重债务的,保证人对加重的部分不承担保证责任。(避重就轻原则)

(4) 债权人和债务人变更主债权债务合同的履行期限,未经保证人书面同意的,保证期间不受影响。

(5) 第三人加入债务的,保证人的保证责任不受影响。

4. 保证期间

表1-27 保证期间的确定规则

含义		保证期间是确定保证人承担保证责任的期间,属于除斥期间
主张权利	连带责任保证	连带责任保证的债权人未在保证期间请求保证人承担保证责任的,保证人不再承担保证责任
	一般保证	一般保证的债权人未在保证期间对债务人提起诉讼或者申请仲裁的,保证人不再承担保证责任
保证期间	有约定按约定	(1) 债权人与保证人可以约定保证期间
	未约定或约定不明确	(2) 没有约定或者约定不明确的,保证期间为主债务履行期限届满之日起6个月
		【解释1】约定的保证期间早于主债务履行期限或者与主债务履行期限同时届满的,视为没有约定
		【解释2】保证合同约定承担保证责任直至主债务本息还清时为止等的,视为约定不明确
	【提示】债权人与债务人对主债务履行期限没有约定或者约定不明确的,保证期间自债权人请求债务人履行债务的宽限期届满之日起计算	

【鑫考点18】合同的权利义务终止

1. 法定解除情形的总规则

表1-28 法定解除情形的总规则

法定解除	（1）因不可抗力致使不能实现合同目的 （2）在履行期限届满前，当事人一方明确表示或者以自己的行为表明不履行主要债务 （3）当事人一方迟延履行主要债务，经催告后在合理期限内仍未履行 （4）当事人一方迟延履行债务或者有其他违约行为致使不能实现合同目的 （5）先履行一方主张不安抗辩权，中止履行合同后，如果对方在合理期限内未恢复履行能力且未提供适当担保，中止履行的一方可以解除合同

2. 主要有名合同的法定解除情形

（1）买卖合同。

① 分期付款的买受人未支付到期价款的数额达到全部价款的1/5（20%）的，出卖人可以请求买受人一并支付到期与未到期的全部价款或者解除合同。

② 标的物为数物，其中一物不符合约定的，买受人可以就该物解除。但是，该物与他物分离使标的物的价值显受损害的，买受人可以就数物解除合同。

（2）商品房买卖合同。

① 房屋主体结构质量不合格不能交付使用，或者房屋交付使用后，房屋主体结构质量经核验确属不合格，买受人请求解除合同和赔偿损失的，应予支持。

② 因房屋质量问题严重影响正常居住使用，买受人请求解除合同和赔偿损失的，应予支持。

③ 出卖人迟延交付房屋或者买受人迟延支付购房款，经催告后在3个月的合理期限内仍未履行，解除权人请求解除合同的，应予支持，但当事人另有约定的除外。

④ 商品房买卖合同约定或者法定的办理房屋所有权登记的期限届满后超过1年，由于出卖人的原因，导致买受人无法办理房屋所有权登记，买受人请求解除合同和赔偿损失的，应予支持。

（3）借款合同。

借款人未按照约定的借款用途使用借款的，贷款人可以停止发放借款、提前收回借款或者解除合同。

【相关链接】主合同解除后，担保人对债务人应当承担的民事责任仍应承担担保责任，但是担保合同另有约定的除外。

（4）租赁合同。

表 1-29　租赁合同的法定解除情形

出租方	(1) 承租人未经出租人同意转租的 (2) 承租人经催告后在合理期限内仍不支付租金的 (3) 承租人未按照约定的方法或者租赁物的性质使用租赁物，致使租赁物受损
承租方	(1) 租赁物危及承租人的安全或者健康的，即使承租人订立合同时明知该租赁物质量不合格 (2) 因不可归责于承租人的事由，致使租赁物部分或者全部毁损、灭失，且不能实现合同目的的
双方	对于不定期租赁，双方当事人均可随时解除

（5）融资租赁合同。

表 1-30　融资租赁合同的法定解除情形

出租方	(1) 承租人未经出租人同意，将租赁物转让、转租、抵押、质押、投资入股或者以其他方式处分租赁物的 (2) 承租人未按照合同约定的期限和数额支付租金，符合合同约定的解除条件，经出租人催告后在合理期限内仍不支付的 (3) 合同对于欠付租金解除合同的情形没有明确约定，但承租人欠付租金达到 2 期以上，或者数额达到全部租金 15% 以上，经出租人催告后在合理期限内仍不支付的 【提示】承租人经催告后在合理期限内仍不支付租金的，出租人可以要求支付全部租金；也可以解除合同，收回租赁物
承租方	因出租人的原因致使承租人无法占有、使用租赁物，承租人请求解除融资租赁合同的，人民法院应予支持

（6）货物运输合同。

在承运人将货物交付收货人之前，托运人可以要求承运人中止运输、返还货物、变更到达地或者将货物交给其他收货人，但应当赔偿承运人因此受到的损失。

（7）承揽合同。

定作人在承揽人完成工作前可以随时解除合同，造成承揽人损失的，应当赔偿损失。

（8）建设工程合同。

① 承包人将建设工程转包、违法分包的，发包人可以解除合同。

② 发包人提供的主要建筑材料、建筑构配件和设备不符合强制性标准或者不履行协助义务，致使承包人无法施工，经催告后在合理期限内仍未履行相应义务的，承包人可以解除合同。

3. 提存

表 1-31　提存的适用情形、法律效力及提存物领取

适用情形	有下列情形之一，难以履行债务的，债务人可以将标的物提存： (1) 债权人无正当理由拒绝受领 (2) 债权人下落不明 (3) 债权人死亡未确定继承人、遗产管理人，或者丧失民事行为能力未确定监护人 (4) 法律规定的其他情形 【提示】标的物不适于提存或者提存费用过高的，债务人依法可以拍卖或者变卖标的物，提存所得的价款

续表

通知	除债权人下落不明外,标的物提存后,债务人应当及时通知债权人或者债权人的继承人、遗产管理人、监护人、财产代管人	
法律效力	(1) 标的物提存后,毁损、灭失的风险由债权人承担 (2) 提存期间,标的物的孳息归债权人所有 (3) 提存费用由债权人负担	
领取提存物	债权人领取	(1) 债权人可以随时领取提存物。但是,债权人对债务人负有到期债务的,在债权人未履行债务或者提供担保之前,提存部门根据债务人的要求应当拒绝其领取提存物 (2) 债权人领取提存物的权利,自提存之日起5年内不行使而消灭,提存物扣除提存费用后归国家所有
	债务人领取	债权人未履行对债务人的到期债务,或者债权人向提存部门书面表示放弃领取提存物权利的,债务人负担提存费用后有权取回提存物

【鑫考点19】违约责任

表1-32 违约责任的承担方式

商品房销售广告	出卖人就商品房开发规划范围内的房屋及相关设施所作的说明和允诺具体确定,并对商品房买卖合同的订立及房屋价格的确定有重大影响的,应当视为要约。该说明和允诺即使未载入商品房买卖合同,亦应当视为合同内容,当事人违反的,应当承担违约责任	
补救措施	当事人的履行不符合约定的,应当按照当事人的约定承担违约责任。对违约责任没有约定或者约定不明确,依据《民法典》的规定仍不能确定的,受损害方根据标的的性质及损失的大小,可以合理选择请求对方承担修理、重作、更换、退货、减少价款或者报酬等违约责任	
赔偿损失	当事人一方在履行义务或者采取补救措施后,对方还有其他损失的,应当对其他损失承担赔偿责任	
	损失范围	损失赔偿额应当相当于因违约所造成的损失,包括合同履行后可以获得的利益;但是,不得超过违约一方订立合同时预见到或者应当预见到的因违约可能造成的损失
	过失相抵规则	当事人一方违约造成对方损失,对方对损失的发生也有过错,可以减少相应的损失赔偿额
支付违约金	与损失	约定的违约金低于造成的损失的,当事人可以请求人民法院或者仲裁机构予以增加;约定的违约金过分高于造成的损失(超过损失的30%)的,当事人可以请求人民法院或者仲裁机构予以适当减少
	与继续履行	当事人就迟延履行约定违约金的,违约方支付违约金后,还应当继续履行债务
	与合同解除	买卖合同因违约而解除后,守约方主张继续适用违约金条款的,人民法院应予支持
	与定金罚则	当事人在合同中既约定违约金,又约定定金的,一方违约时,对方可以选择适用违约金或者定金条款,但两者不可并用

续表

定金罚则	定金性质	定金合同自实际交付定金时成立（实践性合同）
	数额限制	不得超过主合同标的额的20%，超过部分不产生定金的效力
	罚则适用	因第三人的过错致使主合同不能履行，适用定金罚则
		因不可抗力、意外事件致使主合同不能履行，不适用定金罚则
		当事人一方不完全履行合同的，应当按照未履行部分所占合同约定内容的比例，适用定金罚则
		约定的定金不足以弥补一方违约造成的损失的，对方可以请求赔偿超过定金数额的损失

【鑫考点20】 买卖合同＋运输合同

1. 风险负担

（1）标的物毁损、灭失的风险，在标的物交付之前由出卖人承担，交付之后由买受人承担，但是法律另有规定或者当事人另有约定的除外。

（2）因买受人的原因致使标的物未按照约定的期限交付的，买受人应当自违反约定时起承担标的物毁损、灭失的风险。

（3）出卖人按照约定或者依据法律规定将标的物置于交付地点，买受人违反约定没有收取的，标的物毁损、灭失的风险自违反约定时起由买受人承担。

（4）因标的物不符合质量要求，致使不能实现合同目的，买受人可以拒绝接受标的物或者解除合同。买受人拒绝接受标的物或者解除合同的，标的物毁损、灭失的风险由出卖人承担。

（5）出卖人出卖交由承运人运输的在途标的物，除当事人另有约定外，毁损、灭失的风险自合同成立时起由买受人承担。

（6）当事人没有约定交付地点或者约定不明确，依据法律规定仍不能确定且标的物需要运输的，出卖人将标的物交付给第一承运人后，标的物毁损、灭失的风险由买受人承担。

（7）出卖人按照约定未交付有关标的物的单证和资料的，不影响标的物毁损、灭失风险的转移。

（8）标的物毁损、灭失的风险由买受人承担的，不影响因出卖人履行义务不符合约定，买受人请求其承担违约责任的权利。

2. 标的物的检验

（1）当事人约定检验期限的，买受人应当在检验期限内将标的物的数量或者质量不符合约定的情形通知出卖人。买受人怠于通知的，视为标的物的数量或者质量符合约定。

（2）当事人没有约定检验期限的，买受人应当在发现或者应当发现标的物的数量或者质量不符合约定的合理期限内通知出卖人。买受人在合理期限内未通知或者自收到标的物之日起2年内未通知出卖人的,视为标的物的数量或者质量符合约定;但是,对标的物有质量保证期的,适用质量保证期,不适用该2年的规定。

3. **货物运输合同**

(1) 承运人对运输过程中货物的毁损、灭失承担赔偿责任。但是,承运人证明货物的毁损、灭失是因不可抗力、货物本身的自然性质或者合理损耗及托运人、收货人的过错造成的,不承担赔偿责任。

(2) 货物的毁损、灭失的赔偿额,当事人有约定的,按照其约定;没有约定或者约定不明确,依据《民法典》有关规定仍不能确定的,按照交付或者应当交付时货物到达地的市场价格计算。

(3) 货物在运输过程中因不可抗力灭失,未收取运费的,承运人不得请求支付运费;已经收取运费的,托运人可以请求返还。

【鑫考点21】民间借贷合同

1. **预先扣除利息**

在借款合同中,借款的利息不得预先在本金中扣除;利息预先在本金中扣除的,应当按照实际借款数额返还借款并计算利息。

2. **民间借贷的利率**

(1) 出借人请求借款人按照合同约定利率支付利息的,人民法院应予支持,但是双方约定的利率超过合同成立时1年期贷款市场报价利率4倍的除外。

(2) 借贷双方对逾期利率有约定的,从其约定,但是以不超过合同成立时1年期贷款市场报价利率4倍为限。

(3) 未约定逾期利率或者约定不明的,人民法院可以区分不同情况处理:

① 既未约定借期内利率,也未约定逾期利率,出借人主张借款人自逾期还款之日起参照当时1年期贷款市场报价利率标准计算的利息承担逾期还款违约责任的,人民法院应予支持。

② 约定了借期内利率但是未约定逾期利率,出借人主张借款人自逾期还款之日起按照借期内利率支付资金占用期间利息的,人民法院应予支持。

(4) 出借人与借款人既约定了逾期利率,又约定了违约金或者其他费用,出借人可以选择主张逾期利息、违约金或者其他费用,也可以一并主张,但是总计超过合同成立时1年期贷款市场报价利率4倍的部分,人民法院不予支持。

【鑫考点22】房屋租赁合同

1. **不定期租赁**

(1) 租赁期限6个月以上的,应当采用书面形式。当事人未采用书面形式,无法确定租赁期限的,视为不定期租赁。

(2) 租赁期限届满，承租人继续使用租赁物，出租人没有提出异议的，原租赁合同继续有效，但是租赁期限为不定期。

【提示】对于不定期租赁，当事人可以随时解除合同，但是应当在合理期限之前通知对方。

2. 租赁合同效力

（1）出租人就未取得建设工程规划许可证或者未按照建设工程规划许可证的规定建设的房屋，与承租人订立的租赁合同无效。但在一审法庭辩论终结前取得建设工程规划许可证或者经主管部门批准建设的，人民法院应当认定有效。

【相关链接1】出卖人未取得商品房预售许可证明，与买受人订立的商品房预售合同，应当认定无效，但是在起诉前取得商品房预售许可证明的，可以认定有效。

【相关链接2】承包人超越资质等级许可的业务范围签订建设工程施工合同，在建设工程竣工前取得相应资质等级，不按照无效合同处理。

（2）当事人以房屋租赁合同未按照法律、行政法规规定办理登记备案手续为由，请求确认合同无效的，人民法院不予支持。

【相关链接】商品房预售合同应当办理登记备案手续，但该登记备案手续并非合同生效条件，当事人另有约定的除外。

3. 当事人的权利与义务

（1）出租人应当履行租赁物的维修义务，但当事人另有约定的除外。

（2）承租人在租赁物需要维修时可以要求出租人在合理期限内维修。出租人未履行维修义务的，承租人可以自行维修，维修费用由出租人负担。因维修租赁物影响承租人使用的，应当相应减少租金或者延长租期。

（3）承租人经出租人同意，可以对租赁物进行改善或者增设他物，如未经出租人同意，出租人可以要求承租人恢复原状或者赔偿损失。

（4）承租人经出租人同意，可以将租赁物转租给第三人。承租人转租的，承租人与出租人之间的租赁合同继续有效；第三人造成租赁物损失的，承租人应当赔偿损失。承租人未经出租人同意转租的，出租人可以解除（出租）合同。

4. 租金支付期限

（1）承租人应当按照约定的期限支付租金。

（2）对支付租金的期限没有约定或者约定不明确，依据《民法典》有关规定仍不能确定，租赁期限不满1年的，应当在租赁期限届满时支付；租赁期限1年以上的，应当在每届满1年时支付，剩余期限不满1年的，应当在租赁期限届满时支付。

【相关链接】借款人应当按照约定的期限支付利息。对支付利息的期限没有约定或者约定不明确，依据《民法典》有关规定仍不能确定，借款期间不满1年的，应当在返还借款时一并支付；借款期间1年以上的，应当在每届满1年时支付，剩余期间不满1年的，应当在返还借款时一并支付。

5. 租赁与买卖

（1）租赁物（包括但不限于房屋）在承租人按照租赁合同占有期限内发生所有权变动的，不影响租赁合同的效力，即"买卖不破租赁"。

（2）出租人出卖租赁房屋的，应当在出卖之前的合理期限内通知承租人，承租人享有以同等条件优先购买的权利；但是，房屋按份共有人行使优先购买权或者出租人将房屋出卖给近亲属（限于祖父母、外祖父母、父母、配偶、兄弟姐妹、子女、孙子女、外孙子女）的除外。

（3）出租人履行通知义务后，承租人在 15 日内未明确表示购买的，视为承租人放弃优先购买权。

（4）出租人委托拍卖人拍卖租赁房屋的，应当在拍卖 5 日前通知承租人。承租人未参加拍卖的，视为放弃优先购买权。

（5）出租人未通知承租人或者有其他妨害承租人行使优先购买权情形的，承租人可以请求出租人承担赔偿责任。但是，出租人与第三人订立的房屋买卖合同的效力不受影响。

【鑫考点 23】融资租赁合同

1. 租赁物的所有权归属

（1）在融资租赁期间，出租人享有租赁物的所有权。承租人破产的，租赁物不属于破产财产。

（2）出租人和承租人可以约定租赁期限届满租赁物的归属；对租赁物的归属没有约定或者约定不明确，依据《民法典》有关规定仍不能确定的，租赁物的所有权归出租人。

（3）当事人约定租赁期限届满，承租人仅需向出租人支付象征性价款的，视为约定的租金义务履行完毕后租赁物的所有权归承租人。

（4）承租人或者租赁物的实际使用人，未经出租人同意转让租赁物或者在租赁物上设立其他物权，第三人依据《民法典》善意取得规定取得租赁物的所有权或者其他物权，出租人主张第三人物权权利不成立的，人民法院不予支持。但有下列情形之一的除外（包括但不限于）：①出租人已在租赁物的显著位置作出标识，第三人在与承租人交易时知道或者应当知道该物为租赁物的；②出租人授权承租人将租赁物抵押给出租人并在登记机关依法办理抵押权登记的。

【相关链接】承租人以融资租赁方式占有租赁物但是未付清全部租金，又以标的物为他人设立担保物权，以融资租赁方式出租该动产的出租人为租金的实现而订立担保合同，并在该动产交付后 10 日内办理登记，主张其权利优先于买受人为他人设立的担保物权的，人民法院应予支持。

2. 当事人的权利与义务

（1）出租人、出卖人、承租人可以约定，出卖人不履行买卖合同义务的，由承租人行使索赔的权利。承租人对出卖人行使索赔权,不影响其履行融资租赁合同项下支付租金的义务,但承租人以依赖出租人的技能确定租赁物或者出租人干预选择租赁物为由,主张减轻或者免除相应租金支付义务的除外。

(2) 租赁物不符合约定或者不符合使用目的的,出租人不承担责任。但是,承租人依赖出租人的技能确定租赁物或者出租人干预选择租赁物的除外。

(3) 承租人应当妥善保管、使用租赁物。承租人应当履行占有租赁物期间的维修义务。

(4) 承租人占有租赁物期间,租赁物毁损、灭失的,出租人有权请求承租人继续支付租金,但是法律另有规定或者当事人另有约定的除外。

(5) 承租人占有租赁物期间,租赁物造成第三人人身损害或者财产损失的,出租人不承担责任。

经典案例分析题

【例题1】

甲、乙二人是在某技校结识的朋友。2017年10月12日,两人共同出资购买一台价格为50万元的挖掘机,甲出资10万元,乙出资40万元,双方约定按出资比例共有。

2018年7月9日,挖掘机出现故障,无法正常工作。乙在未征得甲同意的情况下请丙维修,维修费3万元。乙要求甲分担20%的维修费,甲以维修未征得自己同意为由拒绝。丙要求乙支付全部维修费,乙拒绝。

乙不想再与甲合作,欲将其份额对外转让。2018年8月2日,乙发函征询丁的购买意向,同时告知甲:正在寻找份额买主,甲须在接到通知之日起15日内决定是否行使优先购买权。甲认为,份额转让须经其同意,况且乙尚在寻找份额买主,在未告知任何交易条件的情况下,要求自己在接到通知之日起15日内决定是否行使优先购买权,不符合法律规定,故对乙的通知置之不理。

2018年8月3日,甲在未告知乙的情况下,将挖掘机以市价卖给不知情的戊,约定3日后交付。

2018年8月4日,丁向乙回函称,对乙所占挖掘机份额不感兴趣,想要整台挖掘机。由于甲对乙之前的通知置之不理,乙也不再告知甲,于8月4日当天将挖掘机转让给丁,并同时交付。

2018年8月6日,戊要求甲交付挖掘机时,发现挖掘机已被乙交付给了丁,遂要求丁交出挖掘机,丁拒绝。

要求:

根据上述内容,分别回答下列问题:

(1) 挖掘机维修是否需要征得甲的同意?并说明理由。

(2) 乙是否有权要求甲分担20%的维修费？并说明理由。

(3) 乙是否有权拒绝向丙支付全部维修费？并说明理由。

(4) 乙的份额转让是否需要征得甲的同意？并说明理由。

(5) 乙在寻找份额买主时要求甲在接到通知之日起15日内决定是否行使优先购买权，是否符合法律规定？并说明理由。

(6) 丁是否取得挖掘机的所有权？并说明理由。

(7) 丁是否有权拒绝戊交出挖掘机的请求？并说明理由。

【例题2】

2020年10月22日，甲公司向乙银行贷款500万元，期限6个月，甲公司将其现有的及将有的生产设备、原材料、半成品、产品一并抵押给乙银行，双方当日签订书面抵押合同，并于次日办理了抵押登记。12月25日，甲公司将其中的一批产品以市场价格卖给了丙公司，丙公司支付了全部价款并取得该批产品。

2021年1月10日，甲公司向丁公司购买一台600万元的精密仪器。合同约定：甲公司应当在收到货物后的10日内检验。丁公司要求甲公司提供担保，甲公司遂以该精密仪器做抵押，当日双方签订了书面的抵押合同。1月12日，丁公司交付了该精密仪器。1月18日，甲丁双方办理了抵押登记。

2021年3月18日，该精密仪器出现故障，甲公司要求丁公司承担修理责任，丁公司予以拒绝。甲公司将该精密仪器送到戊修理厂维修，修理完成后甲公司支付了维修费准备取回精密仪器，戊修理厂以甲公司拖欠之前到期借款为由扣留了该精密仪器。

2021年4月1日，丁公司得知精密仪器被戊修理厂留置，要求甲公司另行提供担保，甲公司以划拨建设用地上的厂房提供抵押担保。

乙银行债权到期后，甲公司无力偿还借款本息，乙银行以抵押已办理登记为由对丙公司购买的产品主张抵押权。

甲公司未在合理期限内履行所欠戊修理厂的借款，戊修理厂行使留置权，将其扣留的精密仪器拍卖。丁公司向人民法院提起了诉讼，主张其抵押权享有超级优先权，其优先受偿权优先于戊修理厂和乙银行。人民法院在强制执行过程中，甲公司已设定抵押的厂房拍卖得款1 000万元，土地管理部门提出，应从拍卖款中优先补缴600万元的土地出让金。

要求：

根据上述内容，分别回答下列问题：

(1) 乙银行的抵押权何时设立？并说明理由。

(2) 乙银行是否有权对丙公司购买的产品主张抵押权？并说明理由。

(3) 丁公司是否有权拒绝承担维修责任？并说明理由。

(4) 戊修理厂扣留该精密仪器的行为是否合法？并说明理由。

(5) 丁公司主张其优先受偿权优先于戊修理厂和乙银行是否合法？并说明理由。

（6）土地管理部门是否有权要求从拍卖价款中优先补缴600万元土地出让金？并说明理由。

【例题3】

2020年10月12日，甲公司与乙银行签订合同，借款3 000万元用于技术改造，期限2年。甲公司以所属10台数控机床向乙银行提供抵押担保，在抵押合同中约定甲公司不得转让抵押财产，但未办理抵押登记和约定登记。同时，应乙银行的要求，丙公司为甲公司的前述债务向乙银行提供了连带责任保证，但未约定与抵押担保的责任承担顺序。

后因甲公司厂房坍塌，抵押的9台数控机床毁损，仅1台幸存。保险公司对毁损的数控机床赔偿了1 000万元保险金。经乙银行请求，甲公司又将所属一幅建设用地的使用权抵押给乙银行，为所欠乙银行3 000万元借款提供担保。为此，双方于2021年3月10日签订抵押合同，并约定，若甲公司到期不能还款，则该建设用地使用权归乙银行。双方办理了抵押登记。

甲公司为解决流动资金短缺，于2021年4月5日与不知情的丁公司签订买卖合同，将幸存的1台已为乙银行设定抵押的数控机床以500万元的市场价格出售给丁公司，并及时通知乙银行。丁公司依约于签订合同的次日向甲公司支付了全部价款，并提走了数控机床。乙银行认为甲公司与丁公司的买卖合同违背了禁止转让约定而无效，丁公司不能取得数控机床的所有权。

要求：

根据上述内容，分别回答下列问题：

（1）如果甲公司到期不能按时还款，乙银行是否有权主张建设用地使用权归自己？并说明理由。

（2）甲公司与丁公司转让数控机床的行为是否有效？丁公司能否取得数控机床的所有权？并分别说明理由。

（3）乙银行能否对甲公司已售出的数控机床行使抵押权？并说明理由。

（4）乙银行是否有权请求甲公司将转让数控机床所得的价款向其提前清偿？并说明理由。

（5）乙银行是否有权主张对1 000万元保险金优先受偿？并说明理由。

（6）乙银行可否选择不行使其在建设用地使用权上的抵押权，而先要求丙公司就甲公司所负担的全部债务承担保证责任？并说明理由。

【例题4】

2014年3月5日，机床生产商甲公司向乙公司出售机床20台，每台20万元。乙公司因资金周转困难，欲向丙银行贷款400万元，并与甲公司约定：仅在乙公司的400万元银行借款于2014年6月2日前到账时，机床买卖合同始生效。

2014年4月2日，乙公司与丙银行签订借款合同，并以其自有房屋一套为丙银行设定抵押。双方签订了书面抵押合同，但未办理抵押登记。直至6月16日，乙公司始获得丙银行发放的3个月短期贷款400万元。6月17日，乙公司请求甲公司履行机床买卖合同，甲公司以合同未生效为由拒绝。

2014年5月20日，甲公司与丁公司签订买卖合同。双方约定：甲公司向丁公司出售机床5台，每台21万元；甲公司应于2014年7月11日前交付机床，交付机床的同时，丁公司支付货款。6月20日，丁公司与乙公司签订买卖合同，将拟从甲公司购入的5台机床以每台22万元的价格转售给乙公司。双方约定于7月12日交货付款。

6月5日，甲公司的债权人戊公司要求其清偿到期债务100万元。甲公司遂将对丁公司的合同债权让与戊公司用于抵债，并通知丁公司，丁公司表示反对。7月11日，甲公司欲向丁公司交付机床，同时要求丁公司将货款支付给戊公司。丁公司拒绝向戊公司付款，甲公司遂停止交付机床。

7月12日，乙公司请求丁公司交付机床，丁公司无货可交。7月20日，乙公司另行购得机床5台，共计花费120万元。7月28日，乙公司请求丁公司赔偿其另行购买机床多花费的10万元。

9月16日，乙公司无法偿还丙银行到期贷款，丙银行要求实现在乙公司房屋上设定的抵押权。

要求：

根据上述内容，分别回答下列问题：

（1）甲公司是否有义务向乙公司交付机床？并说明理由。

（2）乙公司与丙银行之间的抵押合同是否有效？并说明理由。

（3）丁公司反对甲公司将债权转让给戊公司，该债权转让是否有效？并说明理由。

（4）丁公司拒绝向戊公司付款，甲公司是否有权停止向丁公司交付机床？并说明理由。

（5）乙公司是否有权请求丁公司赔偿其另行购买机床多花费的10万元？并说明理由。

（6）丙银行要求实现抵押权的主张能否得到支持？并说明理由。

【例题5】

2021年3月，甲公司因业务需要分别向乙公司和丙公司购买绒布面料和丝质面料。为筹措面料采购资金，甲公司与丁银行签订合同，约定借款50万元。借款合同签订当日，丁银行预先扣除相应利息后发放贷款48万元。戊公司为甲公司借款提供保证，双方签订书面保证合同但未约定保证方式。

甲公司和乙公司绒布面料买卖合同约定：面料总价40万元，乙公司交付绒布面料3日内，甲公司一次付清货款；合同签订次日，甲公司给付定金10万元。合同签订后，甲公司如数给付定金，后因绒布面料价格上涨，乙公司要求加价，被甲公司拒绝，最终，乙公司比约定交货日期迟延10日才向甲公司交货。此时，甲公司因无原料投产，不能向买方按时交货,订单已被原买方取消。甲公司为此遭受损失19万元。

鉴于乙公司的履行已无意义,甲公司拒绝接受乙公司履行,通知乙公司解除合同,要求适用定金罚则由乙公司双倍返还定金20万元,并赔偿全部损失19万元。乙公司不同意解除合同,拒绝赔偿19万元损失,要求甲公司收货并支付货款。

甲公司和丙公司丝质面料买卖合同约定:甲公司向丙公司购买丝质面料100匹;甲公司应在收货后10日内检验面料质量并通知丙公司;甲公司于质量检验后3日内支付货款。甲公司收货后,由于业务繁忙,至收货后的第12日才开箱验货,发现面料质量存在问题,不能正常使用,遂通知丙公司解除合同,丙公司拒绝。验货次日,甲公司所在地山洪暴发,丝质面料全部毁损。

甲公司未能按期偿还丁银行借款。丁银行要求戊公司承担保证责任,为甲公司还本付息。戊公司拒绝,理由是:丁银行应先就甲公司财产强制执行。

要求:

根据上述内容,分别回答下列问题:

(1) 甲公司是否有权解除与乙公司的绒布面料买卖合同?并说明理由。
(2) 根据定金罚则,甲公司能否要求乙公司返还20万元?并说明理由
(3) 适用定金罚则后,甲公司能否要求乙公司赔偿全部损失19万元?并说明理由。
(4) 甲公司是否有权解除与丙公司的丝质面料买卖合同?并说明理由。
(5) 丝质面料遭山洪毁损的损失由谁承担?并说明理由。
(6) 戊公司关于"丁银行应先就甲公司财产强制执行"的理由是否成立?并说明理由。

【例题6】

2020年4月,甲公司与乙建筑公司签订写字楼建设工程总承包合同,合同约定:工程造价4 000万元,工期一年。合同签订后,甲公司依约先行支付2 000万元工程款,剩余2 000万元在工程竣工合格后一次付清。

2020年5月乙公司从丙融资租赁公司租赁塔吊一台,双方约定:租金共计48万元,从当年6月开始,按月分12期支付,每期4万元;租赁期限届满,乙公司履行完毕租金义务后仅须再向丙公司支付1元,但未就拖欠租金时如何处理作出约定。

2020年8月,因遭受强台风袭击,塔吊损坏。乙公司为修复塔吊花去维修费3万元。乙公司要求丙公司承担维修费,丙公司拒绝。为此,乙公司从2020年9月开始停止支付租金。经多次催告,乙公司仍未在合理期限内支付到期租金。

2021年1月,丙公司通知乙公司:由于欠交4个月租金,乙公司须在2021年2月的租金支付日支付全部剩余租金,否则解除合同。乙公司无奈,在2021年2月将剩余租金一次性全部交清。

租赁期满后,丙公司要求乙公司返还塔吊,乙公司拒绝。

2020年10月,甲公司以在建写字楼抵押向A银行借款3亿元,借期1年。双方办理

了抵押登记。2021年4月，甲公司从丁公司借款5 000万元，借期1个月，月利率3%，甲公司仍以在建写字楼为抵押，并为丁公司办理第二顺位抵押登记。

2021年4月，乙公司如期完成工程建设，要求甲公司验收，并要求支付剩余2 000万元工程款。甲公司验收合格，但拒绝支付剩余工程款，理由是：根据相关规定，承建该工程需具备一级承包资质，但乙公司在签订建设工程总承包合同时仅有二级资质，一级资质直到2021年1月才取得，故合同无效。

2021年6月，甲公司无力偿还丁公司借款，丁公司诉至人民法院，请求拍卖甲公司写字楼，偿还所欠其借款本金5 000万元及利息150万元。2021年6月，写字楼拍卖价款3.5亿元。乙公司要求首先清偿其工程款债权2 000万元。A银行要求提存3亿元及利息以确保其债权到期后能获清偿。

已知：2021年4月1年期贷款市场报价利率为3.85%。

要求：

根据上述内容，分别回答下列问题：

（1）甲公司关于乙公司签订建设工程总承包合同时仅有二级资质，合同因此无效的主张是否成立？并说明理由。

（2）丙公司是否有权拒绝承担塔吊的维修费？并说明理由。

（3）丙公司是否有权要求乙公司在2021年2月支付全部剩余租金？并说明理由。

（4）租赁到期后，塔吊应归属于谁？并说明理由。

（5）对于丁公司向甲公司主张的150万元利息，人民法院应支持多少金额？并说明理由。

（6）乙公司关于写字楼拍得价款首先清偿其工程款债权的主张是否成立？并说明理由。

（7）A银行要求提存3亿元及利息，以确保其债权到期后能获清偿是否成立？并说明理由。

【例题7】

甲公司获悉乙医院欲购10台呼吸机，遂于2017年6月3日向乙医院发出要约函，称愿以30万元的总价向乙医院出售呼吸机10台，乙医院须先支付定金5万元，货到后10日内支付剩余货款，质量保证期为5年。2017年7月6日，乙医院获知信件内容，并于同日向甲公司发出传真表示同意要约，但同时提出：总价降为28万元，2017年9月5日前交付全部货物，我方于2017年10月10日前支付剩余货款；任何一方未按约履行，均须向对方支付违约金5万元。次日，甲公司回复传真表示同意。双方未约定货物交付地点及方式。

2017年7月29日，乙医院向甲公司支付定金5万元。次日，甲公司将呼吸机交付承运人丙公司。2017年8月10日，乙医院收到8台呼吸机，且其中2台存在瑕疵：1台外观有轻微划痕，1台严重变形无法正常使用。经查，甲公司漏发1台，实际只发了9台；

运输途中遇山洪突然暴发被洪水冲走1台；2台呼吸机的瑕疵系因甲公司员工不慎碰撞所致。

2017年10月13日，乙医院要求甲公司另行交付4台呼吸机，否则将就未收到的2台呼吸机及存在瑕疵的2台呼吸机部分解除合同，并要求甲公司支付违约金5万元，同时双倍返还定金。甲公司要求乙医院支付剩余货款23万元，并告知乙医院，甲公司之前委托丁公司保管1台全新呼吸机，已通知丁公司向乙医院交付以补足漏发的呼吸机，其余则未作出回应。乙医院表示同意接收丁公司交来的呼吸机。

甲公司交付乙医院的呼吸机中有1台一直未启用。直至2019年12月5日启用时，乙医院才发现该台呼吸机也因质量瑕疵无法使用，遂向甲公司主张赔偿，甲公司拒绝。

要求：

根据上述内容，分别回答下列问题：

（1）甲公司与乙医院的买卖合同何时成立？并说明理由。

（2）乙医院是否有权分别就外观有轻微划痕和严重变形无法正常使用的呼吸机部分解除合同？并分别说明理由。

（3）甲公司是否有权要求丙公司赔偿被洪水冲走的呼吸机？并说明理由。

（4）甲公司是否有权要求乙医院支付被洪水冲走呼吸机的价款？并说明理由。

（5）乙医院是否有权要求甲公司同时支付违约金和双倍返还定金？并说明理由。

（6）甲公司通知丁公司向乙医院交付呼吸机，是否构成甲公司向乙医院的交付？并说明理由。

（7）乙医院是否有权要求甲公司就2019年12月5日发现的呼吸机质量瑕疵进行赔偿？并说明理由。

【例题8】

2018年10月12日，甲医院向乙公司承租呼吸机10台，双方签订书面合同，约定：租期3个月，每台租金12 000元，全部租金12万元于租期届满时一次性支付。双方未约定租赁期间的维修事项。

2018年11月11日，1台呼吸机在正常使用的情况下出现故障，无法继续使用。甲医院要求乙公司维修，乙公司提出，呼吸机由甲医院使用，应当由甲医院负责维修。此后，该故障机因未得到维修而一直处于闲置状态。

2018年11月23日，甲医院将其承租乙公司的2台呼吸机转租给丙医院，租期1个月。乙公司于次日知悉，当即表示呼吸机不得转租，并要求甲医院取回，否则将收回这2台呼吸机。为避免纷争，甲医院不得不从丙医院将转租的呼吸机取回，但是，因丙医院操作不当，其中1台损坏。甲医院将损坏的呼吸机修好后，又要求乙公司支付维修费，乙公司拒绝。

2018年11月28日，甲医院向丁公司以融资租赁的方式承租呼吸机5台，租期1年，双方未约定租赁期间的维修及租期届满呼吸机的归属等事项。为防止与乙公司的呼吸机混淆，5台呼吸机上均贴有"本呼吸机租自丁公司"的明显标识。

2019年1月11日，甲医院与乙公司的租赁合同期限届满，但乙公司未与甲医院联系，甲医院遂继续使用呼吸机。2019年2月11日，乙公司要求甲医院返还呼吸机并要求支付4个月的租金。

2019年1月15日，丁公司租给甲医院的2台呼吸机在正常使用的情况下出现故障。甲医院要求丁公司维修，丁公司拒绝。

2019年3月29日，丙医院再次要求甲医院支援呼吸机。甲医院遂将丁公司的2台呼吸机以市价出售给丙医院并交付。

2019年11月27日，融资租赁期届满，丁公司要求甲医院返还呼吸机。

要求：

根据上述内容，分别回答下列问题：

（1）乙公司是否有义务维修出现故障的呼吸机？并说明理由。

（2）乙公司知悉甲医院向丙医院转租2台呼吸机后，是否有权收回？并说明理由。

（3）丙医院损坏1台呼吸机，甲医院维修后，是否有权要求乙公司支付维修费？并说明理由。

（4）2019年2月11日，甲医院应向乙公司支付多少租金？并说明理由。

（5）丁公司是否有义务维修出现故障的呼吸机？并说明理由。

（6）丙医院是否取得所购2台呼吸机的所有权？并说明理由。

（7）融资租赁期满后，丁公司是否有权要求甲医院返还呼吸机？并说明理由。

经典案例分析题参考答案

【案例1参考答案】

（1）挖掘机维修不需要征得甲的同意。根据规定，按份共有人对共有的不动产或者动产作重大修缮、变更性质或者用途的，应当经占份额2/3以上的按份共有人同意，但是共有人之间另有约定的除外。

（2）乙有权要求甲分担20%的维修费。根据规定，在共有人内部关系上，除共有人另有约定外，按份共有人按照份额享有债权、承担债务。当对外承担债务的共有人所承担的债务超过其应当承担的份额时，有权向其他共有人追偿。

（3）乙无权拒绝向丙支付全部维修费。根据规定，因共有的不动产或者动产产生的债权债务，在对外关系上，共有人享有连带债权、承担连带债务，但是法律另有规定或者第三人知道共有人不具有连带债权债务关系的除外。

（4）乙的份额转让不需要征得甲的同意。根据规定，按份共有人对其享有的份额有处分自由，故可自由转让其享有的共有的不动产或者动产份额。

（5）乙在寻找份额买主时要求甲在接到通知之日起15日内决定是否行使优先购买权，不符合法律规定。根据规定，优先购买权的行使期间，按份共有人之间有约定的，按照约定处理；没有约定或者约定不明的，转让人向其他按份共有人发出的包含同等条件内容的通知中载明行使期间的，以该期间为准。本题通知中未包含载明同等条件内容。

（6）丁取得挖掘机的所有权。根据规定，动产物权的设立和转让，自交付时发生效力，但是法律另有规定的除外。

（7）丁有权拒绝戊交出挖掘机的请求。根据规定，因出卖人未取得处分权致使标的物所有权不能转移的，买受人可以解除合同并请求出卖人承担违约责任。丁取得挖掘机的所有权，戊只能要求甲承担违约责任，无权要求丁交出挖掘机。

【案例 2 参考答案】

（1）乙银行的抵押权自 2020 年 10 月 22 日设立。根据规定，以动产抵押的，抵押权自抵押合同生效时设立。

（2）乙银行无权对丙公司购买的产品主张抵押权。根据规定，动产抵押即使已经登记，也不得对抗正常经营活动中已经支付合理价款并取得抵押财产的买受人。

（3）丁公司有权拒绝承担维修责任。根据规定，当事人约定检验期限的，买受人应当在检验期限内将标的物的数量或者质量不符合约定的情形通知出卖人。买受人怠于通知的，视为标的物的数量或者质量符合约定。

（4）戊修理厂扣留该精密仪器的行为合法。根据规定，债权人留置的动产，应当与债权属于同一法律关系，但是企业之间留置的除外。

（5）丁公司主张其优先受偿权优于乙银行合法，但是主张其优先受偿权优于戊修理厂不合法。根据规定，动产抵押担保的主债权是抵押物的价款，标的物交付后 10 日内办理抵押登记的，该抵押权人（丁公司）优先于抵押物买受人的其他担保物权人（乙银行）受偿，但是留置权人（戊修理厂）除外。

（6）土地管理部门有权要求从拍卖价款中优先补缴 600 万元土地出让金。根据规定，抵押人以划拨建设用地上的建筑物抵押，抵押权依法实现时，拍卖、变卖建筑物所得的价款，应当优先用于补缴建设用地使用权出让金。

【案例 3 参考答案】

（1）乙银行不得主张建设用地使用权归自己。根据规定，抵押权人在债务履行期限届满前，与抵押人约定债务人不履行到期债务时抵押财产归债权人所有的，只能依法就抵押财产优先受偿。

（2）甲公司与丁公司转让数控机床的行为有效。丁公司取得数控机床的所有权。根据规定，当事人约定禁止或者限制转让抵押财产但是未将约定登记，抵押人违反约定转让抵押财产，抵押权人请求确认转让合同无效的，人民法院不予支持；抵押财产已经交付或者登记，抵押权人请求确认转让不发生物权效力的，人民法院不予支持，但是抵押权人有证据证明受让人知道的除外。

（3）乙银行不能对甲公司已售出的数控机床行使抵押权。根据规定，动产抵押合同订立后未办理抵押登记，抵押人转让抵押财产，受让人占有抵押财产后，抵押权人向受让人请求行使抵押权的，人民法院不予支持，但是抵押权人能够举证证明受让人知道或者应当知道已经订立抵押合同的除外。

（4）乙银行有权请求甲公司将转让数控机床所得的价款向其提前清偿。根据规定，抵押权人能够证明抵押财产转让可能损害抵押权的，可以请求抵押人将转让所得的价款向抵押权人提前清偿债务或者提存。

（5）乙银行有权主张对保险金优先受偿。根据规定，担保期间，抵押财产毁损、灭失或者被征收等，抵押权人可以按照原抵押权顺位就获得的保险金、赔偿金或者补偿金等优先受偿。

（6）乙银行不能先要求丙公司承担保证责任。根据规定，被担保的债权既有物的担保又有人的担保的,债务人不履行到期债务时,债权人应当按照约定实现债权;没有约定或者约定不明确,债务人自己提供物的担保的,债权人应当先就该物的担保实现债权。

【案例4参考答案】

(1)甲公司无义务向乙公司交付机床。根据规定,附生效条件的合同,自条件成就时生效。在本题中,甲乙双方约定合同生效的条件为"乙公司的银行借款于2014年6月2日前到账",但乙公司的银行借款于6月16日才到账,不满足双方约定的条件,因此机床买卖合同未生效,甲公司无须交付机床。

(2)乙公司与丙银行之间的抵押合同有效。根据规定,当事人之间订立有关设立、变更、转让和消灭不动产物权的合同,除法律另有规定或者当事人另有约定外,自合同成立时生效;未办理物权登记的,不影响合同效力。

(3)甲公司对戊公司的债权转让有效。根据规定,债权人转让债权的,无须债务人同意,但应当通知债务人;未通知债务人的,该转让对债务人不发生效力。在本题中,甲公司向戊公司转让债权无须取得债务人丁公司的同意,甲公司通知丁公司后,该债权转让即对丁公司产生法律效力。

(4)甲公司有权停止向丁公司交付机床。根据规定,双务合同的当事人互负债务,没有先后履行顺序的,应当同时履行。一方在对方履行之前有权拒绝其履行要求。在本题中,双方约定甲公司交付机床的同时,丁公司支付货款。当丁公司拒绝支付货款时,甲公司可以行使同时履行抗辩权,停止交付机床。

(5)乙公司有权请求丁公司赔偿其另行购买机床多花费的10万元。根据规定,损失赔偿额应当相当于因违约所造成的损失,包括合同履行后可以获得的利益;但是,不得超过违约一方订立合同时预见到或者应当预见到的因违约可能造成的损失。在本题中,乙公司另行购买机床多花费的10万元属于因丁公司违约所遭受的实际损失,有权要求丁公司赔偿。

(6)丙银行要求实现抵押权的主张不能得到支持。根据规定,以房屋设定抵押的,抵押权自登记时设立。在本题中,乙公司以房屋设定抵押时并未办理抵押登记,丙银行的抵押权未设立,无权要求实现抵押权。

【案例5参考答案】

(1)甲公司有权解除与乙公司的绒布面料买卖合同。根据规定,当事人一方迟延履行债务或者有其他违约行为致使不能实现合同目的的,当事人可以解除合同。

(2)甲公司不能要求乙公司返还20万元。根据规定,定金的数额不得超过主合同标的额的20%,超过部分不产生定金的效力。在本题中,甲公司只能要求乙公司返还18万元(退10万元+罚8万元)。

(3)甲公司不能要求乙公司赔偿全部损失19万元。根据规定,买卖合同约定的定金不足以弥补一方违约造成的损失,对方请求赔偿超过定金数额的损失的,人民法院可以并处,但定金和损失赔偿的数额总和不应高于因违约造成的损失。在本题中,甲公司要求乙公司返还18万元(其中对乙公司的惩罚为8万元)之后,只能再要求乙公司赔偿损失11(19-8)万元。

(4)甲公司无权解除与丙公司的丝质面料买卖合同。根据规定,当事人约定检验期限的,买受人应当在检验期限内将标的物的数量或者质量不符合约定的情形通知出卖人。买受人怠于通知的,视为标的物的数量或者质量符合约定。

(5)损失由甲公司承担。根据规定,标的物毁损、灭失的风险,在标的物交付之前由出卖人承担,交付之后由买受人承担,但是法律另有规定或者当事人另有约定的除外。在本题中,由于标的物质量被视为符合约定,应认定丙公司已经完成交付,标的物毁损、灭失的风险应由甲公司承担。

(6)戊公司的理由成立。根据规定,当事人在保证合同中对保证方式没有约定或者约定不明确的,按照一般保证承担保证责任。一般保证的保证人在主合同纠纷未经审判或者仲裁,并就债务人财产依法强制执行仍不能履行债务前,有权拒绝向债权人承担保证责任。

【案例 6 参考答案】

(1) 合同无效的主张不成立。根据规定,承包人超越资质等级许可的业务范围签订建设工程施工合同,在建设工程竣工前取得相应资质等级,当事人请求按照无效合同处理的,人民法院不予支持。

(2) 丙公司有权拒绝承担塔吊的维修费。根据规定,在融资租赁合同中,承租人应当履行占有租赁物期间的维修义务。

(3) 丙公司有权要求乙公司在 2021 年 2 月支付全部剩余租金。根据规定,在融资租赁合同中,承租人应当按照约定支出租金。承租人经催告后在合理期限内仍不支付租金的,出租人可以要求支付全部租金;也可以解除合同,收回租赁物。

(4) 塔吊归乙公司。根据规定,当事人约定租赁期限届满,承租人仅须向出租人支付象征性价款的,视为约定的租金义务履行完毕后租赁物的所有权归承租人。

(5) 人民法院应支持 64.17 万元。根据规定,出借人请求借款人按照合同约定利率支付利息的,人民法院应予支持,但是双方约定的利率超过合同成立时 1 年期贷款市场报价利率 4 倍的除外。在本题中,月利率 3%,年利率 36%(12×3%),超过了合同成立时 1 年期贷款市场报价利率 4 倍,故应按 1 年期贷款市场报价利率 4 倍计算利息。应支付的利息 = 5 000 × 3.85% × 4 ÷ 12 ≈ 64.17(万元)。

(6) 乙公司的主张成立。根据规定,建设工程承包人的工程价款优先受偿权优于抵押权和其他债权。

(7) A 银行的要求成立。根据规定,同一财产向两个以上债权人抵押,抵押权已经登记的,按照登记的时间先后确定清偿顺位。在本题中,写字楼的拍卖价款,应首先清偿乙公司工程价款 2 000 万元,然后将应支付给 A 银行的 3 亿元及利息提存,剩余部分再向丁公司清偿。

【案例 7 参考答案】

(1) 甲公司与乙医院的买卖合同于 2017 年 7 月 7 日成立。根据规定,2017 年 7 月 6 日乙医院向甲公司发出的传真,改变了价款等内容,构成对要约内容的实质性变更,属于新要约,甲公司次日的回复构成对此新要约的承诺。

(2) 乙医院无权就外观有轻微划痕的呼吸机主张部分解除合同,但有权就严重变形无法正常使用的呼吸机主张部分解除合同。根据规定,因标的物不符合质量要求,致使不能实现合同目的的,买受人可以解除合同。外观轻微划痕不影响合同目的,不构成解除事由。标的物为数物,其中一物不符合约定的,买受人可以就该物解除合同,因此,就严重变形无法正常使用的呼吸机,乙医院有权部分解除合同。

(3) 甲公司无权要求丙公司赔偿被洪水冲走的呼吸机。根据规定,承运人对运输过程中货物的毁损、灭失承担赔偿责任。但是,承运人证明货物的毁损、灭失是因不可抗力等造成的,不承担赔偿责任。在本题中,山洪暴发构成不可抗力,呼吸机被洪水冲走,承运人丙公司不承担赔偿责任。

(4) 甲公司有权要求乙医院支付被洪水冲走呼吸机的价款。根据规定,当事人没有约定交付地点或者约定不明确,依据法律规定仍不能确定且标的物需要运输的,出卖人将标的物交付给第一承运人后,标的物毁损、灭失的风险由买受人承担。呼吸机被山洪冲走构成标的物灭失的风险,应由买受人承担,故乙医院有义务支付该呼吸机的价款。

(5) 乙医院无权要求甲公司同时支付违约金和双倍返还定金。根据规定,在同一合同中,当事人既约定违约金,又约定定金的,在一方违约时,当事人只能选择适用违约金条款或者定金条款,不能同时要求适用两个条款，故乙医院只能在违约金条款与定金条款中择一适用。

（6）甲公司通知丁公司直接向乙医院交付呼吸机，构成甲公司向乙医院的交付。根据规定，动产物权设定和转让前，第三人依法占有该动产的，负有交付义务的人可以通过转让请求第三人返还原物的权利代替交付。（或答"甲公司构成指示交付"）

（7）乙医院有权要求甲公司就2019年12月5日发现的呼吸机质量瑕疵进行赔偿。根据规定，出卖人交付的标的物不符合质量要求的，买受人可以依法要求其承担违约责任。但买受人收到标的物应当及时检验并通知出卖人，买受人在合理期限内未通知或者自收到标的物之日起2年内未通知出卖人的，视为标的物的质量符合约定，但对标的物有质量保证期的，适用质量保证期，不适用该2年的规定。

【案例8参考答案】

（1）乙公司有义务维修故障机。根据规定，除非当事人另有约定，出租人应当履行租赁物的维修义务。

（2）乙公司有权收回2台呼吸机。根据规定，承租人未经出租人同意转租的，出租人可以解除合同。解除合同的效果之一就是出租人有权要求返还出租物，即收回呼吸机。（答出"出租人可以解除合同"即得分）

（3）甲医院无权要求乙公司支付维修费。根据规定，承租人转租的，第三人对租赁物造成损失时，承租人应当赔偿损失。

（4）甲医院应向乙公司支付14.8万元租金。每台呼吸机的月租金是4 000元。1台呼吸机因乙公司未维修而处于无法使用状态，故1台呼吸机的租金只能算1个月，共4 000元；租赁期届满，承租人继续使用租赁物，出租人没有提出异议的，原租赁合同继续有效，因此，共有9台呼吸机的租期是4个月，租金额为14.4万元。合计14.8万元。

（5）丁公司没有义务维修故障机。根据规定，融资租赁的承租人应当履行占有租赁物期间的维修义务。

（6）丙医院未取得所购2台呼吸机的所有权。根据规定，出租人已在租赁物的显著位置作出标识，第三人在与承租人交易时知道或者应当知道该物为租赁物的，第三人不得依据善意取得制度而取得所有权。

（7）融资租赁期满后，丁公司有权要求甲医院返还呼吸机。根据规定，出租人和承租人可以约定租赁期限届满租赁物的归属；对租赁物的归属没有约定或者约定不明确，依据《民法典》的有关规定仍不能确定的，租赁物的所有权归出租人。

专题二 合伙企业法律制度

【鑫考点1】合伙企业设立

表2-1 合伙企业设立条件

类型		普通合伙企业	有限合伙企业
主体	人数	2人以上	2人以上50人以下
	自然人	必须具备完全民事行为能力	有限合伙人不受行为能力限制
	法人及其他组织	国有独资公司、国有企业、上市公司及公益性的事业单位、社会团体不得成为普通合伙人	国有独资公司、国有企业、上市公司及公益性的事业单位、社会团体可以成为有限合伙人
出资	方式	货币、实物、知识产权、土地使用权或者其他财产权利+劳务	有限合伙人不得以"劳务"出资
	评估	(1) 以劳务出资的,其评估办法由全体合伙人协商确定,并在合伙协议中载明 (2) 以其他方式出资,需要评估作价的,可以由全体合伙人协商确定,也可以由全体合伙人委托法定评估机构评估	

【鑫考点2】财产份额的转让与出质

表2-2 普通合伙人和有限合伙人对外转让与出质财产份额的区别

类型	普通合伙人	有限合伙人
对外转让财产份额	除合伙协议另有约定外,普通合伙人向合伙人以外的人转让其在合伙企业中的全部或者部分财产份额时,须经其他合伙人一致同意	有限合伙人可以按照合伙协议的约定向合伙人以外的人转让其在有限合伙企业中的财产份额,但应当提前30日通知其他合伙人
	在同等条件下,其他合伙人有优先购买权;但是,合伙协议另有约定的除外	有限合伙人对外转让其在有限合伙企业的财产份额时,有限合伙企业的其他合伙人有优先购买权
对外出质财产份额	普通合伙人以其在合伙企业中的财产份额出质的,须经其他合伙人一致同意(法定要求)	有限合伙人可以将其在有限合伙企业中的财产份额出质;但是,合伙协议另有约定的除外

【鑫考点3】合伙人的义务及损益分配

表 2-3　普通合伙人和有限合伙人义务及损益分配的区别

类型	普通合伙人	有限合伙人
与本企业交易	除合伙协议另有约定或者经全体合伙人一致同意外，合伙人不得同本合伙企业进行交易	有限合伙人可以同本有限合伙企业进行交易；但是，合伙协议另有约定的除外
经营与本企业相竞争的业务	普通合伙人不得自营或者同他人合作经营与本合伙企业相竞争的业务（法定要求）	有限合伙人可以自营或者同他人合作经营与本有限合伙企业相竞争的业务；但是，合伙协议另有约定的除外
违反上述规定的法律后果	该收益归合伙企业所有；给合伙企业或者其他合伙人造成损失的，依法承担赔偿责任	
损益分配	合伙协议不得约定将全部利润分配给部分合伙人或者由部分合伙人承担全部亏损	有限合伙企业不得将全部利润分配给部分合伙人；但是，合伙协议另有约定的除外

【总结】法定事项与约定事项。

（1）法定事项（包括但不限于）。

表 2-4　关于合伙人的法定事项

普通合伙人（企业）	国有独资公司、国有企业、上市公司及公益性的事业单位、社会团体不得成为普通合伙人
	普通合伙人以其在合伙企业中的财产份额出质的，须经其他合伙人一致同意
	普通合伙人绝对不得从事与本合伙企业相竞争的业务
	普通合伙企业的合伙协议绝对不得约定将全部利润分配给部分合伙人或者由部分合伙人承担全部亏损
有限合伙人	有限合伙人不得以劳务出资
	有限合伙企业由普通合伙人执行合伙事务，有限合伙人不执行合伙事务，不得对外代表有限合伙企业

（2）约定事项（未约定→一致同意）。

合伙企业委托一个或者数个合伙人执行合伙事务的，除合伙协议另有约定外，合伙企业的下列事项应当经全体合伙人一致同意：

① 改变合伙企业的名称。

② 改变合伙企业的经营范围、主要经营场所的地点。

③ 处分合伙企业的不动产。

④ 转让或者处分合伙企业的知识产权和其他财产权利。

⑤ 以合伙企业名义为他人提供担保。

⑥ 聘任合伙人以外的人担任合伙企业的经营管理人员。

合伙协议未约定的，法律规定必须经全体合伙人一致同意的事项还包括（但不限于）：

① 除合伙协议另有约定外，修改或者补充合伙协议，应当经全体合伙人一致同意。

② 新合伙人入伙，除合伙协议另有约定外，应当经全体合伙人一致同意。

③ 除合伙协议另有约定外，普通合伙人转变为有限合伙人，或者有限合伙人转变为普通合伙人，应当经全体合伙人一致同意。

④ 除合伙协议另有约定外，普通合伙人向合伙人以外的人转让其在合伙企业中的全部或者部分财产份额时，须经其他合伙人一致同意。

（3）合伙协议未约定或者约定不明确、法律也没有特别规定时，实行合伙人一人一票并经全体合伙人过半数通过的表决办法。

【鑫考点4】合伙人的退伙情形

1. 当然退伙

表 2-5　普通合伙人和有限合伙人当然退伙情形的区别

类型	普通合伙人	有限合伙人
作为合伙人的自然人死亡或者被依法宣告死亡	√	√
个人丧失偿债能力	√	×
作为合伙人的法人或者其他组织依法被吊销营业执照、责令关闭、撤销，或者被宣告破产	√	√
法律规定或者合伙协议约定合伙人必须具有相关资格而丧失该资格	√	√
合伙人在合伙企业中的全部财产份额被人民法院强制执行	√	√

【提示1】丧失行为能力。

（1）普通合伙人被依法认定为无民事行为能力人或者限制民事行为能力人的，经其他合伙人一致同意，可以依法转为有限合伙人，普通合伙企业依法转为有限合伙企业。其他合伙人未能一致同意的，该无民事行为能力或者限制民事行为能力的合伙人退伙。

（2）作为有限合伙人的自然人在有限合伙企业存续期间丧失民事行为能力的，其他合伙人不得因此要求其退伙。

【提示2】继承合伙人资格。

（1）普通合伙人的继承人为无民事行为能力人或者限制民事行为能力人的，经全体合伙人一致同意，可以依法成为有限合伙人，普通合伙企业依法转为有限合伙企业。全体合伙人未能一致同意的，合伙企业应当将被继承合伙人的财产份额退还该继承人。

（2）作为有限合伙人的自然人死亡、被依法宣告死亡或者作为有限合伙人的法人及其他组织终止时，其继承人或者权利承受人可以依法取得该有限合伙人在有限合伙企业中的资格。

2. 当然退伙与除名退伙

表2-6　当然退伙情形与除名退伙情形的区别

当然退伙情形（被动性）	除名退伙情形（主动性）
作为合伙人的自然人死亡或者被依法宣告死亡	未履行出资义务
个人丧失偿债能力	
作为合伙人的法人或者其他组织依法被吊销营业执照、责令关闭、撤销，或者被宣告破产	因故意或者重大过失给合伙企业造成损失
法律规定或者合伙协议约定合伙人必须具有相关资格而丧失该资格	执行合伙事务时有不正当行为
合伙人在合伙企业中的全部财产份额被人民法院强制执行	发生合伙协议约定的事由

【鑫考点5】合伙人的责任

表2-7　普通合伙人和有限合伙人责任的区别

类型	普通合伙人	有限合伙人
一般规则	承担无限连带责任	以认缴的出资承担有限责任
入伙	前+后：无限连带责任	前+后：有限责任（认缴的出资）
退伙	前：无限连带责任 后：×	前：有限责任（取回的财产） 后：×
身份转变	普通合伙人→有限合伙人 前：无限连带责任 后：有限责任	有限合伙人→普通合伙人 前+后：无限连带责任
特殊情形	特殊的普通合伙企业中，合伙人在执业活动中因故意或者重大过失造成合伙企业债务的，应当承担无限责任或者无限连带责任，其他合伙人以其在合伙企业中的财产份额为限承担责任	第三人有理由相信有限合伙人为普通合伙人并与其交易的，该有限合伙人对该笔交易承担与普通合伙人同样的责任

【鑫考点6】有限合伙企业事务执行

（1）由普通合伙人执行合伙事务，有限合伙人不执行合伙事务，不得对外代表有限合伙企业。

【提示】执行事务合伙人可以就执行事务的劳动付出，要求企业支付报酬。

（2）有限合伙人的下列行为，不视为执行合伙事务：

① 参与决定普通合伙人入伙、退伙。

② 对企业的经营管理提出建议。

③ 参与选择承办有限合伙企业审计业务的会计师事务所。

④ 获取经审计的有限合伙企业财务会计报告。

⑤ 对涉及自身利益的情况，查阅有限合伙企业财务会计账簿等财务资料。

⑥ 在有限合伙企业中的利益受到侵害时，向有责任的合伙人主张权利或者提起

诉讼。

⑦ 执行事务合伙人怠于行使权利时，督促其行使权利或者为了本企业的利益以自己的名义提起诉讼。

⑧ 依法为本企业提供担保。

【鑫考点7】合伙人个人债务清偿

表2-8　关于合伙人个人债务清偿的相关规定

两个不得	（1）债权人不得以其债权抵销其对合伙企业的债务 （2）债权人也不得代位行使合伙人在合伙企业中的权利
两个可以	（1）该合伙人可以以其从合伙企业中分取的收益用于清偿 （2）债权人也可以依法请求人民法院强制执行该合伙人在合伙企业中的财产份额用于清偿
强制执行	人民法院强制执行合伙人的财产份额时，应当通知全体合伙人，其他合伙人有优先购买权

【鑫考点8】合伙企业清算

表2-9　关于合伙企业清算的相关规定

清算人	（1）清算人由全体合伙人担任；经全体合伙人过半数同意，可以自合伙企业解散事由出现后15日内指定一个或者数个合伙人，或者委托第三人，担任清算人
	（2）自合伙企业解散事由出现之日起15日内未确定清算人的，合伙人或者其他利害关系人可以申请人民法院指定清算人
通知与公告	（1）清算人自被确定之日起10日内将合伙企业解散事项通知债权人，并于60日内在报纸上公告
	（2）债权人应当自接到通知书之日起30日内，未接到通知书的自公告之日起45日内，向清算人申报债权
财产清偿顺位	（1）支付清算费用（清算费用包括：①管理合伙企业财产的费用，如仓储费、保管费、保险费等；②处分合伙企业财产的费用，如聘任工作人员的费用等；③清算过程中的其他费用，如通告债权人的费用、调查债权的费用、咨询费用、诉讼费用等） （2）职工工资、社会保险费用和法定补偿金 （3）缴纳所欠税款 （4）清偿债务 （5）分配剩余财产
不能清偿到期债务的处理	合伙企业不能清偿到期债务的，债权人可以依法向人民法院提出破产清算申请，也可以要求普通合伙人清偿

经典案例分析题

【案例】（2012年）

2011年1月，甲、乙、丙、丁、戊共同出资设立A有限合伙企业（简称"A企业"），从事产业投资活动。其中，甲、乙、丙为普通合伙人，丁、戊为有限合伙人。丙负责执行合伙事务。

2011年2月，丙请丁物色一家会计师事务所，以承办有限合伙企业的审计业务。丁在合伙人会议上提议聘请自己曾任合伙人的B会计师事务所。对此，丙、戊表示同意，甲、乙则以丁是有限合伙人、不应参与执行合伙事务为由表示反对。A企业的合伙协议未对聘请会计师事务所的表决办法作出约定。

2011年4月，戊又与他人共同设立从事产业投资的C有限合伙企业（简称"C企业"），并任执行合伙人。后因C企业开始涉足A企业的主要投资领域，甲、乙、丙认为戊违反竞业禁止义务，要求戊从A企业退出。戊以合伙协议并未对此作出约定为由予以拒绝。

2011年5月，戊以其在A企业中的财产份额出质向庚借款200万元，但未告知A企业的其他合伙人。2011年12月，因戊投资连续失败，其个人财产损失殆尽，无力偿还所欠庚的到期借款。

经评估，戊在A企业中的财产份额价值150万元。庚因欠A企业50万元到期债务，遂自行以该笔债务抵销戊所欠其借款50万元，并同时向A企业提出就戊在A企业中的财产份额行使质权。对于庚的抵销行为与行使质权之主张，A企业表示反对。

要求：

根据上述内容，分别回答下列问题：

（1）甲、乙反对丁提议B会计师事务所承办A企业审计业务的理由是否成立？并说明理由。

（2）在甲、乙反对，其他合伙人同意的情况下，丁关于聘请B会计师事务所承办A企业审计业务的提议能否通过？并说明理由。

（3）甲、乙、丙关于戊违反竞业禁止义务的主张是否成立？并说明理由。

（4）庚能否以其对戊的债权抵销所欠A企业的债务？并说明理由。

（5）戊以其在A企业中的财产份额向庚出质的行为是否有效？并说明理由。

（6）庚是否有权请求人民法院强制执行戊在A企业中的财产份额？并说明理由。

经典案例分析题参考答案

【案例参考答案】

（1）甲、乙反对丁提议B会计师事务所承办A企业审计业务的理由不成立。根据规定，有限合伙人参与选择承办有限合伙企业审计业务的会计师事务所，不视为执行合伙事务。

（2）丁的提议能够通过。根据规定，合伙协议未约定表决办法的，实行合伙人一人一票并经全体合伙人过半数通过的表决办法。A企业的合伙协议没有约定表决办法，丙、丁、戊合计超过全体合伙人的半数，故丁的提议可以通过。

（3）甲、乙、丙关于戊违反竞业禁止义务的主张不成立。根据规定，有限合伙人可以自营或者同他人合作经营与本有限合伙企业相竞争的业务；但是，合伙协议另有约定的除外。

（4）庚不能以其对戊的债权抵销所欠A企业的债务。根据规定，合伙人发生与合伙企业无关的债务，相关债权人不得以其债权抵销对合伙企业的债务。

（5）戊的出质行为有效。根据规定，有限合伙人可以将其在有限合伙企业中的财产份额出质；但是，合伙协议另有约定的除外。

（6）庚有权请求人民法院强制执行戊在A企业中的财产份额。根据规定，当合伙人的自有财产不足清偿其与合伙企业无关的债务时，债权人可以依法请求人民法院强制执行该合伙人在合伙企业中的财产份额用于清偿。

专题三 公司法律制度+证券法律制度

【鑫考点1】股东出资

表3-1 股东未（全面）履行出资与抽逃出资的区别

类型	未（全面）履行出资	抽逃出资
认定	(1) 非货币财产出资未依法评估作价：人民法院应依法委托具有合法资格的评估机构对该财产评估作价，评估确定的价额显著低于公司章程所定价额的（不存在市场贬值风险），人民法院应当认定出资人未依法全面履行出资义务 (2) 已经交付使用但未办理权属变更：人民法院应当责令当事人在指定的合理期间内办理权属变更手续，出资人主张自其实际交付财产给公司使用时享有相应股东权利的，人民法院应予支持 (3) 已经办理权属变更手续但未交付给公司使用：公司或者其他股东主张其向公司交付、并在实际交付之前不享有相应股东权利的，人民法院应予支持	(1) 通过虚构债权债务关系将其出资转出 (2) 制作虚假财务会计报表虚增利润进行分配 (3) 利用关联交易将出资转出 (4) 其他未经法定程序将出资抽回的行为 (5) 审判实践中，被人民法院认定为股东抽逃出资的行为还有：①公司在减少注册资本时，未通知已知的债权人，致使债权人在公司向股东返还出资财产前无法请求公司向其清偿债务或者提供担保；②公司不符合分配利润的法定条件而直接向股东支付股利，尤其是支付固定收益；③股东之间转让股权而公司为其提供担保等
该股东	公司或者其他股东请求其向公司依法全面履行出资义务的，人民法院应予支持	对抽逃出资的股东，公司或者其他股东可请求其向公司返还出资本息
	公司股东未履行或者未全面履行出资义务或者抽逃出资，公司或者其他股东请求其向公司全面履行出资义务或者返还出资，被告股东不得以诉讼时效为由进行抗辩	
发起人	公司设立时的其他股东（或发起人）还应承担连带责任	公司或者其他股东还可要求协助抽逃出资的其他股东、董事、高级管理人员或者实际控制人对此承担连带责任
董事、高级管理人员	股东在公司增资时未履行或者未全面履行出资义务的，公司、其他股东或公司债权人请求未尽勤勉义务而使出资未缴足的董事、高级管理人员承担相应责任的，人民法院应予支持	
实际控制人	—	
第三人	有限责任公司的股东未履行或者未全面履行出资义务即转让股权，受让人对此知道或者应当知道，公司请求该股东履行出资义务、受让人对此承担连带责任的，人民法院应予支持；公司债权人依照法律规定向该股东提起诉讼，同时请求前述受让人对此承担连带责任的，人民法院应予支持	—

续表

类型	未（全面）履行出资	抽逃出资
债权人	公司债权人请求未履行或者未全面履行出资义务的股东在未出资本息范围内对公司债务不能清偿的部分承担补充赔偿责任的，人民法院应予支持；依照上款规定提起诉讼的公司债权人，请求公司的发起人与被告股东承担连带责任的，人民法院应予支持	公司债权人也可请求抽逃出资的股东在抽逃出资本息范围内对公司债务不能清偿的部分承担补充赔偿责任，并要求协助抽逃出资的其他股东、董事、高级管理人员或者实际控制人对此承担连带责任
债权人	公司债权人的债权未过诉讼时效期间，其请求未履行或者未全面履行出资义务或者抽逃出资的股东承担赔偿责任，被告股东也不得以出资义务或者返还出资义务超过诉讼时效期间为由进行抗辩	
股东权利合理限制	股东未履行或者未全面履行出资义务或者抽逃出资，公司根据公司章程或者股东会决议对其利润分配请求权、新股优先认购权、剩余财产分配请求权等股东权利作出相应的合理限制，该股东请求认定该限制无效的，人民法院不予支持	
股东资格解除	有限责任公司的股东未履行出资义务或者抽逃全部出资，经公司催告缴纳或者返还，其在合理期间内仍未缴纳或者返还出资，公司以股东会决议解除该股东的股东资格，该股东请求确认该解除行为无效的，人民法院不予支持	
赃款出资处理	以贪污、受贿、侵占、挪用等违法犯罪所得的货币出资后取得股权的，对违法犯罪行为予以追究、处罚时，应当采取拍卖或者变卖的方式处置其股权	

【鑫考点2】名义股东与实际出资人

表3-2　名义股东与实际出资人的权利与义务

股权代持合同效力	实际出资人与名义股东订立合同，如无其他违法情形，人民法院应当认定该合同有效，实际出资人可依合同约定向名义股东主张投资权益，名义股东以公司股东名册记载、公司登记机关登记为由否认实际出资人权利的，人民法院不予支持
实际出资人转为公司股东	实际出资人未经公司其他股东半数以上同意，请求公司变更股东、签发出资证明书、记载于股东名册、记载于公司章程并办理公司登记机关登记的，人民法院不予支持
名义股东转让所代持股权	名义股东将登记于其名下的股权转让、质押或者以其他方式处分，实际出资人以其对于股权享有实际权利为由，请求认定处分股权行为无效的，第三人有权依法主张善意取得该股权；名义股东处分股权造成实际出资人损失，实际出资人请求名义股东承担赔偿责任的，人民法院应予支持
名义股东的出资责任	公司债权人以登记于公司登记机关的股东（名义股东）未履行出资义务为由，请求其对公司债务不能清偿的部分在未出资本息范围内承担补充赔偿责任，股东以其仅为名义股东而非实际出资人为由进行抗辩的，人民法院不予支持
【提示】未经他人同意，冒用他人名义出资并将该他人作为股东在公司登记机关登记的，则冒名登记行为人应当承担相应责任，被冒名者并不需要承担任何责任	

【鑫考点3】股东权利

1. 查阅权

表3-3 有限责任公司股东与股份有限公司股东查阅权的区别

类型	有限责任公司股东	股份有限公司股东
公司章程	√（查阅、复制）	√（查阅）
股东（大）会会议记录	√（查阅、复制）	√（查阅）
董事会会议决议	√（查阅、复制）	√（查阅）
监事会会议决议	√（查阅、复制）	√（查阅）
财务会计报告	√（查阅、复制）	√（查阅）
会计账簿	√（书面请求＋查阅）	—
股东名册	—	√（查阅）
公司债券存根	—	√（查阅）

【提示1】公司章程、股东之间的协议等实质性剥夺股东依法查阅或者复制公司文件材料的权利，公司以此为由拒绝股东查阅或者复制的，人民法院不予支持。

【提示2】股东依据人民法院生效判决查阅公司文件材料的，在该股东在场的情况下，可以由会计师、律师等依法或者依据执业行为规范负有保密义务的中介机构执业人员辅助进行。

【提示3】有限责任公司有证据证明股东存在下列情形之一的，人民法院应当认定股东查阅会计账簿有"不正当目的"：①股东自营或者为他人经营与公司主营业务有实质性竞争关系业务的，但公司章程另有规定或者全体股东另有约定的除外；②股东为了向他人通报有关信息查阅公司会计账簿，可能损害公司合法利益的；③股东在向公司提出查阅请求之日前的3年内，曾通过查阅公司会计账簿，向他人通报有关信息损害公司合法利益的；④股东有不正当目的的其他情形。

2. 股利分配请求权

表3-4 股东的股利分配请求权

分配规则	(1) 有限责任公司的股东按照实缴的出资比例分取红利，但全体股东约定不按照出资比例分取红利的除外 (2) 股份有限公司按照股东持有的股份比例分配利润，但股份有限公司章程规定不按照持股比例分配的除外
实施时间	(1) 分配利润的股东会或者股东大会决议作出后，公司应当在决议载明的时间内完成利润分配 (2) 决议没有载明时间的，以公司章程规定的时间为准 (3) 决议、章程中均未规定时间或者时间超过1年的，公司应当自决议作出之日起1年内完成利润分配 (4) 决议中载明的利润分配完成时间如果超过公司章程规定的时间，股东可以依法请求人民法院撤销决议中关于该时间的规定

3. 异议股东回购请求权

表 3-5　异议股东行使股份回购请求权的情形

类型	有限责任公司	股份有限公司
对股东（大）会在特定情形下的决议投反对票的股东，可以请求公司按照合理价格收购其股权	（1）公司连续5年不向股东分配利润，而公司该5年连续盈利，并且符合法律规定的分配利润条件的 （2）公司合并、分立、转让主要财产的 （3）公司章程规定的营业期限届满或者章程规定的其他解散事由出现，股东会会议通过决议修改章程使公司存续的	仅限于对股东大会作出的公司合并、分立决议持有异议

【相关链接1】 股份回购。

表 3-6　公司回购股份的情形与要求

公司可以回购股份的情形	回购股份的要求
减少公司注册资本	股东大会决议 + 应当自收购之日起10日内注销
与持有本公司股份的其他公司合并	股东大会决议 + 应当在6个月内转让或者注销
股东因对股东大会作出的公司合并、分立决议持异议，要求公司收购其股份	
将股份用于员工持股计划或者股权激励	可以依照公司章程的规定或者股东大会的授权，经2/3以上董事出席的董事会会议决议。公司合计持有的本公司股份数不得超过本公司已发行股份总额的10%，并应当在3年内转让或者注销
将股份用于转换上市公司发行的可转换为股票的公司债券	
上市公司为维护公司价值及股东权益所必需	

【相关链接2】 公司应当自作出合并决议之日起10日内通知债权人，并于30日内在报纸上公告。债权人自接到通知书之日起30日内，未接到通知书的自公告之日起45日内，可以要求公司清偿债务或者提供相应的担保。

4. 临时提案权

股份有限公司单独或者合计持有公司3%以上股份的股东，可以在股东大会召开10日前提出临时提案并书面提交董事会；董事会应当在收到提案后2日内通知其他股东，并将该临时提案提交股东大会审议。

5. 股东代表诉讼

表 3-7　股东代表诉讼提起的程序与情形

侵权人	前置程序	以自己名义起诉的情形	诉讼股东资格
董事、高级管理人员	书面请求监事会→股东	董事会（执行董事）或监事会（监事）收到上述股东的书面请求后拒绝提起诉讼或者自收到请求之日起30日内未提起诉讼，或者情况紧急、不立即提起诉讼将会使公司利益受到难以弥补的损害的	有限责任公司的股东、股份有限公司连续180日以上单独或者合计持有公司1%以上股份的股东，有权为了公司的利益以自己的名义直接向人民法院提起诉讼
监事	书面请求董事会→股东		
公司以外的他人	书面请求董事会或者监事会→股东		

【提示1】股东依据《公司法》规定直接提起诉讼的案件,胜诉利益归属于公司。股东请求被告直接向其承担民事责任的,人民法院不予支持。股东依据《公司法》规定直接提起诉讼的案件,其诉讼请求部分或者全部得到人民法院支持的,公司应当承担股东因参加诉讼支付的合理费用。

【提示2】公司的控股股东、实际控制人、董事、监事和高级管理人员不得利用其与公司的关联关系损害公司利益;如违反该规定给公司造成损失,应当承担赔偿责任。

【提示3】如果公司的控股股东、实际控制人、董事、监事、高级管理人员通过关联交易损害公司利益,原告公司请求控股股东、实际控制人、董事、监事、高级管理人员赔偿所造成的损失,被告仅以该交易已经履行了信息披露、经股东会或者股东大会同意等法律、行政法规或者公司章程规定的程序为由抗辩的,人民法院不予支持。公司怠于提起上述损害赔偿之诉的,股东有权提起代表诉讼。上述损害公司利益的关联交易合同,如果存在无效或者可撤销的情形,而公司又没有起诉合同相对方的,股东有权提起代表诉讼。

【相关链接1】上市公司董事与董事会会议决议事项所涉及的企业有关联关系的,不得对该项决议行使表决权,也不得代理其他董事行使表决权。该董事会会议由过半数的无关联关系董事出席即可举行,须经无关联关系董事过半数通过。出席董事会的无关联关系董事人数不足3人的,应将该事项提交上市公司股东大会审议。

【相关链接2】公司成立后,存在下列情形且损害公司权益的,可以认定该股东抽逃出资:(1)将出资款项转入公司账户验资后又转出;(2)通过虚构债权债务关系将其出资转出;(3)制作虚假财务会计报表虚增利润进行分配;(4)利用关联交易将出资转出;(5)其他未经法定程序将出资抽回的行为。

【相关链接3】重大关联交易(是指上市公司拟与关联人达成的总额高于300万元或高于上市公司最近经审计净资产值的5%的关联交易)应由独立董事认可后,提交董事会讨论。

【鑫考点4】董事、监事和高级管理人员

1. 任职资格的一般规定

表3-8 不得担任董事、监事、高级管理人员的情形

"不懂事"	无民事行为能力或者限制民事行为能力
"自己整进去"	因贪污、贿赂、侵占财产、挪用财产或者破坏社会主义市场经济秩序,被判处刑罚,执行期满未逾5年;或者因犯罪被剥夺政治权利,执行期满未逾5年
"企业被整死"	担任破产清算的公司、企业的董事或者厂长、经理,对该公司、企业的破产负有个人责任的,自该公司、企业破产清算完结之日起未逾3年;担任因违法被吊销营业执照、责令关闭的公司、企业的法定代表人,并负有个人责任的,自该公司、企业被吊销营业执照之日起未逾3年
"穷光蛋"	个人所负数额较大的债务到期未清偿

2. 勤勉和忠诚义务

（1）股份有限公司不得直接或者通过子公司向董事、监事、高级管理人员提供借款。

（2）违反公司章程的规定或者未经股东会、股东大会同意，董事、高级管理人员不得与本公司订立合同或者进行交易。

（3）未经股东会或者股东大会同意，董事、高级管理人员不得利用职务便利为自己或者他人谋取属于公司的商业机会，自营或者为他人经营与所任职公司同类的业务。

3. 不得担任独立董事的情形（不具有独立性）

（1）在上市公司或者其附属企业任职的人员及其直系亲属、主要社会关系；

（2）直接或间接持有上市公司已发行股份1%以上或者是上市公司前10名股东中的自然人股东及其直系亲属；

（3）在直接或间接持有上市公司已发行股份5%以上的股东单位或者在上市公司前5名股东单位任职的人员及其直系亲属；

（4）最近1年内曾经具有前三项所列举情形的人员；

（5）为上市公司或者其附属企业提供财务、法律、咨询等服务的人员等。

4. 独立董事的要求

表3-9　关于上市公司独立董事任职的相关规定

提名人	上市公司董事会、监事会、单独或者合并持有上市公司已发行股份1%以上的股东可以提出独立董事候选人，并经股东大会选举决定
任期	（1）每届任期与其他董事任期相同，连选可以连任，连任时间不得超过6年 （2）独立董事如果连续3次未亲自出席董事会会议的，由董事会提请股东大会撤换 【提示】除出现上述情况及《公司法》中规定的不得担任董事的情形外，独立董事在任期届满前不得无故被免职
人数	上市公司董事会成员中应当至少包括1/3独立董事

【鑫考点5】组织机构

1. 股东会与股东大会

表3-10　股东会与股东大会的区别

类型	股东会	股东大会
设立	国有独资公司、一人有限责任公司不设股东会	必须设立股东大会
职权	选举和更换非由职工代表担任的董事、监事，决定有关董事、监事的报酬事项。董事任期届满前被股东（大）会以有效决议解除职务的，该董事如向人民法院起诉主张解除不发生法律效力，则人民法院不予支持（无因解除+合理补偿）	

续表

类型	股东会	股东大会
临时会议	（1）代表1/10以上表决权的股东 （2）1/3以上的董事 （3）监事会或不设监事会的公司的监事	（1）董事人数不足《公司法》规定人数或者公司章程所定人数的2/3时 （2）公司未弥补的亏损达实收股本总额的1/3时 （3）单独或者合计持有公司10%以上股份（不计优先股）的股东请求时 （4）董事会认为必要时 （5）监事会提议召开时 （6）公司章程规定的其他情形
通知时间	召开股东会会议，应当于会议召开15日前通知全体股东，但公司章程另有规定或者全体股东另有约定的除外	召开股东大会会议，应当将会议召开的时间、地点和审议的事项于会议召开20日前通知各股东；临时股东大会应当于会议召开15日前通知各股东；发行无记名股票的，应当于会议召开30日前公告会议召开的时间、地点和审议事项
召集与主持	股东会会议由董事会召集，董事长主持；董事长→副董事长→由半数以上董事共同推举一名董事→监事会→代表1/10以上表决权的股东	股东大会会议由董事会召集，董事长主持；董事长→副董事长→由半数以上董事共同推举一名董事→监事会→连续90日以上+持股10%以上的股东
特别决议	修改公司章程、增加或者减少注册资本，以及公司合并、分立、解散或者变更公司形式	（1）修改公司章程、增加或者减少注册资本，以及公司合并、分立、解散或者变更公司形式 （2）上市公司在1年内购买、出售重大资产或者担保金额超过公司资产总额30%的 （3）重大资产重组、可转股债券转股价格调整等
	经代表（全部）2/3以上表决权的股东通过	经出席会议的股东所持表决权的2/3以上通过
会议记录	出席会议的股东应当在会议记录上签名	主持人、出席会议的董事应当在会议记录上签名
公司对外提供担保	公司为公司股东或者实际控制人提供担保的，必须经股东会（股东大会）决议，接受担保的股东或者受实际控制人支配的股东不得参加表决。该项表决由出席会议的其他股东所持表决权的过半数（>1/2）通过 【提示1】公司不得以其未依照《公司法》关于公司对外担保的规定作出决议为由主张不承担担保责任：①金融机构开立保函或者担保公司提供担保；②公司为其全资子公司开展经营活动提供担保；③担保合同系由单独或者共同持有公司2/3以上对担保事项有表决权的股东签字同意。上述第②③种情形不适用于上市公司对外提供担保（2021年教材新增） 【提示2】公司的法定代表人违反《公司法》关于公司对外担保决议程序的规定，超越权限代表公司与相对人订立担保合同：①相对人善意的，担保合同对公司发生效力，相对人有权请求公司承担担保责任；②相对人非善意的，担保合同对公司不发生效力，相对人请求公司承担赔偿责任的，参照主合同有效而担保合同无效的情形处理（2021年教材新增） 【解释】相对人有证据证明已对公司决议进行了合理审查的，应当认定其构成善意，但是公司有证据证明相对人知道或者应当知道决议伪造、变造的除外 【提示3】公司的分支机构未经公司股东（大）会或者董事会决议以自己的名义对外提供担保，相对人不得请求公司或者其分支机构承担担保责任，但是相对人不知道且不应当知道分支机构对外提供担保未经公司决议程序的除外（2021年教材新增）	

续表

类型	股东会	股东大会
公司对外提供担保	【提示4】相对人根据上市公司公开披露的关于担保事项已经董事会或者股东大会决议通过的信息，与上市公司订立担保合同，相对人主张担保合同对上市公司发生效力，并由上市公司承担担保责任的，人民法院应予支持（2021年教材新增） 【提示5】相对人未根据上市公司公开披露的关于担保事项已经董事会或者股东大会决议通过的信息，与上市公司订立担保合同，上市公司主张担保合同对其不发生效力，且不承担担保责任或者赔偿责任的，人民法院应予支持	

【总结】上市公司股东大会的决议方式。

表3-11　上市公司股东大会的决议方式

由出席股东大会的股东所持表决权的过半数通过（出席+>1/2）	一般决议事项（如解聘会计师事务所、审议批准变更募集资金用途、发行公司债券等）
由出席股东大会的其他股东所持表决权的过半数通过（回避+出席+>1/2）	公司为公司股东或者实际控制人提供担保，必须经股东会（股东大会）决议，接受担保的股东或者受实际控制人支配的股东不得参加表决
经出席股东大会的股东所持表决权的2/3以上通过（出席+≥2/3）	（1）修改公司章程 （2）增加或者减少注册资本 （3）公司合并、分立、解散或者变更公司形式 （4）上市公司在1年内购买、出售重大资产或者担保金额超过公司资产总额30%的
由出席股东大会的其他股东所持表决权的2/3以上通过（回避+出席+≥2/3）	（1）上市公司重大资产重组事宜与本公司股东或者其关联人存在关联关系的，股东大会就重大资产重组事项进行表决时，关联股东应当回避表决 （2）上市公司非公开发行股票，本次发行涉及关联股东的，应当回避 （3）上市公司发行可转换公司债券的募集说明书约定转股价格向下修正的，持有公司可转换债券的股东应当回避
除须经出席会议的普通股股东（含表决权恢复的优先股股东）所持表决权的2/3以上通过之外，还须经出席会议的优先股股东（不含表决权恢复的优先股股东）所持表决权的2/3以上通过（出席+≥2/3+出席+≥2/3）	发行优先股的上市公司对下列事项进行表决：①修改公司章程中与优先股相关的内容；②一次或累计减少公司注册资本超过10%；③公司合并、分立、解散或变更公司形式；④发行优先股
须经出席会议的股东所持表决权的2/3以上通过，并须经出席会议的除以下股东以外的其他股东（中小股东）所持表决权的2/3以上通过：①上市公司的董事、监事、高级管理人员；②单独或者合计持有上市公司5%以上股份的股东（出席+≥2/3+出席+≥2/3）	主动退市——上市公司拟决定其股票不再在交易所交易，或者转而申请在其他交易场所交易或者转让的，应当召开股东大会作出决议

2. 董事会（有限）与董事会（股份）

表 3-12　有限责任公司董事会与股份有限公司董事会的区别

类型	董事会（有限）	董事会（股份）
设立	股东人数较少或者规模较小的有限责任公司，可以设 1 名执行董事，不设立董事会	必须设立董事会
人数	3～13 人	5～19 人
职工代表	两个以上的国有企业或者其他两个以上的国有投资主体投资设立的有限责任公司，其董事会成员中应当有公司职工代表；其他有限责任公司董事会成员中可以有公司职工代表	董事会成员中可以有公司职工代表
任期	董事任期由公司章程规定，但每届任期不得超过 3 年。董事任期届满，连选可以连任	
董事长（副）	可以设副董事长，董事长、副董事长的产生办法由公司章程规定。但国有独资公司董事长、副董事长由国有资产监督管理机构从董事会成员中指定	可以设副董事长，董事长和副董事长由董事会以全体董事的过半数选举产生
会议制度与决议方式	除《公司法》有规定的之外，董事会的议事方式和表决程序由公司章程规定。董事会决议的表决，实行一人一票	董事会每年度至少召开两次会议，每次会议应当于会议召开 10 日前通知全体董事和监事
		代表 1/10 以上表决权的股东、1/3 以上董事或者监事会及独立董事，可以提议召开董事会临时会议
		董事会会议应有过半数的董事出席方可举行。董事会作出决议必须经全体董事的过半数通过
		董事会的决议违反法律、行政法规或者公司章程、股东大会决议，致使公司遭受严重损失的，参与决议的董事对公司负赔偿责任。但经证明在表决时曾表明异议并记载于会议记录的，该董事可以免除责任

【鑫考点6】股东（大）会和董事会决议制度

表 3-13　股东（大）会和董事会决议制度

决议不成立	决议无效	决议可撤销
（1）公司未召开会议的，但依据《公司法》或者公司章程规定可以不召开股东会或者股东大会而直接作出决定，并由全体股东在决定文件上签名、盖章的除外 （2）会议未对决议事项进行表决的 （3）出席会议的人数或者股东所持表决权不符合《公司法》或者公司章程规定的 （4）会议的表决结果未达到《公司法》或者公司章程规定的通过比例的	公司股东会或者股东大会、董事会的决议内容违反法律、行政法规的	（1）股东会或者股东大会、董事会的会议召集程序、表决方式违反法律、行政法规的 （2）股东会或者股东大会、董事会的会议召集程序、表决方式违反公司章程的 （3）股东会或者股东大会、董事会的决议内容违反公司章程的
有资格提起决议不成立、无效之诉的人包括公司股东、董事、监事等		股东可以自决议作出之日起60日内，请求人民法院撤销。但会议召集程序或者表决方式仅有轻微瑕疵，且对决议未产生实质影响，股东请求撤销的，人民法院不予支持
原告请求确认股东会或者股东大会、董事会决议不成立、无效或撤销决议的案件，应当列公司为被告		
股东会或者股东大会、董事会决议被人民法院判决确认无效或者撤销的，公司依据该决议与善意相对人形成的民事法律关系不受影响		

【相关链接】股东大会、董事会决议被依法撤销或者宣告无效属于上市公司的重大事件，上市公司应依法对外发布临时报告。

【鑫考点7】股份转让的限制

表 3-14　股份转让的限制

发起人	（1）发起人持有的本公司股份，自公司成立之日起1年内不得转让 （2）公司公开发行股份前已发行的股份，自公司股票在证券交易所上市交易之日起1年内不得转让
董事、监事、高级管理人员	（1）自公司股票上市交易之日起1年内不得转让 （2）在任职期间每年转让的股份不得超过其所持有本公司股份总数的25% （3）离职后半年内，不得转让其所持有的本公司股份
董事、监事、高级管理人员＋持股≥5%（及其配偶、父母、子女）	将其持有的公司股票或其他具有股权性质的证券在买入后6个月内卖出，或者在卖出后6个月内又买入，由此所得收益归该公司所有，公司董事会应当收回其所得收益。公司董事会不依法执行的，股东有权要求董事会在30日内执行。公司董事会未在上述期限内执行的，股东有权为了公司的利益以自己的名义直接向人民法院提起诉讼

续表

收购人	(1) 通过证券交易所的证券交易，投资者持有或者通过协议、其他安排与他人共同持有一个上市公司已发行的有表决权股份达到5%时，应当在该事实发生之日起3日内，向国务院证券监督管理机构、证券交易所作出书面报告，通知该上市公司，并予公告，在上述期限内不得再行买卖该上市公司的股票 (2) 其后所持该上市公司已发行的有表决权股份比例每增加或者减少5%，应当依照前述规定进行报告和公告。在该事实发生之日起至公告后3日内，不得再行买卖该上市公司的股票。违反前述规定买入上市公司有表决权的股份的，在买入后的36个月内，对该超过规定比例部分的股份不得使表决权 (3) 投资者持有或者通过协议、其他安排与他人共同持有一个上市公司已发行的有表决权股份达到5%后，其所持该上市公司已发行的有表决权股份比例每增加或者减少1%，应当在该事实发生的次日通知该上市公司，并予公告 (4) 收购人持有的被收购的上市公司的股票，在收购行为完成后18个月内不得转让。收购人在被收购公司中拥有权益的股份在同一实际控制人控制的不同主体之间进行转让不受前述18个月的限制
发行股份购买资产（不构成借壳上市）	特定对象以资产认购而取得的上市公司股份，自股份发行结束之日起12个月内不得转让 属于下列情形之一的，36个月内不得转让： (1) 特定对象为上市公司控股股东、实际控制人或者其控制的关联人 (2) 特定对象通过认购本次发行的股份取得上市公司的实际控制权 (3) 特定对象取得本次发行的股份时，对其用于认购股份的资产持续拥有权益的时间不足12个月
发行股份购买资产（构成借壳上市）	上市公司发行股份购买资产属于"借壳上市"规定的交易情形的，上市公司原控股股东、原实际控制人及其控制的关联人，以及在交易过程中从该等主体直接或间接受让该上市公司股份的特定对象应当公开承诺，在本次交易完成后36个月内不转让其在该上市公司中拥有权益的股份 除收购人及其关联人以外的特定对象应当公开承诺，其以资产认购而取得的上市公司股份自股份发行结束之日起24个月内不得转让
上市公司非公开发行股票	上市公司董事会决议提前确定全部发行对象，且属于下列情形之一的，认购的股份自发行结束之日起18个月内不得转让： (1) 上市公司的控股股东、实际控制人或者其控制的关联人 (2) 通过认购本次发行的股份取得上市公司实际控制权的投资者 (3) 董事会拟引入的境内外战略投资者（新规定） 发行对象属于上述以外的情形的，发行对象认购的股份自发行结束之日起6个月内不得转让（新规定）
可转债	上市公司向特定对象发行的可转债转股的，所转换股票自可转债发行结束之日起18个月内不得转让

【鑫考点8】有限责任公司股东转让股权

表 3-15 有限责任公司股东转让股权

"同意"	（1）股东向股东以外的人转让股权，应当经其他股东过半数同意。公司章程对股权转让另有规定的，从其规定 （2）股东应就其股权转让事项书面通知其他股东征求同意，其他股东自接到书面通知之日起满 30 日未答复的，视为同意转让 （3）其他股东半数以上不同意转让的，不同意的股东应当购买该转让的股权；不购买的，视为同意转让
"优先购买权"	（1）经股东同意转让的股权，在同等条件下，其他股东有优先购买权 （2）两个以上股东主张行使优先购买权的，协商确定各自的购买比例；协商不成的，按照转让时各自的出资比例行使优先购买权 （3）行使期间 ①有限责任公司的股东主张优先购买转让股权的，应当在收到通知后，在公司章程规定的行使期间内提出购买请求 ②公司章程没有规定行使期间或者规定不明确的，以通知确定的期间为准 ③通知确定的期间短于 30 日或者未明确行使期间的，行使期间为 30 日

【提示】有限责任公司的转让股东，在其他股东主张优先购买后又不同意转让股权的，对其他股东优先购买的主张，人民法院不予支持，但公司章程另有规定或者全体股东另有约定的除外

【鑫考点9】信息披露

表 3-16 重大事件的信息披露

类型	涉及股票上市的公司	涉及债券上市的公司
重大事件 （包括但不限于）	（1）公司在 1 年内购买、出售重大资产超过公司资产总额 30%，或者公司营业用主要资产的抵押、质押、出售或者报废一次超过该资产的 30%	（1）公司重大资产抵押、质押、出售、转让、报废
	（2）公司订立重要合同、提供重大担保或者从事关联交易，可能对公司的资产、负债、权益和经营成果产生重要影响	（2）公司新增借款或者对外提供担保超过上年末净资产的 20%
	（3）公司的董事、1/3 以上监事或者经理发生变动，董事长或者经理无法履行职责	（3）公司放弃债权或者财产超过上年末净资产的 10%
	（4）持有公司 5% 以上股份的股东或者实际控制人，其持有股份或者控制公司的情况发生较大变化	（4）公司发生超过上年末净资产 10% 的重大损失
	（5）公司分配股利、增资的计划，公司股权结构的重要变化，公司减资、合并、分立、解散及申请破产的决定，或者依法进入破产程序、被责令关闭	（5）公司分配股利，作出减资、合并、分立、解散、申请破产决定，或者依法进入破产程序、被责令关闭
	（6）涉及公司的重大诉讼、仲裁，股东大会、董事会决议被依法撤销或者宣告无效	（6）涉及公司的重大诉讼、仲裁
	（7）公司涉嫌犯罪被依法立案调查，公司的控股股东、实际控制人、董事、监事、高级管理人员涉嫌犯罪被依法采取强制措施	

续表

类型	涉及股票上市的公司	涉及债券上市的公司
披露时点	(1) 上市公司应当在最先发生的以下任一时点（自起算日起或触及披露时点的2个交易日内），及时履行重大事件的信息披露义务：①董事会或监事会就该重大事件形成决议时；②有关各方就该重大事件签署意向书或协议时；③董事、监事或高级管理人员知悉重大事件发生并报告时 (2) 在上述规定的时点之前出现下列情形之一的，上市公司应当及时披露相关事项的现状、可能影响事件进展的风险因素：①该重大事件难以保密；②该重大事件已经泄露或者市场出现传闻；③公司证券及其衍生品种出现异常交易情况	

【鑫考点10】虚假陈述

表3-17 虚假陈述的行政责任与民事责任

认定	虚假陈述包括未按照规定披露信息、虚假记载、误导性陈述和重大遗漏	
行政责任	行政处罚	(1) 证券服务机构违反《证券法》的规定，未勤勉尽责，所制作、出具的文件有虚假记载、误导性陈述或者重大遗漏的，责令改正，没收业务收入，并处以业务收入1倍以上10倍以下的罚款，没有业务收入或者业务收入不足50万元的，处以50万元以上500万元以下的罚款；情节严重的，并处暂停或者禁止从事证券服务业务 (2) 对证券服务机构直接负责的主管人员和其他直接责任人员给予警告，并处以20万元以上200万元以下的罚款 (3) 信息披露义务人报送的报告或者披露的信息有虚假记载、误导性陈述或者重大遗漏的，责令改正，给予警告，并处以100万元以上1 000万元以下的罚款 (4) 对信息披露义务人直接负责的主管人员和其他直接责任人员给予警告，并处以50万元以上500万元以下的罚款
	直接负责的主管人员或者其他直接责任人员的认定	(1) 信息披露义务人的董事、监事和高级管理人员，应当视情形认定其为直接负责的主管人员或者其他直接责任人员承担行政责任，但其能够证明已尽忠实、勤勉义务，没有过错的除外（过错推定原则） (2) 董事、监事、高级管理人员之外的其他人员，确有证据证明其行为与信息披露违法行为具有直接因果关系，应当视情形认定其为直接负责的主管人员或者其他直接责任人员（过错原则）
	不予行政处罚的考虑情形	(1) 当事人对认定的信息披露违法事项提出具体异议记载于董事会、监事会、公司办公会会议记录等，并在上述会议中投反对票的 (2) 当事人在信息披露违法事实所涉及期间，由于不可抗力、失去人身自由等无法正常履行职责的 (3) 对公司信息披露违法行为不负有主要责任的人员在公司信息披露违法行为发生后及时向公司和证券交易所、证券监管机构报告的
	不得单独作为不予处罚情形的认定	(1) 不直接从事经营管理 (2) 能力不足、无相关职业背景 (3) 任职时间短、不了解情况 (4) 相信专业机构或者专业人员出具的意见和报告 (5) 受到股东、实际控制人控制或者其他外部干预

民事责任	因果关系推定	(1) 投资人买入的时间：虚假陈述实施日后至揭露日或更正日之前 (2) 投资人卖出的时间：在揭露日或更正日后卖出该证券产生了亏损或者持续持有该证券产生了亏损 【提示1】实施日：①在指定信息披露媒体发布虚假陈述文件的日期，即可以确定为虚假陈述实施日；②对于隐瞒和不履行信息披露义务的，则应以法定期限的最后一个期日为虚假陈述实施日 【提示2】揭露日：只要交易市场对监管部门立案调查、权威媒体刊载的揭露文章等信息存在着明显的反应，对一方主张市场已经知悉虚假陈述的抗辩，人民法院依法予以支持
	赔偿责任原则	(1) 无过错原则：信息披露义务人实施虚假陈述，致使投资者在证券交易中遭受损失的，信息披露义务人应当承担赔偿责任 (2) 过错推定原则：发行人的控股股东、实际控制人、董事、监事、高级管理人员和其他直接责任人员及保荐人、承销的证券公司及其直接责任人员，应当与发行人承担连带赔偿责任，但是能够证明自己没有过错的除外

【鑫考点11】内幕交易

表3-18　内幕交易的认定与不构成内幕交易的情形

内幕信息	(1) 证券交易活动中，涉及发行人的经营、财务或者对该发行人证券的市场价格有重大影响的尚未公开的信息，为内幕信息。重大事件属于内幕信息 (2) 影响内幕信息形成的动议、筹划、决策或者执行人员，其动议、筹划、决策或执行初始时间，应当认定为内幕信息的形成之时
内幕交易的认定	在内幕信息敏感期内，内幕信息的知情人员和非法获取内幕信息的人，不得买卖该公司的证券，或者泄露该信息，或者建议他人买卖该证券，否则就构成了内幕交易
内幕交易的认定（只要监管机构提供的证据能够证明以下情形之一，就可以确认内幕交易行为成立）	(1) 证券交易内幕信息知情人员，进行了与该内幕信息有关的证券交易活动 (2) 内幕信息知情人员的配偶、父母、子女及其他有密切关系的人，其证券交易活动与该内幕信息基本吻合 (3) 因履行工作职责悉上述内幕信息并进行了与该信息有关的证券交易活动 (4) 非法获取内幕信息，并进行了与该信息有关的证券交易活动 (5) 内幕信息公开前与内幕信息知情人员或知晓该内幕信息的人员联络、接触，其证券交易活动与内幕信息高度吻合
不属于内幕交易	(1) 持有或者通过协议、其他安排与他人共同持有上市公司5%以上股份的自然人、法人或其他组织收购该上市公司股份的 (2) 按照事先订立的书面合同、指令、计划从事相关证券、期货交易的 (3) 依据已被他人披露的信息进行交易的 (4) 交易具有其他正当理由或者正当信息来源的

【鑫考点12】上市公司收购

表3-19 上市公司要约收购与豁免要约收购的情形与要求

一致行动人的认定（包括但不限于）	投资者及其一致行动人在一个上市公司中拥有的权益应当合并计算。如无相反证据，投资者有下列情形之一的，为一致行动人： （1）法人与法人："控制""董、监、高""合伙、合作、联营""银行以外提供融资"等 （2）法人与个人：①持有投资者30%以上股份的自然人；②在投资者任职的董事、监事及高级管理人员；③持有投资者30%以上股份的自然人和在投资者任职的董事、监事及高级管理人员，其近亲属与投资者持有同一上市公司股份等	
免于发出要约（包括但不限于）	（1）上市公司面临严重财务困难，收购人提出的挽救公司的重组方案取得该公司股东大会批准，且收购人承诺3年内不转让其在该公司中所拥有的权益 （2）因上市公司按照股东大会批准的确定价格向特定股东回购股份而减少股本，导致投资者在该公司中拥有权益的股份超过该公司已发行股份的30% （3）经上市公司股东大会非关联股东批准，收购人取得上市公司向其发行的新股，导致其在该公司拥有权益的股份超过公司已发行股份的30%，收购人承诺3年内不转让拥有权益的股份，且公司股东大会同意收购人免于发出要约 （4）在一个上市公司中拥有权益的股份达到或者超过该公司已发行股份的30%的，自上述事实发生之日起1年后，每12个月内增加其在该公司中拥有权益的股份不超过该公司已发行股份的2% （5）在一个上市公司中拥有权益的股份达到或者超过该公司已发行股份的50%的，继续增加其在该公司拥有的权益不影响该公司的上市地位 （6）因所持优先股表决权依法恢复导致投资者在一个上市公司中拥有权益的股份超过公司已发行股份的30%	
要约收购	触及要约收购	（1）通过证券交易所的证券交易，收购人持有或通过协议、其他安排与他人共同持有一个上市公司的股份达到该公司已发行股份的30%时，继续增持股份的，应当采取要约方式进行，发出全面要约或者部分要约 （2）收购人拟通过协议方式收购一个上市公司的股份超过30%的，超过30%的部分，应当改以要约方式进行 （3）收购人虽不是上市公司的股东，但通过投资关系、协议、其他安排导致其拥有权益的股份超过一个上市公司已发行股份的30%的，应当向该公司所有股东发出全面要约（间接收购）
	收购数量	只要采用要约方式收购一个上市公司的股份的，其预定收购的股份比例不得低于该上市公司已发行股份的5%
	收购期限	收购要约约定的收购期限不得少于30日，并不得超过60日；但是，出现竞争要约的除外
	收购价格	对同一种类股票的要约价格，不得低于要约收购提示性公告日前6个月内收购人取得该种股票所支付的最高价格

续表

	收购人义务	(1) 在收购要约约定的承诺期限内，收购人不得撤销其收购要约 (2) 收购要约期限届满前15日内，收购人不得变更收购要约；但是，出现竞争要约的除外。收购人需要变更收购要约的，必须及时公告，载明具体变更事项，并通知被收购公司，且不得存在下列情形：①降低收购价格；②减少预定收购股份数额；③缩短收购期限等 (3) 采取要约收购方式的，收购人作出公告后至收购期限届满前，不得卖出被收购公司的股票，也不得采取要约规定以外的形式和超出要约的条件买入被收购公司的股票 (4) 收购要约提出的各项收购条件，应当平等适用于被收购公司的所有股东。上市公司发行不同种类股票的，收购人可以针对不同种类股票提出不同的收购条件
	被收购公司董事会	(1) 在要约收购期间，被收购公司董事不得辞职 (2) 未经股东大会批准，被收购公司董事会不得通过处置公司资产、对外投资、调整公司主要业务、担保、贷款等方式，对公司资产、负债、权益或者经营成果造成重大影响 (3) 在收购人公告要约收购报告书后20日内，被收购公司董事会应当将被收购公司董事会报告书与独立财务顾问的专业意见报送中国证监会，同时抄报其派出机构，抄送证券交易所，并予公告
	预受股东	在要约收购期限届满3个交易日前，预受股东可以委托证券公司办理撤回预受要约的手续；在要约收购期限届满前3个交易日内，预受股东不得撤回其对要约的接受
协议收购	协议过渡期	(1) 在过渡期内，收购人不得通过控股股东提议改选上市公司董事会，确有充分理由改选董事会的，来自收购人的董事不得超过董事会成员的1/3 (2) 被收购公司不得为收购人及其关联方提供担保 (3) 被收购公司不得公开发行股份募集资金，不得进行重大购买、出售资产及重大投资行为或者与收购人及其关联方进行其他关联交易，但收购人为挽救陷入危机或者面临严重财务困难的上市公司的情形除外
管理层收购		(1) 上市公司董事、监事、高级管理人员、员工或者其所控制或者委托的法人或者其他组织，拟对本公司进行收购或者通过间接收购方式取得本公司控制权的，该上市公司应当具备健全且运行良好的组织机构及有效的内部控制制度，公司董事会成员中独立董事的比例应当达到或者超过1/2 (2) 公司应当聘请符合《证券法》规定的资产评估机构提供公司资产评估报告 (3) 本次收购应当经董事会非关联董事作出决议，且取得2/3以上的独立董事同意后，提交公司股东大会审议，经出席股东大会的非关联股东所持表决权过半数通过

【鑫考点13】重大资产重组

表 3-20　上市公司重大资产重组的认定与要求

普通重大资产重组的认定	上市公司及其控股或控制的公司购买、出售资产，达到下列标准之一的，构成重大资产重组： （1）购买、出售的资产总额占上市公司最近一个会计年度经审计的合并财务会计报告期末资产总额的比例达到50%以上 （2）购买、出售的资产在最近一个会计年度所产生的营业收入占上市公司同期经审计的合并财务会计报告营业收入的比例达到50%以上 （3）购买、出售的资产净额占上市公司最近一个会计年度经审计的合并财务会计报告期末净资产额的比例达到50%以上，且超过5 000万元人民币
特殊重大资产重组（重组上市）的认定	上市公司自控制权发生变更之日起60个月内，向收购人及其关联人购买资产，导致上市公司发生以下根本变化情形之一的，构成重大资产重组（重组上市），应当按照相关规定报经中国证监会核准： （1）购买的资产总额占上市公司控制权发生变更的前一个会计年度经审计的合并财务会计报告期末资产总额的比例达到100%以上 （2）购买的资产在最近一个会计年度所产生的营业收入占上市公司控制权发生变更的前一个会计年度经审计的合并财务会计报告营业收入的比例达到100%以上 （3）购买的资产在最近一个会计年度所产生的净利润占上市公司控股权发生变更的前一个会计年度经审计的合并财务会计报告净利润的比例达到100%以上 （4）购买的资产净额占上市公司控制权发生变更的前一个会计年度经审计的合并财务会计报告期末净资产额的比例达到100%以上 （5）为购买资产发行的股份占上市公司首次向收购人及其关联人购买资产的董事会决议前一个交易日的股份的比例达到100%以上 （6）上市公司向收购人及其关联人购买资产虽未达到本款第（1）至第（5）项标准，但可能导致上市公司主营业务发生根本变化 【提示】上市公司购买的资产对应的经营实体应当是股份有限公司或者有限责任公司，且符合首发条件
发行股份购买资产	基本要求（包括但不限于）：上市公司及其现任董事、高级管理人员不存在因涉嫌犯罪正被司法机关立案侦查或涉嫌违法违规正被中国证监会立案调查的情形，但是，涉嫌犯罪或违法违规的行为已经终止满3年，交易方案有助于消除该行为可能造成的不良后果，且不影响对相关行为人追究责任的除外
	发行价格：上市公司发行股份的价格不得低于市场参考价（为本次发行股份购买资产的董事会决议公告日前20个交易日、60个交易日或者120个交易日的公司股票交易均价之一）的90%
	转股时限： （1）特定对象以资产认购而取得的上市公司股份，自股份发行结束之日起12个月内不得转让 （2）属于下列情形之一的，36个月内不得转让：①特定对象为上市公司控股股东、实际控制人或者其控制的关联人；②特定对象通过认购本次发行的股份取得上市公司的实际控制权；③特定对象取得本次发行的股份时，对其用于认购股份的资产持续拥有权益的时间不足12个月

【鑫考点 14】股票的发行

1. 主板上市公司公开发行股票

表 3-21 主板上市公司公开发行股票的条件

主板上市公司公开发行新股的一般条件（包括但不限于）	（1）现任董事、监事和高级管理人员最近 36 个月内未受到过中国证监会的行政处罚，最近 12 个月内未受到过证券交易所的公开谴责，最近 12 个月内不存在违规对外提供担保的行为 （2）上市公司最近 3 个会计年度连续盈利 （3）高级管理人员和核心技术人员稳定，最近 12 个月内未发生重大不利变化 （4）最近 3 年以现金方式累计分配的利润不少于最近 3 年实现的年均可分配利润的 30% （5）上市公司或其现任董事、高级管理人员不存在因涉嫌犯罪被司法机关立案侦查或涉嫌违法违规被中国证监会立案调查
配股条件	（1）拟配售股份数量不超过本次配售股份前股本总额的 30% （2）控股股东应当在股东大会召开前公开承诺认配股份的数量 （3）采用《证券法》规定的代销方式发行（代销期满认股数量应达到拟配股数量 70%，否则发行失败）
向不特定对象公开增发条件	（1）最近 3 个会计年度加权平均净资产收益率平均不低于 6% （2）除金融类企业外，最近 1 期期末不存在持有金额较大的交易性金融资产和可供出售金融资产、借予他人款项、委托理财等财务性投资的情形 （3）发行价格应不低于公告招股意向书前 20 个交易日公司股票均价或前 1 个交易日的均价
可转换公司债券发行条件	上市公司公开发行可转换公司债券，除应当符合主板上市公司公开发行新股的一般条件之外，还应当符合以下条件： （1）最近 3 个会计年度加权平均净资产收益率平均不低于 6% （2）本次发行后累计公司债券余额不超过最近 1 期期末净资产额的 40% （3）最近 3 个会计年度实现的年均可分配利润不少于公司债券 1 年的利息 【提示 1】公开发行可转换公司债券，应当提供担保，但最近 1 期期末经审计的净资产不低于人民币 15 亿元的公司除外 【提示 2】证券公司或上市公司不得作为发行可转债的担保人，但上市商业银行除外 【提示 3】可转换公司债券自发行结束之日起 6 个月后方可转换为公司股票，债券持有人对转换股票或者不转换股票有选择权，转换股票的于转股的次日成为发行公司的股东 【提示 4】上市公司向不特定对象发行可转债的转股价格应当不低于募集说明书公告日前 20 个交易日发行人股票交易均价和前 1 个交易日均价，且不得向上修正。上市公司向特定对象发行可转债的转股价格应当不低于认购邀请书发出前 20 个交易日发行人股票交易均价和前 1 个交易日均价，且不得向下修正 【提示 5】上市公司可转债募集说明书约定转股价格向下修正条款的，应当同时约定：①转股价格修正方案须提交公司股东大会表决，且须经出席会议的股东所持表决权的 2/3 以上同意，持有公司可转债的股东应当回避；②修正后的转股价格不低于前项通过修正方案的股东大会召开日前 20 个交易日该公司股票交易均价和前一交易日的均价 【提示 6】上市公司向特定对象发行的可转债转股的，所转换股票自可转债发行结束之日起 18 个月内不得转让

2. 主板上市公司非公开发行股票

表 3-22　主板上市公司非公开发行股票的条件

发行对象	发行对象不超过 35 名 【提示 1】证券投资基金管理公司、证券公司、合格境外机构投资者、人民币合格境外机构投资者以其管理的 2 只以上产品认购的，视为 1 个发行对象 【提示 2】信托公司作为发行对象，只能以自有资金认购
发行价格	发行价格不低于定价基准日前 20 个交易日公司股票均价的 80%
锁定期	上市公司董事会决议提前确定全部发行对象，且属于下列情形之一的，定价基准日可以为关于本次非公开发行股票的董事会决议公告日、股东大会决议公告日或者发行期首日，认购的股份自发行结束之日起 18 个月内不得转让： （1）上市公司的控股股东、实际控制人或其控制的关联人 （2）通过认购本次发行的股份取得上市公司实际控制权的投资者 （3）董事会拟引入的境内外战略投资者 发行对象属于上述规定以外的情形的，其认购的股份自发行结束之日起 6 个月内不得转让

3. 上市公司公开发行优先股

表 3-23　上市公司公开发行优先股的条件

上市公司公开发行的一般条件	（1）上市公司已发行的优先股不得超过公司普通股股份总数的 50%，且筹资金额不得超过发行前净资产的 50% （2）上市公司最近 3 个会计年度应当连续盈利 （3）上市公司发行优先股，最近 3 个会计年度实现的年均可分配利润应当不少于优先股 1 年的股息 （4）上市公司公开发行优先股，最近 3 年财务报表被注册会计师出具的审计报告应当为标准审计报告或带强调事项段的无保留意见的审计报告
上市公司公开发行的特殊要求	上市公司公开发行优先股应当在公司章程中规定以下事项： （1）采取固定股息率 （2）在有可分配税后利润的情况下必须向优先股股东分配股息 （3）未向优先股股东足额派发股息的差额部分应当累积到下一会计年度 （4）优先股股东按照约定的股息率分配股息后，不再同普通股股东一起参加剩余利润分配 上市公司公开发行优先股，应当符合以下情形之一： （1）其普通股为上证 50 指数成分股 （2）以公开发行优先股作为支付手段收购或吸收合并其他上市公司 （3）以减少注册资本为目的回购普通股的，可以公开发行优先股作为支付手段，或者在回购方案实施完毕后，可公开发行不超过回购减资总额的优先股
上市公司公开发行的法定障碍	上市公司存在下列情形之一的，不得发行优先股： （1）本次发行申请文件有虚假记载、误导性陈述或重大遗漏 （2）最近 12 个月内受到过中国证监会的行政处罚 （3）因涉嫌犯罪正被司法机关立案侦查或涉嫌违法违规正被中国证监会立案调查 （4）上市公司的权益被控股股东或实际控制人严重损害且尚未消除 （5）上市公司及其附属公司违规对外提供担保且尚未解除 （6）存在可能严重影响公司持续经营的担保、诉讼、仲裁、市场重大质疑或其他重大事项

续表

上市公司公开发行的法定障碍	(7) 其董事和高级管理人员不符合法律、行政法规和规章规定的任职资格 (8) 严重损害投资者合法权益和社会公共利益的其他情形 除了以上"不得发行优先股"的情形外，上市公司最近36个月内因违反工商、税收、土地、环保、海关法律、行政法规或规章，受到行政处罚且情节严重的，不得公开发行优先股
优先股股东享有表决权	(1) 修改公司章程中与优先股相关的内容 (2) 一次或累计减少公司注册资本超过10% (3) 公司合并、分立、解散或变更公司形式 (4) 发行优先股 (5) 公司章程规定的其他情形 【提示】除须经出席会议的普通股股东（含表决权恢复的优先股股东）所持表决权的2/3以上通过之外，还须经出席会议的优先股股东（不含表决权恢复的优先股股东）所持表决权的2/3以上通过
表决权恢复	公司累计3个会计年度或连续2个会计年度未按约定支付优先股股息的，股东大会批准当年不按约定分配利润的方案次日起，优先股股东有权出席股东大会与普通股股东共同表决，每股优先股份享有公司章程规定的表决权 【提示】一般情况下，计算股东持股数额仅计算普通股和表决权恢复的优先股

【鑫考点15】非上市公众公司

表3-24 关于非上市公众公司发行股票的相关规定

认定	(1) 股票向特定对象发行或者转让导致股东累计超过200人且其股票未在证券交易所上市交易的股份有限公司 (2) 股票以公开方式向社会公众公开转让且其股票未在证券交易所上市交易的股份有限公司
中国证监会核准	(1) 因股票以非公开方式发行或转让导致股东累计超过200人，但股份有限公司在3个月内将股东人数降至200人以内的，可以不提出申请 (2) 股东人数未超过200人的公司申请其股票挂牌公开转让，中国证监会豁免核准 (3) 在全国中小企业股份转让系统挂牌公开转让股票的非上市公众公司向特定对象发行股票后股东累计不超过200人的，中国证监会豁免核准 (4) 其他涉及非上市公众公司的定向发行、转让或公开发行、转让均须经中国证监会核准
非上市公众公司定向发行股票	(1) 特定对象：①公司股东；②公司董事、监事、高级管理人员、核心员工；③符合投资者适当性管理规定的自然人投资者、法人投资者及其他经济组织（非挂牌公司本项人数合计不超过35名） (2) 公司申请定向发行股票，可申请一次核准，分期发行。自中国证监会予以核准之日起，公司应当在3个月内首期发行，首期发行数量应当不少于总发行数量的50%，剩余数量应当在12个月内发行完毕。每期发行后5个工作日内将发行情况报中国证监会备案

续表

非上市公众公司向不特定合格投资者公开发行	(1) 条件：挂牌公司＋具有持续盈利能力且最近3年财务会计文件无虚假记载＋最近3年内公司及其控股股东、实际控制人不存在"黑五类"刑事犯罪，不存在欺诈发行、重大信息披露违法或者其他涉及"五安"等领域的重大违法行为，最近12个月内未受到中国证监会行政处罚 (2) 公司决议：必须经出席会议的股东所持表决权的2/3以上通过＋公司股东人数超过200人的，应当对出席会议的持股比例在10%以下的股东表决情况单独计票并予以披露＋应当提供网络投票的方式 (3) 应当聘请具有保荐资格的机构担任保荐人，保荐人持续督导期间为公开发行完成后当年剩余时间及其后2个完整会计年度 (4) 可以与主承销商自主协商直接定价，也可以通过合格投资者网上竞价，或者网下询价等方式确定股票发行价格和发行对象

【鑫考点16】投资者保护制度

表3-25 关于投资者保护制度的相关规定

普通投资者的特殊保护制度	(1) 普通投资者与证券公司发生纠纷的，证券公司应当证明其行为符合法律、行政法规及国务院证券监督管理机构的规定，不存在误导、欺诈等情形。证券公司不能证明的，应当承担相应的赔偿责任 (2) 普通投资者与证券公司发生证券业务纠纷，普通投资者提出调解请求的，证券公司不得拒绝
投资者保护机构	(1) 我国的投资者保护机构主要在表决权征集、证券纠纷调解、证券支持诉讼、股东派生诉讼、代表人诉讼等方面履行相应投资者保护的职能 (2) 除了上市公司董事会、独立董事、持有1%以上有表决权股份的股东之外，依照法律、行政法规或者国务院证券监督管理机构的规定设立的投资者保护机构，也可以作为征集人，自行或者委托证券公司、证券服务机构，公开请求上市公司股东委托其代为出席股东大会，并代为行使提案权、表决权等股东权利。禁止以有偿或者变相有偿的方式公开征集股东权利

【总结】《公司法》中有关"1/2、1/3、2/3"比例的归纳。

表3-26 《公司法》中相关比例的规定

半数以上（≥1/2）	公司"三会"的召集和主持	董事长→副董事长→半数以上董事共同推举1名董事 监事会主席→监事会副主席→半数以上监事共同推举1名监事
	发起人	设立股份有限公司，应当有2人以上200人以下为发起人，其中须有半数以上的发起人在中国境内有住所
	实际出资人转为公司股东	实际出资人未经公司其他股东半数以上同意，请求公司变更股东、签发出资证明书、记载于股东名册、记载于公司章程并办理公司登记机关登记的，人民法院不予支持
	取得控制权的认定	投资者通过实际支配上市公司股份表决权能够决定公司董事会半数以上成员选任

续表

过半数 （>1/2）	为股东或实际控制人提供担保的股东（大）会决议	该项表决由出席会议的其他股东所持表决权的过半数通过
	"公司领导"产生	股份有限公司的董事长、副董事长由全体董事过半数选举产生
		股份有限公司或有限责任公司监事会（副）主席由全体监事过半数选举产生
	创立大会决议	创立大会应有代表股份总数过半数的发起人、认股人出席，方可举行。创立大会作出决议，必须经出席会议的认股人所持表决权过半数通过
	股份有限公司董事会决议	董事会会议应有过半数的董事（或无关联董事）出席方可举行。董事会作出决议，必须经全体董事（或无关联董事）的过半数通过
	股东大会普通决议	经出席会议的股东所持表决权过半数通过
	有限责任公司股东对外转让股权	股东向股东以外的人转让股权，应当经其他股东过半数同意，公司章程另有规定的除外
1/3以上 （≥1/3）	临时会议	1/3以上的董事可以提议召开临时股东会和股份有限公司的临时董事会
		公司未弥补的亏损达实收股本总额1/3时，应当在2个月内召开临时股东大会
	监事会中职工占比	监事会应当包括职工代表，职工代表的比例不得低于1/3
	涉及股票的重大事件	公司的董事、1/3以上监事或者经理发生变动，董事长或者经理无法履行职责
2/3以上 （≥2/3）	特别决议事项	有限责任公司经代表（全部）2/3以上表决权的股东通过
		股份有限公司经出席会议的股东所持表决权的2/3以上通过
	优先股表决事项	除须经出席会议的普通股股东（含表决权恢复的优先股股东）所持表决权的2/3以上通过之外，还经出席会议的优先股股东（不含表决权恢复的优先股股东）所持表决权的2/3以上通过
	临时股东大会	董事人数不足法定最低人数5人或者不足公司章程所定人数的2/3时，应当在2个月内召开临时股东大会
	股份回购例外	因员工持股计划或者股权激励+转换上市公司发行的可转换为股票的公司债券+上市公司为维护公司价值及股东权益而回购公司股份的，可以依照公司章程的规定或者股东大会的授权，经2/3以上董事出席的董事会会议决议

经典案例分析题

【案例1】（2011年）

某机构投资者在对A上市公司进行调研时，发现A公司如下信息：

（1）甲为A公司的实际控制人，通过B公司持有A公司34%的股份。甲担任A公司的董事长、法定代表人。2009年8月7日，经董事会决议（甲回避表决），A公司为B公司向C银行借款4 000万元提供连带责任保证，并发布公告予以披露。2010年3月1日，C银行通知A公司，B公司的借款到期未还，要求A公司承担保证责任。A公司为此向C银行支付了4 000万元借款本息。

（2）乙在2009年12月至2010年2月末，连续买入A公司股票，持有A公司股份总额达到3%。A公司为B公司承担保证责任后，乙于2010年3月5日直接向人民法院提起股东代表诉讼，要求甲赔偿A公司因承担保证责任造成的损失。甲则辩称：乙在起诉前未向公司监事会提出书面请求，故请求人民法院驳回乙的起诉。

（3）2010年3月1日，A公司公告拟于4月2日召开年度股东大会。董事会推荐了3名独立董事候选人，其中，候选人丙为B公司财务主管，候选人丁持有A公司1%的股份。

（4）2010年3月26日，乙向A公司董事会书面提出年度股东大会临时提案，要求罢免甲的董事职务。A公司董事会当即拒绝将该临时提案列为年度股东大会审议事项。3月28日，乙联合持有A公司8%股份的股东张某，共同公告拟于4月2日在同一地点召开A公司临时股东大会。

4月2日，A公司的两个"股东大会"在同一酒店同时召开。出席"年度股东大会"的股东持有A公司股份总额的35%；出席"临时股东大会"的股东持有A公司股份总额的40%。后者通过了对甲的董事罢免案，并选举乙为A公司董事。

（5）2010年4月21日，B公司与乙达成股权转让协议。4月23日，A公司、B公司和乙联合公布了该协议内容：B公司将所持A公司27%的股份转让给乙，转让后B公司仍持有A公司7%的股份；同时，乙向A公司全体股东发出要约，拟另行收购A公司已发行股份的4%。随后，甲辞职，乙被股东大会选举为董事。

（6）2010年6月3日，A公司董事会通过决议，决定购买乙控制的C公司100%的股权，该交易金额达到A公司资产总额的25%。2010年12月6日，A公司董事会又通过决议，决定购买乙所持D公司的全部股权，该交易金额达到A公司资产总额的20%。

要求：

根据上述内容，分别回答下列问题：

（1）A公司董事会为B公司提供担保的决议是否有效？并说明理由。

（2）乙是否具备对甲提起股东代表诉讼的资格？甲请求人民法院驳回乙起诉的理由

是否成立？并分别说明理由。

(3) 丙、丁是否符合A公司独立董事的任职资格？并分别说明理由。

(4) 2010年3月26日，乙提出的临时提案是否应被列为A公司年度股东大会审议事项？并说明理由。

(5) 2010年4月2日，乙与股东张某共同召集A公司临时股东大会的程序是否合法？并说明理由。

(6) 乙在受让B公司转让的A公司27%的股份时，向A公司全体股东发出要约收购4%的股份是否符合法律规定？并说明理由。

(7) 2010年12月6日，A公司董事会通过的购买乙所持D公司股权的决议是否有效？并说明理由。

【案例2】（2012年）

A股份有限公司（简称"A公司"）注册资本为8 000万元。甲系A公司控股股东，持股比例为35%。乙持有A公司股份192万股。2007年8月20日，乙听到A公司欲进行产业转型的传闻，遂通过电话向A公司提出查阅董事会近一年来历次会议决议的要求。次日，A公司以乙未提出书面请求为由予以拒绝。

同年9月30日，A公司召开临时股东大会，通过如下决议：（1）公司变更主营业务，出售下属工厂；（2）授权董事会适时增持B上市公司（简称"B公司"）的股份，使A公司持有的B公司股份从3%增至30%。此时，C有限责任公司（简称"C公司"）持有B公司5%的股份，而甲则持有C公司51%的股份。在股东大会上，乙对两项决议均投反对票。10月11日，乙要求A公司回购其股份，遭拒绝。

丙持有B公司51%的股份。2007年10月12日，A公司与丙商谈收购其所持B公司股份事宜。自10月15日起，B公司股价连续两日涨停。B公司遂披露公司控股股东正在商谈股份转让事宜，但未有实质性进展。10月25日，A公司宣布将依据与丙签订的协议从丙处收购B公司22%的股份，另再通过要约收购方式增持B公司5%的股份。

10月26日，A公司发布要约收购报告书摘要，宣布拟向B公司所有股东要约收购5%的股份，支付方式为A公司持有的另一家上市公司的股份。乙就此向中国证监会举报，认为A公司应向B公司所有股东发出收购其所持有的全部股份的要约，同时认为要约收购的价款支付应当采用现金方式。中国证监会接到举报后未采取行动。

11月20日，A公司正式发布要约。要约期满，预受要约的股份达到B公司股份总额的8%。收购顺利完成。

2008年6月10日，因流动资金紧张，A公司向C公司卖出所持的B公司部分股份，获利800万元。此举引发B公司股价下挫。6月13日，乙向中国证监会举报，认为收购人收购的股份在收购完成后18个月内不得转让。中国证监会亦未采取行动。7月2日，乙向B公司董事会书面提出，A公司转让B公司股份所得800万元利润，应归B公司所有。

要求：

根据上述内容，分别回答下列问题：

（1）A公司拒绝乙查阅董事会会议决议之请求的理由是否成立？并说明理由。

（2）A公司是否有权拒绝回购乙所持有的本公司股份？并说明理由。

（3）B公司在本公司股价连续两日涨停的情况下，是否有义务披露尚在进行中的收购谈判事项？并说明理由。

（4）A公司能否通过协议收购方式，一次性向丙收购其所持有的B公司27%的股份？并说明理由。

（5）乙关于A公司应向B公司全体股东发出收购其所持全部股份的要约的主张是否成立？并说明理由。

（6）A公司拟要约收购B公司股份总额的5%，而实际预受要约的股份达到了总额的8%，A公司应如何处理？

（7）乙认为A公司向C公司卖出所持B公司部分股份违反相关规定的理由是否成立？并说明理由。

（8）乙关于A公司向C公司卖出B公司部分股份所得利润应归B公司所有的观点是否成立？并说明理由。

【案例3】（2013年）

赵某担任甲上市公司（简称"甲公司"）总经理，并持有该公司股票10万股。钱某为甲公司董事长兼法定代表人。

2011年7月1日，钱某召集甲公司董事召开董事会会议，9名董事中有4人出席，另有1名董事孙某因故未能出席，书面委托钱某代为出席投票；赵某列席会议。会上，经钱某提议，出席董事会的全体董事通过决议，从即日起免除赵某总经理职务。

赵某向董事会抗议称：公司无正当理由不应当解除其职务，且董事会实际出席人数未过半数，董事会决议不成立。公司于次日公布了董事会关于免除赵某职务的决定。12月20日，赵某卖出所持有的甲公司2万股股票。

2011年12月23日，赵某向中国证监会书面举报称：（1）甲公司的子公司乙公司曾向甲公司全体董事提供低息借款，用于个人购房；（2）2011年4月1日，公司召开的董事会会议通过决议为母公司丙公司向银行借款提供担保，但甲公司并未公开披露该担保事项。

2012年1月16日，中国证监会宣布对甲公司涉嫌虚假陈述行为立案调查。3月1日，中国证监会宣布：经调查，甲公司存在对外提供担保未披露情形，构成虚假陈述行为；决定对甲公司给予警告，并处罚款；认定钱某为直接责任人员，并处罚款；认定董事李某等人为其他直接责任人员，并处罚款。

钱某辩称：公司未披露担保事项是公司实际控制人的要求，自己只是遵照指令行事，不应受处罚；李某则辩称：自己是独立董事，并不直接参与公司经营管理活动，因此不应对公司的虚假陈述行为承担任何责任。中国证监会未采纳钱某和李某的抗辩理由。

中国证监会对甲公司的行政处罚生效后,有投资者拟对甲公司提起民事赔偿诉讼。其中,吴某于2011年6月20日买入甲公司股票1万股,于2012年1月5日卖出,损失1万元;郑某于2011年4月5日买入甲公司股票1万股,于2012年2月5日卖出,损失1万元。

要求:

根据上述内容,分别回答下列问题:

(1) 2011年7月1日召开的甲公司董事会会议的出席人数是否符合规定?并说明理由。

(2) 甲公司董事会能否在无正当理由的情况下解除赵某的总经理职务?并说明理由。

(3) 赵某于2011年12月20日卖出所持有的甲公司2万股股票的行为是否合法?并说明理由。

(4) 乙公司向甲公司所有董事提供低息购房借款的行为是否合法?并说明理由。

(5) 2011年4月1日,甲公司董事会会议通过的为丙公司提供担保的决议是否合法?并说明理由。

(6) 钱某和李某各自对中国证监会行政处罚的抗辩能否成立?并分别说明理由。

(7) 投资者吴某和郑某能否获得证券民事损害赔偿?并分别说明理由。

【案例4】(2015年)

大华公司是上海证券交易所上市公司,股本总数10亿股。公司董事长赵某通过自己控股的华星公司持有大华公司51%的股份。

网商公司是一家有限责任公司,股东钱某持股90%、孙某持股10%。网商公司最近3年的净利润分别为2亿元、-1亿元、3 000万元。

网商公司资产总额为大华公司资产总额的1.5倍,大华公司计划通过购买网商公司全部资产的方式将其收购。为此,大华公司拟订了两种收购方案:

方案一:大华公司向网商公司股东钱某、孙某分别发行新股9亿股、1亿股,用于购买二人所持网商公司的全部股份。

方案二:大华公司先向华星公司发行5亿股新股,华星公司向大华公司支付15亿元。大华公司再向网商公司的股东钱某发行4.5亿股新股、向孙某发行5 000万股新股,并向钱某支付13.5亿现金、向孙某支付1.5亿现金,用以收购二人所持网商公司的全部股份。

李某是大华公司的股东,持有大华公司500万股股份,持股期限超过180日。在大华公司重大资产重组的股东大会上,李某认为该次重组将会对公司造成重大不利影响,对此提出异议。但在之后的表决中,李某投了赞成票。最终,方案二经股东大会决议通过。

方案二实施后,大华公司股价大幅下跌,李某要求公司回购其所持公司股份,被公司拒绝。李某又向公司监事会请求对公司董事长赵某提起诉讼,起诉赵某在担任公司董事长期间未尽到相应义务,其行为给公司造成重大损失,监事会对李某的请求未予理睬。随后,李某向人民法院提起股东代表诉讼;同时对赵某的妻子提出控诉,认为她买卖大华公司股票的行为构成内幕交易。

据查,5月10日,赵某妻子将其所持现有股票全部卖出,亏损50万元,并全部买入大华公司股票。5月12日,大华公司对外公布重大资产重组的消息。赵某妻子听闻李某向人民法院提起诉讼后,又将其所持大华公司股份全部出售,亏损200万元。

要求:

根据上述资料,分别回答下列问题:

(1) 方案一能否造成大华公司控股情况发生改变?并说明理由。
(2) 方案一是否符合证券法律制度的规定?并说明理由。
(3) 李某对赵某提起的诉讼,人民法院是否应当受理?并说明理由。
(4) 李某要求回购公司股份的请求能否获得人民法院的支持?并说明理由。
(5) 根据方案二,分析华星公司是否应当向大华公司所有剩余股东发出要约收购?并说明理由。
(6) 赵某妻子的行为是否构成内幕交易?并说明理由。

【案例5】(2016年)

风顺科技是一家在深圳证券交易所上市的网络技术服务公司。2015年7月初,风顺科技拟与A公司签订一项技术服务合同,合同金额约3.5亿元。经过谈判,双方于7月15日就合同主要条款达成一致并签署合作意向书。7月8日,市场出现关于风顺科技即将签署重大交易合同的传闻。7月9日,风顺科技股票开盘即涨停,之后又一个交易日涨停。

7月10日,证券交易所就股价异动向风顺科技提出问询,要求其发布澄清公告。7月10日晚间,风顺科技发布公告称,公司无应披露之信息。7月16日,风顺科技发布临时公告,披露公司已与A公司签订重大技术服务合同合作意向书。

2015年10月底,监管机构根据举报,对风顺科技股票交易异常情况立案调查,并查明如下事实:

(1) 孙某系风顺科技董事长王某的表弟,2015年7月8日市场开始出现传闻后,孙某于当日向王某之妻了解情况,王某之妻向孙某确认风顺科技正与A公司商谈合作事宜,且签约可能性较大,孙某遂于7月9日买入风顺科技股票,并于7月15日卖出,获利30万元。

(2) 投资者张某于2014年2月高价买入风顺科技股票,并一直持有,市场出现传闻后,张某担心有人以虚假信息操纵股价,遂于2015年7月10日卖出所持有的全部风顺科技股票,亏损10万元。张某主张,其亏损系风顺科技虚假陈述所致。

在监管机构调查过程中,负责公司信息披露事务的董事会秘书郑某辩称:公司未正确披露重大技术服务合同的相关信息,是公司实际控制人授意而为,自己仅是遵照指令行事，不应受到处罚。

投资者刘某持有风顺科技 11% 的股份，刘某认为风顺科技董事长王某对这场股市风波负有直接责任，提议召开董事会会议罢免王某的董事长职务。

投资者钱某自 2014 年 3 月起一直持有风顺科技股票，持股比例为 0.1%。钱某认为，董事长王某对公司信息披露不及时负主要责任，同时造成信息泄露，违反忠实和勤勉义务，损害了公司利益。2015 年 10 月 7 日，钱某书面请求公司监事会起诉王某，遭到拒绝。次日，钱某以个人名义直接向人民法院提起诉讼，要求王某赔偿公司损失。

要求：

根据上述内容，分别回答下列问题：

（1）风顺科技于 7 月 10 日发布公告称无应披露之信息，是否符合证券法律制度的规定？并说明理由。

（2）孙某买卖风顺科技股票的行为是否构成内幕交易？并说明理由。

（3）投资者张某关于其亏损系风顺科技虚假陈述所致的主张是否成立？并说明理由。

（4）公司董事会秘书郑某主张其本人不应受处罚的抗辩是否成立？并说明理由。

（5）刘某是否具有提议召开董事会临时会议的资格？并说明理由。

（6）人民法院应否受理钱某提起的诉讼？并说明理由。

【案例 6】（2018 年）

林森木业是在深圳证券交易所挂牌的上市公司。林木集团系林森木业控股股东，持股比例为 45%。

2016 年 10 月 27 日，人民法院裁定受理林木集团的破产重整申请。2017 年 5 月，林木集团第一股东赵某与新民投资开始实质性磋商，由新民投资以向林木集团注资的方式参与重整。2017 年 9 月 18 日，新民投资与赵某等林木集团股东签署重组框架协议。9 月 21 日，林森木业对该重组框架协议签订事宜予以公告。

2017 年 12 月 26 日，人民法院裁定批准林木集团的破产重整计划草案。根据该破产重整计划，新民投资向林木集团注资后，将持有重整后的林木集团 85% 的股权。

2018 年 2 月 12 日，新民投资公布要约收购报告书，向林森木业除林木集团以外的所有股东发出收购其所持全部无限售流通股的要约。林森木业发布的要约收购报告书摘要的提示性公告显示：此次要约收购有效期为 2018 年 2 月 14 日至 2018 年 4 月 10 日；预定收购股份数量为 6 亿股；收购价格为每股 9.77 元；提示性公告日前 6 个月内，新民投资未买入林森木业任何股票。2 月 12 日前 30 个交易日内，林森木业每日加权平均价格的算术平均值为每股 9.76 元。

2018 年 3 月，林森木业独立董事钱某因个人健康原因向董事会提出辞职。

2018 年 4 月 9 日，林森木业董事会发布《致全体股东报告书》，对股东是否接受新民投资的要约提出建议。

持有林森木业股票的孙某于 2018 年 3 月 30 日委托其开户的证券公司办理接受前述

收购要约的预受手续。4月9日,孙某反悔前述预受承诺,并委托证券公司撤回预受。

2018年5月,中国证监会因新民投资副董事长李某涉嫌内幕交易对其立案调查。经查,李某于2017年9月15日以每股7.8元的价格买入林森木业10万股,并于要约收购有效期内接受了要约。李某辩称:其买入林森木业股票时,不仅重组框架协议尚未签署,林木集团重整计划草案能否获得通过也不确定,故新民投资向林木集团注资一事尚未形成内幕信息。李某对其买入行为未给出其他理由。

要求:

根据上述内容,分别回答下列问题:

(1) 新民投资按照重整计划向林木集团注资,是否构成对林森木业的收购?并说明理由。

(2) 新民投资按照重整计划向林木集团注资,是否必须向林森木业其他所有股东发出收购要约?并说明理由。

(3) 新民投资对林森木业的要约收购价格是否符合证券法律制度的规定?并说明理由。

(4) 钱某能否辞去独立董事职务?并说明理由。

(5) 林森木业发布《致全体股东报告书》的时间是否符合证券法律制度的规定?并说明理由。

(6) 孙某能否撤回预受?并说明理由。

(7) 李某关于其购买股票时内幕信息尚未形成的主张是否成立?李某的行为是否构成内幕交易?并分别说明理由。

经典案例分析题参考答案

【案例1参考答案】

(1) A公司董事会为B公司提供担保的决议无效。根据规定,公司为公司股东或者实际控制人提供担保的,必须经股东大会决议。

(2) ①乙不具备对甲提起股东代表诉讼的资格。根据规定,股份有限公司连续180日以上单独或者合计持有公司1%以上股份的股东可以依法提起股东代表诉讼。在本题中,乙持有A公司股份的时间不足180日。②甲请求人民法院驳回乙起诉的理由成立。根据规定,公司董事、高级管理人员执行公司职务时违反法律、行政法规或者公司章程的规定,给公司造成损失的,股份有限公司连续180日以上单独或者合计持有公司1%以上股份的股东可以书面请求监事会向人民法院提起诉讼;监事会收到股东的书面请求后拒绝提起诉讼或者自收到请求之日起30日内未提起诉讼,或者情况紧急、不立即提起诉讼将会使公司利益受到难以弥补的损害的,该股东才可以自己的名义直接向人民法院提起诉讼。在本题中,乙在起诉前未向A公司监事会提出书面请求,不符合规定。

(3) ①丙不符合独立董事任职资格。根据规定,在直接或者间接持有上市公司已发行股份5%以上的股东单位任职的人员不得担任该上市公司的独立董事。②丁不符合独立董事任职资格。根据规定,直接或者间接持有上市公司已发行股份1%以上的自然人股东不得担任该上市公司的独立董事。

（4）乙提出的临时提案不应列为年度股东大会的审议事项。根据规定，单独或者合计持有公司3%以上股份的股东，可以在股东大会召开10日前提出临时提案并书面提交董事会。在本题中，乙提出临时提案的时间距年度股东大会召开时间不足10日。

（5）乙与股东张某共同召集A公司临时股东大会的程序不合法。根据规定，股东大会由董事会召集，董事会不能或者不履行召集股东大会会议职责的，监事会应当及时召集和主持；监事会不召集和主持的，连续90日以上单独或者合计持有公司10%以上股份的股东可以自行召集和主持。

（6）乙发出要约收购4%的股份不符合规定。根据规定，以要约方式收购一个上市公司股份的，其预定收购的股份比例不得低于该上市公司已发行股份的5%。

（7）A公司董事会通过的购买乙所持D公司股权的决议无效。根据规定，上市公司在1年内购买、出售重大资产累计超过公司资产总额30%的，应当由股东大会作出决议，并经出席会议的股东所持表决权的2/3以上通过。

【案例2参考答案】

（1）A公司拒绝乙查阅董事会会议决议的理由不成立。根据规定，股份有限公司股东有权查阅董事会会议决议，法律并未要求必须采用书面形式。

（2）A公司有权拒绝回购乙所持有的本公司股份。根据规定，股份有限公司异议股东的股份回购请求权只限于对股东大会作出的公司"合并、分立"决议持异议的情形，不包括转让主要资产。

（3）B公司在本公司股价连续两日涨停的情况下，有义务披露尚在进行中的收购谈判事项。根据规定，上市公司出现重大事件，但在法定的及时披露时点前其公司证券品种出现异常交易情况的，公司应当及时披露相关事项的现状、可能影响事件进展的风险因素。

（4）A公司不能通过协议收购方式，一次性向丙收购其所持有的B公司27%的股份。根据规定，收购人拟通过协议方式收购一个上市公司的股份超过30%的，超过30%的部分，应当改以要约方式进行；但是，符合免于发出要约情形的除外。在本题中，A公司和C公司同受甲控制，属于一致行动人，其所持有的B公司股份应合并计算，即8%。

（5）乙关于A公司应向B公司全体股东发出收购其所持全部股份的要约的主张不成立。根据规定，收购人拥有权益的股份达到30%时，继续增持股份的，应当采取要约方式进行，发出全面要约或者部分要约。

（6）A公司应当按照同等比例收购预受要约的股份。

（7）乙认为A公司向C公司卖出所持B公司部分股份之举违法的理由不成立。根据规定，收购人在被收购公司中拥有权益的股份在同一实际控制人控制的不同主体之间进行转让不受18个月的限制。

（8）乙关于A公司向C公司卖出B公司部分股份所得利润应归B公司所有的主张成立。根据规定，持有上市公司股份5%以上的股东，将其持有的该公司股份在买入6个月内卖出，由此获得的收益归该公司所有。在本题中，由于要约收购的期限不得少于30日，故要约期满A公司收购完成的时点不会早于2007年12月20日，2008年6月10日距该时点不足6个月。

【案例3参考答案】

（1）2011年7月1日召开的甲公司董事会会议的出席人数符合规定。根据规定，董事会会议应有过半数董事出席方可举行，但董事因故不能出席的，可以"书面委托"其他董事代为出席。在本题中，甲公司有9名董事，4名实际出席，1名书面委托他人出席，符合过半数要求。

（2）董事会可在无正当理由的情况下解除赵某的总经理职务。根据规定，决定聘任或解聘公司总经理及其报酬属于董事会的职权，法律并没有规定董事会解聘公司总经理必须要有一定原因。

（3）赵某于2011年12月20日卖出所持的甲公司2万股股票的行为不合法。根据规定，公司高级管理人员在离职后半年内，不得转让其所持有的本公司股份。

（4）乙公司向甲公司所有董事提供低息购房借款的行为不合法。根据规定，股份有限公司不得直接或者通过子公司向董事、监事、高级管理人员提供借款。

（5）2011年4月1日，甲公司董事会会议通过的为丙公司提供担保的决议不合法。根据规定，公司为公司股东提供担保的，必须经股东会或者股东大会决议。

（6）①钱某的抗辩理由不能成立。根据规定，受到股东、实际控制人控制或者其他外部干预，不得单独作为不予处罚情形认定。②李某的抗辩理由不能成立。根据规定，不直接从事经营管理，不得单独作为不予处罚情形认定。

（7）①吴某不能获得证券民事损害赔偿。因为吴某在虚假陈述揭露日之前已经卖出了股票，不能推定其损失与虚假陈述之间存在因果关系。②郑某能够获得证券民事损害赔偿。因为郑某在虚假陈述实施日之后买入甲公司股票，并在虚假陈述揭露日之后卖出该股票而发生亏损，可以推定其损失与虚假陈述之间存在因果关系。

【案例4参考答案】

（1）方案一实行后将导致大华公司控股情况发生改变。根据方案一，新股发行后，大华公司总股本将增至20亿股，其中，赵某通过华星公司仍持有5.1亿股（10亿股×51%），持股比例降至25.5%（5.1÷20×100%）；钱某持有9亿股，持股比例为45%；孙某持有1亿股，持股比例为5%；其他股东共持有4.9亿股，持股比例合计为24.5%。钱某将成为大华公司第一大股东，获得大华公司的实际控制权，而原实际控制人赵某将丧失对大华公司的实际控制权。

（2）方案一不符合证券法律制度的规定。根据规定，上市公司自控制权发生变更之日起36个月内，向收购人及其关联人购买的资产总额占上市公司控制权发生变更的前一个会计年度经审计的合并财务会计报告期末资产总额的比例达到100%以上的，构成重组上市；上市公司购买的资产对应的经营实体应当是股份有限公司或者有限责任公司，且符合《首次公开发行股票并上市管理办法》规定的其他发行条件，其中包括最近3个会计年度净利润均为正数且累计超过人民币3 000万元。

（3）人民法院不应受理。根据规定，股份有限公司拟提起股东代表诉讼的股东，应当连续180日以上单独或者合计持有公司1%以上股份。在本题中，李某的持股比例未达到1%，不具有提起股东代表诉讼的资格。

（4）李某要求回购公司股份的请求不能获得人民法院的支持。根据规定，股份有限公司异议股东的股份回购请求权只限于对股东大会作出的公司"合并、分立"决议持有异议的情形。在本题中，李某投了赞成票，并非异议股东，而且该决议并非公司合并、分立决议。

（5）华星公司可以免于发出要约。根据规定，在一个上市公司中拥有权益的股份达到或者超过该公司已发行股份的50%的，继续增加其在该公司拥有的权益不影响该公司的上市地位的，可以免于发出要约。

（6）赵某妻子的行为构成内幕交易。根据规定，内幕信息知情人员的配偶、父母、子女及其他有密切关系的人，其证券交易活动与该内幕信息基本吻合，可以确定内幕交易行为成立。

【案例5参考答案】

（1）风顺科技于7月10日发布公告称无应披露之信息，不符合证券法律制度的规定。根据规定，出现下列情形之一的，上市公司应当及时披露相关事项的现状、可能影响事件进展的风险因素：①该重大事件难以保密；②该重大事件已经泄露或者市场出现传闻；③公司证券及其衍生品种出现异常交易情况。

（2）孙某买卖风顺科技股票的行为构成内幕交易。根据规定，内幕信息知情人员的配偶、父母、子女及其他有密切关系的人，其证券交易活动与该内幕信息基本吻合，可以确定内幕交易行为成立。

（3）投资者张某关于其亏损系风顺科技虚假陈述所致的主张不能成立。根据规定，张某在虚假陈述实施日之前买入风顺科技股票，在虚假陈述更正日之前卖出，其损失与风顺科技的虚假陈述行为不存在因果关系。

（4）公司董事会秘书郑某主张其本人不应受处罚的抗辩不成立。根据规定，受到股东、实际控制人控制或者其他外部干预，不得单独作为不予处罚情形认定。

（5）刘某具有提议召开董事会临时会议的资格。根据规定，股份有限公司代表10%以上表决权的股东、1/3以上董事或者监事会，可以提议召开董事会临时会议。在本题中，刘某持有风顺科技11%的股份，有权提议召开董事会临时会议。

（6）人民法院不应受理钱某提起的诉讼。根据规定，股份有限公司连续180日以上单独或者合计持有公司1%以上股份的股东，可以提起股东代表诉讼。在本题中，钱某仅持有风顺科技0.1%的股份，不具有提起股东代表诉讼的资格。

【案例6参考答案】

（1）构成对林森木业的收购。根据规定，收购人通过协议、其他安排的方式获得上市公司控制权的，构成间接收购；投资者如实际支配上市公司股份表决权超过30%，即可认为获得上市公司控制权。在本题中，林木集团持有林森木业45%的股份，新民投资注资后，将持有林木集团85%的股权，可实际支配林森木业股份表决权比例超过30%，可间接实现对林森木业的控制。

（2）新民投资应当向林森木业其他所有股东发出收购要约。根据规定，收购人虽不是上市公司的股东，但通过投资关系、协议、其他安排导致其拥有权益的股份达到或者超过一个上市公司已发行股份的30%的，应当向该公司所有股东发出全面要约。

（3）新民投资对林森木业的要约收购价格符合规定。①根据规定，收购人对同一种类股票的要约价格不得低于要约收购提示性公告日前6个月内收购人取得该种股票所支付的最高价格。在本题中，提示性公告日前6个月内，新民投资未买入林森木业任何股票。②根据规定，要约价格低于提示性公告前30个交易日该种股票的每日加权平均价格的算术平均值的，收购人聘请的财务顾问进行相应说明。而本题收购价格（9.77元/股）并不低于提示性公告前30个交易日该种股票的每日加权平均价格的算术平均值（9.76元/股）。

（4）钱某不得辞职。根据规定，在要约收购期间，被收购公司董事不得辞职。

（5）林森木业发布《致全体股东报告书》的时间不符合证券法律制度的规定。在收购人公告要约收购报告书后20日内，被收购公司董事会应当将被收购公司董事会报告书与独立财务顾问的专业意见报送中国证监会，同时抄送证券交易所，并予以公告。

（6）孙某不能撤回预受。根据规定，在要约收购期限届满前3个交易日，预受股东不得撤回其对要约的接受。在本题中，要约收购期限4月10日届满，孙某4月9日无法撤回预受。

（7）①李某的主张不成立。根据规定，影响内幕信息形成的动议、筹划、决策或者执行人员，其动议、筹划、决策或者执行初始时间，应当认定为内幕信息的形成之时。在本题中，赵某与新民投资于2017年5月已经开始实质性磋商，应当认定内幕信息此时已经形成。②李某的行为构成内幕交易。根据规定，证券交易内幕信息的知情人员和非法获取内幕信息的人员，在内幕信息公开前，不得买卖该公司的证券，或者泄露该信息，或者建议他人买卖该证券。

专题四 企业破产法律制度

【鑫考点1】破产案件的受理异议

1. "明显缺乏清偿能力"的认定

债务人账面资产虽大于负债，但存在下列情形之一的，人民法院应当认定其明显缺乏清偿能力：

（1）因资金严重不足或者财产不能变现等原因，无法清偿债务。

（2）法定代表人下落不明且无其他人员负责管理财产，无法清偿债务。

（3）经人民法院强制执行，无法清偿债务。

【提示】只要债务人的一个债权人经人民法院强制执行未得到清偿，其每个债权人均有权提出破产申请，并不要求申请人自己已经采取了强制执行措施。

（4）长期亏损且经营扭亏困难，无法清偿债务。

（5）导致债务人丧失清偿能力的其他情形。

2. **债务人对受理的异议**

（1）相关当事人以对债务人的债务负有连带责任的人未丧失清偿能力为由，主张债务人不具备破产原因的，人民法院不予支持。

（2）当债权人申请债务人破产时，债务人以其具有清偿能力或者资产超过负债为由提出抗辩异议，但又不能立即清偿债务或者与债权人达成和解的，其异议不能成立。

（3）在债务人对债权人申请人是否享有债权提出异议时，如果人民法院能够依据主要证据确定债权存在，且债务人没有相反证据和合理理由予以反驳的，人民法院对其异议应不予支持。

（4）债务人对债权人申请人享有债权的数额提出异议时，如果存在双方无争议的部分债权数额，且债务人对该数额已经丧失清偿能力，则此项异议同样不能阻止人民法院受理破产申请。

（5）债务人对申请人的债权是否存在担保等提出异议，因其不影响破产原因的成立，也是不能成为阻止提出破产申请的理由，不影响人民法院对破产申请的受理。

（6）破产案件的诉讼费用，应计入破产费用，由债务人财产随时清偿，无须预交。相关当事人以申请人未预先交纳诉讼费用为由，对破产申请提出异议的，人民法院不予支持。

（7）人民法院受理破产申请后至破产宣告前，经审查发现案件受理时债务人未发生破产原因的，可以裁定驳回申请。但是，由于债务人财产的市场价值发生变化导致其在案件受理后资产超过负债乃至破产原因消灭的，不影响破产案件的受理与继续审理，人民法院不得裁定驳回申请，债务人如不愿意破产清算，可以通过和解、重整等方式清偿债务结束破产程序。

3. 其他情形

人民法院裁定受理破产申请系对债务人具有破产原因的初步认可，破产申请受理后，申请人请求撤回破产申请的，人民法院不予准许。除非存在债务人不符合破产原因的情形，人民法院不得裁定驳回破产申请。

【鑫考点2】管理人

1. 管理人的任职资格

有下列情形之一的，不得担任管理人：

（1）因故意犯罪受过刑事处罚。
（2）曾被吊销相关专业执业证书。
（3）与本案有利害关系。
（4）人民法院认为不宜担任管理人的其他情形。

表4-1　管理人与本案有利害关系的认定

类型	何时	何人	何事
社会中介机构、清算组成员	—	债务人、债权人	有未了结的债权债务关系
	受理前3年内	债务人	提供相对固定的中介服务
	现在或受理前3年内	债务人、债权人	控股股东或者实际控制人
	现在或受理前3年内	债务人、债权人	财务顾问、法律顾问
从业人员	现在或受理前3年内	债务人、债权人	董事、监事、高级管理人员
	—	债务人、债权人	与董事、监事、高级管理人员或控股股东存在夫妻、直系血亲、三代以内旁系血亲或者近姻亲关系

2. 管理人的职责与债权人会议的职权

表4-2　管理人的职责与债权人会议的职权

管理人的职责	债权人会议的职权
接管债务人的财产、印章和账簿、文书等资料	核查债权
调查债务人财产状况，制作财产状况报告	申请人民法院更换管理人，审查管理人的费用和报酬
决定债务人的内部管理事务	监督管理人
决定债务人的日常开支和其他必要开支	选任和更换债权人委员会成员

续表

管理人的职责	债权人会议的职权
在第一次债权人会议召开之前,决定继续或者停止债务人的营业	决定继续或者停止债务人的营业
管理和处分债务人的财产	通过重整计划、和解协议
代表债务人参加诉讼、仲裁或者其他法律程序	通过债务人财产的管理方案、破产财产的变价方案
提议召开债权人会议	通过破产财产的分配方案
人民法院认为管理人应当履行的其他职责	人民法院认为应当由债权人会议行使的其他职权

【相关链接1】人民法院受理破产申请后,债务人的债务人或者财产持有人应当向管理人清偿债务或者交付财产。债务人的债务人或者财产持有人故意违反法律规定向债务人清偿债务或者交付财产,使债权人受到损失的,不免除其清偿债务或者交付财产的义务。

【相关链接2】管理人应当依照《企业破产法》规定对所申报的债权进行登记造册,详尽记载申报人的姓名、单位、代理人、申报债权额、担保情况、证据、联系方式等事项,形成债权申报登记册,不允许以其认为债权超过诉讼时效或不能成立等为由拒绝编入债权申报登记册。

【相关链接3】债权表、债权申报登记册及债权申报材料在破产期间由管理人保管,债权人、债务人、债务人职工及其他利害关系人有权查阅。

【鑫考点3】债务人财产的收回

表4-3 债务人财产的收回

出资收回	(1) 人民法院受理破产申请后,债务人的出资人尚未完全履行出资义务的,管理人应当要求该出资人缴纳所认缴的出资,而不受出资期限的限制 (2) 管理人代表债务人提起诉讼,主张出资人向债务人依法缴付未履行的出资或者返还抽逃的出资本息,出资人以认缴出资尚未届至公司章程规定的缴纳期限或者违反出资义务已经超过诉讼时效为由抗辩的,人民法院不予支持
非正常收入收回	债务人的董事、监事和高级管理人员利用职权从企业获取的非正常收入和侵占的企业财产,管理人应当追回
	(1) 债务人的董事、监事和高级管理人员因返还绩效奖金和其他非正常收入形成的债权,可以作为普通破产债权清偿 (2) 债务人的董事、监事和高级管理人员因返还普遍拖欠职工工资情况下获取的工资性收入形成的债权,依据《企业破产法》的规定,按照该企业职工平均工资计算的部分作为拖欠职工工资清偿;高出该企业职工平均工资计算的部分,可以作为普通破产债权清偿
取回质物、留置物	(1) 人民法院受理破产申请后,管理人可以通过清偿债务或者提供为债权人所接受的担保,取回质物、留置物。管理人所作的债务清偿或者替代担保,在质物或者留置物的价值低于被担保的债权额时,以该质物或者留置物当时的市场价值为限

续表

取回质物、留置物	（2）管理人实施处分前，应提前10日书面报告债权人委员会或者人民法院 ①债权人委员会认为管理人实施的处分行为不符合债权人会议通过的财产管理或变价方案的，有权要求管理人纠正。管理人拒绝纠正的，债权人委员会可以请求人民法院作出决定 ②人民法院认为管理人实施的处分行为不符合债权人会议通过的财产管理或变价方案的，应当责令管理人停止处分行为。管理人应当予以纠正，或者提交债权人会议重新表决通过后实施

【鑫考点4】破产撤销权

表4-4　破产撤销权适用的条件及例外情形

类型	可撤销情形	例外情形
人民法院受理破产申请前1年内	（1）无偿转让财产的 （2）以明显不合理的价格进行交易的 （3）对没有财产担保的债务提供财产担保的 （4）对未到期的债务提前清偿的 （5）放弃债权的	【提示1】对没有财产担保的债务提供财产担保，是指对原来已经成立的债务补充设置物权担保，对于可撤销期间内在设定债务的同时为债务提供的财产担保不包括在内 【提示2】破产申请受理前1年内债务人提前清偿的未到期债务，在破产申请受理前已经到期，管理人请求撤销该清偿行为的，人民法院不予支持。但是，该清偿行为发生在破产申请受理前6个月内且债务人有破产原因的除外
人民法院受理破产申请前6个月内	人民法院受理破产申请前6个月内，债务人不能清偿到期债务，并且资产不足以清偿全部债务或者明显缺乏清偿能力，仍对个别债权人进行清偿的，管理人有权请求人民法院予以撤销	（1）债务人对以自有财产设定担保物权的债权进行的个别清偿，管理人请求撤销的，人民法院不予支持。但是，债务清偿时担保财产的价值低于债权额的除外 （2）债务人为维系基本生产需要而支付水费、电费等的；债务人支付劳动报酬、人身损害赔偿金的；使债务人财产受益的其他个别清偿 （3）债务人经诉讼、仲裁、执行程序对债权人进行的个别清偿，管理人请求撤销的，人民法院不予支持。但是，债务人与债权人恶意串通损害其他债权人利益的除外

【鑫考点5】取回权

1. 一般取回权

（1）人民法院受理破产申请后，债务人占有的不属于债务人的财产，该财产的权利人可以通过管理人取回。

（2）债务人重整期间，权利人要求取回债务人合法占有的权利人的财产，不符合双方事先约定条件的，人民法院不予支持。但是，因管理人或者自行管理的债务人违反约定，可能导致取回物被转让、毁损、灭失或者价值明显减少的除外。

（3）权利人行使取回权时未依法向管理人支付相关的加工费、保管费、托运费、委托费、代销费等费用，管理人拒绝其取回相关财产的，人民法院应予支持。

(4) 一般取回权的行使只限于取回原物。如原物被违法转让或毁损、灭失，便需要根据不同具体情况确定相应的处理方法。

表4-5 原物被违法转让或毁损、灭失情况的处理方法

原物被违法转让	买受人已善意取得所有权	原权利人无法取回该财产的，因财产损失形成的债权： (1) 转让行为发生在破产申请受理前的，作为普通破产债权清偿 (2) 转让行为发生在破产申请受理后的，作为共益债务清偿
	买受人尚未取得所有权	原权利人依法追回转让财产的，对因第三人已支付对价而产生的债务： (1) 转让行为发生在破产申请受理前的，作为普通破产债权清偿 (2) 转让行为发生在破产申请受理后的，作为共益债务清偿
原物毁损、灭失		(1) 债务人占有的他人财产毁损、灭失，因此获得的保险金、赔偿金、代偿物尚未交付债务人，或者代偿物虽已交付给债务人但能与债务人财产相区分的，权利人有权主张取回就此获得的保险金、赔偿金、代偿物（代偿取回权） (2) 保险金、赔偿金已经交付给债务人，或者代偿物已经交付给债务人且不能与债务人财产予以区分的，人民法院应当按照以下规定处理： ①财产毁损、灭失发生在破产申请受理前的，权利人因财产损失形成的债权，作为普通破产债权清偿 ②财产毁损、灭失发生在破产申请受理后的，因管理人或者相关人员执行职务导致权利人损害产生的债务，作为共益债务清偿

2. 出卖人的取回权

(1) 出卖人依据《企业破产法》的规定，通过通知承运人或者实际占有人中止运输、返还货物、变更到达地，或者将货物交给其他收货人等方式，对在运途中标的物主张了取回权但未能实现，或者在货物未达管理人前已向管理人主张取回在运途中标的物，在买卖标的物到达管理人后，出卖人向管理人主张取回的，管理人应予准许。

(2) 出卖人对在运途中标的物未及时行使取回权，在买卖标的物到达管理人后向管理人行使在运途中标的物取回权的，管理人不应准许。

3. 所有权保留买卖合同中的取回权

(1) 均未履行完毕合同的处理。

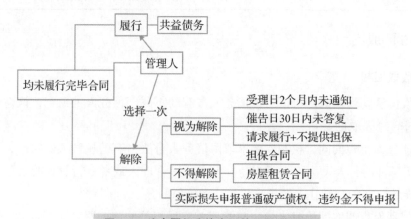

图4-1 均未履行完毕合同的处理流程图

（2）出卖人破产的处理。

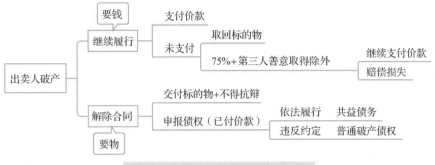

图 4-2　出卖人破产的处理流程图

（3）买受人破产的处理。

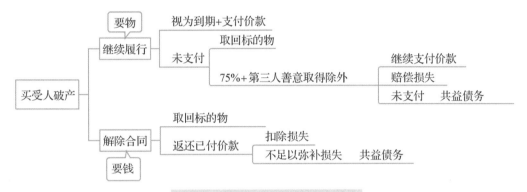

图 4-3　买受人破产的处理流程图

【考点6】抵销权

表 4-6　债权人行使抵销权的情形

不得抵销情形	可以抵销情形
（1）债务人的债务人在破产申请受理后取得他人对债务人的债权的 （2）债权人已知债务人有不能清偿到期债务或者破产申请的事实，对债务人负担债务的；但是，债权人因为法律规定或者有破产申请1年前所发生的原因而负担债务的除外 （3）债务人的债务人已知债务人有不能清偿到期债务或者破产申请的事实，对债务人取得债权的；但是，债务人的债务人因为法律规定或者有破产申请1年前所发生的原因而取得债权的除外 （4）债务人的股东主张以下列债务与债务人对其负有的债务抵销，债务人管理人提出异议，人民法院应予支持：①债务人股东因欠缴债务人的出资或者抽逃出资对债务人所负的债务；②债务人股东滥用股东权利或者关联关系损害公司利益对债务人所负的债务	（1）债权人主张抵销，管理人以下列理由提出异议的，人民法院不予支持： ①破产申请受理时，债务人对债权人负有的债务尚未到期 ②破产申请受理时，债权人对债务人负有的债务尚未到期 ③双方互负债务标的物种类、品质不同 （2）《企业破产法》第40条所列不得抵销情形的债权人，主张以其对债务人特定财产享有优先受偿权的债权，与债务人对其不享有优先受偿权的债权抵销，债务人的管理人以抵销存在《企业破产法》第40条规定的情形提出异议的，人民法院不予支持。但是，用以抵销的债权大于债权人享有优先受偿权财产价值的除外

【鑫考点7】债权申报

1. 申报期限

（1）债权申报期限自人民法院发布受理破产申请公告之日起计算，最短不得少于30日，最长不得超过3个月。

（2）债权人未按期申报债权的，可以在破产财产最后分配前（指破产财产分配方案、和解草案、重整计划提交债权人会议表决之前）补充申报；但是，此前已进行的分配，不再对其补充分配。为审查和确认补充申报债权的费用，由补充申报人承担。

【相关链接1】债权人未依照规定申报债权的，在重整计划执行期间不得行使权利；在重整计划执行完毕后，可以按照重整计划规定的同类债权的清偿条件行使权利。

【相关链接2】和解债权人未依照规定申报债权的，可以继续申报债权；在和解协议执行期间不得行使权利；在和解协议执行完毕后，可以按照和解协议规定的清偿条件行使权利。

2. 职工债权无须申报

债务人所欠职工的工资和医疗、伤残补助、抚恤费用，所欠的应当划入职工个人账户的基本养老保险、基本医疗保险费用，以及法律、行政法规规定应当支付给职工的补偿金，不必申报，由管理人调查后列出清单并予以公示。职工对清单记载有异议的，可以要求管理人更正；管理人不予更正的，职工可以向人民法院提起债权确认诉讼。

3. 涉及保证的破产债权申报

表4-7 涉及保证的破产债权申报

债务人破产＋第三人保证	破产债权的申报	（1）保证人或者其他连带债务人已经代替债务人清偿债务的，以其对债务人的求偿权申报债权 （2）保证人或者其他连带债务人尚未代替债务人清偿债务的，以其对债务人的将来求偿权预先申报债权。但是，债权人已向管理人申报全部债权，保证人或者其他连带债务人不能再申报债权
	保证人的保证责任	人民法院受理债务人破产案件，债权人在破产程序中申报债权后又向人民法院提起诉讼，请求担保人承担担保责任的，人民法院依法予以支持
	保证人的权利	（1）担保人清偿债权人的全部债权后，可以代替债权人在破产程序中受偿；在债权人的债权未获全部清偿前，担保人不得代替债权人在破产程序中受偿，但是有权就债权人通过破产分配和实现担保债权等方式获得清偿总额中超出债权的部分，在其承担担保责任的范围内请求债权人返还 （2）债权人在债务人破产程序中未获全部清偿，请求担保人继续承担担保责任的，人民法院应予支持；担保人承担担保责任后，向和解协议或者重整计划执行完毕后的债务人追偿的，人民法院不予支持 （3）人民法院受理债务人破产案件后，债权人请求担保人承担担保责任，担保人主张担保债务自人民法院受理破产申请之日起停止计息的，人民法院对担保人的主张应予支持

续表

保证人破产	保证责任	保证人被裁定进入破产程序的，债权人有权申报其对保证人的保证债权
	期限权益	主债务未到期的，保证债权在保证人破产申请受理时视为到期
	先诉抗辩权	一般保证的保证人主张行使先诉抗辩权的，人民法院不予支持
	补充责任	债权人在一般保证人破产程序中的分配额应予提存，待一般保证人应承担的保证责任确定后再按照破产清偿比例予以分配
	求偿权	保证人被确定应当承担保证责任的，保证人的管理人可以就保证人实际承担的清偿额向主债务人或其他债务人行使求偿权
债务人＋保证人均破产	债权申报	债务人、保证人均被裁定进入破产程序的，债权人有权向债务人、保证人分别申报债权
	破产清偿	债权人向债务人、保证人均申报全部债权的，从一方破产程序中获得清偿后，其对另一方的债权额不作调整（只限于承担连带责任的保证人），但债权人的受偿额不得超出其债权总额
	求偿权	保证人履行保证责任后不再享有求偿权

4. 债权异议

（1）债务人、债权人对债权表记载的债权有异议的，应当说明理由和法律依据。经管理人解释或调整后，异议人仍然不服的，或者管理人不予解释或调整的，异议人应当在债权人会议核查结束后15日内向人民法院提起债权确认的诉讼。

（2）债务人对债权表记载的债权有异议向人民法院提起诉讼的，应将被异议债权人列为被告。债权人对债权表记载的他人债权有异议的，应将被异议债权人列为被告；债权人对债权表记载的本人债权有异议的，应将债务人列为被告。对同一笔债权存在多个异议人，其他异议人申请参加诉讼的，应当列为共同原告。

【鑫考点8】重整程序与和解程序

表4-8 重整程序与和解程序的区别

类型	重整程序	和解程序
申请人	（1）债务人或者债权人 （2）债权人申请对债务人进行破产清算的，在人民法院受理破产申请后、宣告债务人破产前，债务人、其他债权人或者出资额占债务人注册资本1/10以上的出资人（税务机关和社保机构不可以申请重整）	债务人
表决通过	分组表决＋人民法院批准	不分组表决＋人民法院认可
	出席会议的同一表决组的债权人＞1/2＋债权额占该组债权总额≥2/3	出席会议的有表决权的债权人＞1/2＋债权额占无财产担保债权总额≥2/3
	人民法院可强制批准通过	人民法院不可强制通过

续表

类型	重整程序	和解程序
担保物权	在重整期间，对债务人的特定财产享有的担保权暂停行使。但是，对企业重整无保留必要的担保财产，经债务人或管理人同意，担保权人可以行使担保权	和解程序对就债务人特定财产享有担保权的权利人无约束力，该权利人可以对担保物行使权利
效力1	对债务人和全体债权人（包括有担保的债权人）均有约束力 债权人对债务人的保证人和其他连带债务人所享有的权利，不受重整计划的影响	对债务人和全体和解债权人（无担保的债权人）均有约束力 和解债权人对债务人的保证人和其他连带债务人所享有的权利，不受和解协议的影响
效力2	债权人未依照规定申报债权的，在重整计划执行期间不得行使权利；在重整计划执行完毕后，可以按照重整计划规定的同类债权的清偿条件行使权利 按照重整计划减免的债务，自重整计划执行完毕时起，债务人不再承担清偿责任	和解债权人未依照规定申报债权的，可以继续申报债权；在和解协议执行期间不得行使权利；在和解协议执行完毕后，可以按照和解协议规定的清偿条件行使权利 按照和解协议减免的债务，自和解协议执行完毕时起，债务人不再承担清偿责任
效力3	人民法院裁定终止重整协议执行的，债权人在重整计划中作出的债权调整的承诺失去效力，但为重整计划的执行提供的担保继续有效。债权人因执行重整计划所受的清偿仍然有效，债权人未受清偿的部分作为破产债权	人民法院裁定终止和解协议执行的，和解债权人在和解协议中作出的债权调整的承诺失去效力，但为和解协议的执行提供的担保继续有效。和解债权人因执行和解协议所受的清偿仍然有效，和解债权未受清偿的部分作为破产债权
效力4	在重整计划执行中已经接受清偿的债权人，只有在其他同顺位债权人同自己所受的清偿达到同一比例时，才能继续接受分配	上述债权人，只有在其他债权人同自己所受的清偿达到同一比例时，才能继续接受分配

【考点9】债权人会议

表4-9 关于债权人会议的相关规定

债权人会议的召开	(1) 首次债权人会议由人民法院召集，自债权申报期限届满之日起15日内召开 (2) 以后的债权人会议，由债权人会议主席主持，在人民法院认为必要时，或者管理人、债权人委员会、占债权总额1/4以上的债权人向债权人会议主席提议时召开 【提示】召开债权人会议，管理人应当提前15日通知已知的债权人
债权人会议一般事项的决议	由出席会议的有表决权的债权人过半数通过，并且其所代表的债权额占无财产担保债权总额的1/2以上
债权人会议决议的撤销	(1) 债权人会议的决议具有以下情形之一，损害债权人利益，债权人申请撤销的，人民法院应予支持： ①债权人会议的召开违反法定程序 ②债权人会议的表决违反法定程序

续表

债权人会议决议的撤销	③债权人会议的决议内容违法 ④债权人会议的决议超出债权人会议的职权范围 【提示】债权人认为债权人会议的决议违反法律规定，损害其利益的，可以自债权人会议作出决议之日起15日内，请求人民法院裁定撤销该决议，申请撤销债权人会议决议的，应当提出书面申请。债权人会议采取通信、网络投票等非现场方式进行表决的，债权人申请撤销的期限自债权人收到通知之日起算
债权人委员会	（1）债权人会议可以决定设立债权人委员会，债权人委员会由债权人会议选任的债权人代表和一名债务人的职工代表或者工会代表组成。债权人委员会成员不得超过9人 （2）债权人会议可以依照《企业破产法》的规定，委托债权人委员会行使部分债权人会议职权（限于申请人民法院更换管理人，审查管理人的费用和报酬；监督管理人；决定继续或者停止债务人的营业）。债权人会议不得作出概括性授权，委托其行使债权人会议所有职权 （3）债权人委员会决定所议事项应获得全体成员过半数通过，并作成议事记录

【鑫考点10】别除权

1."别除权"认定

（1）破产人以自己财产为自己提供担保，债权人对该特定财产享有优先受偿的权利；未能完全受偿的债权作为普通债权；别除权人放弃优先受偿权利的，其债权作为普通破产债权。

（2）破产人以自己财产为他人提供担保，债权人对该特定财产享有优先受偿的权利；在担保物价款不足以清偿担保债权时，余债不得作为破产债权向破产人要求清偿，只能向原主债务人求偿。

2. 管理人报酬

人民法院应根据债务人最终清偿的财产价值总额，分段确定管理人报酬。担保权人优先受偿的担保物价值，不计入债务人最终清偿的财产价值总额。管理人对担保物的维护、变现、交付等管理工作付出合理劳动的，有权向担保权人收取适当的报酬。

3. 债权申报

没有物权担保的债权人享有破产申请权，对破产人的特定财产享有担保权的债权人同样享有破产申请权。

4. 重整

在重整期间，对债务人的特定财产享有的担保权暂停行使。

5. 表决权

对债务人的特定财产享有担保权的债权人，未放弃优先受偿权利的，对于通过和解协议、通过破产财产的分配方案的事项不享有表决权。

6. 个别清偿

（1）人民法院受理破产申请后，债务人对个别债权人的债务清偿无效。债务人以其财产向债权人提供物权担保的,其"在担保物市场价值内"向债权人所作的债务清偿,不受上述规定限制。

(2) 人民法院受理破产申请前6个月内,债务人不能清偿到期债务,并且资产不足以清偿全部债务或者明显缺乏清偿能力,仍对个别债权人进行清偿的,管理人有权请求人民法院予以撤销。债务人对以自有财产设定担保物权的债权进行的个别清偿,管理人请求撤销的,人民法院不予支持。但是,债务清偿时担保财产的价值低于债权额的除外。

【提示1】债务人对债权人进行的以下个别清偿,管理人依据《企业破产法》的规定请求撤销的,人民法院不予支持:①债务人为维系基本生产需要而支付水费、电费等的;②债务人支付劳动报酬、人身损害赔偿金的;③使债务人财产受益的其他个别清偿。

【提示2】债务人经诉讼、仲裁、执行程序对债权人进行的个别清偿,管理人依据《企业破产法》的规定请求撤销的,人民法院不予支持。但是,债务人与债权人恶意串通损害其他债权人利益的除外。

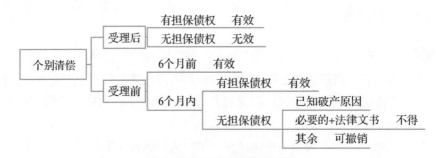

图4-4 个别清偿处理流程图

(3) 涉及债务人财产诉讼的个别清偿。

表4-10 涉及债务人财产诉讼的个别清偿的处理流程

破产申请受理前	已审结尚未执行	中止执行,依法向管理人申报债权
	已受理尚未审结——中止审理	(1) 破产宣告前,裁定驳回破产申请或者终结破产程序的,恢复审理 (2) 破产宣告后,判决驳回债权人的诉讼请求,但债权人一审中变更其诉讼请求为追收的相关财产归入债务人财产的除外
破产申请受理后	不予受理	

【相关链接】《企业破产法司法解释二》第21条规定:破产申请受理前,债权人就债务人财产提起下列诉讼,破产申请受理时案件尚未审结的,人民法院应当"中止"审理:

(1) 主张次债务人代替债务人直接向其偿还债务的。

(2) 主张债务人的出资人、发起人和负有监督股东履行出资义务的董事、高级管理人员,或者协助抽逃出资的其他股东、董事、高级管理人员、实际控制人等直接向其承担出资不实或者抽逃出资责任的。

(3) 以债务人的股东与债务人法人人格严重混同为由，主张债务人的股东直接向其偿还债务人对其所负债务的。

(4) 其他就债务人财产提起的个别清偿诉讼。

7. 抵销权

《企业破产法》第40条所列不得抵销情形的债权人，主张以其对债务人特定财产享有优先受偿权的债权，与债务人对其不享有优先受偿权的债权抵销，债务人管理人以抵销存在《企业破产法》第40条规定的情形提出异议的，人民法院不予支持。但是，用以抵销的债权大于债权人享有优先受偿权财产价值的除外。

经典案例分析题

【案例1】（2007年）

2007年7月30日，人民法院受理了甲公司的破产申请，并同时指定了管理人。管理人接管甲公司后，在清理其债权债务过程中，发现如下事项：

（1）2006年4月，甲公司向乙公司采购原材料而欠乙公司80万元货款未付。2007年3月，甲乙双方签订一份还款协议，该协议约定：甲公司于2007年9月10日前偿还所欠乙公司货款及利息共计87万元，并以甲公司所属一间厂房作抵押。还款协议签订后，双方办理了抵押登记。乙公司在债权申报期内就上述债权进行了申报。

（2）2006年6月，丙公司向A银行借款120万元，借款期限为1年。甲公司以其所有的部分设备为丙公司提供抵押担保，并办理了抵押登记。借款到期后，丙公司未能偿还A银行贷款本息。经甲公司、丙公司和A银行协商，甲公司用于抵押的设备被依法变现，所得价款全部用于偿还A银行，但尚有20万元借款本息未能得到清偿。

（3）2006年7月，甲公司与丁公司签订了一份广告代理合同，该合同约定：丁公司代理发布甲公司产品广告，期限2年；一方违约，应当向另一方承担违约金20万元。至甲公司破产申请被受理时，双方均各自履行了部分合同义务。

（4）2006年8月，甲公司向李某购买一项专利，尚欠李某19万元专利转让费未付。李某之子小李创办的戊公司曾于2006年11月向甲公司采购一批电子产品，尚欠甲公司货款21万元未付。人民法院受理甲公司破产申请后，李某与戊公司协商一致，戊公司在向李某支付19万元后，取得李某对甲公司的19万元债权。戊公司向管理人主张以19万元债权抵销其所欠甲公司相应债务。

要求：

根据上述内容，分别回答下列问题：

（1）管理人是否有权请求人民法院对甲公司将厂房抵押给乙公司的行为予以撤销？并说明理由。

（2）A银行能否将尚未得到清偿的20万元欠款向管理人申报普通破产债权，由甲公司继续偿还？并说明理由。

（3）如果管理人决定解除甲公司与丁公司之间的广告代理合同，并由此给丁公司造成实际损失5万元，则丁公司可以向管理人申报的债权额应为多少？并说明理由。

（4）戊公司向管理人提出以19万元债权抵销其所欠甲公司相应债务的主张是否成立？并说明理由。

【案例2】（2011年）

2011年3月19日，人民法院受理了甲公司的破产清算申请。管理人接管甲公司后，对其债权债务进行了清理。其中，包括以下事实：

（1）2010年1月7日，鉴于与乙公司之间的长期业务合作关系，甲公司向乙公司赠送复印机一台，价值2.5万元。

（2）2010年1月15日，甲公司以其部分设备作抵押，为乙公司所欠丙公司80万元货款提供了担保，并办理了抵押登记。后乙公司未能在约定期限内清偿所欠丙公司货款。2010年3月30日，经甲、乙、丙三方协商，甲公司将抵押设备依法变现70万元，价款全部用于偿还丙公司后，丙公司仍有10万元货款未得到清偿。

（3）2010年5月7日，甲公司与丁公司订立合同，从丁公司处租赁机床一台，双方约定：租期1年，租金5万元。当日，甲公司向丁公司支付5万元租金，丁公司向甲公司交付机床。2011年3月8日，甲公司故意隐瞒事实，以机床所有人的身份将该机床以20万元的市场价格卖给戊公司，当日，甲公司向戊公司交付了机床，戊公司向甲公司付清了全部价款。人民法院受理甲公司破产清算申请后，丁公司向管理人要求返还其出租给甲公司的机床时，得知该机床已被甲公司卖给戊公司的事实。

（4）2010年12月1日，甲公司向A银行借款100万元，期限1年，庚公司为该笔借款向A银行提供了连带责任保证。

2011年4月5日，由于甲公司申请的一项国家一类新药获得批准证书，经营出现转机，遂向人民法院申请和解，同时提交了和解协议草案。人民法院审查后受理了甲公司的和解申请，并裁定和解。

2011年6月23日，债权人会议通过了和解协议，主要内容如下：除对甲公司特定财产享有担保物权的债权人外，其他债权人均按30%的比例减免甲公司债务；自和解协议执行完毕之日起，甲公司不再承担清偿责任；甲公司与主要债权人建立战略性合作安排等。

2011年8月31日，和解协议执行完毕。A银行就甲公司所欠其100万元借款本息申报债权后，通过和解程序获偿70%。随后，A银行致函庚公司，要求其承担保证责任，清偿其剩余30%未获偿借款本息，庚公司回函拒绝，理由是：A银行等债权人已与甲公司达成减免债务的和解协议，主债务减免后，保证债务亦应按相应比例减免。

要求：

根据上述内容，分别回答下列问题：

(1) 管理人是否有权请求人民法院撤销甲公司向乙公司赠送复印机的行为？并说明理由。

(2) 丙公司是否有权就其未获清偿的10万元货款向管理人申报债权，要求甲公司继续偿还？并说明理由。

(3) 丁公司是否有权要求戊公司返还机床？并说明理由。

(4) 丁公司的财产损失能否作为共益债务清偿？并说明理由。

(5) 庚公司拒绝对A银行未获清偿的30%借款本息承担保证责任的理由是否成立？并说明理由。

【案例3】（2012年）

2011年10月，A公司法定代表人突然出走，不知去向。A公司内部管理因此陷入混乱。2012年1月，A公司所欠B公司工程款200万元债务到期，B公司要求还款，A公司因无人理事而未予回应。B公司遂于2012年2月10日向人民法院申请A公司破产。

A公司向人民法院提出异议，称该公司不能偿还B公司债务的主要原因是法定代表人至今下落不明，公司无人管理，而非资不抵债，并提出证据证明其账面资产尚大于负债。2月27日，人民法院裁定驳回A公司的异议。同日，人民法院裁定受理B公司提出的A公司破产申请，指定破产管理人，并公告通知债权人申报债权。

管理人在清理A公司债权债务过程中，发现如下事实：

(1) 2011年7月1日，C公司向银行借款50万元，期限1年，A公司为该笔借款提供了一般保证担保。截至破产申请受理之日，C公司尚欠银行借款本息40万元。银行已向A公司的管理人申报该40万元担保债权。

(2) 2011年8月3日，D公司向A公司购买了一批塑料薄膜，尚欠15万元货款未付。A公司长期租用E公司仓库，至破产申请受理日，已拖欠E公司租金13万元。2012年3月5日，D公司以5万元对价，受让E公司对A公司的租金债权。D公司已向管理人主张以该租金债权抵销所欠A公司15万元货款中的13万元。

(3) 2011年9月30日，A公司与F公司签订一份买卖合同。合同约定：A公司向F公司订购一台设备，2012年3月上旬交货；卖方送货上门，货到付款。2012年2月25日，F公司将设备发运。F公司于2月29日获悉A公司破产案已被人民法院受理后，立即通知管理人，要求取回在途设备。3月1日，设备到达A公司。

在债权人会议对债权申报进行核查时，债权人甲提出，A公司对银行的保证债务尚未到期，故银行无权进行债权申报。债权人乙提出，A公司作为一般保证人，对银行享有先诉抗辩权，银行尚未通过诉讼或仲裁向C公司求偿，故不得进行债权申报。

债权人丙认为，D公司无权以受让的租金债权抵销所欠A公司货款。债权人丁认为，设备已交付，其所有权已由F公司转移给A公司，构成破产财产的一部分，故F公司无权取回。

要求：

根据上述内容，分别回答下列问题：

(1) 人民法院驳回 A 公司异议并裁定受理破产申请的法律依据何在？

(2) 债权人甲主张银行无权申报债权的理由是否成立？并说明理由。

(3) 债权人乙关于 A 公司对银行享有先诉抗辩权的主张是否成立？并说明理由。

(4) 债权人丙关于 D 公司无权进行债务抵销的主张是否成立？并说明理由。

(5) 债权人丁关于 F 公司无权取回设备的主张是否成立？并说明理由。

【案例 4】（2013 年）

自 2012 年年初以来，A 公司出现不能清偿到期债务且资产不足以清偿全部债务的情况，2012 年 12 月 17 日，人民法院经审查裁定受理了 A 公司的破产申请，并指定了管理人。在该破产案件中，存在下述情况：

(1) 2011 年 10 月 8 日，B 公司向 C 银行借款 1 000 万元，期限 1 年。A 公司以其所有的机器设备为 B 公司该笔借款提供了抵押担保，并办理了抵押登记，B 公司到期未偿还 C 银行的借款。C 银行将上述抵押物拍卖得款 900 万元，将不足清偿的 150 万元借款本息向管理人申报了债权。

(2) 2012 年 7 月，A 公司向 D 公司租用机床一台，租期 1 年，租金已一次性付清。2012 年 11 月，A 公司以 50 万元的市场价格将机床出售给 E 公司，双方已交货、付款。E 公司对 A 公司无处分权的事实并不知情。D 公司获悉机床已被 A 公司卖给 E 公司后，要求 E 公司返还机床，遭 E 公司拒绝。

(3) 2009 年 1 月，A 公司与 F 公司签订房屋租赁合同，将所属 500 平方米门面房出租给 F 公司用作超市经营，租期 5 年，每年 1 月底前支付当年租金，F 公司一直正常缴纳租金。2013 年 2 月，管理人通知 F 公司解除该房屋租赁合同，但 F 公司表示反对。

(4) 2011 年 10 月，A 公司欠刘某专利转让费 29 万元到期未付。2012 年 12 月 20 日，刘某将该债权以 15 万元的价格转让给 G 公司。G 公司现提出以该债权与其所欠 A 公司的 30 万元货款在相同金额范围内抵销。

(5) 2012 年 8 月 17 日，供电局向 A 公司发出欠缴电费催收通知书，要求 A 公司一周内补缴拖欠电费 20 万元，否则将对其生产区停止供电，A 公司于 8 月 22 日向供电局补缴了全部拖欠电费。2013 年 2 月，管理人主张撤销 A 公司向供电局补缴电费的行为。

要求：

根据上述内容，分别回答下列问题：

(1) C 银行以抵押物拍卖款不足清偿的 150 万元借款本息向管理人申报债权的行为，是否符合企业破产法律制度的规定？并说明理由。

(2) E 公司是否有权拒绝 D 公司返还机床的请求？如果 E 公司拒绝了 D 公司返还机床的请求，D 公司因财产损失形成的债权，能否向管理人申报普通破产债权？并分别说明理由。

(3) 管理人是否有权解除 A 公司与 F 公司之间的房屋租赁合同？并说明理由。

(4) G 公司关于债务抵销的主张是否成立？并说明理由。

(5) 管理人是否有权撤销 A 公司向供电局补缴电费的行为？并说明理由。

【案例 5】（2014 年）

2013 年 10 月 15 日，人民法院根据债权人申请受理了 A 公司破产清算案，并指定了管理人。在该破产案件中，存在以下情况：

(1) 根据 A 公司章程的规定，股东分两期缴纳出资，其中，第一期出资于 2011 年 2 月 1 日公司设立时缴纳，第二期出资于 2014 年 2 月 28 日前缴纳。B 公司和 C 公司均为 A 公司创始股东，其中，B 公司按时缴纳了第一期出资，C 公司尚未缴纳任何出资。管理人要求 B 公司和 C 公司补缴其各自认缴的出资，被两家公司拒绝，两家公司提出，公司章程规定的第二期出资的缴纳期限尚未到期，因此目前无须缴纳，C 公司还主张，虽然其未按公司章程规定的期限缴纳第一期出资，但由于其未履行出资缴纳义务的行为已经超过诉讼时效，故可不再缴纳。

(2) 2013 年 1 月起，A 公司出现破产原因，但公司董事、监事和高级管理人员仍然领取了绩效奖金。2013 年 4 月起，A 公司普遍拖欠职工工资，但公司董事、监事和高级管理人员仍然领取工资。

(3) 2013 年 9 月，A 公司向 D 公司订购一台设备，根据双方合同的约定，A 公司向 D 公司支付了 30%的设备款，D 公司将该设备向 A 公司发运。获悉人民法院受理 A 公司破产案件后，D 公司立即向 A 公司管理人主张取回在运途中的设备，并通知承运人中止运输、返回货物。但因承运人原因，未能取回设备。2013 年 10 月 17 日，管理人收到设备。

要求：

根据上述内容，分别回答下列问题：

(1) B、C 两家公司关于 A 公司章程规定的第二期出资的缴纳期限尚未届至，目前无须缴纳的主张是否成立？并说明理由。

(2) C 公司关于其未履行出资缴纳义务已经超过诉讼时效，可不再缴纳出资的主张是否成立？并说明理由。

(3) 对于 A 公司董事、监事和高级管理人员在公司发生破产原因后领取绩效奖金及在普遍拖欠职工工资情况下领取工资的行为，管理人应分别如何处理？

(4) 管理人收到设备后，D 公司还能否向管理人主张出卖人取回权？并说明理由。

【案例 6】（2014 年）

2014 年 5 月 5 日，因 A 公司未能偿还对 B 公司的到期债务，B 公司向人民法院提出对 A 公司进行破产清算的申请。

A 公司收到人民法院通知后，于 5 月 9 日提出异议，认为本公司未达破产界限，理由是：第一，B 公司对 A 公司之债权由 C 公司提供连带保证，而 C 公司完全有能力代为清偿该笔债务；第二，尽管A公司暂时不能清偿所欠B公司债务，但其资产总额超过负债总额，不构成资不抵债。

经审查相关证据，人民法院发现：虽然A公司的账面资产总额超过负债总额，但其流动资金不足，实物资产大多不能立即变现，无法立即清偿到期债务。据此，人民法院于5月16日裁定受理B公司的破产申请，并指定了管理人。

在该破产案件中，有以下情况：

（1）2014年4月14日，人民法院受理了D公司诉A公司股东甲的债务纠纷案件。D公司主张，因甲未缴纳出资，故应就A公司所欠D公司债务承担出资不实责任。该案尚未审结。

（2）A公司于2013年4月8日向E信用社借款200万元，期限1年。A公司以其所有的厂房为该笔借款提供了抵押担保。2014年5月18日，经管理人同意，A公司向E信用社偿还了其所欠200万元借款的本金及利息。经查，A公司用于抵押的厂房市场价值为500万元。有其他债权人提出，A公司向E信用社的清偿行为属于破产申请受理后对个别债权人的债务清偿，故应认定为无效。

（3）2014年6月2日，F公司向管理人提出，根据其与A公司之间的合同约定，由其提供原材料，委托A公司加工了一批产品，现合同到期，要求提货。据查，该批产品价值50万元，现存于A公司仓库，F公司已于2014年2月支付了全部加工费10万元。管理人认为该批产品属于债务人财产，故不允许F公司提走。

要求：

根据上述内容，分别回答下列问题：

（1）A公司以C公司为其债务提供了连带保证且有能力代为清偿为由，对破产申请提出的异议是否成立？并说明理由。

（2）人民法院以A公司现金不足，资产大多不能立即变现清偿债务为由，裁定受理破产申请，是否符合企业破产法律制度的规定？并说明理由。

（3）对于D公司诉A公司股东甲的债务纠纷案，在程序上人民法院应如何处理？并说明理由。

（4）有关债权人关于A公司向E信用社清偿行为无效的主张是否成立？并说明理由。

（5）F公司是否有权提走其委托A公司加工的产品？并说明理由。

【案例7】（2015年）

2014年年底，A公司已经开始出现破产原因，2015年6月8日人民法院依法受理了A公司的破产申请，并指定了某律师事务所为管理人。

（1）2015年2月，B公司委托A公司代为销售某产品，A公司管理人将其归为A公司财产。

（2）2015年3月，A公司运输车辆将董某撞伤，A公司向董某支付了人身损害赔偿金 15 万元。

(3) 2015 年 4 月，A 公司向 C 公司购买了一批货物，双方约定分期付款，A 公司付清全部价款之后才能获得该批货物的所有权。A 公司已经支付了 90% 的货款。A 公司管理人决定继续履行该合同，但无正当理由拒绝支付剩余 10% 的货款。

(4) 2014 年 5 月，A 公司以其设备设定抵押向 D 银行借款 100 万元。A 公司管理人为该抵押物的管理、变现等付出了合理劳动。在确定管理人报酬时，A 公司管理人将该抵押物的价值计入了计酬基数，同时请求 D 银行支付实现抵押权的相应报酬。

要求：

根据上述内容，分别回答下列问题：

(1) B 公司委托销售的财产是否属于 A 公司财产？并说明理由。

(2) A 公司管理人是否有权撤销支付给董某的人身损害赔偿金？并说明理由。

(3) C 公司能否取回该批货物？并说明理由。

(4) 在确定管理人报酬时，该抵押物的价值能否计入计酬基数？管理人请求 D 银行支付实现抵押权的相应报酬是否符合规定？并分别说明理由。

【案例 8】（2016 年）

A 公司因不能清偿到期债务且明显缺乏清偿能力，主动向人民法院申请破产。2016 年 4 月 1 日，人民法院裁定受理 A 公司的破产申请，并指定某会计师事务所为管理人。

管理人在清理 A 公司资产过程中发现，A 公司的股东甲于 2014 年 3 月认缴增资 200 万元，根据公司章程的规定，甲应于 2014 年 4 月至 2017 年 4 月底，至多分 4 次缴足出资，每次不低于 50 万元。截至 2016 年 4 月 1 日，甲已经实缴 100 万元出资。2016 年 4 月 6 日，管理人要求甲缴纳剩余出资 100 万元，甲以其出资义务尚未到期为由拒绝。

2016 年 4 月 7 日，B 公司获悉 A 公司申请破产的消息后，要求取回其委托 A 公司加工定做的一套高档古典家具，由于 B 公司尚未支付加工费，管理人以此为由拒绝其取回家具。

2016 年 4 月 11 日，C 公司申报债权。管理人认为，C 公司所主张的对 A 公司的 50 万元债权，未得到 A 公司原负责人认可，故以该债权有争议为由拒绝将之编入债权登记表。C 公司对此提出异议，管理人研究后提出如下处理方案：先将 C 公司主张的债权列入债权登记表，交由第一次债权人会议核查是否成立，但 C 公司不得参加第一次债权人会议。

债权申报工作结束后，管理人指定本所一名资深注册会计师担任债权人会议主席。

要求：

根据上述内容，分别回答下列问题：

(1) 甲拒绝缴纳剩余 100 万元出资的理由是否成立？并说明理由。

(2) 管理人拒绝 B 公司取回家具的理由是否成立？并说明理由。

(3) 管理人拒绝将 C 公司主张的债权编入债权登记表的理由是否成立？并说明

理由。

（4）管理人拒绝 C 公司参加第一次债权人会议是否符合企业破产法律制度的规定？并说明理由。

（5）管理人指定本所注册会计师为债权人会议主席是否符合企业破产法律制度的规定？并说明理由。

【案例 9】（2017 年）

A 公司是一家拥有 200 多名职工的中型企业。自 2015 年年底开始，A 公司生产经营停滞，无力偿还银行贷款本息，并持续拖欠职工工资。2017 年 1 月，A 公司 20 名职工联名向人民法院提出对 A 公司的破产申请，人民法院认为该 20 名职工无破产申请权，作出不予受理的裁定。

2017 年 2 月，A 公司的债权人 B 银行向人民法院申请 A 公司破产，A 公司提出异议称：A 公司账面资产总额超过负债总额，并未丧失清偿能力。在此情形下，人民法院召集 A 公司和 B 银行代表磋商偿还贷款事宜，但 A 公司坚持要求 B 银行再给其半年还款缓冲期，争取恢复生产，收回货款后再清偿贷款，B 银行则要求 A 公司立即清偿债务，双方谈判破裂。

人民法院认为，A 公司的抗辩异议不成立，于 5 日后作出受理破产申请的裁定，并指定了破产管理人。在管理人接管 A 公司、清理财产和债权债务期间，发生如下事项：

（1）C 公司欠 A 公司的 20 万元货款到期，C 公司经理在得知 A 公司进入破产程序的情况下，因被 A 公司经理收买，直接将货款交付 A 公司财务人员。A 公司财务人员收到货款后，迅速转交给 A 公司的股东。

（2）A 公司经管理人同意，向其债权人 D 公司清偿 10 万元债务，A 公司此前为担保该笔债务而以市值 50 万元的机器设备设定抵押，也因此解除。

管理人清理债权债务时还发现，A 公司的部分财产已在破产申请受理前发生的多宗民事诉讼案件中被人民法院采取保全措施或者已进入强制执行程序。

要求：

根据上述内容，分别回答下列问题：

（1）人民法院认为 A 公司 20 名职工无破产申请权，是否符合企业破产法律制度的规定？并说明理由。

（2）人民法院驳回 A 公司的抗辩异议，是否符合企业破产法律制度的规定？并说明理由。

（3）C 公司向 A 公司财务人员交付 20 万元货款的行为是否产生债务清偿效果？并说明理由。

（4）A 公司向 D 公司的清偿行为是否应当认定为无效？并说明理由。

（5）在受理 A 公司破产申请后，人民法院应如何处理对 A 公司部分财产所采取的保全措施及强制执行程序？

【案例 10】（2018 年）

2017 年 9 月以来，债务人 A 公司出现不能清偿到期债务且明显缺乏清偿能力的情形。同年 10 月 23 日，债权人 B 公司向人民法院提出对 A 公司进行破产清算的申请。A 公司向人民法院提出异议，认为所欠 B 公司债务有 C 公司提供的连带保证担保，且 C 公司有能力承担保证责任，因此，人民法院不应受理破产申请。

2017 年 11 月 2 日，人民法院裁定受理 A 公司破产案件。在选择管理人时，D 会计师事务所和 E 律师事务所参与投标，其中，D 会计师事务所曾于 2013 年 1 月至 2014 年 10 月担任 A 公司的财务顾问，E 律师事务所曾于 2014 年度担任 B 公司的法律顾问。

清理债务人财产时，管理人发现，A 公司自 2016 年下半年起存在普遍拖欠职工工资的情形。截至 2017 年年底，A 公司董事仍正常领取工资，但未领取 2016、2017 年度的绩效奖金。

确定破产债权时，管理人对 A 公司所欠职工工资和医疗、伤残补助、抚恤费用，以及应当列入职工个人账户的基本养老保险、基本医疗保险费用等列出清单，进行公示。A 公司职工对清单记载的所欠基本养老保险等费用提出异议，要求管理人予以更正。但管理人既未更正，也未作出合理的解释和说明。

破产宣告前，由于 A 公司的一处土地使用权市场价值大幅上升，公司资产价值整体超过负债总数，因此，A 公司请求人民法院裁定驳回破产申请。

要求：

根据上述内容，分别回答下列问题：

（1）A 公司对破产申请提出的异议是否成立？并说明理由。

（2）D 会计师事务所和 E 律师事务所，谁不得担任本案的破产管理人？并说明理由。

（3）对于 A 公司董事领取的 2017 年 9 月以后的工资，管理人应如何处理？并说明理由。

（4）A 公司职工对管理人列出的职工债权清单提出异议并要求更正后，管理人未予更正，对此，有何法律救济途径？

（5）对于 A 公司基于公司资产价值整体超过负债总数这一情况提出的驳回破产申请的请求，人民法院应否支持？并说明理由。

【案例 11】（2019 年）

2018 年 9 月 5 日，债务人 A 上市公司向人民法院申请破产重整，提交了破产申请书等材料。人民法院于 9 月 18 日裁定受理，并指定 B 会计师事务所担任管理人，负责管理 A 公司的财产和营业事务。债务人 A 公司认为，重整申请由其提出，因此，重整计划草案亦应由其制作。

重整期间，管理人确认：A 公司存在欠税、拖欠职工工资及补偿金、无法支付供应商货款、无法向预付费客户返还押金和未消费储值金等情况。管理人提议按照普通债权组、职工债权组和税收债权组的分类，对重整计划草案进行分组表决。但预付费押金、储值金债权人表示异议，认为消费者权益应当受到重视，要求在普通债权组中分设小额债权组对重整计划草案进行表决。

重整计划草案经过多轮调整后提交表决。由于重整计划草案涉及 A 公司出资人权益调整事项，表决时又设立了出资人组。该组对重整计划草案表决的相关情况如下：出席表决会议的出资人 28 人，占 A 公司出资人人数的 70%；出席会议出资人持有的出资额占 A 公司全部出资额的 80%；对重整计划草案投赞成票的出资人为 15 人，持有出资额占 A 公司全部出资额的 60%。

重整计划执行期间，又有数名预付费客户提出，其刚知晓 A 公司重整，要求继续申报债权，立即退还押金。

要求：

根据上述内容，分别回答下列问题：

（1）破产申请书应当记载哪些事项？

（2）A 公司关于重整计划草案应由其制作的主张是否成立？并说明理由。

（3）预付费押金、储值金债权人关于分设小额债权组的要求有无法律依据？是否设立小额债权组应当由谁决定？

（4）根据会议表决情况，A 公司重整计划草案涉及出资人权益调整事项的表决是否获得通过？并说明理由。

（5）对于数名预付费客户提出"继续申报债权，立即退还押金"的要求，应当如何处理？

经典案例分析题参考答案

【案例1参考答案】

（1）管理人有权请求人民法院予以撤销。根据规定，人民法院受理破产申请前 1 年内，债务人对没有财产担保的债务提供财产担保的，管理人有权请求人民法院予以撤销。在本题中，2007 年 3 月甲公司将厂房抵押给乙公司的行为发生在人民法院受理破产申请前 1 年内，因此，管理人有权请求人民法院予以撤销。

（2）A 银行不能将尚未得到清偿的 20 万元欠款向管理人申报普通破产债权。根据规定，破产人仅作为担保人为他人债务提供物权担保，担保债权人的债权虽然在破产程序中可以构成别除权，但因破产人不是主债务人，在担保物价款不足以清偿担保债权额时，余债不得作为破产债权向破产人要求清偿，只能向原主债务人求偿。

（3）丁公司可以向管理人申报的债权额为 5 万元。根据规定，管理人依照《企业破产法》的规定解除破产申请受理前成立而债务人和对方当事人均未履行完毕的合同的，对方当事人以因合同解除所产生的损害赔偿请求权申报债权。可申报的债权以实际损失为限，违约金不作为破产债权。

（4）戊公司的主张不成立。根据规定，债务人的债务人在破产申请受理后取得他人对债务人的债权的，不得抵销。

【案例2参考答案】

(1) 管理人无权请求人民法院撤销甲公司向乙公司赠送复印机的行为。根据规定,人民法院受理破产申请前1年内,债务人无偿转让财产的,管理人有权请求人民法院予以撤销。在本题中,甲公司向乙公司赠送复印机的行为发生于破产申请受理1年之前。

(2) 丙公司无权就其未获清偿的10万元货款向管理人申报债权。根据规定,破产人仅作为担保人为他人债务提供物权担保,担保债权人的债权虽然在破产程序中可以构成别除权,但因破产人不是主债务人,在担保物价款不足以清偿担保债权额时,余债不得作为破产债权向破产人要求清偿,只能向原主债务人求偿。

(3) 丁公司无权要求戊公司返还机床。根据规定,戊公司受让机床时主观上为善意、以合理价格有偿受让,并且机床已经交付,戊公司基于善意取得制度依法取得了该机床的所有权,丁公司已经丧失了对该机床的所有权,丁公司无权要求戊公司返还机床。

(4) 丁公司的财产损失不能作为共益债务清偿。根据规定,债务人占有的他人财产被违法转让给第三人,依据《物权法》的规定,第三人已善意取得财产所有权,原权利人无法取回该财产的,如果转让行为发生在破产申请受理前,原权利人因财产损失形成的债权,作为普通破产债权清偿。在本题中,甲公司的转让行为发生在破产申请受理之前,丁公司因财产损失形成的债权,只能作为普通破产债权清偿。

(5) 庚公司的理由不成立。根据规定,和解债权人对债务人的保证人和其他连带债务人所享有的权利,不受和解协议的影响。

【案例3参考答案】

(1) 企业法人的破产原因是不能清偿到期债务,并且资产不足以清偿全部债务或者明显缺乏清偿能力。债务人账面资产虽大于负债,但法定代表人下落不明且无其他人员负责管理财产,无法清偿债务的,人民法院应当认定债务人明显缺乏清偿能力。

(2) 债权人甲主张银行无权申报债权的理由不成立。根据规定,人民法院受理保证人破产案件,保证债务尚未到期的,可将未到期之保证责任视为已到期,提前予以清偿。因此,银行有权就未到期的保证债权进行申报。

(3) 债权人乙关于A公司对银行享有先诉抗辩权的主张不成立。根据规定,一般保证人破产的,不得行使先诉抗辩权。

(4) 债权人丙关于D公司无权进行债务抵销的主张成立。根据规定,债务人的债务人在破产申请受理后取得他人对债务人的债权的,不得抵销。

(5) 债权人丁关于F公司无权取回设备的主张不成立。根据规定,人民法院受理破产申请时,出卖人已将买卖标的物向作为买受人的债务人发运,债务人尚未收到且未付清全部价款的,出卖人可以取回在运途中的标的物。

【案例4参考答案】

(1) C银行的做法不符合规定。根据规定,破产企业仅作为担保人为他人债务提供物权担保,担保权人的债权虽然在破产程序中可以构成别除权,但因破产企业不是主债务人,在担保物价款不足以清偿担保债权额时,余债不得作为破产债权向破产企业要求清偿,只能向原主债务人求偿。在本题中,由于A公司仅为担保人,并非主债务人,因此,对于抵押物拍卖款不足清偿的150万元借款本息,C银行只能向主债务人B公司追偿,而不能向A公司申报破产债权。

(2) ①E公司有权拒绝D公司返还机床的请求。根据规定,E公司基于善意取得制度(善意无重大过失、以合理的市场价格有偿取得并已交付）依法取得了该机床的所有权，E 公司有权拒绝 D 公司返还机床的请求。②D 公司可以向管理人申报普通破产债权。根据规定，债务人占有的他人财产被违法转让给第三人，依据《物权法》的规定，第三人已善意取得财产所有权，原权利人无法取回该财产的，如果转让行为发生在破产申请受理前，原权利人因财产损失形成的债权，作为普通破产债权清偿。

（3）管理人无权解除 A 公司与 F 公司之间的房屋租赁合同。根据规定，对于破产企业对外出租不动产的合同，除存在严重影响破产财产的整体变价与价值实现、且无法分别处分等特殊情况外，管理人不得违背合同约定任意解除合同；在变价破产财产时，房屋可以带租约出售，承租人在同等条件下享有优先购买权。

（4）G 公司关于债务抵销的主张不成立。根据规定，债务人的债务人在破产申请受理后取得他人对债务人的债权的，不得抵销。

（5）管理人无权撤销 A 公司向供电局补缴电费的行为。根据规定，债务人为维系基本生产需要而支付水费、电费等，管理人请求撤销的，人民法院不予支持。

【案例 5 参考答案】

（1）B、C 两家公司的主张不成立。根据规定，人民法院受理破产申请后，债务人的出资人尚未完全履行出资义务的，管理人应当要求该出资人缴纳所认缴的出资，而不受出资期限的限制。

（2）C 公司的主张不成立。根据规定，管理人代表债务人提起诉讼，主张出资人向债务人依法缴付未履行的出资或者返还抽逃的出资本息，出资人以违反出资义务已经超过诉讼时效为由抗辩的，人民法院不予支持。

（3）人民法院应当认定为非正常收入，管理人可以要求返还。具体为：①债务人的董事、监事和高级管理人员因返还绩效奖金形成的债权，可以作为普通破产债权清偿。②因返还普遍拖欠职工工资情况下获取的工资性收入形成的债权，按照该企业职工平均工资计算的部分作为拖欠职工工资清偿；高出该企业职工平均工资计算的部分，可以作为普通破产债权清偿。

（4）D 公司可以向管理人主张出卖人取回权。根据规定，出卖人依据《企业破产法》第 39 条的规定，通过通知承运人或者实际占有人中止运输、返还货物、变更到达地，或者将货物交给其他收货人等方式，对在运途中标的物主张了取回权但未能实现，或者在货物未达管理人前已向管理人主张取回在运途中标的物，在买卖标的物到达管理人后，出卖人向管理人主张取回的，管理人应予准许。

【案例 6 参考答案】

（1）A 公司的异议不成立。根据规定，相关当事人以对债务人的债务负有连带责任的人未丧失清偿能力为由，主张债务人不具备破产原因的，人民法院不予支持。

（2）人民法院的做法符合规定。根据规定，债务人账面资产虽大于负债，但存在因资金严重不足或者财产不能变现等原因，无法清偿债务的，人民法院应当认定其明显缺乏清偿能力。在本题中，A 公司已经不能清偿其对 B 公司的到期债务，且明显缺乏清偿能力，人民法院应当受理 B 公司对 A 公司提出的破产清算申请。

（3）人民法院应当中止审理。根据规定，破产申请受理前，债权人提起诉讼主张债务人的出资人等直接向其承担出资不实责任，案件在破产申请受理时尚未审结的，人民法院应当中止审理。

（4）有关债权人关于 A 公司向 E 信用社清偿行为无效的主张不成立。根据规定，人民法院受理破产申请后，债务人对个别债权人的债务清偿无效。但是，债务人以其财产向债权人提供物权担保的，其在担保物市场价值内向债权人所作的债务清偿，不受上述规定限制。

（5）F 公司有权提走其委托 A 公司加工的产品。根据规定，债务人基于仓储、保管、承揽、代销、借用、寄存、租赁等合同或者其他法律关系占有、使用的他人财产，不应认定为债务人财产。在本题中，A 公司基于承揽合同占有 F 公司的财产，且 F 公司已付加工费，管理人无权拒绝返还加工物。

【案例 7 参考答案】

（1）B 公司委托销售的财产不属于 A 公司财产。根据规定，债务人基于代销法律关系占有、使用的他人财产，不属于债务人财产。

（2）A 公司管理人无权撤销支付给董某的人身损害赔偿金。根据规定，人民法院受理破产申请前 6 个月内，债务人支付的劳动报酬、人身损害赔偿金，管理人请求撤销的，人民法院不予支持。

（3）C 公司不能取回该批货物。根据规定，买受人管理人无正当理由未及时支付价款，给出卖人造成损害，出卖人依据《合同法》的相关规定主张取回标的物的，人民法院应予支持。但是，买受人已支付标的物总价款 75% 以上或者第三人善意取得标的物所有权或者其他物权的除外。在本题中，由于 A 公司已经支付了 90% 的货款，C 公司不能取回该批货物。

（4）①该抵押物的价值不能计入计酬基数。根据规定，人民法院应根据债务人最终清偿的财产价值总额，分段确定管理人报酬。担保权人优先受偿的担保物价值，不计入债务人最终清偿的财产价值总额。②管理人请求 D 银行支付实现抵押权的相应报酬符合规定。根据规定，管理人对担保物的维护、变现、交付等管理工作付出合理劳动的，有权向担保权人收取适当的报酬。

【案例 8 参考答案】

（1）甲拒绝缴纳剩余 100 万元出资的理由不成立。根据规定，人民法院受理破产申请后，债务人的出资人尚未完全履行出资义务的，管理人应当要求该出资人缴纳所认缴的出资，而不受出资期限的限制。

（2）管理人拒绝 B 公司取回家具的理由成立。根据规定，权利人行使取回权时未依法向管理人支付相关的加工费等费用，管理人拒绝其取回相关财产的，人民法院应予支持。

（3）管理人拒绝将 C 公司主张的债权编入债权登记表的理由不成立。根据规定，管理人应当对债权人申报的债权进行登记造册，不得以其认为债权超过诉讼时效或者不能成立等为由拒绝编入债权登记表。

（4）管理人拒绝 C 公司参加第一次债权人会议不符合规定。根据规定，凡是申报债权者均有权参加第一次债权人会议，有权参加对其债权的核查、确认活动，并可依法提出异议。

（5）管理人指定本所注册会计师为债权人会议主席不符合规定。根据规定，债权人会议主席由人民法院在有完全表决权的债权人中指定，管理人无权指定债权人会议主席。

【案例 9 参考答案】

（1）人民法院认为 A 公司 20 名职工无破产申请权符合规定。根据规定，职工提出破产申请应经职工代表大会或者全体职工会议多数决议通过。

（2）人民法院驳回 A 公司的抗辩异议符合规定。根据规定，债务人以其具有清偿能力或者资产超过负债为由提出抗辩异议，但又不能立即清偿债务或者与债权人达成和解的，其异议不能成立。

（3）C 公司向 A 公司财务人员交付 20 万元货款的行为不产生债务清偿效果。根据规定，人民法院受理破产申请后，债务人的债务人或者财产持有人应当向管理人清偿债务或者交付财产，如其故意违反法律规定向债务人清偿债务或者交付财产，使债权人受到损失的，不免除其清偿债务或者交付财产的义务。

（4）A 公司向 D 公司的清偿行为不应当认定为无效。根据规定，人民法院受理破产申请后，债务人对个别债权人的债务清偿无效；但是，债务人以其财产向债权人提供物权担保的，其在担保物市场价值内向债权人所作的债务清偿，不受上述规定的限制。

（5）人民法院受理破产申请后，有关债务人财产的保全措施应当解除，执行程序应当中止。

【案例10 参考答案】

（1）A公司的异议不成立。根据规定，相关当事人以对债务人的债务负有连带责任的人未丧失清偿能力为由，主张债务人不具备破产原因的，人民法院不予支持。

（2）E律师事务所不得担任本案的破产管理人。根据规定，现在担任或者在人民法院受理破产申请前3年内曾经担任债务人、债权人的财务顾问、法律顾问的，不得担任债务人破产案件的管理人。在本题中，D会计师事务所卸任A公司财务顾问的时间为2014年10月，距人民法院受理破产申请已经超过3年，而E律师事务所自2015年起方卸任B公司法律顾问，距人民法院受理破产申请时不足3年。

（3）管理人应当予以追回。根据规定，债务人发生破产原因时，债务人的董事、监事和高级管理人员在普遍拖欠职工工资情况下获取的工资性收入，应当认定为非正常收入，管理人应当追回。

（4）职工可以向人民法院提起债权确认诉讼。

（5）人民法院不予支持。根据规定，人民法院受理破产申请后至破产宣告前，由于债务人财产的市场价值发生变化导致其在案件受理后资产超过负债乃至破产原因消失的，不影响破产案件的受理和继续审理，人民法院不得裁定驳回申请。

【案例11 参考答案】

（1）破产申请书应当载明如下内容：①申请人、被申请人的基本情况；②申请目的；③申请的事实和理由；④人民法院认为应当载明的其他事项。

（2）A公司的主张不成立。根据规定，管理人负责管理财产和营业事务的，由管理人制作重整计划草案。

（3）①预付费押金、储值金债权人关于分设小额债权组的要求有法律依据。根据规定，人民法院在必要时可以决定在普通债权组中设小额债权组对重整计划草案进行表决。②是否设立小额债权组由人民法院决定。

（4）A公司重整计划草案涉及出资人权益调整事项的表决可以获得通过。根据规定，出资人组对重整计划草案中涉及出资人权益调整的事项进行表决时，经参与表决的出资人所持表决权2/3以上通过的，即为该组通过重整计划草案。

（5）债权人未依照规定申报债权的，可以继续申报债权，但在重整计划执行期间不得行使权利，故无权要求立即退还押金。

专题五 票据法律制度

【鑫考点1】票据行为

1. 票据行为的成立与生效

（1）特定事项的记载。

①票据金额以中文大写和数码同时记载，二者必须一致，二者不一致的，票据无效。

②票据金额、出票日期、收款人名称不得更改，更改的票据无效。

（2）签章效力。

①出票人在票据上的签章不符合法律规定的，票据无效。

②背书人、承兑人、保证人在票据上的签章不符合法律规定的，其签章无效，但不影响其他符合法律规定签章的效力。

（3）无民事行为能力人或者限制民事行为能力人在票据上签章的，其签章无效，但不影响其他符合法律规定签章的效力。

2. 票据基础关系对票据行为效力的影响

（1）基于票据行为的无因性，票据基础关系的瑕疵不影响票据行为的效力。

【提示】票据基础关系的瑕疵的情形：①作为原因关系的合同未成立、无效或被撤销；②承兑协议无效或被撤销；③票据授权的原因是票据权利买卖。

（2）票据贴现。

在我国，票据贴现属于国家特许经营业务，只有经批准的金融机构才有资格从事票据贴现业务。其他组织与个人从事票据贴现业务，可能要承担行政责任甚至刑事责任，票据贴现行为（背书转让）无效，贴现款和票据应当相互返还。但是，贴现人（被背书人）又对该票据进行背书转让时，如果符合票据权利善意取得的构成要件，新的持票人取得票据权利。

3. 票据行为的无权代理

没有代理权而以被代理人名义在票据上签章的，应区分以下两种情形：

（1）相对人明知代理人没有代理权，或者因过失而不知，该代理行为不生效力。相对人不能取得票据权利，无论本人还是无权代理人均不承担票据责任（除非本人事后表示追认）。

【提示】如果相对人又对他人进行票据行为，假如该人因满足善意取得的要件而取得票据权利，无权代理之下的本人仍然不承担票据责任。理由在于，本人并未在票据上签章，也没有授权他人为票据行为。但是，无权代理人须对票据权利人承担票据责任。

(2) 虽然票据行为人客观上欠缺代理权, 但是如果相对人有理由相信其有代理权, 则其代理的票据行为有效, 本人应根据该票据行为而承担票据责任, 无权代理人不承担票据责任。

【鑫考点2】票据权利

1. 不享有票据权利

以欺诈、偷盗、胁迫等手段取得票据的, 或者明知有前列情形, 出于恶意取得票据的, 以及持票人因重大过失取得不符合法律规定的票据的, 均不得享有票据权利。

2. 票据权利的善意取得

票据权利的善意取得是指无处分权人处分他人之票据权利, 受让人依照《票据法》所规定的票据转让方式取得票据, 并且善意、无重大过失且支付相当对价, 则可以取得票据权利。

【提示1】无权处分情形:

① 前手意思表示不真实（欺诈、胁迫）。

A→B（受C欺诈、胁迫）→C（无权处分）→D（善意取得）

② 前手的代理人是狭义无权代理。

A→B（无权代理）→C（明知, 无权处分）→D（善意取得）

③ 票据伪造。

A→B（遗失或被盗）→C（拾得+伪造B签章, 无权处分）→D（善意取得）

④ 票据贴现（向其他组织或个人）。

A→B（贴出人）→C（其他组织或个人作为贴现人, 背书无效, 不享有票据权利）→D（善意取得）

【提示2】受让人须支付相当对价。

因税收、继承、赠与可以依法无偿取得票据的, 不受给付对价的限制。但是, 所享有的票据权利不得优于其前手的权利。

3. 票据权利的消灭时效

表5-1 票据权利的消灭时效

类型		对象	时效
汇票	见票即付	出票人	出票日起2年
	定日付款 出票后定期付款 见票后定期付款	出票人、承兑人	到期日起2年
银行本票		出票人	出票日起2年
支票		出票人	出票日起6个月
追索权		其他前手	被拒绝承兑或被拒绝付款之日起6个月
再追索权		其他前手	清偿日或者被提起诉讼之日起3个月

4. 票据权利的救济措施——公示催告

（1）失票人应当在通知挂失止付后的 3 日内，也可以在票据丧失后（挂失止付并非公示催告的前置程序），依法向票据支付地的基层人民法院申请公示催告。

（2）人民法院在受理公示催告申请的同时通知付款人或者代理付款人停止支付。付款人或者代理付款人应当停止支付，直到公示催告程序终结。

（3）人民法院在受理后的 3 日内发出公告，催促利害关系人申报权利。公示催告的期间，由人民法院根据情况决定，但不得少于 60 日。公示催告期间届满日不得早于票据付款日后 15 日。

（4）利害关系人在人民法院作出除权判决之前申报权利的，人民法院应通知其向人民法院出示票据，并通知公示催告申请人查看该票据。如果该票据就是申请人申请公示催告的票据，人民法院应裁定终结公示催告程序，并通知申请人和付款人；如果该票据并非申请人公示催告的票据，人民法院应裁定驳回利害关系人的申报。

（5）公示催告期间届满，无（真正的）利害关系人申报权利的，申请人可以自申报权利期间届满的次日起 1 个月内申请人民法院作出除权判决，人民法院根据申请人的申请，作出除权判决。申请人有权持除权判决书（而非票据凭证）向票据上的义务人主张票据权利。逾期未申请的，人民法院终结公示催告程序。

（6）利害关系人因为正当理由不能在除权判决之前向人民法院及时申报权利的，自知道或者应当知道判决公告之日起 1 年内，可以向作出除权判决的人民法院起诉，请求撤销除权判决。

5. 追索权

（1）通知义务。

未按照规定期限（3 日）发出追索通知的，持票人仍可以行使追索权。但因延期通知给其前手或者出票人造成损失的，由其承担该损失的赔偿责任，但所赔偿的金额以汇票金额为限。

（2）追索对象。

汇票的出票人、背书人、承兑人和保证人对持票人承担连带责任。

持票人可以不按照汇票债务人的先后顺序，对其中任何一人、数人或者全体行使追索权；持票人对汇票债务人中的一人或者数人已经进行追索的，对其他汇票债务人仍可以行使追索权。

【相关链接1】①如果持票人未在法定期限内（10 日）提示付款的，则丧失对出票人、承兑人以外的前手（背书人及其保证人）的追索权；②持票人未按照规定期限（3 日）发出追索通知的，仍可以行使追索权。

【相关链接2】背书人在汇票上记载"不得转让"字样，其后手再背书转让的，如果汇票被拒绝承兑或者被拒绝付款，则持票人对该背书人无追索权。

【相关链接3】持票人对伪造人、被伪造人均无追索权。

【相关链接4】保证人清偿汇票债务后，可以对被保证人及其前手行使追索权。

【考点3】票据的伪造

1. 伪造人

由于伪造人没有以自己的名义在票据上签章，因此不承担（任何）票据责任。但是，如果伪造人的行为给他人造成损失的，必须承担民事责任；构成犯罪的，还应承担刑事责任。

2. 被伪造人

（1）在虚构他人名义的情形下，并不存在一个真正的"被伪造人"，因此不存在相应的法律后果承担问题。

（2）在假冒他人名义的情形下，被伪造人不承担票据责任。

【相关链接】如果相对人有理由相信代理人获得了本人的授权，类推适用"表见代理"的规定，由本人承担票据责任。

3. 真正签章人

票据上有伪造签章的，不影响票据上其他真实签章的效力。在票据上真正签章的当事人，仍应对被伪造的票据的权利人承担票据责任，票据债权人在提示承兑、提示付款或者行使追索权时，在票据上的真正签章人不能以伪造为由进行抗辩。

【考点4】票据抗辩中的"人的抗辩"

1. 可以对抗

（1）票据债务人可以对不履行约定义务的与自己有直接债权债务关系的持票人进行抗辩。

（2）持票人取得的票据是无对价或者不相当对价的，只要持票人取得票据时是善意的，仍然享有票据权利，但其享有的票据权利不能优于其前手的权利。因此，票据债务人可以以对抗持票人前手的抗辩事由对抗该持票人。

2. 不得对抗

（1）票据债务人不得以自己与出票人之间的抗辩事由（如出票人与票据债务人存在合同纠纷、出票人存入票据债务人的资金不够）对抗持票人。（抗辩切断制度）

（2）票据债务人不得以自己与持票人的前手之间的抗辩事由对抗持票人。但是，如果持票人明知票据债务人与出票人或者与持票人的前手之间存在抗辩事由（或无对价取得票据），仍受让票据的，票据债务人可以对抗该持票人。（抗辩切断制度）

（3）凡是善意的、已付对价的正当持票人可以向任何票据债务人请求付款，不受其前手权利瑕疵和前手相互间抗辩的影响。

【鑫考点5】汇票

1. 汇票的背书

（1）背书人未记载被背书人名称即将票据交付他人的，持票人在票据被背书人栏内记载自己的名称与背书人记载具有同等法律效力。

（2）背书时附有条件的，所附条件不具有汇票上的效力，即不影响背书行为本身的效力。

（3）将汇票金额的一部分转让或者将汇票金额分别转让给二人以上的，背书无效。

（4）背书人在汇票上记载"不得转让"字样，其后手再背书转让的，原背书人对后手的被背书人不承担保证责任。

（5）以背书转让的汇票，背书应当连续。非经背书转让，而以其他合法方式（如税收、继承、赠与、法人的合并或分立）取得汇票的，不受背书连续的限制，由持票人依法举证，证明其汇票权利。

2. 汇票的承兑

（1）付款人应当自收到提示承兑的汇票之日起3日内承兑或者拒绝承兑。如果付款人在3日内不作承兑与否表示的，应视为拒绝承兑。

（2）付款人承兑汇票，不得附有条件；承兑附有条件的，视为拒绝承兑。

（3）承兑人不得以其与出票人之间的资金关系来对抗持票人，拒绝支付汇票金额。

（4）承兑人的票据责任不因持票人未在法定期限内提示付款而解除，在持票人作出说明后，承兑人仍应向持票人付款。

3. 汇票的保证

（1）保证行为。

票据保证是一种票据行为，必须在票据上记载有关事项，才能发生票据保证的效力。如果保证人未在票据或者粘单上记载"保证"字样而另行签订保证合同或者保证条款的，不属于票据保证，可以具有民法上的保证的效力，但并不发生票据保证的效力。

（2）相对必要记载事项。

① 未记载被保证人的，已承兑的汇票，承兑人为被保证人；未承兑的汇票，出票人为被保证人。

② 未记载保证日期的，出票日期为保证日期。

（3）保证责任。

① 汇票保证人与被保证人负有同一责任，持票人对被保证人可以主张的任何票据权利，均可向保证人行使，票据保证人不享有先诉抗辩权。

② 保证人为2人以上的，保证人之间承担连带责任。

③ 保证不得附有条件；附有条件的，不影响对汇票的保证责任，即保证所附的条件不发生《票据法》上的效力。

④ 保证人清偿汇票债务后，可以对被保证人及其前手行使追索权。

(4) 如果被保证人的债务因"形式要件"的欠缺而无效，保证人也不承担票据责任；如果被保证人的债务因"实质要件"的欠缺而无效（如当事人欠缺民事行为能力、签章伪造），则不影响票据保证的效力。

经典案例分析题

【案例1】（2009年）

甲公司向乙公司购买水泵一台，为支付货款，签发了一张以自己为出票人、以乙公司为收款人、以M银行为承兑人、票面金额为30万元、到期日为2008年8月3日的银行承兑汇票，并交付给乙公司。甲公司和M银行均在该汇票上进行了签章。

乙公司的财务人员A利用工作之便，将上述汇票扫描，利用其他途径获得的M银行的空白银行承兑汇票进行技术处理，"克隆"了一张与原始汇票几乎完全一样的汇票，然后将"克隆汇票"留在乙公司，将原始汇票偷出。A以乙公司的名义，向丙公司购买了一批黄金制品，归自己所有，并将原始汇票背书转让给丙公司，在背书人签章处加盖了伪造的乙公司公章，签署了虚构的B的姓名。

乙公司为向丁公司购买钢材，将"克隆汇票"背书转让给了丁公司。

在上述汇票付款到期日，丙公司和丁公司分别持原始汇票和"克隆汇票"向M银行请求付款。M银行以丙公司所持汇票的背书人的签章系伪造为由拒绝付款，以丁公司所持汇票系伪造为由而拒绝付款。

要求：

根据上述内容，分别回答下列问题：

(1) M银行是否可以拒绝丙公司的付款请求？并说明理由。

(2) 如果M银行拒绝丙公司的付款请求，丙公司是否可以向甲公司追索？并说明理由。

(3) 如果M银行拒绝丙公司的付款请求，丙公司是否有权向A追索？并说明理由。

(4) M银行是否可以拒绝丁公司的付款请求？并说明理由。

(5) 如果M银行拒绝丁公司的付款请求，丁公司是否有权向乙公司追索？并说明理由。

【案例2】（2011年）

甲公司为支付货款，向乙公司签发了一张以A银行为承兑人、金额为20万元的银行承兑汇票。A银行在票据承兑栏中进行了签章。乙公司为向丙公司支付租金，将该票据交付丙公司，但未在票据上背书和签章。丙公司因需要向丁公司支付工程款，欲将该票据转让给丁公司。

丁公司发现票据上无转让背书，遂提出异议。丙公司便私刻了乙公司法定代表人刘某的人名章和乙公司公章，加盖于背书栏，并直接记载丁公司为被背书人。丁公司不知有假，接受了票据。之后，丁公司为偿付欠款将该票据背书转让给了戊公司。

甲公司收到乙公司货物后，发现货物存在严重质量问题，遂要求乙公司退还货款并承担违约责任。票据到期时，戊公司向 A 银行提示付款，A 银行以甲公司存入本行的资金不足为由拒绝付款。

要求：

根据上述内容，分别回答下列问题：

(1) A 银行拒绝向戊公司付款的理由是否成立？并说明理由。

(2) A 银行拒绝付款后，戊公司可以向哪些当事人进行追索？

(3) 若戊公司在 A 银行拒绝付款后向甲公司进行追索，甲公司可否以与乙公司之间的买卖合同纠纷尚未解决为由拒绝向戊公司承担票据责任？并说明理由。

(4) 丙公司将私刻的人名章和公章加盖于背书栏，并直接记载丁公司为被背书人的行为属于《票据法》上的什么行为？应当承担何种法律责任？

【案例3】（2012年）

A 公司为支付货款，向 B 公司签发了一张金额为 200 万元的银行承兑汇票，某商业银行作为承兑人在票面上签章。B 公司收到该汇票后将其背书转让给 C 公司，以偿还所欠 C 公司的租金，但未在被背书人栏内记载 C 公司的名称。

C 公司欠 D 公司一笔应付账款，遂直接将 D 公司记载为 B 公司的被背书人，并将该汇票交给 D 公司。D 公司随后又将该汇票背书转让给 E 公司，用于偿付工程款，并于票据上注明"工程验收合格则转让生效"。

D 公司与 E 公司因工程存在严重质量问题，未能验收合格而发生纠纷。纠纷期间，E 公司为支付广告费，欲将该汇票背书转让给 F 公司。F 公司负责人知悉 D 公司与 E 公司之间存在工程纠纷，对该汇票产生疑虑，遂要求 E 公司之关联企业 G 公司与 F 公司签订了一份保证合同。该保证合同约定：G 公司就 E 公司对 F 公司承担的票据责任提供连带责任保证。但是，G 公司未在汇票上记载任何内容，亦未签章。

F 公司于汇票到期日向银行提示付款，银行以 A 公司未在该行存入足额资金为由拒绝付款。F 公司遂向 C 公司、D 公司、E 公司、G 公司追索。

要求：

根据上述内容，分别回答下列问题：

(1) C 公司是否应向 F 公司承担票据责任？并说明理由。

(2) D 公司对 E 公司的背书转让是否生效？并说明理由。

(3) D 公司能否以其与 E 公司的工程纠纷尚未解决为由，拒绝向 F 公司承担票据责任？并说明理由。

(4) F 公司能否向 G 公司行使票据上的追索权？并说明理由。

(5) G公司是否应向F公司承担保证责任？并说明理由。

【案例4】（2013年）

A公司以30万元的价格向B公司订购一台机床，根据合同约定，A公司以银行承兑汇票支付价款。2010年3月1日，A公司签发一张以B公司为收款人、金额为30万元的银行承兑汇票（承兑银行已经签章），到期日为2010年9月1日。A公司将该汇票交给采购经理甲，拟由其携至B公司交票提货。

甲获取汇票后，利用其私自留存的空白汇票和私刻的A公司和承兑银行的公章及其各自授权代理人的人名章，按照A公司所签发汇票的内容进行复制，3月20日，甲将其复制的汇票交付B公司，提走机床并占为己有。4月10日，甲将汇票原件交回A公司，声称B公司因机床断货要求解除合同。

3月23日，B公司为向C公司购买原料，将甲交付的汇票背书转让给C公司。

6月1日，C公司因急需现金，将该汇票背书转让给D公司，D公司则向C公司支付现金29万元。

7月1日，D公司为支付厂房租金，将该汇票背书转让给E公司。E公司对C公司和D公司之间票据转让的具体情况不知晓。

9月5日，E公司向汇票承兑银行提示付款时，被告知，该汇票系伪造票据，原票据已于4月15日由出票人A公司交还该行并予以作废，该行对此伪造票据不承担票据责任，银行将该汇票退还E公司，并出具了退票理由书。

要求：

根据上述内容，分别回答下列问题：

(1) E公司是否有权向A公司追索？并说明理由。

(2) D公司是否取得了票据权利？并说明理由。

(3) E公司是否取得票据权利？并说明理由

(4) E公司是否有权向甲追索？并说明理由。

(5) E公司是否有权向B公司追索？并说明理由。

【案例5】（2013年）

2011年2月3日，A公司为向B公司支付货款，签发了一张以B公司为收款人的银行承兑汇票，承兑银行甲银行已经签章，到期日为2011年8月3日。B公司拟向C公司购买钢材，遂在该汇票背书栏中作为背书人签章，并记载C公司为被背书人，由本公司业务人员携至验货现场。由于发现钢材存在质量问题，该业务人员遂将汇票携回，未予交付。

B公司财务人员乙利用工作之便，将保管于B公司保险柜中的该汇票盗出，并串通D公司法定代表人丙，伪造了C公司公章及其法定代表人丁的人名章，加盖于背书栏第二栏的背书人签章处，并记载D公司为被背书人。D公司为支付租金，将该汇票背书转让给E公司。E公司对于上述事实并不知情。

2011年6月1日，B公司发现汇票被盗，遂于当日向公安机关报案，并向人民法院申请公示催告，人民法院于2011年6月2日发出公告，公告期间，无人申报票据权利，但因律师工作失误，B公司未向人民法院申请作出除权判决，人民法院遂于2011年9月20日裁定终结公示催告程序。

2011年9月25日，E公司向承兑人甲银行提示付款，甲银行按照汇票金额向E公司支付了款项。

要求：

根据上述内容，分别回答下列问题：

(1) C公司是否因B公司的背书行为而取得票据权利？并说明理由。

(2) E公司是否取得了票据权利？并说明理由。

(3) E公司是否有权向C公司追索？并说明理由。

(4) E公司是否有权向乙追索？并说明理由。

(5) 甲银行的付款行为是否正当？并说明理由。

【案例6】（2014年）

甲系A公司业务员，负责A公司与B公司的业务往来事宜。2014年2月，甲离职，但A公司并未将这一情况通知B公司。2014年3月3日，甲仍以A公司业务员的名义到B公司购货，并向B公司交付了一张出票人为A公司、金额为30万元的支票，用于支付货款，但未在支票上记载收款人名称。之后，甲提走货物。后查明，支票上所盖A公司公章及其法定代表人人名章均系甲伪造。

B公司于2月20日与公益机构C基金会签订书面协议，约定捐赠30万元用于救灾。3月4日，B公司将该支票交付C基金会，但未在支票上作任何记载。

3月5日，C基金会为支付向D公司购买救灾物品的货款，将自己记载为收款人后，将支票背书转让给D公司。

3月6日，D公司将该支票背书转让给E公司，用于购买生产原料。后发现，E公司向D公司出售的原料存在严重质量问题。

3月10日，E公司将支票背书转让给F大学，用于设立奖学金。

3月11日，F大学向支票所记载的付款银行请求付款时，银行发现支票上A公司及其法定代表人的签章、印章系伪造，遂拒绝付款。

F大学先后向D、E公司进行追索，均遭拒绝。后F大学又向C基金会追索，C基金会向F大学承担票据责任后，分别向B公司和A公司追索，均遭拒绝。

要求：

根据上述内容，分别回答下列问题：

(1) D公司是否有权拒绝F大学的追索？并说明理由。

(2) C基金会向F大学承担票据责任后，是否有权向B公司进行追索？是否有权要求B公司继续履行赠与义务？并分别说明理由。

（3）C基金会是否有权向A公司追索？并说明理由。

（4）C基金会是否有权向甲追索？并说明理由。

【案例7】（2015年）

2015年2月1日，为支付货款，A公司向B公司签发一张以X银行为承兑人、金额为80万元、到期日为2015年8月1日的银行承兑汇票，X银行依法在汇票票面上签章。

3月1日，B公司因急需现金，将该汇票背书转让给C公司，C公司向B公司支付现金70万元。

4月1日，C公司将该汇票背书转让给D公司，以支付房屋租金，D公司对B公司与C公司之间票据转让的具体情况并不知晓。D公司将该汇票背书转让给E公司，以支付装修工程款，并在汇票上注明"本汇票转让于工程验收合格后生效"。后发现，E公司施工的装修工程存在严重的质量问题。

5月1日，E公司被F公司吸收合并，E公司办理了公司注销登记。6月1日，F公司为支付材料款将该汇票背书转让给G公司。8月5日，G公司向X银行提示付款，X银行以背书不连续为由拒绝付款。

要求：

根据上述内容，分别回答下列问题：

（1）C公司能否因B公司的背书转让行为而取得票据权利？并说明理由。

（2）D公司能否因C公司的背书转让行为而取得票据权利？并说明理由。

（3）在装修工程未验收合格的情况下，D公司对E公司的背书转让行为是否有效？并说明理由。

（4）在X银行拒绝付款时，G公司应如何证明其是票据权利人？

【案例8】（2016年）

2016年3月1日，为支付工程款项，A公司向B公司签发一张以甲银行为承兑人、金额为150万元的银行承兑汇票，汇票到期日为2016年9月1日，甲银行作为承兑人在汇票票面上签章。

4月1日，B公司将该汇票背书转让给C公司，用于支付买卖合同价款。后因C公司向B公司出售的合同项下货物存在严重质量问题，双方发生纠纷。

5月1日，C公司为支付广告费，将该汇票背书转让给D公司。D公司负责人知悉B、C公司之间合同纠纷的详情，对该汇票产生疑虑，遂要求C公司的关联企业E公司与D公司签订了一份保证合同。保证合同约定：E公司就C公司对D公司承担的票据责任提供连带责任保证。但E公司未在汇票上记载有关保证事项，亦未签章。

6月1日，D公司将该汇票背书转让给F公司，以偿还所欠F公司的租金，F公司对B、C公司之间合同纠纷并不知情。

9月2日，F公司持该汇票向甲银行提示付款，甲银行以A公司资信状况不佳、账户余额不足为由拒付。

F公司遂向B、D公司追索。B公司以C公司违反买卖合同为由，对F公司的追索予以拒绝，D公司向F公司承担票据责任后，分别向B、E公司追索，B公司仍以C公司违反买卖合同为由，对D公司的追索予以拒绝，E公司亦拒绝。

要求：

根据上述内容，分别回答下列问题：

（1）甲银行的拒付理由是否成立？并说明理由。

（2）B公司拒绝F公司追索的理由是否成立？并说明理由。

（3）B公司拒绝D公司追索的理由是否成立？并说明理由。

（4）D公司能否要求E公司承担票据责任？能否依保证合同要求E公司承担保证责任？并分别说明理由。

【案例9】（2017年）

甲公司为支付货款，向乙公司签发一张以A银行为承兑人、金额为100万元的银行承兑汇票。A银行作为承兑人在汇票票面上签章，甲公司的股东B公司在汇票上以乙公司为被保证人，进行了票据保证的记载并签章。甲公司将汇票交付给乙公司工作人员孙某。

孙某将该汇票交回乙公司后，利用公司财务管理制度的疏漏，将汇票暗中取出，并伪造乙公司财务专用章和法定代表人签章，将汇票背书转让给与其相互串通的丙公司。丙公司随即将该汇票背书转让给丁公司，用于支付房屋租金，丁公司对于孙某伪造汇票之事不知情。

丁公司于汇票到期日向A银行提示付款。A银行在审核过程中发现汇票上的乙公司签章系伪造，故拒绝付款。丁公司遂向丙公司、乙公司和B公司追索，均遭拒绝。后丁公司知悉孙某伪造汇票之事，遂向其追索，亦遭拒绝。

要求：

根据上述内容，分别回答下列问题：

（1）丁公司能否因丙公司的背书转让行为而取得票据权利？并说明理由。

（2）乙公司是否应当向丁公司承担票据责任？并说明理由。

（3）B公司是否应当向丁公司承担票据责任？并说明理由。

（4）孙某是否应当向丁公司承担票据责任？并说明理由。

【案例10】（2018年）

A公司为支付向B公司购买的钢材货款，向B公司签发了一张以甲银行为承兑人、金额为100万元的银行承兑汇票，甲银行作为承兑人在汇票票面上签章，B公司收到汇票后背书转让给C公司，用于偿还所欠租金，C公司为履行向D中学捐资助学的承诺，将该汇票背书转让给D中学,并在汇票上注明"不得转让"字样,D中学将该汇票背书转让给F公司,用于偿付工程款,应F公司的要求,D中学请E公司出具了担保函,承诺就D中学对F公司的票据债务承担保证责任,但未在票据上作任何记载。

A公司收到钢材后,发现存在重大质量瑕疵,完全不符合买卖合同约定及行业通行标准,无法使用。

F公司于汇票到期日向甲银行提示付款,甲银行以A公司未在该行存入足够资金为由拒付。F公司遂向A、B、C、E公司追索,A公司称,因钢材存在重大质量瑕疵,B公司构成根本违约,已向B公司主张解除合同,退还货款,故不应承担任何票据责任,C公司以汇票上记载有"不得转让"字样为由拒绝承担票据责任。

要求:

根据上述内容,分别回答下列问题:

(1) 甲银行拒绝向F公司付款的理由是否成立?并说明理由。
(2) A公司拒绝向F公司承担票据责任的理由是否成立?并说明理由。
(3) C公司拒绝向F公司承担票据责任的理由是否成立?并说明理由。
(4) E公司应否承担票据保证责任?并说明理由。

【案例11】(2019年)

A公司为结清欠款,向B公司签发一张金额为50万元的支票,交付给B公司销售经理甲。甲偶然获知B公司拟将其辞退,心生愤懑。甲知悉B公司拖欠C公司一笔50万元的货款,且与C公司负责人乙熟识,遂伪造B公司财务专用章及财务负责人名章,加盖于支票背书人栏,将该支票交付给乙,但未在被背书人栏记载C公司名称。C公司欠D公司一笔货款,遂直接将D公司记载为B公司的被背书人,并将支票交付给D公司。

D公司在提示付款期限内向支票记载的付款银行请求付款,银行发现支票上的B公司财务专用章及其财务负责人名章系伪造,遂予拒绝。D公司向A、B、C公司追索,三家公司均以票据系甲伪造为由拒绝。D公司遂要求甲承担票据责任。

要求:

根据上述内容,分别回答下列问题:

(1) A公司是否应当承担票据责任?并说明理由。
(2) B公司是否应当承担票据责任?并说明理由。
(3) C公司是否应当承担票据责任?并说明理由。
(4) 甲是否应当承担票据责任?并说明理由。

经典案例分析题参考答案

【案例 1 参考答案】

（1）M 银行不能拒绝丙公司的付款请求。根据规定，票据上有伪造签章的，不影响票据上其他真实签章的效力。在本题中，M 银行属于在汇票上真正签章的当事人，在持票人丙公司提示付款时，真正签章人 M 银行不能以伪造为由进行抗辩。

（2）丙公司可以向甲公司追索。根据规定，票据上有伪造签章的，不影响票据上其他真实签章的效力。在本题中，甲公司属于在汇票上真正签章的当事人，在丙公司行使追索权时，真正签章人甲公司不能以伪造为由进行抗辩。

（3）丙公司无权向 A 追索。根据规定，由于伪造人没有以自己的名义签章，因此不承担票据责任。在本题中，A 属于伪造人，A 在票据上没有以自己的名义签章，因此，A 不承担票据责任。

（4）M 银行可以拒绝丁公司的付款请求。根据规定，在假冒他人名义的情形下，被伪造人不承担票据责任。在本题中，在丁公司持有的票据（克隆票据）上，M 银行的签章系伪造，被伪造人 M 银行有权拒绝承担票据责任。

（5）丁公司有权向乙公司追索。根据规定，票据上有伪造签章的，不影响票据上其他真实签章的效力。在本题中，在丁公司持有的票据（克隆票据）上，乙公司的签章是真实有效的，乙公司应当对丁公司承担票据责任。

【案例 2 参考答案】

（1）A 银行拒绝付款的理由不成立。根据规定，承兑人不得以其与出票人之间的资金关系来对抗持票人。

（2）戊公司可以向甲公司、丁公司和 A 银行进行追索。

（3）甲公司不能以此为由拒绝向戊公司承担票据责任。根据规定，票据债务人不得以自己与持票人的前手之间的抗辩事由对抗持票人。

（4）属于票据的伪造行为。如果伪造人的行为给他人造成损害的，必须承担民事责任；构成犯罪的，还应承担刑事责任。

【案例 3 参考答案】

（1）C 公司不应向 F 公司承担票据责任。在本题中，由于 C 公司未在汇票上签章，因此不是票据法律关系的当事人，不应承担任何票据责任。

（2）D 公司对 E 公司的背书转让生效。根据规定，背书时附有条件的，所附条件不影响背书行为的效力，被背书人仍可依该背书取得票据权利。

（3）D 公司可以以其与 E 公司的工程纠纷尚未解决为由，拒绝向 F 公司承担票据责任。根据规定，票据债务人不得以自己与持票人的前手之间的抗辩事由对抗持票人，但持票人明知存在抗辩事由而取得票据的除外。在本题中，F 公司明知 D 公司与 E 公司的工程纠纷尚未解决，却仍然接受该汇票，故 D 公司可以基于该抗辩事由拒绝向其承担票据责任。

（4）F 公司不能向 G 公司行使票据上的追索权。根据规定，如果保证人未在票据或者粘单上记载"保证"字样而另行签订保证合同或者保证条款的，不属于票据保证。在本题中，G 公司未在票据上记载任何内容，亦未签章，其行为不构成票据保证，G 公司不属于票据债务人，因此，F 公司不能向其行使票据上的追索权。

(5) G公司应当向F公司承担保证责任。根据规定，未在票据或者粘单上记载"保证"字样而另行签订保证合同的，虽不属于票据保证，但仍具有民法上保证的效力，作为连带责任保证人，在E公司不履行债务时，G公司应当承担保证责任。

【案例4参考答案】

(1) E公司无权向A公司追索。根据规定，在假冒他人名义的情形下，被伪造人（A公司）不承担票据责任。

(2) D公司不能取得票据权利。根据规定，票据贴现属于国家特许经营业务，只有经批准的金融机构才有资格从事票据贴现业务。其他组织与个人从事票据贴现业务，可能要承担行政责任甚至刑事责任，票据贴现行为（背书转让）无效。

(3) E公司取得了票据权利。在本题中，尽管D公司未取得票据权利，但是由于其形式上是票据权利人，在其向E公司背书转让时，符合票据权利善意取得的构成要件，E公司善意取得票据权利。

(4) E公司无权向甲追索。根据规定，由于伪造人（甲）没有以自己的名义在票据上签章，因此不承担任何票据责任。

(5) E公司有权向B公司追索。根据规定，票据上有伪造签章的，不影响票据上其他真实签章的效力。在票据上真正签章的当事人（B公司），仍应对被伪造的票据的权利人承担票据责任，票据债权人在提示承兑、提示付款或者行使追索权时，在票据上的真正签章人不能以伪造为由进行抗辩。

【案例5参考答案】

(1) C公司未取得票据权利。根据规定，背书是指持票人为将票据权利转让给他人或者将票据权利授予他人行使，在票据背面或者粘单上记载有关事项并签章，然后将票据交付给被背书人的票据行为。在本题中，尽管B公司在该汇票上记载C公司为被背书人，但未将该汇票交付给C公司，C公司未取得票据权利。

(2) E公司取得了票据权利。在本题中，尽管D公司未取得票据权利，但是由于其形式上是票据权利人，在其向E公司背书转让时，E公司则基于善意取得制度（善意且无重大过失、支付合理对价、符合背书行为的形式要件和实质要件）而取得票据权利。

(3) E公司无权向C公司追索。根据规定，在假冒他人名义的情形下，被伪造人（C公司）不承担票据责任。

(4) E公司无权向乙追索。根据规定，由于伪造人（乙）没有以自己的名义在票据上签章，因此不承担任何票据责任。

(5) 甲银行的付款行为正当。在本题中，B公司未申请人民法院作出除权判决，人民法院终结公示催告程序后，票据权利恢复正常。承兑人甲银行的票据责任不因持票人未在法定期限提示付款而解除。

【案例6参考答案】

(1) D公司有权拒绝F大学的追索。根据规定，持票人取得的票据是无对价或者不相当对价的，由于其享有的权利不能优于其前手，因此，票据债务人可以以对抗持票人前手的抗辩事由对抗该持票人。在本题中，E公司交付的货物存在严重的质量问题，D公司有权以此为由对E公司提出抗辩；而F大学无对价取得票据，D公司有权以对抗E公司的事由，对抗F大学。

(2) ①C基金会无权向B公司进行追索。在本题中，B公司未在票据上签章，不是票据债务人，故不应承担票据责任；②C基金会有权要求B公司继续履行赠与义务。根据规定，具有救灾、扶贫等社会公益、道德义务性质的赠与合同或者经过公证的赠与合同，不得撤销赠与。在本题中，B公司与C基金会的赠与合同具有社会公益性质，B公司不得撤销，C基金会有权要求其继续履行。

（3）C基金会无权向A公司追索。根据规定，在假冒他人名义的情况下，被伪造人（A公司）不承担票据责任。

（4）C基金会无权向甲追索。根据规定，伪造人（甲）并未在票据上以自己的名义签章，不承担票据责任。

【案例7参考答案】

（1）C公司不能取得票据权利。根据规定，其他组织与个人从事票据贴现业务的，票据贴现行为（背书转让）无效。在本题中，由于C公司并非有资格从事票据贴现业务的金融机构，B公司对C公司的背书转让行为无效，C公司不能取得票据权利。

（2）D公司可以取得票据权利。在本题中，尽管C公司未取得票据权利，但是由于其形式上是票据权利人，在其向D公司背书转让时，符合票据权利善意取得的构成要件，D公司善意取得票据权利。

（3）D公司对E公司的背书转让行为有效。根据规定，背书时附有条件的，所附条件不具有汇票上的效力，即不影响背书行为本身的效力。

（4）G公司应依法举证，证明其汇票权利：E公司与F公司发生了吸收合并，尽管背书不连续，但F公司基于吸收合并依法取得票据权利；之后，F公司将该汇票背书转让给G公司，G公司依法取得票据权利。

【案例8参考答案】

（1）甲银行的拒付理由不成立。根据规定，承兑人不得以其与出票人之间的资金关系来对抗持票人，拒绝支付汇票金额。

（2）B公司拒绝F公司追索的理由不成立。根据规定，票据债务人不得以自己与持票人的前手之间的抗辩事由对抗持票人。但是，持票人明知存在抗辩事由而取得票据的除外。在本题中，F公司对B公司与C公司之间的合同纠纷并不知情，B公司不得以自己与C公司之间存在合同纠纷为由拒绝向F公司承担票据责任。

（3）B公司拒绝D公司追索的理由成立。根据规定，票据债务人不得以自己与持票人的前手之间的抗辩事由对抗持票人。但是，持票人明知存在抗辩事由而取得票据的除外。在本题中，D公司知悉B公司与C公司之间的合同纠纷，B公司可以拒绝D公司的追索。

（4）①D公司无权要求E公司承担票据责任。根据规定，如果保证人未在票据或者粘单上记载"保证"字样而另行签订保证合同或者保证条款的，不属于票据保证。在本题中，E公司未在票据上签章，无须承担票据责任。②D公司有权依保证合同要求E公司承担保证责任。根据规定，未在票据或者粘单上记载"保证"字样而另行签订保证合同的，虽不属于票据保证，但仍具有民法上保证的效力。因此，D公司可依保证合同要求E公司承担连带保证责任。

【案例9参考答案】

（1）丁公司取得票据权利。在本题中，尽管丙公司不享有票据权利，但由于其形式上是票据权利人，在其向丁公司背书转让时，丁公司则基于善意取得制度（善意且无重大过失、支付合理对价、符合背书行为的形式要件和实质要件）而取得票据权利。

（2）乙公司无须向丁公司承担票据责任。根据规定，在假冒他人名义的情形下，被伪造人（乙公司）不承担票据责任。

（3）B公司应当向丁公司承担票据责任。根据规定，票据上有伪造签章的，不影响票据上其他真实签章的效力。在票据上真正签章的当事人（B公司），仍应对被伪造的票据的权利人（丁公司）承担票据责任，票据债权人在提示承兑、提示付款或者行使追索权时，在票据上的真正签章人不能以伪造为由进行抗辩。

（4）孙某无须向丁公司承担票据责任。根据规定，由于伪造人（孙某）没有以自己的名义在票据上签章，因此不承担票据责任。

【案例10 参考答案】

（1）甲银行拒付的理由不成立。根据规定，承兑人不得以其与出票人之间的资金关系对抗持票人，拒绝支付汇票金额。

（2）A公司拒绝承担票据责任的理由不成立。根据规定，票据债务人不得以自己与持票人的前手之间的抗辩事由对抗持票人。但是，持票人明知存在抗辩事由而取得票据的除外。

（3）C公司拒绝向F公司承担票据责任的理由成立。根据规定，背书人在汇票上记载"不得转让"字样，其后手再背书转让的，原背书人对后手的被背书人不承担保证责任。

（4）E公司不承担票据保证责任。根据规定，保证人未在票据或者粘单上记载"保证"字样而另行签订保证合同或者保证条款的，不属于票据保证。

【案例11 参考答案】

（1）A公司应当承担票据责任。根据规定，票据上有伪造签章的，不影响票据上其他真实签章的效力。在票据上真正签章的当事人，仍应对被伪造的票据的权利人承担票据责任。

（2）B公司不承担票据责任。根据规定，在假冒他人名义的情形下，被伪造人不承担票据责任。

（3）C公司不承担票据责任。在本题中，C公司并未在票据上签章，并非票据债务人，不承担票据责任。

（4）甲不承担票据责任。根据规定，由于伪造人没有以自己的名义在票据上签章，因此不承担票据责任。

第二部分 章节课后精练

第一章 法律基本原理

一、单项选择题

1. 下列关于法的渊源表述中，正确的是(　　)。
A. 全国人民代表大会常务委员会制定和修改的，调整国家和社会生活中带有普遍性的社会关系的规范性法律文件，属于基本法律
B. 全国人民代表大会常务委员会负责解释法律，其作出的法律解释与法律具有同等效力
C. 地方性法规是有地方立法权的地方人民政府就地方性事务及根据本地区实际情况执行法律、行政法规的需要所制定的规范性法律文件的总称
D. 最高人民法院和最高人民检察院的解释如果有原则性的分歧，报请全国人民代表大会解释或者决定

2. 下列关于法律规范的表述中，正确的是(　　)。
A. 法律规范是以规范化的成文形式表现出来的各种法的形式的总称
B. 法律规范是表现法律内容的具体形式，是规范性法律文件的载体
C. 一个完整的法律规范由假定、模式和后果三部分构成
D. 法律规范不同于国家的个别命令，后者不具有法律效力

3. 下列关于自然人行为能力划分的表述中，不正确的是(　　)。
A. 16周岁以上的未成年人，以自己的劳动收入为主要生活来源的，视为完全民事行为能力人
B. 6周岁的小学生为限制民事行为能力人
C. 不能辨认自己行为的成年人为无民事行为能力人
D. 不能完全辨认自己行为的成年人为限制民事行为能力人

4. 中央全面依法治国委员会办公室设在(　　)。
A. 最高人民法院　　　　　　　B. 最高人民检察院
C. 国家监察委员会　　　　　　D. 司法部

5. 中国特色社会主义最本质的特征、社会主义法治最根本的保障是(　　)。
A. 人民当家作主　　　　　　　B. 中国共产党的领导
C. 民主集中制　　　　　　　　D. 公有制

6. 全面推进依法治国的总目标是( )。

A. 坚持中国共产党的领导

B. 法律面前人人平等

C. 坚持人民的主体地位

D. 建设中国特色社会主义法治体系，建设社会主义法治国家

二、多项选择题

1. 根据法律规范内容的确定性程度进行区分，法律规范可以分为确定性规范和非确定性规范。根据这一分类标准，下列法律规范中，与"国务院反垄断委员会的组成和工作规则由国务院规定"属于同一规范类型的有( )。

A. 中华人民共和国境内经济活动中的垄断行为，适用本法

B. 公司股东依法享有资产收益、参与重大决策和选择管理者等权利

C. 供用水、供用气、供用热力合同，参照供用电合同的有关规定

D. 资不抵债的民办学校的清算，参照《企业破产法》规定的程序进行

2. 下列各项中，属于法律关系构成要素的有( )。

A. 主体　　　B. 内容　　　C. 客体　　　D. 法律事件

3. 下列引起法律关系发生、变更或者消灭的法律事实中，属于法律行为的有( )。

A. 订立合同　　B. 发生海啸　　C. 销售货物　　D. 签发支票

4. 下列关于法律关系的表述中，正确的有( )。

A. 人格利益不是法律关系的客体

B. 旅客运输合同的客体是旅客

C. 事件作为法律事实的一种，能够引起法律关系的产生、变更和消灭

D. 侵权行为属于事实行为

5. 根据法律关系的主体是单方确定还是双方确定，可以将法律关系分为绝对法律关系和相对法律关系。下列选项中，属于绝对法律关系的有( )。

A. 所有权法律关系　　　　　　B. 债权法律关系

C. 劳动合同法律关系　　　　　D. 人身权法律关系

6. 下列各项中，属于法律关系主体中的特别法人的有( )。

A. 农村集体经济组织法人　　　B. 有限责任公司

C. 公立医院　　　　　　　　　D. 基层群众性自治组织法人

7. 建设中国特色社会主义法治体系的主要内容包括( )。

A. 完备的法律法规体系　　　　B. 高效的法治实施体系

C. 严密的法治监督体系　　　　D. 完善的党内法规体系

8. 下列选项中，属于全面推进依法治国基本原则的有( )。

A. 坚持中国共产党的领导　　　B. 坚持人民主体地位

C. 坚持依法治国和以德治国相结合　　D. 坚持从中国实际出发

参考答案及解析

一、单项选择题

1.【答案】B

【解析】（1）选项 A：全国人民代表大会制定和修改的，调整国家和社会生活中带有普遍性的社会关系的规范性法律文件，属于基本法律；（2）选项 C：地方性法规是有地方立法权的地方人民代表大会及其常务委员会就地方性事务及根据本地区实际情况执行法律、行政法规的需要所制定的规范性法律文件的总称；（3）选项 D：最高人民法院和最高人民检察院的解释如果有原则性的分歧，报请全国人民代表大会常务委员会解释或者决定。

【考点】法律渊源

2.【答案】C

【解析】（1）选项 A：规范性法律文件是以规范化的成文形式表现出来的各种法的形式的总称，是有权制定法律规范的国家机关制定或发布的、具有普遍约束力的法律文件，如《公司法》；（2）选项 B：规范性法律文件是表现法律内容的具体形式，是法律规范的载体；（3）选项 D：法律规范不同于国家的个别命令，后者也有法律效力，但其效力仅针对特定的主体或场合，不具有重复适用性和普遍适用性。

【考点】法律规范

3.【答案】B

【解析】（1）选项 A：16 周岁以上的未成年人，以自己的劳动收入为主要生活来源的，视为完全民事行为能力人；（2）选项 B：8 周岁以上（含 8 周岁）的未成年人为限制民事行为能力人；（3）选项 CD：（完全）不能辨认自己行为的成年人为无民事行为能力人，不能完全辨认自己行为的成年人为限制民事行为能力人。

【考点】法律关系的基本构成

4.【答案】D

【考点】全面依法治国基本方略

5.【答案】B

【考点】全面依法治国基本方略

6.【答案】D

【解析】选项 ABC：属于全面推进依法治国的基本原则。

【考点】全面依法治国基本方略

二、多项选择题

1.【答案】CD

【解析】"国务院反垄断委员会的组成和工作规则由国务院规定"属于非确定性规范。（1）选项 A：属于确定性规范；（2）选项 CD：属于非确定性规范。

【考点】法律规范

2.【答案】ABC

【解析】（1）选项 ABC：法律关系由主体、内容和客体三个要素构成；（2）选项 D：法律事件属于法律事实，是法律关系发生、变更和消灭的原因，但并非法律关系的构成要素。

【考点】法律关系的基本构成

3.【答案】ACD

【解析】（1）选项 ACD：属于法律行为；（2）选项 B：属于事件。

【考点】法律关系的变动原因——法律事实

4.【答案】CD

【解析】（1）选项 A：人格利益，如公民和组织的姓名或名称，公民的肖像、名誉、尊严，公民的人身、人格和身份等，可以成为法律关系的客体；（2）选项 B：旅客运输合同的客体是运送旅客的行为。

【考点】法律关系的基本构成

5.【答案】AD

【解析】选项 BC：属于相对法律关系。

【考点】法律关系的种类

6.【答案】AD

【解析】法人组织分为营利法人、非营利法人和特别法人。营利法人包括有限责任公司（选项 B）、股份有限公司和其他企业法人等。非营利法人包括事业单位（选项 C）、社会团体、基金会、社会服务机构等。机关法人、农村集体经济组织法人（选项 A）、城镇农村的合作经济组织法人、基层群众性自治组织法人（选项 D）为特别法人。

【考点】法律关系的基本构成

7.【答案】ABCD

【考点】全面依法治国基本方略

8.【答案】ABCD

【考点】全面依法治国基本方略

第二章 基本民事法律制度

一、单项选择题

1. 下列关于民事法律行为特征的表述中，不正确的是(　　)。
   A. 民事法律行为是民事主体通过意思表示设立、变更或终止民事法律关系的合法行为
   B. 意思表示是民事法律行为的核心，也是区分民事法律行为与非表意行为的重要标志
   C. 民事法律行为以设立、变更或终止权利义务为目的
   D. 侵权行为不属于民事法律行为

2. 根据民事法律制度的规定，下列关于可撤销的民事法律行为的表述中，正确的是(　　)。
   A. 可撤销的民事法律行为一经撤销，自始无效
   B. 可撤销的民事法律行为，其撤销权的行使没有时间限制
   C. 第三人实施欺诈行为，使一方在违背真实意思的情况下实施的民事法律行为，无论对方是否知道或者应当知道该欺诈行为，受欺诈方均有权请求人民法院或者仲裁机构予以撤销
   D. 法官审理案件时发现民事行为具有可撤销事由的，可依职权撤销

3. 下列关于可撤销的民事法律行为中撤销权行使时间的表述中，正确的是(　　)。
   A. 当事人自发生撤销事由之日起1年内没有行使撤销权，撤销权消灭
   B. 当事人自知道或者应当知道撤销事由之日起5年内没有行使撤销权，撤销权消灭
   C. 撤销权行使的时间属于除斥期间，适用诉讼时效的中止、中断和延长
   D. 当事人受胁迫，自胁迫行为终止之日起1年内没有行使撤销权，撤销权消灭

4. 甲是乙公司的采购员，乙公司授权甲去采购设备，总价款不得超过100万元。丙公司是乙公司的客户，当甲持乙公司盖章的空白合同书，以乙公司名义与其洽谈120万元的设备买卖时，丙公司与甲签订了买卖合同。经调查得知，甲在与丙公司洽谈业务时，已告知丙公司自己得到的授权权限为100万元。根据民事法律制度和合同法律制度的规定，下列表述中，正确的是(　　)。
   A. 甲的行为构成无权代理，合同效力待定
   B. 甲的行为构成表见代理，合同有效
   C. 丙公司有权行使撤销权，撤销以通知方式作出
   D. 丙公司可以催告乙公司追认合同，如乙公司在30日内未作表示，合同有效

5. 在当事人没有约定的情况下，下列行为可以由他人代理完成的是(　　)。

A. 订立遗嘱　　　B. 登记结婚　　　C. 租赁房屋　　　D. 收养子女

6. 下列关于代理与传达的表述中，不正确的是（　　）。

A. 传达的任务是忠实传递委托人的意思表示，传达人自己不进行意思表示

B. 代理关系中代理人是独立向第三人进行意思表示，以代理人自己的意志决定意思表示的内容

C. 传达人是忠实传递委托人的意思表示，故要求传达人具有相应的民事行为能力

D. 身份行为必须由本人亲自实施，不可以代理；但身份行为可以借助传达人传递意思表示

7. 下列关于诉讼时效特点和适用范围的表述中，正确的是（　　）。

A. 诉讼时效是指法律规定某种权利预定存续的期间

B. 当事人未提出诉讼时效抗辩，人民法院应对诉讼时效问题进行释明及主动适用诉讼时效的规定进行裁判

C. 法律关于诉讼时效的规定属于强制性规范，当事人对诉讼时效利益的预先放弃无效

D. 未登记的动产物权的权利人请求返还财产，不适用诉讼时效

8. 1998年2月8日夜，赵某在回家路上被人用木棍从背后击伤。经过长时间的访查，赵某于2017年10月31日掌握确凿证据证明将其打伤的是钱某。赵某要求钱某赔偿的诉讼时效起算点和届满日为（　　）。

A. 1998年2月8日；2018年2月8日

B. 1998年2月8日；2020年10月31日

C. 2017年10月31日；2018年2月8日

D. 2017年10月31日；2020年10月31日

9. 2017年10月5日，甲拒绝向乙支付到期货款。如果在2020年8月5日，乙因出差遭遇地震无法行使请求权的时间为20天。根据《民法典》的规定，乙请求人民法院保护其权利的诉讼时效届满日是（　　）。

A. 2020年10月5日　　　　　　　B. 2020年10月25日

C. 2021年2月5日　　　　　　　D. 2021年2月25日

二、多项选择题

1. 下列关于意思表示的表述中，正确的有（　　）。

A. 以对话方式作出的意思表示，相对人知道其内容时生效

B. 以非对话方式作出的采用数据电文形式的意思表示，相对人指定特定系统接收数据电文的，该数据电文进入该特定系统时生效

C. 以公告方式作出的意思表示，公告发布时生效

D. 有相对人的意思表示的解释，不能完全拘泥于所使用的词句，而应当结合相关条款、行为的性质和目的、习惯及诚信原则，确定行为人的真实意思

2. 下列行为中，属于无效的民事法律行为的有（　　）。

A. 12岁的甲依法不能独立实施的民事法律行为

B. 当事人超越经营范围订立合同

C. 债务人为避免财产被强制执行，虚假地将房子卖给自己的朋友

D. 戊与庚公司相互串通，损害被代理人利益签订买卖合同

3. 下列关于可撤销的民事法律行为中撤销权行使的表述中，正确的有（   ）。

A. 撤销权行使须经相对人同意

B. 在当事人一方以欺诈、胁迫的手段，使对方在违背真实意思的情况下订立的合同，只有受损害方才有权撤销

C. 撤销的意思表示以通知方式向对方作出即可发生撤销的法律效力，其通知方式可以为非要式

D. 重大误解的当事人自知道或者应当知道撤销事由之日起90日内没有行使撤销权的，撤销权消灭

4. 2020年1月1日，孙悟空与猪八戒打赌，如果8月15日天空下雨，猪八戒将赠与孙悟空10万元。对此，下列说法正确的有（   ）。

A. 该赠与合同为附条件的合同

B. 该赠与合同为附期限的合同

C. 该赠与合同已成立，但未生效

D. 如果孙悟空在8月15日通过东海龙王帮忙降雨，则应视为条件不成就，猪八戒无须履行该赠与合同

5. 下列代理行为中，属于滥用代理权的有（   ）。

A. 超越代理权进行代理

B. 代理人与第三人恶意串通，损害被代理人利益

C. 没有代理权而进行代理

D. 以被代理人的名义与自己进行民事法律行为

6. 下列关于委托代理的法律效力的表述中，正确的有（   ）。

A. 代理人和相对人恶意串通，损害被代理人利益的，代理人和相对人应当承担连带责任

B. 自己代理在民事法律行为类型上应当定性为效力待定行为，其行为效力取决于被代理人对意思表示的追认与否

C. 双方代理在民事法律行为类型上应当定性为效力待定行为，其行为效力取决于被代理的双方对意思表示的追认与否

D. 行为人没有代理权、超越代理权或者代理权终止后，仍然实施代理行为，相对人有理由相信行为人有代理权的，代理行为有效

7. 下列关于诉讼时效起算点的表述中，正确的有（   ）。

A. 国家赔偿的，自国家机关及其工作人员实施违法行为时起算

B. 请求他人不作为的债权请求权，自义务人违反不作为义务时起算

C. 无民事行为能力人或者限制民事行为能力人对其法定代理人的请求权的诉讼时效期间，自该法定代理终止之日起计算

D. 未成年人遭受性侵害的损害赔偿请求权的诉讼时效期间，自受害人年满十八周岁之日起计算

8. 下列关于诉讼时效中断的表述中，正确的有(　　)。

A. 权利人对同一债权中的部分债权主张权利，诉讼时效中断的效力及于剩余未放弃的债权

B. 对于连带债务人中的一人发生诉讼时效中断效力的事由，应当认定对其他连带债务人也发生诉讼时效中断的效力

C. 债权人提起代位权诉讼的，应当认定对债权人的债权和债务人的债权均发生诉讼时效中断的效力

D. 债务承担情形下，构成原债务人对债务承认的，应当认定诉讼时效从债务承担意思表示到达债权人之日起中断

9. 根据民事法律制度的规定，下列情形中，不能导致诉讼时效中断的有(　　)。

A. 当事人一方直接向对方当事人送交主张权利文书，对方当事人未成年子女在文书上签字、盖章

B. 债务人否认对债权人负有债务

C. 债权人向人民法院申请债务人破产，但被人民法院驳回

D. 当事人一方下落不明，对方当事人在自己住所地的省级有影响的媒体上刊登具有主张权利内容的公告的

参考答案及解析

一、单项选择题

1.【答案】A

【解析】民事法律行为是民事主体通过意思表示设立、变更或终止民事法律关系的行为，可分为有效的民事法律行为、无效的民事法律行为、可撤销的民事法律行为和效力待定的民事法律行为。《民法典》对民事法律行为的定义不再强调其必须是"合法"行为。

【考点】民事法律行为理论

2.【答案】A

【解析】（1）选项B：可撤销的民事法律行为，其撤销权的行使有时间限制；（2）选项C：第三人实施欺诈行为，使一方在违背真实意思的情况下实施的民事法律行为，对方知道或者应当知道该欺诈行为的，受欺诈方有权请求人民法院或者仲裁机构予以撤销；（3）选项D：可撤销的民事法律行为的撤销，应由撤销权人申请，人民法院不主动干预。

【考点】可撤销的民事法律行为

3.【答案】D

【解析】（1）选项A：当事人自知道或者应当知道撤销事由之日起1年内没有行使撤销权，撤销权

消灭；（2）选项B：当事人自民事法律行为发生之日起5年内没有行使撤销权，撤销权消灭；（3）选项C：撤销权的行使期间属于除斥期间，即属于不变期间，不得适用诉讼时效的中止、中断和延长。

【考点】可撤销的民事法律行为

4.【答案】A

【解析】（1）选项AB：甲的行为构成狭义的无权代理，该买卖合同效力待定；（2）选项C：只有善意相对人才享有撤销权，而丙公司在订立合同时已经知道甲得到的授权权限，丙公司不能行使撤销权；（3）选项D：被代理人在1个月内未作表示的，视为拒绝追认。

【考点】效力待定的民事法律行为

5.【答案】C

【解析】依照法律规定、按照双方当事人约定或民事法律行为的性质，应当由本人亲自实施的民事法律行为，不得代理，如订立遗嘱、登记婚姻、收养子女等。

【考点】代理的基本理论

6.【答案】C

【解析】代理人要与第三人为意思表示，故要求代理人具有相应的民事行为能力；传达人是忠实传递委托人的意思表示，不以具有民事行为能力为条件。

【考点】代理的基本理论

7.【答案】C

【解析】（1）选项A：除斥期间是指法律规定某种权利预定存续的期间，债权人在此期间不行使权利，预定期间届满，便可发生该权利消灭的法律后果。诉讼时效制度是指请求权不行使达一定期间而失去国家强制力保护的制度。诉讼时效届满不消灭实体权利。（2）选项B：当事人未提出诉讼时效抗辩，人民法院不应对诉讼时效问题进行释明及主动适用诉讼时效的规定进行裁判。（3）选项D：《民法典》关于请求权不适用诉讼时效的规定：①请求停止侵害、排除妨碍、消除危险；②不动产物权和登记的动产物权的权利人请求返还财产；③请求支付抚养费、赡养费或者扶养费；④依法不适用诉讼时效的其他请求权。

【考点】诉讼时效的基本理论

8.【答案】C

【解析】（1）向人民法院请求保护民事权利的诉讼时效期间为3年。法律另有规定的，依照其规定。诉讼时效期间自权利人知道或者应当知道权利受到损害及义务人之日起计算。（2）权利被侵害超过20年的，人民法院不予保护。

【考点】诉讼时效的种类与起算

9.【答案】D

【解析】（1）拒付货款的，适用3年的普通诉讼时效期间；（2）在诉讼时效期间的最后6个月内，因不可抗力或者其他障碍不能行使请求权的，诉讼时效中止；（3）自中止时效的原因消除之日起满6个月，诉讼时效期间届满。在本题中，诉讼时效自2020年8月25日起满6个月，诉讼时效期间届满（到2021年2月25日）。

【考点】诉讼时效的中止

二、多项选择题

1.【答案】ABC

【解析】有相对人的意思表示的解释，应当按照所使用的词句，结合相关条款、行为的性质和目的、习惯及诚信原则，确定意思表示的含义。无相对人的意思表示的解释，不能完全拘泥于所使用的词句，而应当结合相关条款、行为的性质和目的、习惯及诚信原则，确定行为人的真实意思。

【考点】意思表示

2.【答案】CD

【解析】(1) 选项A：12岁的甲属于限制民事行为能力人，依法不能独立实施的民事法律行为属于效力待定；(2) 选项B：当事人超越经营范围订立合同，人民法院不因此认定合同无效，但违反国家限制经营、特许经营及法律、行政法规禁止经营规定的除外；(3) 选项C：以虚假意思表示实施的民事法律行为无效；(4) 选项D：恶意串通损害他人利益的民事法律行为无效。

【考点】无效的民事法律行为

3.【答案】BD

【解析】(1) 选项A：撤销权在性质上属于形成权，依撤销权人单方的意思表示即可产生相应的法律效力，无须相对人同意；(2) 选项C：撤销权应依诉行使，向人民法院或者仲裁机构作出。

【考点】可撤销民事法律行为

4.【答案】ACD

【解析】(1) 选项AB："期限"是一定会届至的，"条件"不一定会成就。下雨属于条件，有可能会成就。(2) 选项C：在延缓条件成就之前，法律行为已经成立；条件成就之后，法律行为发生法律效力。(3) 选项D：当事人不正当地促使条件成就的，应当认定条件没有成就；当事人恶意阻止条件成就的，应当认定条件已经成就。

【考点】民事法律行为的附条件和附期限

5.【答案】BD

【解析】代理权滥用的情形：自己代理；双方代理；代理人和第三人恶意串通。选项BD：属于代理权滥用行为；选项AC：属于无权代理行为。

【考点】委托代理

6.【答案】ABCD

【解析】选项BC：(1) 代理人不得以被代理人的名义与自己实施民事法律行为，但是被代理人同意或者追认的除外；(2) 代理人不得以被代理人的名义与自己同时代理的其他人实施民事法律行为，但是被代理的双方同意或者追认的除外。

【考点】委托代理

7.【答案】CD

【解析】(1) 选项A：国家赔偿的诉讼时效的起算，自赔偿请求人知道或者应当知道国家机关及其工作人员行使职权时的行为侵犯其人身权、财产权之日起计算，但被羁押等限制人身自由期间不计算在内；(2) 选项B：请求他人不作为的债权请求权，应当自权利人知道义务人违反不作为义务时起算。

【考点】诉讼时效的种类与起算

8.【答案】ABCD

【考点】诉讼时效的中断

9.【答案】ABD

【解析】(1) 选项A：当事人一方直接向对方当事人送交主张权利文书，对方当事人在文书上签字、盖章或者虽未签字、盖章但能够以其他方式证明该文书到达对方当事人的，诉讼时效中断；对方当事人为法人或其他组织的，签收人可以是法定代表人、主要负责人、负责收发信件的部门或被授权主体；对方当事人为自然人的，签收人可以是自然人本人、同住的具有完全民事行为能力的亲属或被授权主体。（2）选项 B：债务人通过一定的方式向债权人作出愿意履行义务的意思表示，才导致诉讼时效中断。（3）选项 C：权利人申请破产、申报破产债权，导致诉讼时效中断。（4）选项 D：当事人一方下落不明，对方当事人在国家级或者下落不明的当事人一方住所地的省级有影响的媒体上刊登具有主张权利内容的公告的，但法律和司法解释另有特别规定的，适用其规定。

【考点】诉讼时效的中断

第三章 物权法律制度

一、单项选择题

1. 物是物权的客体，下列选项中，可以成为该客体的是( )。
   A. 电脑程序　　B. 股权　　C. 太阳　　D. 汽车尾气

2. 下列关于物的种类表述中，正确的是( )。
   A. 药品属于限制流通物
   B. 林木属于动产
   C. 房屋和所属的窗户属于主物与从物关系
   D. 母牛和其腹中的小牛属于原物与孳息物关系

3. 2019年1月10日叔侄约定：侄子若将祖宅出售，叔父有权优先购买；但是在同年5月17日，侄子擅自将祖宅售与他人，事后叔父向人民法院主张优先购买权，并请求人民法院宣告侄子与他人的买卖房屋合同无效。根据物权法律制度与合同法律制度的规定，下列选项中，表述正确的是( )。
   A. 人民法院应该支持其优先购买权，但对请求宣告买卖合同无效不予支持
   B. 人民法院应该支持其优先购买权和宣告买卖合同无效
   C. 人民法院对其优先购买权和请求宣告买卖合同无效均不予支持
   D. 人民法院对其优先购买权的主张不予支持，但应该宣告买卖合同无效

4. 2020年3月12日，甲将自己的一头耕牛租借给乙使用，租期3个月。2020年4月1日，乙发现耕牛吃得少，但劲特别大，特别能干农活，遂向甲提出买下耕牛，甲于2020年4月10日同意将耕牛卖给乙，双方于当日签订书面买卖合同并约定，甲将该耕牛以1万元的价格卖给乙。根据物权法律制度的规定，乙取得耕牛所有权的时间为( )。
   A. 2020年3月12日　　　　　　B. 2020年6月12日
   C. 2020年4月1日　　　　　　 D. 2020年4月10日

5. 甲购买乙的相机，买卖合同订立后，乙表示相机已归甲，但要求甲让自己再用一个月，甲同意。根据物权法律制度的规定，甲、乙约定的交付方式是( )。
   A. 现实交付　　B. 简易交付　　C. 指示交付　　D. 占有改定

6. 根据物权法律制度的规定，利害关系人申请异议登记后一定期限不起诉的，异议登记失效。该期间是( )。
   A. 异议登记之日起10日内　　　B. 异议登记之日起15日内
   C. 异议登记之日起30日内　　　D. 异议登记之日起3个月内

7. 甲、乙、丙系战友，三人共同出资购买一辆汽车，其中，甲出资1万元，乙出资3万元，丙出资6万元，但未就共有其他事项作出约定。现甲因病准备将其份额对外转

让。根据物权法律制度的规定，下列表述中，正确的是( )。

A. 甲对外转让份额须经乙和丙同意

B. 如果甲因病死亡，其继承人继承该份额，乙和丙可以在同等条件下主张优先购买权

C. 如果甲未通知乙和丙，则乙和丙有权自知道或者应当知道最终确定的同等条件之日起 15 日内主张优先购买权

D. 如果甲未通知乙和丙，乙和丙有权主张甲与第三人的转让合同无效

8. 甲有一只手表，委托乙保管，乙将手表以自己的名义按市价卖给不知情的丙，丙将其作为生日礼物赠与女友丁，丁戴着手表遗失于街头，为戊拾得，戊将手表卖给庚。根据物权法律制度的规定，下列表述中，正确的是( )。

A. 乙的行为构成无权代理，与丙之间的买卖合同属于效力待定合同

B. 乙的行为构成无权处分，与丙之间的买卖合同属于无效合同

C. 手表所有权归丁

D. 手表所有权归庚

9. 根据物权法律制度的规定，下列关于建设用地使用权的表述中，不正确的是( )。

A. 建设用地使用权自登记时设立

B. 住宅建设用地使用权期间届满的，土地使用者需要继续使用土地的，应当至迟于届满前一年申请续期

C. 以划拨方式取得土地使用权的，转让房地产时，应当由受让方办理土地使用权出让手续，并依照国家有关规定缴纳土地使用权出让金

D. 用于商业开发的建设用地，不得以划拨方式取得建设用地使用权

10. 根据物权法律制度的规定，下列选项中，不属于用益物权的是( )。

A. 土地承包经营权 B. 房屋承租权

C. 建设用地使用权 D. 地役权

11. 因生产经营需要，甲公司向乙银行借款 100 万元，丙公司提供抵押担保，约定担保金额为 100 万元。甲公司在借款期内将 40 万元债务转让给丁公司承担，乙银行同意，但未书面征求丙公司同意。根据物权法律制度的规定，下列表述中，正确的是( )。

A. 丙公司不再承担担保责任 B. 丙公司承担 100 万元担保责任

C. 丙公司承担 40 万元担保责任 D. 丙公司承担 60 万元担保责任

12. 根据物权法律制度的规定，下列各项中，质权自交付时设立的是( )。

A. 提单 B. 应收账款

C. 可转让的注册商标专用权 D. 可转让的股权

13. 2020 年 5 月，甲公司将设备交付乙公司维修，双方为此签订维修协议：维修费用 2 万元，乙公司不得对设备行使留置权。乙公司修理好后，甲公司及时支付了修理费

用，在向乙公司取回设备时，乙公司主张因甲公司未支付一笔到期的货款而扣留该设备。根据物权法律制度的规定，下列关于乙公司留置权行使的表述中，正确的是(　　)。

A. 乙公司可以行使留置权，留置权是法定物权，当事人约定排除留置权行使无效

B. 乙公司不可以行使留置权，当事人可以特约排除留置权

C. 乙公司可以行使留置权，企业间行使留置权不受同一法律关系之限制

D. 乙公司不可以行使留置权，动产占有与债权不属于同一法律关系

14. 甲公司向乙银行借款100万元，以小汽车提供抵押，双方于2020年1月7日签订书面抵押合同，但未办理抵押登记；同年3月10日，甲公司向丙银行借款300万元，以该小汽车提供抵押，双方签订书面抵押合同并办理了抵押登记；同年5月17日，甲公司向丁银行借款500万元，以该小汽车提供质押，双方签订书面质押合同，甲公司将小汽车交付给丁银行，同时约定，丁银行应定期将该小汽车送到4S店做保养，但未约定保养费负担归属。后因保养费支付纠纷，小汽车被4S店留置。如果小汽车被拍卖、变卖价款不足以支付上述债权，下列债权清偿顺位方案中，符合物权法律制度规定的是(　　)。

A. 4S店＞丁银行＞丙银行＞乙银行　　B. 4S店＞丙银行＞丁银行＞乙银行

C. 丙银行＞4S店＞丁银行＞乙银行　　D. 丁银行＞4S店＞丙银行＞乙银行

15. 根据物权法律制度的规定，永久基本农田转为建设用地的批准机关是(　　)。

A. 国务院

B. 国务院授权的省、自治区、直辖市人民政府

C. 市级人民政府

D. 县级人民政府

16. 土地利用总体规划、城乡规划确定为工业、商业等经营性用途，并经依法登记的集体经营性建设用地，土地所有权人可以通过出让、出租等方式交由单位或者个人使用。上述集体经营性建设用地出让、出租等，应当经本集体经济组织成员的村民会议(　　)成员或者村民代表的同意。

A. 1/2以上　　B. 2/3以上　　C. 1/3以上　　D. 全体

二、多项选择题

1. 下列关于物权与债权区分的表述中，正确的有(　　)。

A. 物权属于支配权，债权属于请求权

B. 物权具有排他性，债权具有兼容性

C. 物权属于绝对权，债权属于相对权

D. 一物之上只能设立一项所有权，但同一标的物上可以成立多重买卖

2. 下列物权种类中，属于不动产物权的有(　　)。

A. 所有权　　B. 用益物权　　C. 抵押权　　D. 质权

3. 2018年4月19日，甲通过政府出让土地竞得一块国有建设用地使用权，办理了合法建筑手续后开始建造房屋，房屋于2019年3月10日竣工，甲于4月12日办理房屋产权登记。因甲与妻子乙离婚，房屋在同年5月10日被人民法院判决归乙所有，乙于5

月 20 日办理房屋产权转移登记；7 月 3 日，乙病故，其唯一继承人丙继承该房屋；7 月 10 日，丙将房屋过户登记到自己名下。7 月 20 日，丙和丁就该房屋签订买卖合同，双方于 7 月 30 日办理了产权转移登记手续。根据物权法律制度的规定，下列表述中，正确的有（　　）。

  A. 甲于 2019 年 3 月 10 日取得该房屋的所有权

  B. 乙于 2019 年 5 月 20 日取得该房屋的所有权

  C. 丙于 2019 年 7 月 3 日取得该房屋的所有权

  D. 丁于 2019 年 7 月 30 日取得该房屋的所有权

4. 根据物权法律制度的规定，下列物权变动中，登记是对抗要件的有（　　）。

  A. 甲公司将一幅土地的承包经营权转让给乙公司

  B. 甲公司与乙公司之间订立合同，在甲的土地上设定地役权

  C. 甲公司将一辆小汽车的所有权转让给乙公司

  D. 自然人丙将其继承的房屋转让给丁，该房屋尚登记在其去世的父亲名下

5. 下列情形中，不动产权利人可以向不动产登记机构申请变更登记的有（　　）。

  A. 权利人认为不动产登记簿记载的面积错误的

  B. 不动产权利期限、来源等状况发生变化

  C. 不动产分割

  D. 抵押权顺位发生变化

6. 甲房地产开发商（简称"甲"）向乙销售房屋并订立商品房预售合同。双方约定：乙应在一年内分期支付完毕价款；甲于价款支付完毕一年内交付房屋。预售合同签订后，双方前往不动产登记机构办理了预告登记。事后甲又将该房屋出售给丙，为此甲、乙双方发生纠纷，经查，甲在与乙订立合同时未取得商品房预售许可证明。根据物权法律制度与合同法律制度的规定，下列表述中，正确的有（　　）。

  A. 甲、乙所签订的商品房预售合同无效

  B. 未经乙同意，丙不能取得房屋的所有权

  C. 甲、乙办理的预告登记失效

  D. 甲、丙之间的房屋买卖合同无效

7. 甲、乙、丙、丁系大学同学，共同拥有一栋房屋。为提高该房屋使用价值，甲向乙、丙、丁提议拆旧翻新。在共有人之间未就该事项作出明确约定的情况下，下列表述中，符合物权法律制度规定的有（　　）。

  A. 甲、乙、丙、丁对该栋房屋形成按份共有关系

  B. 甲、乙、丙、丁对该栋房屋形成共同共有关系

  C. 只要乙、丙、丁中有二人同意，甲就可以拆旧翻新

  D. 只有乙、丙、丁均同意，甲才可以拆旧翻新

8. 甲有一块手表遗失街头，被乙捡到，甲为了让拾得人及时归还，通过电台发布悬赏广告：如归还本人，当面酬谢 1 000 元。根据物权法律制度与合同法律制度的规定，

下列表述中，正确的有(　　)。

　　A. 甲发布的悬赏广告属要约邀请

　　B. 甲发布的悬赏广告属要约

　　C. 如果乙将手表打车送至甲处，则有权主张打车费和 1 000 元报酬

　　D. 如果乙将手表送交公安部门，甲自公安部门发布招领公告之日起 1 年内未认领的，手表归国家所有

9. 根据物权法律制度的规定，下列选项中，属于房地产让与禁止的有(　　)。

　　A. 按照出让合同约定进行投资开发，属于房屋建设工程的，完成开发投资总额的 30%

　　B. 司法机关和行政机关依法裁定、决定查封或者以其他形式限制房地产权利的

　　C. 共有房地产，未经其他共有人书面同意的

　　D. 未依法登记领取权属证书的

10. 建设用地使用权有创设取得与移转取得两种方式。根据物权法律制度的规定，下列选项中，属于移转取得方式的有(　　)。

　　A. 无偿划拨建设用地使用权　　B. 有偿出让建设用地使用权

　　C. 有偿转让建设用地使用权　　D. 互换建设用地使用权

11. 2021 年 4 月 10 日，甲公司与乙公司签订货物买卖合同，合同约定：乙公司先交付货物，甲公司收到货物后的 1 个月内支付全部价款。为确保甲公司能按期支付货款，乙公司请求甲公司提供担保，甲公司将一台生产设备抵押给乙公司，为此双方签订抵押合同，但未办理抵押登记。根据物权法律制度的规定，下列表述中，正确的有(　　)。

　　A. 未办理抵押登记，乙公司抵押权未设立

　　B. 乙公司抵押权设立，但不得对抗善意第三人

　　C. 甲公司事后转让该设备，须及时通知乙公司

　　D. 甲公司事后出租该设备，其租赁关系原则上不受抵押权的影响

12. 2020 年 4 月，甲公司向乙公司借款 100 万元，并以本公司所有的 3 台大型设备进行抵押和 1 辆轿车进行质押，为其履行还款义务提供担保。乙公司与甲公司订立了书面抵押和质押合同，其中，抵押合同约定：甲公司到期不能还款，则 3 台大型设备所有权直接归乙公司。合同订立后，甲公司将用于质押的轿车的机动车登记证书交给乙公司保管，但未就设备抵押和轿车质押办理任何登记手续，也未向乙公司交付用于质押的轿车。借款到期后，甲公司不能按期还款。乙公司行使的下列权利中，不符合物权法律制度规定的有(　　)。

　　A. 乙公司可以基于抵押合同约定向甲公司主张 3 台设备所有权归自己

　　B. 乙公司只能就 3 台设备拍卖、变卖所得价款优先受偿

　　C. 乙公司只能就 1 辆轿车拍卖、变卖所得价款优先受偿

　　D. 乙公司既可以行使抵押权，也可以行使质权

13. 2020 年 1 月，甲公司与乙公司订立借款合同，借期 3 年，并以甲公司通过划拨

方式取得的某国有建设用地使用权提供抵押担保。甲、乙双方办理了抵押登记。同年 2 月，甲公司开始在已设定抵押的土地上建造办公楼，2020 年 6 月建成。2020 年 8 月，甲公司以该办公楼作抵押，从丙银行贷款 300 万元。甲、丙双方办理了抵押登记。如果甲公司到期不能清偿上述借款和贷款。根据物权法律制度的规定，对上述土地使用权和办公楼拍卖所得的清偿方案中，正确的有（　　）。

　　A. 拍卖国有土地使用权所得的价款，应当首先依法缴纳相当于应缴纳的土地使用权出让金的款额，剩余的价款再依次清偿乙公司的借款和丙银行的贷款

　　B. 拍卖办公楼所得的价款，应当先清偿乙公司的借款，对其剩余的价款再清偿丙银行的贷款

　　C. 拍卖办公楼所得的价款，应当先清偿土地出让金，对其剩余的价款再清偿丙银行的贷款

　　D. 拍卖国有土地使用权所得的价款，应当先清偿乙公司的借款，对其剩余的价款再清偿丙银行的贷款

14. 2019 年 3 月 10 日，甲公司向乙公司借款 10 万元，借款期限 1 年，以设备提供抵押，双方签订了书面抵押合同，并办理了抵押登记。4 月 10 日，甲公司将该设备出租给丙公司，租期 2 年，且告知丙公司该设备已抵押的事实，但未征求乙同意。2020 年 3 月 10 日，借款到期，甲公司无力偿还借款。乙公司通过人民法院对该设备采取强制执行措施，丁以 12 万元受让该设备。根据物权法律制度与合同法律制度的规定，下列表述中，正确的有（　　）。

　　A. 乙公司行使抵押权，承租人丙公司享有同等条件下的优先购买权

　　B. 丁有权向丙公司主张设备的所有权，丙公司不得以"买卖不破租赁"抗辩

　　C. 丁有权向丙公司主张设备的所有权，丙公司可以以"买卖不破租赁"抗辩

　　D. 乙公司抵押权的实现造成丙公司损失，由丙公司自己承担

15. 2018 年 4 月 1 日，甲公司向乙银行借款，并以厂房提供抵押担保，双方签订书面抵押合同，合同约定：甲公司以后的借款均以该厂房作抵押，最高债权额为 800 万元。4 月 10 日，双方办理了抵押登记。根据物权法律制度的规定，下列关于乙银行的债权确定的表述中，正确的有（　　）。

　　A. 乙银行有权在 2020 年 4 月 1 日后请求确定债权

　　B. 乙银行有权在 2020 年 4 月 10 日后请求确定债权

　　C. 乙银行有权在厂房被查封、扣押时请求确定债权

　　D. 乙银行有权在甲公司被宣告破产时请求确定债权

参考答案及解析

一、单项选择题

1.【答案】B

【解析】（1）选项AB：我国《物权法》上的物仅指有体物。权利、行为、智力成果（包括电脑程序）等均不是《物权法》上的物，因此不属于物权客体。其中，权利在特殊情况下经法律规定可成为物权客体，如以股权、票据权利等出质时，可以成为质权的客体；行为是债权的客体；智力成果则是知识产权的客体。（2）选项CD：不能为人力所支配或不为人所需之物，因其不具有交易价值而不属于《物权法》上的物，前者如太阳、月亮、星星等，后者则如汽车尾气等。

【考点】物的概念与种类

2.【答案】A

【解析】（1）选项A：限制流通物是被法律限制市场流通之物，如文物、黄金、药品等。（2）选项B：不可移动或如移动将损害其价值的物，为不动产，包括土地、海域及房屋、林木等地上定着物。（3）选项CD：主物与从物、原物与孳息物都强调在物理上应该是相互独立的，窗户镶嵌在房屋里，在物理上与房屋不具有独立性，故两者之间不是主物和从物关系；小牛仍在母牛腹中，尚未生产，在物理上与母牛也不具有独立性，所以不构成原物和孳息物关系。

【考点】物的概念与种类

3.【答案】C

【解析】根据物权法定原则的效力，我国并未将优先购买权规定为法定物权种类，因此，这一约定因为违反物权种类法定原则而无效，即便侄子违反约定将祖宅售与他人，叔父亦不得主张房屋买卖无效并主张房屋的优先购买权。不过，这一《物权法》上无效的约定在《合同法》上仍然有效。因此，叔父有权请求违反约定的侄子承担《合同法》上的违约责任。

【考点】《物权法》的基本原则

4.【答案】D

【解析】动产物权设立和转让前，权利人已经依法占有该动产的，物权自法律行为生效时发生效力。

【考点】物权变动的公示方式

5.【答案】D

【解析】占有改定是指动产物权转让时，双方又约定由出让人继续占有该动产，物权自该约定生效时发生效力。

【考点】物权变动的公示方式

6.【答案】B

【解析】登记机构予以异议登记的，申请人在异议登记之日起15日内不起诉，异议登记失效。

【考点】物权变动的公示方式

7.【答案】C

【解析】甲、乙、丙系战友，未就共有形态作出约定，其共有形态为按份共有。（1）选项A：按份共有人对其享有的份额有处分自由，故可自由转让其享有的共有不动产或者动产份额；（2）选项B：除非按份共有人另有约定，否则共有份额因继承、遗赠等非交易方式发生转让时，其他共有人不得主张优先购买；（3）选项C：转让人未通知的，优先购买权行使的期间为其他按份共有人知道或者应当知道最终确定的同等条件之日起15日；（4）选项D：优先购买权受到侵害，只能向侵害人请求债权性质的损害赔偿救济，不得主张排他效力、要求撤销共有人与第三人的份额转让合同或主张该合同无效。

【考点】共有

8.【答案】C

【解析】(1) 选项 AB：乙是以自己的名义将手表出卖给不知情的丙，因此构成无权处分，买卖合同有效。根据规定，当事人一方以出卖人在缔约时对标的物没有所有权或者处分权为由主张合同无效的，人民法院不予支持。(2) 选项 CD：丙基于善意取得制度取得该手表的所有权，原权利人甲丧失了对该手表的所有权。由于丙基于善意取得制度取得手表的所有权，故丙有权以任何方式处分该手表，丙将手表赠与丁，丁取得该手表的所有权。赃物、遗失物不适用善意取得制度，庚不能取得手表的所有权。

【考点】善意取得制度

9.【答案】B

【解析】住宅建设用地使用权期间届满的，自动续期。

【考点】建设用地使用权

10.【答案】B

【解析】《物权法》规定的用益物权包括土地承包经营权、建设用地使用权、宅基地使用权与地役权。

【考点】用益物权概述

11.【答案】D

【解析】根据规定，主债务被分割或者部分转让的，抵押人仍以其抵押物担保数个债务人履行债务。但是，第三人提供抵押的，债权人许可债务人转让债务未经抵押人书面同意时，抵押人对未经其同意转让的债务，不再承担担保责任。在本题中，甲公司转让 40 万元债务未征求丙公司书面同意，则丙公司对转让部分的债务不再承担担保责任。

【考点】抵押权的概念与特性

12.【答案】A

【解析】(1) 选项 A：以汇票、支票、本票、债券、存款单、仓单、提单出质的，质权自权利凭证交付质权人时设立；没有权利凭证的，质权自有关部门办理出质登记时设立。(2) 选项 BCD：质权自有关部门办理出质登记时设立。

【考点】质权

13.【答案】B

【解析】留置权属于法定担保物权，不必当事人之间的担保合同，只要具备法定要件，即可成立。但是，当事人可以特约排除留置权。

【考点】留置权

14.【答案】B

【解析】同一动产上已设立抵押权或者质权，该动产又被留置的，留置权人优先受偿；同一财产法定登记的抵押权与质权并存时，抵押权人优先于质权人受偿；质权与未登记抵押权并存时，质权人优先于抵押权人受偿。

【考点】留置权

15.【答案】A

【考点】集体土地的建设使用

16.【答案】B

【考点】集体土地的建设使用

二、多项选择题

1.【答案】ABCD

【考点】物权的概念与种类

2.【答案】ABC

【解析】质权与留置权不能设于不动产之上。

【考点】物权的概念与种类

3.【答案】ACD

【解析】(1) 选项A：因合法建造、拆除房屋等事实行为设立或者消灭物权的，自事实行为成就时发生效力；(2) 选项B：因人民法院、仲裁委员会的法律文书或者人民政府的征收决定等，导致物权设立、变更、转让或者消灭的，自法律文书或者人民政府的征收决定等生效时发生效力，故乙于5月10日人民法院判决生效时取得房屋的所有权；(3) 选项C：因继承或者受遗赠取得物权的，自继承或者受遗赠开始时发生效力；(4) 选项D：取得不动产物权之人再处分物权时，依照法律规定需要办理登记的，未经登记，不发生物权效力。

【考点】物权变动的原因

4.【答案】ABC

【解析】(1) 选项A：土地承包经营权人将土地承包经营权互换、转让，当事人要求登记的，应当向县级以上地方人民政府申请土地承包经营权变更登记；未经登记，不得对抗善意第三人。(2) 选项B：地役权自地役权合同生效时设立；未经登记，不得对抗善意第三人。(3) 选项C：对于船舶、航空器和机动车等动产，其所有权的移转仍以交付为要件，未经登记，不得对抗善意第三人。(4) 选项D：因继承或者受遗赠取得不动产物权的，自继承或者受遗赠开始时发生效力，物权变动不以登记为生效要件，但事后处分时仍要登记，未经登记，不发生物权效力。

【考点】物权变动的公示方式

5.【答案】BD

【解析】(1) 选项A：权利人、利害关系人认为不动产登记簿记载的事项错误的，可以申请更正登记。(2) 选项BCD：变更登记是指不动产登记事项发生不涉及权利转移的变更所需的登记；而转移登记是指不动产权利在不同主体之间发生转移所需的登记。选项BD不涉及权利主体变化，故属于变更登记范畴；而选项C不动产分割导致权利发生转移，属于转移登记。

【考点】物权变动的公示方式

6.【答案】AC

【解析】(1) 选项A：出卖人未取得商品房预售许可证明而与买受人订立商品房预售合同的，合同无效，但是在起诉前取得商品房预售许可证明的，合同有效。(2) 选项BCD：预告登记后，未经预告登记的权利人同意处分该不动产的，不发生物权效力；但是本题中买卖不动产物权的合同被认定无效，则权利人的债权消灭，预告登记失效。

【考点】物权变动的公示方式

7.【答案】AC

【解析】(1) 选项AB：共有人对共有的不动产没有约定为按份共有或者共同共有，除共有人具有家庭关系等外，视为按份共有；(2) 选项CD：对共有的不动产作重大修缮（拆旧翻新）的，应当经占份额2/3以上的按份共有人同意，但共有人之间另有约定的除外。

【考点】共有

8.【答案】BC

【解析】(1) 选项AB：商业广告的内容符合要约的规定，如悬赏广告，则视为要约；(2) 选项C：

拾得人虽不能取得遗失物的所有权，却可享有费用偿还请求权，在遗失人发出悬赏广告时，归还遗失物的拾得人还享有悬赏广告所允诺的报酬请求权；（3）选项 D：遗失物自发布招领公告之日起 6 个月内无人认领的，归国家所有。

【考点】动产所有权的特殊取得方式

9.【答案】BCD

【解析】选项 A：以出让方式取得土地使用权的，转让房地产时，应当符合下列条件：（1）按照出让合同约定已经支付全部土地使用权出让金，并取得土地使用权证书；（2）按照出让合同约定进行投资开发，属于房屋建设工程的，完成开发投资总额的 25% 以上，属于成片开发土地的，形成工业用地或者其他建设用地条件；（3）转让房地产时房屋已经建成的，还应当持有房屋所有权证书。

【考点】建设用地使用权

10.【答案】CD

【解析】（1）选项 AB：创设取得可采取有偿出让或无偿划拨等方式；（2）选项 CD：移转取得则有转让、互换、出资、赠与或抵押等方式。

【考点】建设用地使用权

11.【答案】BCD

【解析】（1）选项 AB：以动产抵押的，抵押权自抵押合同生效时设立；未经登记，不得对抗善意第三人。（2）选项 C：抵押人转让抵押财产的，应当及时通知抵押权人。抵押权人能够证明抵押财产转让可能损害抵押权的，可以请求抵押人将转让所得的价款向抵押权人提前清偿债务或者提存。（3）选项 D：动产抵押合同订立后未办理抵押登记，抵押人将抵押财产出租给他人并移转占有，抵押权人行使抵押权的，租赁关系不受影响，但是抵押权人能够举证证明承租人知道或者应当知道已经订立抵押合同的除外。

【考点】抵押与租赁

12.【答案】ACD

【解析】（1）选项 A：抵押权人在债务履行期限届满前，与抵押人约定债务人不履行到期债务时抵押财产归债权人所有的，只能依法就抵押财产优先受偿。（2）选项 BCD：①以动产抵押的，抵押权自抵押合同生效时设立；未经登记，不得对抗善意第三人，故乙公司的抵押权设立。②动产质权自出质人交付质押财产时设立。在本题中，甲公司未将轿车交付乙公司，故乙公司对轿车的质权未设立。

【考点】抵押权人的优先受偿权

13.【答案】AC

【解析】（1）选项 AD：当事人以划拨方式取得的建设用地使用权抵押，已经依法办理抵押登记的，抵押权人有权行使抵押权，抵押权依法实现所得的价款，应当优先用于补缴建设用地使用权出让金。（2）选项 BC：抵押人以划拨建设用地上的建筑物抵押，抵押权依法实现时，拍卖、变卖建筑物所得的价款，应当优先用于补缴建设用地使用权出让金。

【考点】抵押担保的范围

14.【答案】BD

【解析】（1）选项 A：只有房屋租赁规定了优先购买权，其他标的物租赁并不适用优先购买权。在本题中，租赁物不是房屋，故丙公司无优先购买权。（2）选项 BC：抵押权设立后抵押财产出租的，该租赁关系不得对抗已登记的抵押权，抵押权实现后，租赁合同对受让人不具有约束力。（3）选项 D：抵押人将已抵押的财产出租时，如果抵押人已书面告知承租人该财产已抵押的，抵押权实现造成承租人的损失,由承租人自己承担。

【考点】抵押与租赁

15.【答案】BCD

【解析】有下列情形之一的,抵押权人的债权确定:(1)约定的债权确定期间届满;(2)没有约定债权确定期间或者约定不明确,抵押权人或者抵押人自最高额抵押权设立之日(以厂房作抵押,抵押权自登记时设立)起满2年后请求确定债权(选项B);(3)新的债权不可能发生;(4)抵押财产被查封、扣押(选项C);(5)债务人、抵押人被宣告破产或者被撤销(选项D);(6)法律规定债权确定的其他情形。

【考点】最高额抵押

第四章 合同法律制度

一、单项选择题

1. 甲公司于4月1日向乙公司发出订购一批实木沙发的要约,要求乙公司于4月8日前答复。4月2日,乙公司收到该要约。4月3日,甲公司欲改向丙公司订购实木沙发,遂向乙公司发出撤销要约的信件,该信件于4月4日到达乙公司。4月5日,甲公司收到乙公司的回复,乙公司表示暂无实木沙发,问甲公司是否愿意选购布艺沙发。根据合同法律制度的规定,甲公司要约失效的时间是( )。

   A. 4月3日　　B. 4月4日　　C. 4月5日　　D. 4月8日

2. 陈某在8月1日向李某发出一份传真,出售房屋一套,面积90平方米,价款260万元,合同订立7日内一次性付款,如欲购买请在3日内回复,李某当日传真回复,表示同意购买,但要求分期付款,陈某未回复。8月3日,李某再次给陈某发传真,表示同意按照陈某传真的条件购买,陈某仍未回复。下列关于陈某、李某之间合同成立与否的表述中,符合合同法律制度规定的是( )。

   A. 李某的第二次传真回复为新要约,陈某未表示反对,合同成立
   B. 李某的两次传真回复,均为新要约,合同不成立
   C. 李某的第二次传真回复为承诺,合同成立
   D. 李某的第一次传真回复为承诺,合同成立

3. 甲公司以招标方式采购一套设备,向包括乙公司在内的十余家厂商发出招标书,招标书中包含设备性能、规格、品质、交货日期等内容。乙公司向甲公司发出了投标书。甲公司在接到乙公司及其他厂商的投标书后,通过决标,最后决定乙公司中标,并向乙公司发出了中标通知书。根据合同法律制度的规定,下列各项中,属于发出要约的行为是( )。

   A. 甲公司发出招标书　　　　　B. 乙公司向甲公司发出投标书
   C. 甲公司对所有标书进行决标　D. 甲公司向乙公司发出中标通知书

4. 陈某以信件向李某发出要约,信件未载明承诺开始日期,仅规定承诺期限为10天。5月8日,陈某将信件投入邮箱;邮局将信件加盖5月9日邮戳发出;5月11日,信件送达受要约人李某的办公室;李某因外出直至5月15日才知悉信件内容。根据合同法律制度的规定,该承诺期限的起算日为( )。

   A. 5月8日　　B. 5月9日　　C. 5月11日　　D. 5月15日

5. 2018年4月24日,甲公司向乙公司发出函件称:本公司以每吨5 000元的价格出售H型钢材100吨。如贵公司欲购买,请于5月10日前让本公司知悉。乙公司于4月27日收到甲公司的函件,并于次日回函表示愿意购买。但由于连续下暴雨,导致交通中

断，乙公司的回函于5月11日方到达甲公司处。因已超过5月10日的最后期限，甲公司未再理会乙公司，而将钢材售与他人。乙公司要求甲公司履行钢材买卖合同。根据合同法律制度的规定，下列表述中，正确的是（　　）。

　　A. 甲、乙公司之间的合同未成立，甲公司对乙公司不承担任何责任

　　B. 甲、乙公司之间的合同未成立，但乙公司有权要求甲公司赔偿信赖利益损失

　　C. 甲、乙公司之间的合同成立但未生效，甲公司有权以承诺迟到为由撤销要约

　　D. 甲、乙公司之间的合同成立且已生效，乙公司有权要求甲公司履行合同

6. 甲、乙两公司拟签订一份书面买卖合同，甲公司签字盖章后尚未将书面合同邮寄给乙公司，即接到乙公司按照合同约定发来的货物，甲公司清点后将该批货物入库。次日，甲公司将签字盖章后的书面合同寄给乙公司。乙公司收到后，即在合同书上签字盖章。根据合同法律制度的规定，该合同成立的时间是（　　）。

　　A. 甲公司签字盖章时

　　B. 乙公司签字盖章时

　　C. 甲公司接受乙公司发来的货物时

　　D. 甲公司将签字盖章后的合同寄给乙公司时

7. 地处江南甲地的陈某向地处江北乙地的王某购买五吨苹果，约定江边交货，后双方就交货地点应在甲地的江边还是乙地的江边发生了争议，无法达成一致意见，且按合同有关条款或者交易习惯无法确定。根据合同法律制度的规定，苹果的交付地点应是（　　）。

　　A. 乙地的江边　　　　　　　　B. 由陈某选择甲地或者乙地的江边

　　C. 由王某选择甲地或者乙地的江边　　D. 甲地的江边

8. 甲公司向乙公司购买货物，合同约定由乙公司负责运输，但在合同中对运输费用没有约定，双方就该运输费用承担发生纠纷，无法达成补充协议，且按照合同有关条款或者交易习惯仍不能确定。根据合同法律制度的规定，下列关于运输费用承担的表述中，正确的是（　　）。

　　A. 甲公司　　　　　　　　　　B. 乙公司

　　C. 甲、乙公司平均承担　　　　D. 乙公司承担，甲公司对此承担连带责任

9. 甲公司与乙公司签订买卖合同时，约定由丙公司向买受人甲公司交付货物，丙公司对此表示同意，后丙公司交付的货物质量不符合约定。根据合同法律制度的规定，下列关于违约责任承担的表述中，符合法律规定的是（　　）。

　　A. 甲公司可以请求丙公司承担违约责任

　　B. 甲公司可以请求乙公司承担违约责任

　　C. 甲公司有权请求乙、丙公司连带承担违约责任

　　D. 甲公司有权请求乙、丙公司按照责任大小按份承担违约责任

10. 甲与乙签订一份买卖合同，双方约定由甲提供一批货物给乙，乙在收到货物后的一个月内付款。合同签订后，甲迟迟没有发货，乙催问甲，甲称由于资金紧张，暂时

无法购买生产该批货物的原材料,要求乙先付货款,乙拒绝了甲的要求。乙拒绝先付货款的行为在法律上称为( )。

A. 行使先履行抗辩权
B. 行使不安履行抗辩权
C. 行使同时履行抗辩权
D. 行使先诉抗辩权

11. 2017年,甲公司向乙银行借款20万元,借款期限为2年。借款期满后,甲公司无力偿还借款本息,此时甲公司对丙公司享有到期债权10万元,却不积极主张,乙银行拟行使债权人代位权。下列关于乙银行行使债权人代位权的表述中,符合合同法律制度规定的是( )。

A. 乙银行可以直接以甲公司的名义行使对丙公司的债权
B. 乙银行行使代位权应取得甲公司的同意
C. 乙银行应自行承担行使代位权所支出的必要费用
D. 乙银行必须通过诉讼方式行使代位权

12. 2018年5月10日,甲公司向乙公司借款480万元用于违法犯罪活动,不知情的丙公司对此提供连带责任保证,和乙公司签订了书面保证合同。借款到期后,因甲公司不能清偿到期借款,乙公司将甲公司和丙公司作为共同被告诉至人民法院,经人民法院调查,出借人乙公司事先知道甲公司借款用于违法犯罪活动。根据合同法律制度的规定,下列表述中,正确的是( )。

A. 甲公司和乙公司借款合同无效,但不影响丙公司承担保证责任
B. 甲公司和乙公司借款合同有效,丙公司需要承担保证责任
C. 甲公司和乙公司借款合同无效,丙公司不承担民事责任
D. 甲公司和乙公司借款合同无效,丙公司承担的民事责任不超过甲公司不能清偿部分的1/3

13. 甲企业与乙银行签订借款合同,借款金额为100万元,借款期限为1年,由丙企业作为借款保证人。合同签订3个月后,甲企业因扩大生产规模急需追加资金,遂与乙银行协商,将贷款金额增加到150万元。后甲企业不能偿还到期债务。下列关于丙企业保证责任的说法中,正确的是( )。

A. 丙企业不再承担保证责任,因为甲企业与乙银行变更合同条款未得到丙企业的同意
B. 丙企业对100万元应承担保证责任,增加的50万元不承担保证责任
C. 丙企业应承担150万元的保证责任,因为保证合同是从合同
D. 丙企业不再承担保证责任,因为保证合同因甲企业、乙银行变更了合同的数额条款而无效

14. 甲企业向乙银行申请贷款,还款日期为2017年12月31日。丙企业为该债务提供保证担保,但未约定保证方式和保证期间。后甲企业申请展期,与乙银行就还款期限作了变更,还款期限延至2018年12月31日,但未征得丙企业的书面同意。展期到期,甲企业无力还款,乙银行遂要求丙企业承担保证责任。根据担保法律制度的规定,下列

关于丙企业是否承担保证责任的表述中，正确的是(　　)。

A. 不承担，因为保证期间已过

B. 应承担，因为保证合同有效

C. 应承担，因为丙企业为连带责任保证人

D. 不承担，因为丙企业的保证责任因还款期限的变更而消灭

15. 陈某向王某购买货物，价款为10万元，合同签订后，陈某向王某支付了2万元作为定金。交货期限届满后，因为第三方供货迟延，致使王某只向陈某交付了一半的货物，陈某因此主张适用定金罚则，要求王某承担定金责任，王某不同意。下列关于是否适用定金罚则的表述中，符合担保法律制度规定的是(　　)。

A. 不适用定金罚则，因为是第三人的原因致使合同不能完全履行

B. 适用定金罚则，因为王某未完全履行合同，应双倍返还定金4万元

C. 不适用定金罚则，因为王某已经履行了部分债务

D. 适用定金罚则，因为王某未完全履行合同，应当按照未履行部分占合同约定内容的比例，承担定金责任2万元

16. 陈某向李某购买一批水泥，价款为10万元，合同履行前，李某未经陈某同意，将价款债权转让给王某，并通知陈某直接向王某付款。陈某与李某未约定合同权利不得转让。下列关于李某的转让行为效力的表述中，符合合同法律制度规定的是(　　)。

A. 李某的转让行为无效，陈某仍应向李某付款

B. 李某的转让行为有效，但如陈某仍向李某付款，可发生清偿效力

C. 李某的转让行为有效，陈某应向王某付款

D. 李某的转让行为效力待定，取决于陈某是否表示同意

17. 甲公司将两个业务部门分出设立乙公司和丙公司，并在公司分立决议中明确，甲公司以前所负的债务由新设的乙公司承担。分立前，甲公司欠丁企业货款12万元，现丁企业要求偿还。根据合同法律制度的规定，下列关于该12万元债务承担的表述中，正确的是(　　)。

A. 由甲公司承担　　　　　　　B. 由乙公司承担

C. 由甲、乙、丙三个公司平均承担　　D. 由甲、乙、丙三个公司连带承担

18. 甲小学为了"六一"儿童节学生表演节目的需要，向乙服装厂订购了100套童装，双方约定在"六一"儿童节前一周交付。5月28日，甲小学向乙服装厂催要童装，却被告知，因布匹供应问题6月3日才能交付童装，甲小学因此欲解除合同。根据合同法律制度的规定，下列关于该合同解除的表述中，正确的是(　　)。

A. 甲小学应先催告乙服装厂履行，乙服装厂在合理期限内未履行的，甲小学才可以解除合同

B. 甲小学可以解除合同，无须催告

C. 甲小学无权解除合同，只能要求乙服装厂承担违约责任

D. 甲小学无权自行解除合同，但可以请求人民法院解除合同

19. 债权人甲下落不明，致使债务人乙难以履行债务，乙依法将标的物提存。提存期间，该标的物发生意外毁损。根据合同法律制度的规定，下列关于对该标的物损失承担的表述中，正确的是(　　)。

A. 应由甲承担
B. 应由乙承担
C. 应由甲、乙共同承担
D. 应由提存机关承担

20. 甲、乙签订一买卖合同，甲向乙购买机器5台及附带的维修工具，机器编号分别为E、F、G、X、Y，拟分别用于不同厂区。乙向甲如期交付5台机器及附带的维修工具。经验收，E机器存在重大质量瑕疵而无法使用，F机器附带的维修工具亦属不合格品，其他机器及维修工具不存在质量问题。根据合同法律制度的规定，下列关于甲如何解除合同的表述中，正确的是(　　)。

A. 甲可以解除5台机器及附带的维修工具的买卖合同
B. 甲只能就买卖合同中E机器的部分解除
C. 甲可以就买卖合同中E机器与F机器的部分解除
D. 甲可以就买卖合同中F机器附带的维修工具与E机器的部分解除

21. 甲公司购买乙公司一批货物，双方约定甲公司于5月6日到乙公司仓库提货，由于甲公司疏忽，当日未安排车辆提货，次日凌晨乙公司仓库遭雷击起火，该批货物全部被烧毁。下列关于该批货物损失承担的表述中，符合合同法律制度规定的是(　　)。

A. 甲公司和乙公司分担货物损失，因为双方都没有过错
B. 甲公司承担货物损失，因其未按约定时间提货
C. 乙公司承担货物损失，因为货物所有权没有转移
D. 乙公司承担货物损失，因为货物仍在其控制之下

22. 甲公司将一套设备租赁给乙公司使用，租赁期间，经询问确认乙公司无购买意向后，甲公司将该设备卖给丙公司。根据合同法律制度的规定，下列关于买卖合同与租赁合同效力的表述中，正确的是(　　)。

A. 买卖合同无效，租赁合同继续有效
B. 买卖合同有效，租赁合同继续有效
C. 买卖合同有效，租赁合同自买卖合同生效之日起终止
D. 买卖合同有效，租赁合同须经丙公司同意后才继续有效

23. 李某向王某借款5万元，双方约定借款期限半年，但未提及是否支付利息。半年后，因李某未如期归还，王某多次催要未果，遂向人民法院起诉要求李某还本付息。根据合同法律制度的规定，下列关于支付借款利息的主张中，能够得到人民法院支持的是(　　)。

A. 王某要求李某依当地习惯按年利率15%支付借款使用期间的利息
B. 王某要求李某依当地习惯按年利率20%支付逾期还款期间的利息
C. 王某要求李某按同期银行贷款利率支付借款使用期间的利息
D. 王某要求李某参照当时1年期贷款市场报价利率标准计算的利息承担逾期还款违

约责任

24. 2019年8月5日，经发包人甲公司同意，总承包人乙公司将自己承包的部分建设工程分包给丙公司。因丙公司完成的工程质量出现问题，给甲公司造成100万元的经济损失。根据合同法律制度的规定，下列关于对甲公司损失承担责任的表述中，正确的是（　　）。

　　A. 由乙公司承担赔偿责任

　　B. 由丙公司承担赔偿责任

　　C. 先由丙公司承担赔偿责任，不足部分由乙公司承担

　　D. 由乙公司和丙公司承担连带赔偿责任

25. 根据合同法律制度的规定，下列关于建设工程价款优先受偿权的表述中，不正确的是（　　）。

　　A. 承包人行使建设工程价款优先受偿权的期限最长不得超过18个月，自发包人应当给付建设工程价款之日起算

　　B. 发包人与承包人约定放弃或者限制建设工程价款优先受偿权的，不得损害建筑工人利益

　　C. 优先受偿的建设工程价款包括承包人为建设工程应当支付的工作人员报酬、材料款及承包人就逾期支付建设工程价款的利息、违约金、损害赔偿金等

　　D. 承包人享有的建设工程价款优先受偿权优于抵押权和其他债权

二、多项选择题

1. 根据合同法律制度的规定，下列属于合同中无效格式条款的有（　　）。

　　A. 有两种以上解释的格式条款

　　B. 因重大过失造成对方财产损失免责的格式条款

　　C. 就内容理解存在争议的格式条款

　　D. 造成对方人身伤害免责的格式条款

2. 下列关于缔约过失责任与违约责任的区别表述中，正确的有（　　）。

　　A. 缔约过失责任发生在合同成立之前，而违约责任产生于合同生效之后

　　B. 缔约过失责任适用于合同未成立、合同未生效、合同无效等情况，而违约责任适用于生效合同

　　C. 缔约过失赔偿的是信赖利益的损失，而违约责任赔偿的是可期待利益的损失

　　D. 可期待利益的损失要大于或者等于信赖利益的损失

3. 甲对乙享有50 000元债权，已到清偿期限，但乙一直宣称无能力清偿欠款。甲经调查发现，乙对丁享有3个月后到期的7 000元债权，戊因赌博欠乙8 000元；另外，乙在半年前发生交通事故，因事故中的人身伤害对丙享有10 000元债权，因事故中的财产损失对丙享有5 000元债权。乙无其他可供执行的财产，乙对其享有的债权都怠于行使。根据合同法律制度的规定，下列各项中，甲不可以代位行使的债权有（　　）。

　　A. 乙对丁的7 000元债权　　　　　　B. 乙对戊的8 000元债权

C. 乙对丙的 10 000 元债权　　　　D. 乙对丙的 5 000 元债权

4. 甲公司欠乙公司 30 万元，一直无力偿付，2018 年 1 月 10 日，甲公司将设备以低于市场交易价的 70% 转让给丙公司。对甲公司的这一行为，下列表述中，正确的有(　　)。

A. 如果丙公司知道甲公司所欠乙公司 30 万元无力清偿的情形，则乙公司有权行使债权人撤销权

B. 不论丙公司是否知情，乙公司均有权行使债权人撤销权

C. 如果乙公司有权撤销，则应当在 2023 年 1 月 10 日之前行使债权人撤销权

D. 乙公司行使债权人撤销权以 30 万元为限

5. 甲公司向乙银行借款，丙公司为其提供担保，为了降低担保风险，丙公司让甲公司为其提供担保，甲公司请求丁公司帮忙向丙公司提供担保。根据合同法律制度的规定，丁公司可以提供的担保方式有(　　)。

A. 定金　　　B. 保证　　　C. 抵押　　　D. 质押

6. 根据合同法律制度的规定，下列关于保证合同法律效力的表述中，正确的有(　　)。

A. 当事人对保证方式没有约定或者约定不明确的，按照一般保证承担保证责任

B. 当事人对保证担保的范围没有约定或者约定不明确的，保证人应当对全部债务承担责任

C. 当事人在保证合同中没有约定保证期间的，保证期间为主债务履行期限届满之日起 6 个月

D. 当事人在保证合同中约定保证人承担保证责任直至主债务本息还清时为止，保证期间为主债务履行期限届满之日起 6 个月

7. 根据合同法律制度的规定，下列关于保证合同性质的表述中，正确的有(　　)。

A. 保证合同为诺成合同　　　　B. 保证合同为单务合同
C. 保证合同为无偿合同　　　　D. 保证合同为有偿合同

8. 2018 年 5 月 20 日，甲公司向乙公司购买 100 万元货物，为确保甲公司按合同约定支付货款，丙公司以设备为甲公司的应付货款提供抵押担保，丁公司为甲公司的应付货款提供保证担保，但均未约定实现债权的顺序。现甲公司不能支付到期货款，乙公司向丙公司和丁公司主张权利。根据合同法律制度的规定，下列表述中，正确的有(　　)。

A. 乙公司应当先就丙公司的设备行使抵押权，丁公司承担补充清偿责任

B. 乙公司可以要求丁公司承担保证责任

C. 乙公司可以就设备行使抵押权

D. 乙公司应当先要求丁公司承担保证责任，不足清偿时对丙公司的设备行使抵押权

9. 根据合同法律制度的规定，下列关于以新贷偿还旧贷担保责任的表述中，正确的有(　　)。

A. 主合同当事人协议以新贷偿还旧贷，债权人请求旧贷的担保人承担担保责任的，

人民法院不予支持

B. 债权人请求新贷的担保人承担担保责任的，新贷与旧贷的担保人相同的，人民法院应予支持

C. 债权人请求新贷的担保人承担担保责任的，新贷与旧贷的担保人不相同的，人民法院原则上不予支持

D. 债权人请求新贷的担保人承担担保责任的，旧贷无担保新贷有担保的，人民法院原则上不予支持

10. 根据合同法律制度的规定，下列关于法定抵销的表述中，正确的有（　　）。

A. 抵销可以附条件或者附期限

B. 故意侵权产生的债务，债务人不得主张抵销

C. 双方抵销的债务，都应已届清偿期

D. 双方抵销的债务，标的物种类、品质应相同

11. 根据合同法律制度的规定，下列关于不同种类违约责任相互关系的表述中，正确的有（　　）。

A. 当事人就迟延履行约定违约金的，违约方支付违约金后，还应当履行债务

B. 当事人依法请求人民法院增加违约金后，又请求对方赔偿损失的，人民法院不予支持

C. 当事人既约定违约金，又约定定金的，一方违约时，对方可以同时适用违约金和定金条款

D. 当事人执行定金条款后不足以弥补所受损害的，仍可以请求赔偿损失

12. 甲公司向乙公司购买一台大型设备，由于疏忽未在合同中约定检验期。该设备运回后，甲公司即组织人员进行检验，未发现质量问题，于是投入使用。至第3年，该设备出现故障，经反复查找，发现该设备关键部位存在隐蔽瑕疵。该设备说明书标明质量保证期为4年。根据合同法律制度的规定，下列关于乙公司是否承担责任的表述中，不正确的有（　　）。

A. 乙公司在合理期限内未收到甲公司有关设备质量不合格的通知，故该设备质量视为合格，乙公司不承担责任

B. 乙公司在2年内未收到甲公司有关设备存在瑕疵的通知，故该设备质量应视为合格，乙公司不承担责任

C. 该设备说明书标明质量保证期为4年，故乙公司应承担责任

D. 甲公司与乙公司未约定质量检验期限，都有过错，应分担责任

13. 根据合同法律制度的规定，下列情形中，买受人应承担标的物损毁、灭失风险的有（　　）。

A. 标的物已运抵交付地点，买受人因标的物质量不合格而拒绝接受

B. 买受人已受领标的物，但出卖人按照约定未交付标的物的单证

C. 出卖人按照约定将标的物置于交付地点，约定时间已过，买受人未前往提货

D. 因买受人下落不明，出卖人无法向其交付标的物而将标的物提存

14. 根据合同法律制度的规定，下列关于租赁合同解除的表述中，正确的有（ ）。
A. 租赁物在租赁期间发生所有权变动，买受人不愿继续出租的，可以解除租赁合同
B. 承租人无正当理由未支付租金，经催告在合理期间内仍不支付的，出租人可以解除合同
C. 租赁物危及承租人的安全或者健康的，承租人可以随时解除合同
D. 承租人未经出租人同意转租的，出租人可以解除合同

15. 根据合同法律制度的规定，出租人出卖租赁房屋时，承租人享有以同等条件优先购买的权利。但在某些特殊情形下，承租人主张优先购买房屋的，人民法院不予支持。这些特殊情形包括（ ）。
A. 出租人履行通知义务后，承租人在15日内未明确表示购买的
B. 出租人委托拍卖人拍卖租赁房屋的，在拍卖5日前通知承租人，承租人未参加拍卖的
C. 租赁房屋按份共有人行使优先购买权的
D. 出租人将租赁房屋出售给其侄子的

16. 根据合同法律制度的规定，下列情形中，赠与人不得主张撤销赠与的有（ ）。
A. 张某将1辆小轿车赠与李某，且已交付
B. 甲公司与某地震灾区小学签订赠与合同，将赠与50万元用于修复教学楼
C. 乙公司表示将赠与某大学3辆校车，双方签订了赠与合同，且对该赠与合同进行了公证
D. 陈某将1块手表赠与王某，且已交付，但王某不履行赠与合同约定的义务

17. 根据合同法律制度的规定，下列关于合同解除的表述中，正确的有（ ）。
A. 租赁物危及承租人安全的，无论承租人订立合同时是否知道租赁物质量不合格，承租人都可以随时解除合同
B. 承揽合同的定作人可以随时解除承揽合同
C. 委托合同的委托人可以随时解除委托合同
D. 委托合同的受托人可以随时解除委托合同

18. 甲委托乙用货车将一批水果运往A地，不料途中遭遇山洪，水果全部毁损。甲委托乙运输时已向乙支付运费。根据合同法律制度的规定，下列关于水果损失与运费承担的表述中，正确的有（ ）。
A. 乙应当赔偿因水果毁损给甲造成的损失
B. 甲自行承担因水果毁损造成的损失
C. 甲有权要求乙返还运费
D. 甲无权要求乙返还运费

19. 甲、乙合作开发完成一项发明，但双方未就专利申请权相关事项作任何约定。根据合同法律制度的规定，下列关于该项发明的专利申请权的表述中，正确的有（ ）。

A. 对该项发明申请专利的权利属于甲、乙共有

B. 如果甲放弃其专利申请权,乙可以单独申请

C. 如果甲不同意申请专利,乙可以自行申请

D. 如果甲准备转让其专利申请权,乙在同等条件下有优先受让的权利

参考答案及解析

一、单项选择题

1.【答案】C

【解析】受要约人接到要约后,对要约的内容作出实质性变更的,该要约失去效力。乙公司4月5日的回复对要约进行了实质性变更,导致原要约失效。

【考点】要约,承诺

2.【答案】B

【解析】(1)受要约人对要约的内容作出实质性变更的,为新要约。在本题中,李某当日传真回复,表示同意购买,但要求分期付款。付款方式变更,属于对原要约内容作了实质性变更,李某的第一次回复属于"新要约"。(2)受要约人对要约的内容作出实质性变更的,原要约失效。在本题中,8月3日李某再次给陈某发传真,表示同意按照陈某传真的条件购买,属于"新要约",而非对原要约的承诺,原要约已经失效。(3)承诺应当以通知的方式作出,陈某未表示反对不产生承诺的效力,合同不成立。

【考点】要约,承诺

3.【答案】B

【解析】招标属于要约邀请,投标属于要约,决标属于承诺。

【考点】要约,承诺

4.【答案】B

【解析】根据规定,要约以信件或者电报作出的,承诺期限自信件载明的日期或者电报交发之日开始计算。信件未载明日期的,自投寄该信件的邮戳日期开始计算。在本题中,由于信件的落款中未载明日期,那么应该按照"邮戳"日期作为承诺的开始时间。

【考点】承诺

5.【答案】D

【解析】受要约人在承诺期限内发出承诺,按照通常情形能够及时到达要约人,但因其他原因承诺到达要约人时超过承诺期限的,为迟到承诺。除要约人及时通知受要约人因承诺超过期限不接受该承诺的以外,迟到的承诺有效。在本题中,由于甲公司未及时通知乙公司承诺已经迟到且不接受,因此,甲、乙公司之间的合同成立且已生效,乙公司有权要求甲公司履行合同。

【考点】承诺

6.【答案】C

【解析】根据规定,当事人采用合同书形式订立合同的,自双方当事人签字或者盖章时合同成立,在签字或者盖章之前,当事人一方已经履行主要义务并且对方接受的,该合同成立。

【考点】合同成立的时间与地点

7.【答案】A

【解析】履行地点不明确，给付货币的，在接受货币一方所在地履行；交付不动产的，在不动产所在地履行；其他标的，在履行义务一方所在地履行。本题是交付苹果，为其他标的物，在履行义务一方（王某）所在地（乙地）履行。

【考点】合同的履行规则

8.【答案】B

【解析】当事人就质量、价款等合同内容没有约定或者约定不明确的，可以协议补充；不能达成补充协议的，按照合同有关条款或者交易习惯确定。依照上述规则仍不能确定：履行费用的负担不明确的，由履行义务一方负担。

【考点】合同的履行规则

9.【答案】B

【解析】合同具有相对性。当事人约定由第三人向债权人履行债务的，第三人不履行债务或者履行债务不符合约定，债务人应当向债权人承担违约责任。

【考点】合同的履行规则

10.【答案】A

【解析】先履行抗辩权是指合同当事人互负债务，有先后履行顺序，先履行一方（本题中的甲）未履行的，后履行一方（本题中的乙）有权拒绝其履行要求。

【考点】双务合同履行中的抗辩权

11.【答案】D

【解析】（1）选项A：债权人应当以自己的名义行使债权人代位权。（2）选项B：债权人代位权的行使不需要债务人同意。（3）选项C：在债权人代位权诉讼中，债权人胜诉的，诉讼费用由次债务人负担；债权人行使债权人代位权的其他必要费用，由债务人负担。

【考点】债权人代位权

12.【答案】C

【解析】（1）出借人事先知道或者应当知道借款人借款用于违法犯罪活动仍然提供借款的，民间借贷合同无效；（2）主合同无效而导致担保合同无效，担保人无过错则不承担民事责任。

【考点】借款合同，保证

13.【答案】B

【解析】未经保证人同意的主合同变更，加重债务人债务的，保证人对加重的部分（增加的50万元）不承担保证责任。

【考点】借款合同，保证

14.【答案】A

【解析】（1）债权人与债务人对主合同履行期限作了变更，未经保证人书面同意，保证期间为原合同约定的或者法律规定的期间；（2）当事人未约定保证期间的，保证期间为主债务履行期届满之日起6个月。在本题中，丙企业按照原合同约定的期间承担保证责任。保证期间为2018年1月1日—2018年6月30日。乙银行请求丙企业承担保证责任时已经超过保证期间，故丙企业不承担保证责任。

【考点】保证

15.【答案】D

【解析】因合同关系以外的第三人的过错，致使主合同不能履行时，适用定金罚则。受定金处罚的一方当事人，可以依法向第三人追偿。其中，当事人一方不完全履行合同的，应当按照未履行部分所占合同约定内容的比例，适用定金罚则。

【考点】定金

16.【答案】C

【解析】债权人转让权利，不需要经债务人同意，但应当通知债务人。未经通知，该转让对债务人不发生效力。债务人接到债权转让通知后，债权转让行为即生效。在本题中，债权转让行为生效，对陈某而言，债权人由李某更换为王某，陈某应向王某付款才能发生清偿效力。

【考点】债权转让

17.【答案】D

【解析】根据规定，当事人订立合同后分立的，除债权人和债务人另有约定以外，由分立的法人或者其他组织对合同的权利和义务享有连带债权，承担连带债务。在本题中，债权人和债务人并没有就债务承担达成约定，因此，债务人甲公司对债权人的债务依法应由分立后的甲、乙、丙三个公司连带承担，内部决定对外没有效力。

【考点】债务承担

18.【答案】B

【解析】根据规定，当事人一方迟延履行债务或者有其他违约行为致使不能实现合同目的（根本违约），一方当事人可以单方面解除合同。在本题中，乙服装厂迟延履行致使甲小学不能实现合同目的，此时，甲小学可以直接解除合同，无须催告。

【考点】解除

19.【答案】A

【解析】标的物提存后，毁损、灭失的风险由债权人（甲）承担。

【考点】提存

20.【答案】D

【解析】根据规定，标的物为数物，其中一物不符合约定的，买受人可以就该物解除。因标的物的从物不符合约定被解除的，解除的效力不及于主物。在本题中，标的物是数物，且其中几种物不符合约定，甲可以就不符合约定的 E 机器和 F 机器附带的维修工具解除。

【考点】买卖合同

21.【答案】B

【解析】因买受人的原因致使标的物不能按照约定的期限交付的（买受方违约），买受人应当自违反约定之日起承担标的物毁损、灭失的风险。在本题中，由于甲公司疏忽，未按约定时间提货，导致货物没有按期交付，甲公司自 5 月 6 日起承担标的物毁损、灭失的风险。次日凌晨乙公司仓库遭雷击起火，该批货物全部被烧毁，甲公司承担货物损失责任。

【考点】买卖合同

22.【答案】B

【解析】租赁物在租赁期间发生所有权变动的，不影响租赁合同的效力。

【考点】买卖合同，租赁合同

23.【答案】D

【解析】（1）选项 AC：自然人之间借贷对利息未约定，出借人主张支付利息的，人民法院不予支持；（2）选项 BD：既未约定借期内利率，也未约定逾期利率，出借人主张借款人自逾期还款之日起参照当时 1 年期贷款市场报价利率标准计算的利息承担逾期还款违约责任的，人民法院应予支持。

【考点】民间借贷合同

24.【答案】D

【解析】建设工程合同中，总承包人或者勘察、设计、施工承包人经发包人同意，可以将自己承包的部分工作交由第三人完成。第三人就其完成的工作成果与总承包人或者勘察、设计、施工承包人向发包人承担连带责任。

【考点】建设工程合同

25.【答案】C

【解析】承包人建设工程价款优先受偿的范围依照国务院有关行政主管部门关于建设工程价款范围的规定确定。承包人就逾期支付建设工程价款的利息、违约金、损害赔偿金等主张优先受偿的，人民法院不予支持。

【考点】建设工程合同

二、多项选择题

1.【答案】BD

【解析】（1）选项A：对格式条款有两种以上解释的，应当作出不利于提供格式条款一方的解释。（2）选项BD：合同中的下列免责条款无效：①造成对方人身伤害的；②因故意或者重大过失造成对方财产损失的。（3）选项C：对格式条款的理解发生争议的，应当按照字面含义及通常理解予以解释。

【考点】格式条款，免责条款

2.【答案】ABCD

【考点】缔约过失责任

3.【答案】ABC

【解析】根据规定，债权人代位权的行使条件是债务人的债权不是专属于债务人自身的债权。专属于债务人自身的债权包括人身伤害赔偿请求权等权利，因此，乙对丙10 000元债权，甲不能行使代位权（选项C）；债权人代位行使的债权必须是已经到期的债权，这里丁欠乙的债权未到期，因此，甲不能行使代位权（选项A）；债务人对第三人享有合法债权才可以代位行使，戊欠乙的赌博债务是不合法的，因此，甲不能行使代位权（选项B）。

【考点】债权人代位权

4.【答案】ACD

【解析】（1）选项AB：转让价格达不到交易时交易地的指导价或者市场交易价70%的，一般可以视为明显不合理的低价。以明显不合理的低价转让财产或者以明显不合理的高价收购他人财产，不但要求有客观上对债权人造成损害的事实，还要求有受让人知道的主观要件，债权人才可以行使债权人撤销权。（2）选项C：根据《合同法》的规定，债权人撤销权应当自债权人知道或者应当知道撤销事由之日起1年内行使。自债务人的行为发生之日起5年内没有行使撤销权的，该撤销权消灭。（3）选项D：债权人撤销权的行使范围以债权人的债权为限。

【考点】债权人撤销权

5.【答案】BCD

【解析】反担保方式可以是债务人提供的抵押或者质押，也可以是其他人提供的保证、抵押或者质押。但是，留置和定金不能作为反担保方式。

【考点】合同担保的基本理论

6.【答案】ABCD

【解析】选项 CD：（1）没有约定或者约定不明确的，保证期间为主债务履行期限届满之日起 6 个月；（2）保证合同约定保证人承担保证责任直至主债务本息还清时为止等的，视为约定不明确。

【考点】保证责任

7.【答案】ABC

【解析】（1）选项 A：保证合同因保证人和债权人协商一致而成立，不需要另行交付标的物，故为诺成合同；（2）选项 B：保证合同中，只有保证人承担债务，债权人不负对待给付义务，故为单务合同；（3）选项 CD：保证合同中，保证人对债权人承担保证债务，债权人对此不提供相应对价，故为无偿合同。

【考点】保证与保证合同

8.【答案】BC

【解析】被担保的债权既有物的担保又有人的担保的，债务人不履行到期债务或者发生当事人约定的实现担保物权的情形，债权人应当按照约定实现债权；没有约定或者约定不明确，第三人提供物的担保的，债权人可以就物的担保实现债权，也可以请求保证人承担保证责任。

【考点】保证责任

9.【答案】ABCD

【解析】选项 BCD：债权人请求新贷的担保人承担担保责任的，按照下列情形处理：（1）新贷与旧贷的担保人相同的，人民法院应予支持；（2）新贷与旧贷的担保人不同，或者旧贷无担保新贷有担保的，人民法院不予支持，但是债权人有证据证明新贷的担保人提供担保时以新贷偿还旧贷的事实知道或者应当知道的除外。

【考点】保证与保证合同

10.【答案】BCD

【解析】（1）选项 A：抵销不得附条件或者附期限；（2）选项 B：因故意实施侵权行为产生的债务，不得抵销；（3）选项 CD：当事人互负到期债务，该债务的标的物种类、品质相同的，任何一方可以将自己的债务与对方的债务抵销，但依照法律规定或者按照合同性质不得抵销的除外。

【考点】抵销

11.【答案】ABD

【解析】选项 C：根据规定，当事人既约定违约金，又约定定金的，一方违约时，对方可以选择适用违约金或者定金条款，但两者不可同时并用。

【考点】定金，违约责任

12.【答案】ABD

【解析】根据规定，出卖人交付标的物后，买受人应当对收到的标的物及时进行检验，买受人在合理期间内未通知或者自标的物收到之日起 2 年内未通知出卖人的，视为标的物的数量或者质量符合约定；但对标的物有质量保证期的，适用质量保证期，不适用该 2 年的规定。在本题中，该设备说明书标明质量保证期为 4 年，乙公司应承担责任。

【考点】买卖合同

13.【答案】BCD

【解析】选项 A：因标的物质量不符合质量要求，致使不能实现合同目的，买受人可以拒绝接受标的物或者解除合同。买受人拒绝接受标的物或者解除合同的，标的物毁损、灭失的风险由出卖人承担。

【考点】买卖合同

14.【答案】BCD

【解析】选项A：租赁物在租赁期间发生所有权变动的，不影响租赁合同的效力。租赁合同继续有效，买受人无权解除租赁合同（"买卖不破租赁"）。

【考点】租赁合同

15.【答案】ABC

【解析】(1) 选项A：出租人履行通知义务后，承租人在15日内未明确表示购买的，视为承租人放弃优先购买权。(2) 选项B：出租人委托拍卖人拍卖租赁房屋的，应当在拍卖5日前通知承租人。承租人未参加拍卖的，视为放弃优先购买权。(3) 选项CD：出租人出卖租赁房屋的，应当在出卖之前的合理期限内通知承租人，承租人享有以同等条件优先购买的权利；但是，房屋按份共有人行使优先购买权或者出租人将房屋出卖给近亲属（限于祖父母、外祖父母、父母、配偶、兄弟姐妹、子女、孙子女、外孙子女）的除外。

【考点】房屋租赁合同

16.【答案】ABC

【解析】(1) 选项A：赠与物已经交付，赠与人不能任意撤销赠与；(2) 选项BC：属于具有救灾、扶贫等社会公益、道德义务性质的赠与合同或者经过公证的赠与合同，赠与人不能任意撤销赠与；(3) 选项D：受赠人不履行赠与合同约定的义务，赠与人可以撤销赠与。

【考点】赠与合同

17.【答案】ABCD

【解析】(1) 选项A：根据规定，租赁物危及承租人的安全或者健康的，即使承租人订立合同时明知该租赁物质量不合格，承租人仍然可以随时解除合同；(2) 选项B：定作人可以随时解除承揽合同，造成承揽人损失的，应当赔偿损失；(3) 选项CD：委托人或者受托人可以随时解除委托合同。

【考点】合同解除

18.【答案】BC

【解析】(1) 选项AB：根据规定，承运人对运输过程中货物的毁损、灭失承担损害赔偿责任，但承运人证明货物的毁损、灭失是因不可抗力、货物本身的自然性质或者合理损耗及托运人、收货人的过错造成的，不承担损害赔偿责任。在本题中，由于山洪是不可抗力，因此承运人乙不承担损害赔偿责任。(2) 选项CD：货物在运输过程中因不可抗力灭失，未收取运费的，承运人不得要求支付运费；已收取运费的，托运人可以要求返还。在本题中，乙已经收取了运费，因此甲可以要求返还。

【考点】运输合同

19.【答案】ABD

【解析】(1) 选项A：根据规定，合作开发完成的发明创造，除当事人另有约定的以外，申请专利的权利属于合作开发的当事人共有。(2) 选项C：合作开发的当事人一方声明放弃其共有的专利申请权的，可以由另一方单独申请或者由其他各方共同申请。申请人取得专利权的，放弃专利申请权的一方可以免费实施该专利。(3) 选项D：合作开发的当事人一方转让其共有的专利申请权的，其他各方享有以同等条件优先受让的权利。

【考点】技术合同

第五章 合伙企业法律制度

一、单项选择题

1. 下列关于普通合伙企业合伙人转让其在合伙企业中的财产份额的表述中，不符合合伙企业法律制度规定的是(　　)。
   A. 合伙人向合伙人以外的人转让其在合伙企业中的财产份额，其他合伙人既不同意转让也不行使优先购买权的，视为同意
   B. 合伙人之间转让在合伙企业中的财产份额的，应当通知其他合伙人
   C. 合伙人向合伙人以外的人转让其在合伙企业中的财产份额的，除非合伙协议另有约定，同等条件下，其他合伙人有优先购买权
   D. 合伙人向合伙人以外的人转让其在合伙企业中的财产份额的，除非合伙协议另有约定，须经其他合伙人一致同意

2. 某普通合伙企业委托合伙人杨某执行合伙事务。根据合伙企业法律制度的规定，下列关于杨某执行合伙事务的权利和义务的表述中，正确的是(　　)。
   A. 只能由杨某对外代表该合伙企业
   B. 除合伙协议另有约定外，杨某可以自行决定改变该合伙企业主要经营场所的地点
   C. 除合伙协议另有约定外，杨某可以自行处分该合伙企业的不动产
   D. 杨某可以自营与该合伙企业相竞争的业务

3. 下列有关普通合伙企业合伙事务执行的表述中，符合合伙企业法律制度规定的是(　　)。
   A. 合伙人对执行合伙事务享有同等的权利
   B. 合伙人可以自营与合伙企业相竞争的业务
   C. 不执行合伙企业事务的合伙人无权查阅合伙企业会计账簿
   D. 非合伙人担任经营管理人员的，其在被聘用期间应当具有合伙人资格

4. 根据合伙企业法律制度的规定，下列属于普通合伙企业合伙人当然退伙的情形是(　　)。
   A. 合伙人执行合伙事务时有不正当行为
   B. 合伙人个人丧失偿债能力
   C. 合伙人因故意或者重大过失给合伙企业造成损失
   D. 合伙人未履行出资义务

5. 赵某、钱某、孙某各出资5万元开办一家经营餐饮的甲普通合伙企业（简称"甲企业"），合伙期限为5年。甲企业经营期间，孙某提出退伙，赵某、钱某表示同意，并约定孙某放弃一切合伙权利，也不承担合伙债务。后因经营管理不善甲企业发生亏损，

甲企业财产不足以清偿债务，合伙人对于孙某是否承担退伙前甲企业形成的债务发生争议。下列关于孙某对于该债务是否承担责任的表述中，符合合伙企业法律制度规定的是（　　）。

A. 孙某不承担责任　　　　　　　　B. 孙某承担无限连带责任

C. 孙某承担补充责任　　　　　　　D. 孙某以其出资额为限承担责任

6. 特殊的普通合伙企业的合伙人王某在执业中因重大过失给合伙企业造成损失。下列关于合伙人对此损失承担责任的表述中，符合合伙企业法律制度规定的是（　　）。

A. 王某承担无限责任，其他合伙人以其在合伙企业中的财产份额为限承担责任

B. 王某与其他合伙人共同承担无限连带责任

C. 王某承担无限责任，其他合伙人不承担责任

D. 王某承担无限责任，其他合伙人以其实缴的出资额为限承担责任

7. 2016年3月，甲、乙、丙、丁成立一家有限合伙企业，甲为普通合伙人，乙、丙、丁为有限合伙人。2017年3月，丙转为普通合伙人。2016年8月，该合伙企业欠银行30万元，直至2018年3月合伙企业被宣告破产仍未偿还。下列关于甲、乙、丙、丁对30万元银行债务承担责任的表述中，符合合伙企业法律制度规定的是（　　）。

A. 乙、丁应以其认缴的出资额为限对30万元债务承担清偿责任，甲、丙承担无限连带责任

B. 乙、丙、丁应以其认缴的出资额为限对30万元债务承担清偿责任，甲承担无限责任

C. 乙、丁应以其实缴的出资额为限对30万元债务承担清偿责任，甲、丙承担无限连带责任

D. 乙、丙、丁应以实缴的出资额为限对30万元债务承担清偿责任，甲承担无限责任

8. 根据合伙企业法律制度的规定，合伙人发生的下列情形中，属于当然退伙的是（　　）。

A. 未履行出资义务　　　　　　　　B. 经全体合伙人一致同意

C. 执行合伙事务时有不正当行为　　D. 被依法宣告死亡

9. 甲、乙、丙、丁设立一家从事贸易经营的有限合伙企业，其中，甲、乙是普通合伙人，丙、丁是有限合伙人。1月10日，该有限合伙企业向银行借款100万元，用于贸易经营，借款期限半年；4月10日，甲和丁退伙，从合伙企业分别取回财产2万元；5月10日，乙和丙相互转变合伙人身份；6月20日，庚和戊分别以普通合伙人和有限合伙人身份加入合伙企业，认缴出资均为10万元；7月10日，借款到期，该合伙企业无力清偿银行借款。下列主体责任承担的表述中，符合合伙企业法律制度规定的是（　　）。

A. 甲、乙、庚承担无限连带责任，丙、丁、戊承担有限责任

B. 甲、乙、丙、庚承担无限连带责任，丁、戊承担有限责任

C. 甲、丙、庚承担无限连带责任，乙、丁、戊承担有限责任

D. 甲、庚承担无限连带责任，乙、丙、丁、戊承担有限责任

10. 某普通合伙企业决定解散，经清算人确认：企业欠职工工资和社会保险费用 10 000 元，欠国家税款 8 000 元，另外发生清算费用 3 000 元。下列几种清偿顺序中，符合合伙企业法律制度规定的是(　　)。

　　A. 先支付职工工资和社会保险费用，再缴纳税款，然后支付清算费用

　　B. 先缴纳税款，再支付职工工资和社会保险费用，然后支付清算费用

　　C. 先支付清算费用，再缴纳税款，然后支付职工工资和社会保险费用

　　D. 先支付清算费用，再支付职工工资和社会保险费用，然后缴纳税款

二、多项选择题

1. 甲、国有企业乙（简称"乙"）、上市公司丙（简称"丙"）、丁拟成立一家有限合伙企业。其中，甲17周岁，在某企业上班，月收入6 000元。合伙协议约定：甲、乙均为普通合伙人，甲以土地使用权出资认缴100万元，乙以设备出资认缴10万元；丙、丁均为有限合伙人，丙以专利技术出资认缴20万元，丁以劳务出资认缴10万元。根据合伙企业法律制度的规定，下列关于合伙协议的表述中，正确的有(　　)。

　　A. 乙不得成为普通合伙人　　　　B. 丙不得成为有限合伙人

　　C. 丁不得以劳务方式出资　　　　D. 甲不得成为普通合伙人

2. 赵某、刘某、郑某设立甲普通合伙企业（简称"甲企业"），后赵某因个人原因对张某负债100万元，且其自有资产不足以清偿，张某欠甲企业50万元。下列表述中，符合合伙企业法律制度规定的有(　　)。

　　A. 张某可请求将赵某从甲企业分取的收益用于清偿

　　B. 张某可依法请求人民法院强制执行赵某在甲企业中的财产份额用于清偿

　　C. 张某可以以其对赵某的债权抵销其对甲企业的债务

　　D. 张某不得代位行使赵某在甲企业中的权利

3. 根据合伙企业法律制度的规定，有限合伙人出现一定情形时当然退伙。下列属于有限合伙人当然退伙情形的有(　　)。

　　A. 有限合伙人丧失民事行为能力

　　B. 有限合伙人死亡

　　C. 有限合伙人被宣告破产

　　D. 有限合伙人在合伙企业中的全部财产份额被人民法院强制执行

4. 根据合伙企业法律制度的规定，下列关于有限合伙企业设立的表述中，正确的有(　　)。

　　A. 国有企业可以成为有限合伙人

　　B. 有限合伙企业名称中应当标明"有限合伙"字样

　　C. 有限合伙企业至少应当有1个普通合伙人

　　D. 有限合伙人可以以劳务出资

5. 根据合伙企业法律制度的规定，有限合伙人的下列行为中，不视为执行合伙事务

的有(　　)。

　　A. 参与决定普通合伙人入伙事宜

　　B. 参与选择承办有限合伙企业审计业务的会计师事务所

　　C. 就有限合伙企业中的特定事项对外代表本合伙企业

　　D. 对合伙企业的经营管理提出建议

6. 下列关于有限合伙企业有限合伙人入伙和退伙责任的表述中，符合合伙企业法律制度规定的有(　　)。

　　A. 有限合伙人对基于其退伙前的原因发生的合伙企业债务，以其退伙时从合伙企业中取回的财产承担责任

　　B. 有限合伙人对基于其退伙前的原因发生的合伙企业债务，以其实缴的出资额为限承担责任

　　C. 新入伙的有限合伙人对入伙前合伙企业的债务，以其认缴的出资额为限承担责任

　　D. 新入伙的有限合伙人对入伙前合伙企业的债务承担无限连带责任

7. 根据合伙企业法律制度的规定，下列各项中，属于合伙企业应当解散的情形有(　　)。

　　A. 合伙人因决策失误给合伙企业造成重大损失

　　B. 合伙企业被依法吊销营业执照

　　C. 合伙企业的合伙人已有2个月低于法定人数

　　D. 合伙协议约定的合伙目的无法实现

8. 甲、乙、丙、丁设立一家从事贸易经营的有限合伙企业，其中，甲、乙是普通合伙人，丙、丁是有限合伙人。下列关于合伙协议的约定中，符合合伙企业法律制度规定的有(　　)。

　　A. 甲可以自营或者同他人合作经营与本合伙企业相竞争的业务

　　B. 乙可以将自产的货物卖给本合伙企业

　　C. 丙不得自营或者同他人合作经营与本合伙企业相竞争的业务

　　D. 合伙企业前3年的经营收益全部分配给丁

参考答案及解析

一、单项选择题

1. 【答案】A

【解析】(1)选项ACD：除合伙协议另有约定外，普通合伙人向合伙人以外的人转让其在合伙企业中的全部或者部分财产份额时，须经其他合伙人一致同意。在同等条件下，其他合伙人有优先购买权；但是，合伙协议另有约定的除外。在本题中，其他合伙人既不同意转让也不行使优先购买权的，合伙人不得转让其财产份额。(2)选项B：普通合伙人之间转让在合伙企业中的全部或者部分财产份额时，应当通知其他合伙人。

【考点】合伙企业财产与合伙人份额

2.【答案】A

【解析】(1) 选项A：按照合伙协议的约定或者经全体合伙人决定，可以委托一个或者数个合伙人对外代表合伙企业，执行合伙事务；此时，其他合伙人不再执行合伙事务，不得对外代表合伙企业。(2) 选项BC：除合伙协议另有约定外，改变合伙企业主要经营场所的地点、处分合伙企业的不动产，应当经全体合伙人一致同意，杨某不得自行决定或处分。(3) 选项D：普通合伙人不得自营或者同他人合作经营与本合伙企业相竞争的业务。

【考点】合伙事务执行与损益分配

3.【答案】A

【解析】(1) 选项A：在普通合伙企业中，各合伙人无论其出资多少，都有权平等享有执行合伙企业事务的权利；(2) 选项B：普通合伙人不得自营或者同他人合作经营与本合伙企业相竞争的业务；(3) 选项C：合伙人有权查阅合伙企业会计账簿等财务资料；(4) 选项D：合伙企业聘用的合伙人以外的经营管理人员属于"非合伙人"，无须对企业债务承担无限连带责任。

【考点】合伙事务执行与损益分配

4.【答案】B

【解析】(1) 选项ACD：属于除名退伙的情形。(2) 选项B：《合伙企业法》规定，合伙人有下列情形之一的，当然退伙：①作为合伙人的自然人死亡或者被依法宣告死亡；②个人丧失偿债能力；③作为合伙人的法人或者其他组织依法被吊销营业执照、责令关闭、撤销，或者被宣告破产；④法律规定或者合伙协议约定合伙人必须具有相关资格而丧失该资格；⑤合伙人在合伙企业中的全部财产份额被人民法院强制执行。选项B属于第②种情形，当然退伙。

【考点】入伙和退伙

5.【答案】B

【解析】退伙的普通合伙人，对基于其退伙前的原因发生的合伙企业债务，承担无限连带责任。

【考点】入伙和退伙

6.【答案】A

【解析】特殊的普通合伙企业中，一个合伙人或者数个合伙人在执业活动中因故意或者重大过失造成合伙企业债务的，应当承担无限责任或者无限连带责任，其他合伙人以其在合伙企业中的财产份额为限承担责任。

【考点】特殊的普通合伙企业

7.【答案】A

【解析】根据规定，有限合伙人以其认缴的出资额为限对合伙企业债务承担责任。有限合伙人转变为普通合伙人的，对其作为有限合伙人期间有限合伙企业发生的债务承担无限连带责任，故A选项的说法正确。

【考点】有限合伙企业设立的特殊规定，合伙人性质转变的特殊规定

8.【答案】D

【解析】(1) 选项AC：合伙人有下列情形之一的，经其他合伙人一致同意，可以决议将其除名：①未履行出资义务；②因故意或者重大过失给合伙企业造成损失；③执行合伙事务时有不正当行为；④发生合伙协议约定的事由。(2) 选项B：属于协议退伙情形。(3) 选项D：属于当然退伙情形。

【考点】入伙和退伙

9.【答案】B

【解析】（1）新合伙人（普通合伙人）对入伙前合伙企业的债务承担无限连带责任，故庚应该对该笔借款承担无限连带责任；新入伙的有限合伙人对入伙前有限合伙企业的债务，以其认缴的出资额为限承担责任，故戊应以认缴出资10万元为限对该笔债务承担有限责任。（2）有限合伙人转变为普通合伙人的，对其作为有限合伙人期间有限合伙企业发生的债务承担无限连带责任，故丙对该笔借款承担无限连带责任；普通合伙人转变为有限合伙人的，对其作为普通合伙人期间合伙企业发生的债务承担无限连带责任，故乙对该笔借款承担无限连带责任。

【考点】入伙和退伙，合伙人性质转变的特殊规定，有限合伙企业入伙和退伙的特殊规定

10．【答案】D

【解析】合伙企业的财产支付合伙企业的清算费用后的清偿顺序依次为：合伙企业职工工资、社会保险费用和法定补偿金、缴纳所欠税款、清偿债务。

【考点】合伙企业的解算与清算

二、多项选择题

1．【答案】AC

【解析】（1）选项AB：国有独资公司、国有企业、上市公司及公益性的事业单位、社会团体不得成为普通合伙人，但可以成为有限合伙人；（2）选项C：有限合伙人不得以"劳务"出资；（3）选项D：16周岁以上的未成年人，以自己的劳动收入为主要生活来源的，视为完全民事行为能力人，故甲可以成为普通合伙人。

【考点】普通合伙企业的设立

2．【答案】ABD

【解析】（1）选项AB：合伙人的自有财产不足清偿其与合伙企业无关的债务的，该合伙人可以其从合伙企业中分取的收益用于清偿；债权人也可以依法请求人民法院强制执行该合伙人在合伙企业中的财产份额用于清偿。（2）选项CD：合伙人发生与合伙企业无关的债务，相关债权人不得以其债权抵销其对合伙企业的债务，也不得代位行使合伙人在合伙企业中的权利。

【考点】合伙企业与第三人的关系

3．【答案】BCD

【解析】（1）有限合伙人出现下列情形之一的，当然退伙：①作为合伙人的自然人死亡或者被依法宣告死亡（选项B）；②作为合伙人的法人或者其他组织依法被吊销营业执照、责令关闭、撤销，或者被宣告破产（选项C）；③合伙人在合伙企业中的全部财产份额被人民法院强制执行（选项D）。（2）选项A：作为有限合伙人的自然人在有限合伙企业存续期间丧失民事行为能力的，其他合伙人不得因此要求其退伙。

【考点】有限合伙企业入伙和退伙的特殊规定

4．【答案】ABC

【解析】（1）选项A：国有企业可以成为有限合伙人，但不能成为普通合伙人；（2）选项B：有限合伙企业名称中应当标明"有限合伙"字样；（3）选项C：有限合伙企业至少应当有1个普通合伙人和1个有限合伙人；（4）选项D：有限合伙人不得以劳务出资，普通合伙人可以以劳务出资。

【考点】有限合伙企业设立的特殊规定

5．【答案】ABD

【解析】有限合伙人的下列行为，不视为执行合伙事务（包括但不限于）：（1）参与决定普通合伙人入伙、退伙（选项A）；（2）对企业的经营管理提出建议（选项D）；（3）参与选择承办有限合伙企

业审计业务的会计师事务所（选项 B）。

【考点】有限合伙企业事务执行的特殊规定

6．【答案】AC

【解析】（1）选项 AB：有限合伙人退伙后，对基于其退伙前的原因发生的有限合伙企业债务，以其退伙时从有限合伙企业中取回的财产承担责任；（2）选项 CD：新入伙的有限合伙人对入伙前有限合伙企业的债务，以其认缴的出资额（而非实缴）为限承担责任。

【考点】有限合伙企业入伙和退伙的特殊规定

7．【答案】BCD

【解析】（1）合伙人因决策失误给合伙企业造成重大损失，可以对该合伙人进行除名，与合伙企业解散没有必然联系，选项 A 错误；（2）合伙人已不具备法定人数满 30 天（≥30 天）就应当解散，该合伙企业合伙人数低于法定人数已有 2 个月，应当解散，选项 C 正确。

【考点】合伙企业的解散与清算

8．【答案】BCD

【解析】（1）选项 A：普通合伙人不得自营或者同他人合作经营与本合伙企业相竞争的业务，这是法定要求，协议约定不得与法定相抵触。（2）选项 B：除合伙协议另有约定或者经全体合伙人一致同意外，普通合伙人不得同本合伙企业进行交易。（3）选项 C：有限合伙人可以自营或者同他人合作经营与本有限合伙企业相竞争的业务；但是，合伙协议另有约定的除外。（4）选项 D：有限合伙企业不得将全部利润分配给部分合伙人；但是，合伙协议另有约定除外。

【考点】有限合伙企业事务执行的特殊规定，合伙事务执行与损益分配

第六章 公司法律制度

一、单项选择题

1. 甲、乙、丙、丁四家公司与杨某、张某拟共同出资设立一家注册资本为400万元的有限责任公司。除杨某与张某拟以120万元货币出资外，四家公司的下列非货币财产出资中，符合公司法律制度规定的是（　　）。

    A. 甲公司以其商誉作价50万元出资

    B. 乙公司以其特许经营权作价50万元出资

    C. 丙公司以其非专利技术作价60万元出资

    D. 丁公司以其设定了抵押担保的房屋作价120万元出资

2. 甲公司因生产经营需要向某银行借款100万元，甲公司的子公司乙（有限责任公司）为其提供担保，为此乙公司召开股东会会议对该事项进行决议。根据公司法律制度的规定，下列关于该决议的表述中，正确的是（　　）。

    A. 该项表决由出席会议的其他股东所持表决权的过半数通过

    B. 该项表决由全体股东所持表决权的过半数通过

    C. 该项表决由出席会议的股东所持表决权的过半数通过

    D. 该项表决由出席会议的其他股东过半数通过

3. 根据公司法律制度的规定，下列人员中，符合公司董事、监事、高级管理人员任职资格的是（　　）。

    A. 张某，曾为甲大学教授，现已退休

    B. 王某，曾为乙企业董事长，因其决策失误导致乙企业破产清算，自乙企业破产清算完结之日起未逾3年

    C. 李某，曾为丙公司董事，因贷款炒股，个人负有到期债务1 000万元尚未偿还

    D. 赵某，曾担任丁国有企业总会计师，因贪污罪被判处有期徒刑，执行期满未逾5年

4. 根据公司法律制度的规定，下列选项中，属于股东会决议不成立的情形是（　　）。

    A. 有限责任公司全体股东以书面形式一致表示同意并在决定文件上签名、盖章，未召开股东会会议

    B. 股东会的决议内容违反公司章程

    C. 股东会的决议内容违反法律、行政法规

    D. 股东会经半数以上表决权的股东同意通过修改公司章程的决议

5. 甲是乙有限责任公司的股东，持有该公司股权比例为8%。2018年2月10日，

甲依法转让其持有的该公司全部股权，4月8日，甲发现乙公司2017年利润分配中对自己少分配利润，直接聘请丙会计师事务所帮助其查阅公司2017年期间的会计账簿。乙公司予以拒绝，甲因此向人民法院起诉主张查阅权。经查，甲未向公司提出书面查阅申请，且该公司章程规定，持有公司股权比例10%以上的股东，有权查阅公司会计账簿。根据公司法律制度的规定，人民法院在审理本案中，对乙公司提出拒绝查阅的理由予以支持的是（   ）。

   A. 乙公司有权以甲不具备公司章程规定的查阅会计账簿的资格为由拒绝

   B. 乙公司有权以甲起诉时不具有股东资格为由拒绝

   C. 乙公司有权以甲聘请会计师事务所查阅会计账簿为由拒绝

   D. 乙公司有权以甲未向公司提出书面申请为由拒绝

6. 甲、乙、丙、丁共同投资设立一家有限责任公司，其中，甲是名义股东，戊是实际出资人，双方签订股权代持协议（不存在无效情形），协议约定：甲认缴出资100万元，其资金由戊提供，所得投资收益归戊。因戊一直未支付认缴到期的部分出资款，公司债权人庚向甲主张承担相应的责任。根据公司法律制度的规定，下列关于各方主张的表述中，能得到人民法院支持的是（   ）。

   A. 甲以公司股东名册记载、公司登记机关登记为由否认投资收益归戊

   B. 甲以其仅为名义股东而非实际出资人为由对抗庚

   C. 庚以甲未履行出资义务为由，请求其对公司债务不能清偿的部分在未出资本息范围内承担连带赔偿责任

   D. 甲承担了赔偿责任后，可以向戊进行追偿

7. 根据公司法律制度的规定，下列关于股东股利分配请求权的表述中，正确的是（   ）。

   A. 股东请求公司分配利润案件，应当列公司董事长为被告

   B. 决议、章程规定的利润分配完成时间超过1年的，公司应当自决议作出之日起1年内完成利润分配

   C. 决议中载明的利润分配完成时间如果超过公司章程规定的时间，股东可以依法请求人民法院确认该决议无效

   D. 有限责任公司的股东按照认缴的出资比例分取红利，但全体股东约定不按照出资比例分取红利的除外

8. 下列股东权利中，属于自益权的有（   ）。

   A. 提案权　　　　　　　　　　B. 查阅权

   C. 股利分配请求权　　　　　　D. 表决权

9. 下列关于股份有限公司设立的表述中，不符合公司法律制度规定的是（   ）。

   A. 股份有限公司采取募集方式设立的，注册资本为在公司登记机关登记的实收股本总额

   B. 股份有限公司可以采取发起设立或者募集设立的方式设立

C. 股份有限公司采取发起设立方式设立的，发起人应当书面认足公司章程规定其认购的股份

D. 股份有限公司发起人中须有半数以上为中国公民

10. 某上市公司董事会成员共9名，监事会成员共3名。下列关于该公司董事会召开的情形中，符合公司法律制度规定的是（　　）。

A. 经2名董事提议可召开董事会临时会议

B. 公司董事长、副董事长不能履行职务时，可由4名董事共同推举1名董事履行职务

C. 经2名监事提议可召开董事会临时会议

D. 董事会每年度至少召开2次会议，并在会议召开10日前通知全体董事和监事

11. 某股份有限公司共有甲、乙、丙、丁、戊、己、庚七位董事。某次董事会会议，董事甲、乙、丙、丁、戊、己参加，庚因故未能出席，也未书面委托其他董事代为出席。该次会议通过一项违反法律规定的决议，给公司造成严重损失。该次会议的会议记录记载，董事戊在该项决议表决时表明了异议。根据公司法律制度的规定，应对公司负赔偿责任的董事是（　　）。

A. 董事甲、乙、丙、丁、戊、己、庚

B. 董事甲、乙、丙、丁、戊、己

C. 董事甲、乙、丙、丁、己、庚

D. 董事甲、乙、丙、丁、己

12. 甲、乙、丙、丁拟设立一家贸易公司，委派丙负责租赁仓库供公司使用，丙以公司的名义与戊签订仓库租赁合同。根据公司法律制度的规定，下列关于仓库租赁合同义务承担的表述中，正确的是（　　）。

A. 贸易公司成立后，则由贸易公司自动承担该合同义务

B. 贸易公司成立后，则由贸易公司和丙连带承担合同义务

C. 贸易公司未成立的，则由丙承担合同义务

D. 无论公司是否成立，该合同义务应由甲、乙、丙、丁连带承担

13. 某股份有限公司于2013年8月在上海证券交易所上市，公司章程对股份转让的限制未作特别规定，该公司有关人员的下列股份转让行为中，符合公司法律制度规定的是（　　）。

A. 发起人王某于2014年4月转让了其所持本公司公开发行股份前已发行的股份总数的25%

B. 董事郑某于2014年9月将其所持本公司全部股份800股一次性转让

C. 董事张某共持有本公司股份10 000股，2014年9月通过协议转让了其中的2 600股

D. 总经理李某于2015年1月离职，2015年3月转让了其所持本公司股份总数的25%

14. 2019年4月15日，某股份有限公司依董事会决议收购本公司部分股份用于员工持股计划。该公司现有已发行股份总额8 000万股，该公司之前未收购过本公司股份。下列关于该公司本次收购本公司部分股份的表述中，符合公司法律制度规定的是（　　）。

　　A. 公司可以收购的本公司股份不得超过400万股

　　B. 公司可以收购的本公司股份不得超过800万股

　　C. 经过半数董事出席的董事会会议决议

　　D. 公司收购的本公司股份应在2021年4月15日之前转让给员工

15. 张某、王某、李某、赵某出资设立甲有限责任公司（简称"甲公司"），出资比例分别为5%、15%、36%和44%，公司章程对股东会召开及表决的事项无特别规定。下列关于甲公司股东会召开和表决的表述中，符合公司法律制度规定的是（　　）。

　　A. 张某、王某和李某行使表决权赞成即可通过修改公司章程的决议

　　B. 张某有权提议召开股东会临时会议

　　C. 王某和李某行使表决权赞成即可通过解散公司的决议

　　D. 首次股东会会议由赵某召集和主持

16. 某有限责任公司股东甲、乙、丙、丁分别持有公司5%、20%、35%和40%的股权，该公司章程未对股东行使表决权及股东会决议方式作出规定。下列关于该公司股东会会议召开及决议作出的表述中，符合公司法律制度规定的是（　　）。

　　A. 甲可以提议召开股东会临时会议

　　B. 只有丁可以提议召开股东会临时会议

　　C. 只要丙和丁表示同意，股东会即可作出增加公司注册资本的决议

　　D. 只要乙和丁表示同意，股东会即可作出变更公司形式的决议

17. 根据公司法律制度的规定，下列各项中，不属于有限责任公司监事会职权的是（　　）。

　　A. 检查公司财务　　　　　　B. 解聘公司财务负责人

　　C. 提议召开临时股东会会议　　D. 建议罢免违反公司章程的经理

18. 甲、乙两个国有企业出资设立丙有限责任公司。下列关于丙有限责任公司组织机构的表述中，不符合公司法律制度规定的是（　　）。

　　A. 丙公司监事会成员中应当有公司股东代表

　　B. 丙公司董事会成员中应当有公司职工代表

　　C. 丙公司董事长须由国有资产监督管理机构从董事会成员中指定

　　D. 丙公司监事会主席由全体监事过半数选举产生

19. 陈某拟设立一家一人有限责任公司，在该公司章程拟定的下列内容中，不符合公司法律制度规定的是（　　）。

　　A. 陈某不能证明公司财产独立于股东自己的财产的，应当对公司债务承担连带责任

　　B. 陈某不可以再设立一个一人有限责任公司

　　C. 该公司不设股东会，由陈某行使股东会职权

D. 该公司设立董事会，董事会成员为陈某及其妻子2人

20. 下列关于一人有限责任公司的表述中，不符合公司法律制度规定的是（　　）。
   A. 股东只能是一个自然人
   B. 一个自然人只能投资设立一个一人有限责任公司
   C. 财务会计报告应当经会计师事务所审计
   D. 股东不能证明公司财产独立于自己的财产的，应当对公司债务承担连带责任

21. 下列关于国有独资公司组织机构的表述中，符合公司法律制度规定的是（　　）。
   A. 经理由国有资产监督管理机构聘任
   B. 董事长、副董事长由董事会选举产生
   C. 经国有资产监督管理机构同意，董事会成员可以兼任经理
   D. 监事会成员不得少于3人

22. 下列关于股份有限公司公积金的表述中，不符合公司法律制度规定的是（　　）。
   A. 法定公积金按照公司税后利润的10%提取
   B. 法定公积金累计额为公司注册资本的50%以上的，可以不再提取
   C. 资本公积金可用于弥补公司的亏损
   D. 公司以超过股票票面金额的发行价格发行股份所得的溢价款，应列为资本公积金

23. 甲公司欠乙公司300万元货款。后甲公司将部分优良资产分立出去另成立丙公司，甲、丙公司在分立协议中约定，该笔债务由甲、丙公司按3:7比例分担，但甲、丙公司未与乙公司达成债务清偿协议。债务到期后，乙公司要求甲公司清偿300万元，遭到拒绝。根据公司法律制度的规定，下列关于该笔债务清偿的表述中，正确的是（　　）。
   A. 乙公司只能向甲公司主张清偿
   B. 乙公司只能向丙公司主张清偿
   C. 应当由甲、丙公司按连带责任方式向乙公司清偿
   D. 应当由甲、丙公司按分立协议约定的比例向乙公司清偿

24. 公司虽然成立了清算组但故意拖延清算，且债权人未提起清算申请的，根据公司法律制度的规定，相关人员可以申请人民法院指定清算组对公司进行清算。下列各项中，属于该相关人员的是（　　）。
   A. 公司股东　　B. 公司董事　　C. 公司监事　　D. 公司经理

25. 人民法院组织清算的，清算组应当自成立之日起一定期限内清算完毕。因特殊情况无法按期完成清算的，清算组应当向人民法院申请延长。根据公司法律制度的规定，该期限是（　　）。
   A. 3个月　　B. 6个月　　C. 9个月　　D. 12个月

26. 根据公司法律制度的规定，下列各项中，公司进行利润分配时，处于顺序第一位的是（　　）。
   A. 向股东分配利润　　　　　B. 缴纳所得税
   C. 提取任意公积金　　　　　D. 按规定期限弥补以前年度亏损

27. 甲公司注册资本为700万元，公司当年税后利润300万元，法定公积金累计额310万元。公司无亏损。根据公司法律制度的规定，甲公司当年应提取的法定公积金金额是（   ）。

　　A. 30万元　　　　B. 20万元　　　　C. 10万元　　　　D. 0万元

二、多项选择题

1. 根据公司法律制度的规定，下列关于创立大会会议制度的表述中，不正确的有（   ）。

　　A. 发起人应当在足额缴纳股款、验资证明出具之日后15日内召开公司创立大会
　　B. 创立大会应有代表股份总数半数以上的发起人、认股人出席，方可举行
　　C. 创立大会作出的相关决议必须经全体认股人所持表决权半数以上通过
　　D. 创立大会有权对发起人用于抵作股款的财产的作价进行审核

2. 某有限责任公司的董事李某拟将其所有的一套商住两用房屋以略低于市场价格卖给公司作为办公用房。下列关于该交易的表述中，正确的有（   ）。

　　A. 该交易在获得公司监事会批准后可以进行
　　B. 该交易在获得公司董事会批准后可以进行
　　C. 该交易在获得公司股东会批准后可以进行
　　D. 如果公司章程中规定允许此种交易，该交易可以进行

3. 根据公司法律制度的规定，有限责任公司董事、高级管理人员执行公司职务时因违法给公司造成损失的，在一定情形下，股东可以为了公司的利益以自己的名义直接向人民法院提起诉讼。下列各项中，属于该情形的有（   ）。

　　A. 股东书面请求公司董事会向人民法院提起诉讼遭到拒绝
　　B. 股东书面请求公司董事会向人民法院提起诉讼，董事会自收到请求之日起30日内未提起诉讼
　　C. 股东书面请求公司监事会向人民法院提起诉讼遭到拒绝
　　D. 股东书面请求公司监事会向人民法院提起诉讼，监事会自收到请求之日起30日内未提起诉讼

4. 根据公司法律制度的规定，有限责任公司股东对股东会特定事项作出的决议投反对票的，可以请求公司按照合理的价格收购其股权，退出公司。下列属于该特定事项的有（   ）。

　　A. 公司转让主要财产的
　　B. 公司合并、分立的
　　C. 公司增加注册资本的
　　D. 公司章程规定的营业期限届满，股东会会议通过决议修改章程使公司存续的

5. 甲、乙、丙共同投资设立中宝有限责任公司（简称"中宝公司"），公司成立后不久，丁受让甲的股权加入中宝公司，后丁查明甲作价100万元用于出资的房产未经评估，遂向人民法院提起诉讼，请求认定甲未履行出资义务；人民法院依法委托具有合法

资格的评估机构评估，评估报告显示该财产出资时价值为30万元。此外，中宝公司对外尚欠大宝公司50万元。根据公司法律制度的规定，下列表述中，正确的有(　　)。

A. 人民法院应当认定甲未全面履行出资义务

B. 中宝公司有权要求甲补足出资70万元，并承担相应的利息责任

C. 中宝公司有权要求乙、丙对甲依法应承担的补足出资义务承担连带责任

D. 大宝公司有权要求甲对中宝公司债务不能清偿的部分承担补充清偿责任，丁对此承担连带责任

6. 甲、乙、丙、丁共同投资设立中宝有限责任公司（简称"中宝公司"），中宝公司成立后，甲与总经理王某串通抽逃其全部出资；事发后，中宝公司多次催告甲返还资金，甲拒不返还。根据公司法律制度的规定，下列表述中，正确的有(　　)。

A. 股东会有权作出决议，不对甲进行股利分配

B. 董事会有权作出决议，解除甲的股东资格

C. 中宝公司债权人有权要求甲在抽逃出资本息范围内对公司债务不能清偿的部分承担补充赔偿责任，王某对此承担连带责任

D. 中宝公司要求甲返还出资，甲可以以诉讼时效为由进行抗辩

7. 甲公司、乙公司均为有限责任公司。甲公司经理张某违反公司章程规定将公司业务发包给不知情的乙公司，致使甲公司遭受损失。李某是甲公司股东，持有甲公司0.8%的股权，李某书面请求甲公司监事会向人民法院提起诉讼被拒绝。下列关于李某保护甲公司利益和股东整体利益的表述中，符合公司法律制度规定的有(　　)。

A. 李某可以以自己的名义直接向人民法院起诉张某，主张张某向公司承担相应的赔偿责任

B. 李某可以以公司的名义直接向人民法院起诉张某，主张张某向公司承担相应的赔偿责任

C. 李某可以以自己的名义直接向人民法院起诉张某，主张张某直接向其承担民事责任

D. 如果李某的诉求得到人民法院支持，则甲公司应当承担李某因参加诉讼支付的合理费用

8. 甲上市公司（简称"甲公司"）上一期经审计的净资产额为50亿元人民币。甲公司拟为乙公司向丙银行借款提供保证担保，担保金额为6亿元。经董事会会议决议通过，甲公司与不知情的丙银行签订书面担保合同。经查，甲公司章程规定，单笔对外担保额超过公司最近一期经审计净资产10%的担保须经公司股东大会批准。下列表述中，符合公司法律制度规定的有(　　)。

A. 甲公司股东可以自决议作出之日起60日内，请求人民法院撤销

B. 甲公司董事可以自决议作出之日起60日内，请求人民法院撤销

C. 甲公司与丙银行的担保合同无效

D. 甲公司与丙银行的担保合同有效

9. 甲有限责任公司（简称"甲公司"）的股东乙向公司提出查阅公司会计账簿的书面请求，并说明了目的。甲公司有合理根据认为股东乙查阅会计账簿有不正当目的，可能损害公司合法利益，拒绝提供查阅。根据公司法律制度的规定，下列情形中，属于人民法院应当认定为"不正当目的"的有(　　)。

    A. 股东乙自营与公司主营业务有实质性竞争关系的业务，甲公司章程和全体股东对此未作规定和约定

    B. 股东乙为他人经营与公司主营业务有实质性竞争关系的业务，甲公司章程和全体股东对此未作规定和约定

    C. 股东乙为了向他人通报有关信息查阅公司会计账簿，可能损害公司合法利益

    D. 股东乙在向甲公司提出查阅请求之日前的 3 年内，曾通过查阅公司会计账簿，向他人通报有关信息损害公司合法利益

10. 中宝有限责任公司（简称"中宝公司"）有甲、乙、丙三名股东。甲、乙各持8%的股权，丙持84%的股权。丙任执行董事，乙任监事。甲发现丙将公司资产以极低价格转让给其控制的三宝公司，严重损害了中宝公司利益，遂书面请求乙对丙提起诉讼。根据公司法律制度的规定，下列表述中，正确的有(　　)。

    A. 乙对丙提起诉讼的，应当列乙为原告

    B. 乙对丙提起诉讼的，丙可以以该交易已经股东会同意为由进行抗辩

    C. 乙对丙提起诉讼的，应当列公司为原告

    D. 如果乙在收到请求之日起 30 日内未提起诉讼，则甲可以以自己的名义向人民法院提起诉讼

11. 根据公司法律制度的规定，下列情形中，属于股份有限公司可以收购本公司股份的有(　　)。

    A. 接受本公司的股票作为质押权的标的

    B. 将股份用于员工持股计划或者股权激励

    C. 将股份用于转换上市公司发行的可转换为股票的公司债券

    D. 上市公司为维护公司价值及股东权益所必需

12. 根据公司法律制度的规定，下列事项中，属于上市公司股东大会决议应经出席会议的股东所持表决权 2/3 以上通过的是(　　)。

    A. 修改公司章程

    B. 增加公司注册资本

    C. 决定公司的经营方针

    D. 公司在 1 年内担保金额超过公司资产总额 30%

13. 某上市公司拟聘请独立董事。根据公司法律制度的规定，下列人员中，不得担任该上市公司独立董事的有(　　)。

    A. 该上市公司分公司的经理

    B. 该上市公司董事会秘书配偶的弟弟

C. 持有该上市公司已发行股份2%的股东郑某的岳父

D. 持有该上市公司已发行股份10%的甲公司的某董事的配偶

14. 根据公司法律制度的规定，上市公司的优先股股东有权出席股东大会会议，就相关事项与普通股股东分类表决。该相关事项有(   )。

A. 修改公司章程中与优先股相关的内容

B. 一次减少公司注册资本达5%

C. 变更公司形式

D. 发行优先股

15. 下列关于股份有限公司股票的表述中，符合公司法律制度规定的有(   )。

A. 境外上市的外资股应当为记名股票

B. 向社会公众发行的股票应当为不记名股票

C. 向发起人发行的股票，应当为记名股票

D. 向法人发行的股票，应当为记名股票

16. 甲、乙、丙、丁拟设立一家贸易公司，委派丙负责租赁仓库供公司使用，因公司尚未成立，丙以自己的名义与戊签订仓库租赁合同。根据公司法律制度的规定，下列关于仓库租赁合同义务承担的表述中，正确的有(   )。

A. 若贸易公司未能成立，戊可请求丙承担合同义务

B. 贸易公司成立后，戊只能请求丙承担合同义务

C. 贸易公司成立后，戊只能请求贸易公司承担合同义务

D. 贸易公司成立后，戊有权选择请求丙或者贸易公司承担合同义务

17. 甲有限责任公司注册资本为120万元，股东人数为9人，董事会成员为5人，监事会成员为5人。股东一次缴清出资，该公司章程对股东表决权行使等事项未作特别规定。根据公司法律制度的规定，该公司出现的下列情形中，属于应当召开临时股东会会议的有(   )。

A. 出资20万元的某股东提议召开　　B. 公司未弥补的亏损达到40万元

C. 2名董事提议召开　　　　　　　　D. 2名监事提议召开

18. 甲、乙、丙共同出资设立丁有限责任公司（简称"丁公司"）。2018年4月10日，甲和戊签订股权转让协议。4月15日，甲以书面方式征求乙和丙的意见。4月20日，乙和丙回复，均主张同等条件下的优先购买权。4月30日，甲以书面方式通知乙和丙转让股权的同等条件，并明确优先购买权行使期间为20天。丁公司的公司章程对优先购买权的行使期间未作出规定。根据公司法律制度的规定，下列关于乙和丙的优先购买权的表述中，正确的有(   )。

A. 乙和丙应当自收到转让股权同等条件通知后20日内行使优先购买权

B. 乙和丙应当自收到转让股权同等条件通知后30日内行使优先购买权

C. 乙和丙主张优先购买权的，甲必须转让股权

D. 乙和丙主张优先购买权的，戊有权依法请求甲对自己承担相应民事责任

19. 甲、乙、丙共同出资设立丁有限责任公司。2018年4月10日，甲和戊签订股权转让协议，但没有征求乙和丙的意见。5月12日，乙和丙知道甲以120万元的价格将股权转让给戊。假设乙和丙不存在因自身原因无法行使优先购买权的情形。下列表述中，符合公司法律制度规定的有（　　）。

    A. 乙和丙应该在6月11日之前主张优先购买权

    B. 乙和丙应该在6月1日之前主张优先购买权

    C. 乙和丙有权请求人民法院确认甲和戊股权转让合同无效

    D. 乙和丙因无法行使优先购买权，有权向人民法院请求甲承担损害赔偿

20. 某有限责任公司的下列财务会计事项中，不符合公司法律制度规定的有（　　）。

    A. 依照公司章程的规定，由董事会决定聘用承办公司审计业务的会计师事务所

    B. 将公司部分货币资产以个人名义开立账户存储

    C. 公司财务会计报告只提供给持有表决权10%以上的股东查阅

    D. 在法定会计账簿外另立会计账簿

21. 根据公司法律制度的规定，有限责任公司单独或者合计持有公司全部股东表决权10%以上的股东，以特定事由提出解散公司诉讼，并符合《公司法》有关规定的，人民法院应当予以受理。下列表述中，属于该类事由的有（　　）。

    A. 股东知情权、利润分配请求权等权益受到严重损害的

    B. 公司董事长期冲突，且无法通过股东会解决，公司经营管理发生严重困难的

    C. 股东表决时无法达到法定或者公司章程规定的比例，持续2年以上不能作出有效的股东会决议，公司经营管理发生严重困难的

    D. 公司持续2年以上无法召开股东会，公司经营管理发生严重困难的

22. 人民法院受理公司清算案件，应当及时指定有关人员组成清算组。根据公司法律制度的规定，下列选项中，属于该"有关人员"的有（　　）。

    A. 公司股东

    B. 公司董事、监事、高级管理人员

    C. 依法设立的律师事务所、会计师事务所、破产清算事务所等社会中介机构

    D. 依法设立的律师事务所、会计师事务所、破产清算事务所等社会中介机构中具备相关专业知识并取得执业资格的人员

三、案例分析题

1. 甲股份有限公司（简称"甲公司"）成立于2012年9月3日，公司股票自2017年2月1日起在深圳证券交易所上市交易。公司章程规定，凡投资额在2 000万元以上的投资项目须提交公司股东大会讨论决定。

    乙有限责任公司（简称"乙公司"）是一家软件公司，甲公司董事李某为其出资人之一。乙公司于2017年1月新研发一个高科技软件，但缺少3 000万元生产资金，遂与甲公司洽谈，希望甲公司投资3 000万元用于生产此软件。

    2017年2月10日，甲公司董事会就投资生产软件项目事宜进行讨论表决，全体董事

均出席董事会会议并参与表决。在表决时，董事陈某对此投资项目表示反对，其意见被记载于会议记录，赵某等其余8名董事均表示同意。随后，甲公司与乙公司签订投资合作协议，双方就投资数额、利润分配等事项作了约定。3月1日，甲公司即按约定投资3 000万元用于此软件生产项目。

2017年8月，软件产品投入市场，但由于产品性能不佳，销售状况很差，甲公司因此软件投资项目而损失重大。

2017年11月20日，持有甲公司2%股份的发起人股东郑某以书面形式请求公司监事会向人民法院提起诉讼，要求赵某等董事就投资软件项目的损失对公司负赔偿责任。但公司监事会拒绝提起诉讼，郑某遂以自己的名义直接向人民法院提起诉讼，要求赵某等董事负赔偿责任。

此后，郑某考虑退出甲公司，拟于2017年12月20日将其所持有的公司公开发行股份前已发行的甲公司全部股份转让给他人。

要求：

根据上述内容，分别回答下列问题：

（1）董事李某是否有权对甲公司投资生产软件项目的决议行使表决权？并说明理由。

（2）董事陈某是否应就投资软件项目的损失对甲公司承担赔偿责任？并说明理由。

（3）股东郑某以自己的名义直接向人民法院提起诉讼是否符合法律规定？并说明理由。

（4）郑某拟于2017年12月20日转让其全部股份的行为是否符合法律规定？并说明理由。

2. 甲股份有限公司（简称"甲公司"）于2014年3月上市，董事会成员为7人。2017年，甲公司召开的3次董事会会议分别讨论了如下事项：

（1）讨论通过了为其子公司一次性提供融资担保4 000万元的决议，此时甲公司总资产为1亿元。

（2）拟提请股东大会聘任乙公司的总经理刘某担任甲公司独立董事，乙公司为甲公司最大的股东。

（3）讨论向丙公司投资的方案。参加会议的6名董事会成员中，有4人同时为丙公司董事，经参会董事一致同意，通过了向丙公司投资的方案。

要求：

根据上述内容，分别回答下列问题：

（1）甲公司董事会是否有权作出融资担保决议？并说明理由。

（2）甲公司能否聘任刘某担任本公司独立董事？并说明理由。

（3）甲公司董事会通过向丙公司投资的方案是否合法？并说明理由。

3. 2016年6月，甲公司、乙公司、丙公司和陈某共同投资设立丁有限责任公司（简称"丁公司"）。丁公司章程规定：（1）公司注册资本500万元。（2）甲公司以房屋作价120万元出资，乙公司以机器设备作价100万元出资；陈某以货币100万元出资；

丙公司出资180万元，首期以原材料作价100万元出资，余额以知识产权出资，2016年12月前缴足。(3) 公司设股东会、1名执行董事和1名监事。(4) 股东按照1∶1∶1∶1行使表决权。公司章程对出资及表决权事项未作其他特殊规定。

公司设立后，甲公司、乙公司和陈某按照公司章程的规定实际缴纳了出资，并办理了相关手续。丙公司按公司章程规定缴纳首期出资后，于2016年11月以特许经营权作价80万元缴足出资。

2018年6月，因股东之间经营理念存在诸多冲突且无法达成一致，陈某提议解散丁公司。丁公司召开股东会就该事项进行表决。甲公司、乙公司和陈某赞成，丙公司反对。于是，股东会作出了解散丁公司的决议。丁公司进入清算程序。

清算期间，清算组发现如下情况：

(1) 由于市场行情变化，甲公司出资的房屋贬值10万元。

(2) 乙公司出资时机器设备的实际价额为70万元，明显低于公司章程所定价额100万元。

清算组要求甲公司补足房屋贬值10万元，甲公司拒绝；要求乙公司和其他股东对乙公司实际出资价额的不足部分承担相应的民事责任。

要求：

根据上述内容，分别回答下列问题：

(1) 指出丁公司股东出资方式中的不合法之处。

(2) 丁公司设1名执行董事和1名监事是否合法？并说明理由。

(3) 丁公司股东会作出解散公司的决议是否合法？并说明理由。

(4) 甲公司拒绝补足房屋贬值10万元是否合法？并说明理由。

(5) 对乙公司实际出资价额的不足部分，乙公司和其他股东应分别承担什么民事责任？

4. 2014年2月，甲、乙、丙、丁四人共同出资设立文路留学服务有限责任公司（简称"文路公司"）。四名股东的出资比例依次是35%、30%、25%和10%。甲担任公司执行董事、总经理；公司不设监事会，丙任监事。

(1) 2016年2月，丙提出，甲在留学咨询行业从业多年，经验丰富，对公司业务发展有较大贡献，提议2015年度利润由甲、乙、丙、丁分别以45%、25%、20%和10%的比例进行分配。全体股东均表示同意。

(2) 2017年3月，乙以分期付款方式购买一辆轿车，经销商要求其提供担保。乙与甲商量后，甲便以文路公司的名义与经销商签订了一份保证合同，并加盖了文路公司印章。事后，甲将此事告知丙，丙未表示异议。丁得知后表示反对，甲回应说公司多数股东已经同意，担保不违反法律规定。

(3) 2018年7月，丁因公司3年来一直不分配利润而提出查阅会计账簿的书面请求。文路公司允许丁在公司查阅会计账簿，但拒绝丁复制部分账簿内容的请求。

(4) 2019年1月，丁见投资无回报，也无法参与管理，心生转让股权之意。经询问，乙有兴趣购买。甲听说后提出，有限责任公司股东之间转让股权，须经其他股东过半数同意，因此，丁必须先获得其他股东过半数同意，才可以将股权转让给乙。后丁认为乙的出价太低，遂放弃转让给乙的打算。

（5）2019年4月，甲编写的《留学指南丛书》出版。甲未告知其他股东，就以文路公司的名义从自己手中购买了5 000套该丛书。丁知道后提出异议，认为甲的行为违反了董事对公司的忠实义务。

（6）2019年5月6日，丁向公司监事丙当面递交一份书面请求，请求其向人民法院起诉甲违反忠实义务，要求甲赔偿公司损失。丙一直未作答复，也未采取任何行动。6月20日，丁为了公司的利益以自己的名义直接对甲提起诉讼。

要求：

根据上述内容，分别回答下列问题：

（1）文路公司2015年度利润未按照股东的出资比例进行分配是否违反了公司法律制度的规定？并说明理由。

（2）甲以文路公司的名义为股东乙提供的担保是否违反了公司法律制度的规定？并说明理由。

（3）文路公司拒绝丁复制部分账簿内容的做法是否符合公司法律制度的规定？并说明理由。

（4）甲关于丁转让股权的观点是否符合公司法律制度的规定？并说明理由。

（5）甲以文路公司的名义从自己手中购买丛书的行为是否违反了公司法律制度的规定？并说明理由。

（6）根据本题要点（6）所提示的内容，丁为了公司的利益以自己的名义直接对甲提起诉讼的做法是否符合公司法律制度的规定？并说明理由。

参考答案及解析

一、单项选择题

1. 【答案】C

【解析】选项ABD：股东不得以劳务、信用、自然人姓名、商誉、特许经营权或者设定担保的财产等作价出资。

【考点】股东出资制度

2. 【答案】A

【解析】公司为公司股东或者实际控制人提供担保的，必须经股东会或者股东大会决议。接受担保的股东或者受实际控制人支配的股东不得参加表决。该项表决由出席会议的其他股东所持表决权的过半数通过。

【考点】公司法人资格与股东有限责任

3. 【答案】A

【解析】（1）选项B：担任破产清算的公司、企业的董事或者厂长、经理，对该公司、企业的破产负有个人责任的，自该公司、企业破产清算完结之日起未逾3年的，不得担任公司董事、监事、高级管理人员；（2）选项C：个人所负数额较大的债务到期未清偿的，不得担任公司董事、监事、高级管理人员；（3）选项D：因贪污、贿赂、侵占财产、挪用财产或者破坏社会主义市场经济秩序，被判处刑罚，执行期满未逾5年的，不得担任公司董事、监事、高级管理人员。

【考点】董事、监事、高级管理人员制度

4.【答案】D

【解析】（1）选项A：在有限责任公司中，股东以书面形式一致表示同意的，可以不召开股东会会议，直接作出决定，并由全体股东在决定文件上签名、盖章；（2）选项B：股东会或者股东大会、董事会的会议召集程序、表决方式违反法律、行政法规或者公司章程，或者决议内容违反公司章程的，股东可以自决议作出之日起60日内，请求人民法院撤销；（3）选项C：公司股东会或者股东大会、董事会的决议内容违反法律、行政法规的无效；（4）选项D：股东会或者股东大会、董事会会议的表决结果未达到《公司法》或者公司章程规定的通过比例的，当事人主张决议不成立的，人民法院应当予以支持。

【考点】股东大会、股东会或者董事会决议制度，有限责任公司的组织机构

5.【答案】D

【解析】（1）选项A：公司章程或者股东之间的协议可以对查阅范围、方式等作出规定，但不得实质性剥夺股东依《公司法》享有的查阅权；（2）选项B：公司有证据证明股东在起诉时不具有公司股东资格的，人民法院应当驳回起诉，但原告有初步证据证明在持股期间其合法权益受到损害，请求依法查阅或者复制其持股期间的公司特定文件材料的除外；（3）选项C：股东依据人民法院生效判决查阅公司文件材料的，在该股东在场的情况下，可以由会计师、律师等依法或者依据执业行为规范负有保密义务的中介机构执业人员辅助进行；（4）选项D：有限责任公司的股东查阅公司会计账簿，查阅股东应当向公司提出书面请求，说明目的。

【考点】股东资格，股东权利和义务

6.【答案】D

【解析】（1）选项A：名义股东以公司股东名册记载、公司登记机关登记为由否认实际出资人权利的，人民法院不予支持。（2）选项BCD：名义股东与实际出资人不符的，名义股东不得以其为名义股东为由对抗公司债权人。如果公司债权人以登记于公司登记机关的股东未履行出资义务为由，请求其对公司债务不能清偿的部分在未出资本息范围内承担补充赔偿责任，股东以其仅为名义股东而非实际出资人为由进行抗辩的，人民法院不予支持。但是，名义股东在承担相应的赔偿责任后，向实际出资人追偿的，人民法院应予支持。

【考点】股东资格，股东权利和义务，股东出资制度

7.【答案】B

【解析】（1）选项A：股东请求公司分配利润案件，应当列公司为被告；（2）选项C：决议中载明的利润分配完成时间如果超过公司章程规定的时间，股东可以依法请求人民法院撤销决议中关于该时间的规定；（3）选项D：有限责任公司的股东按照实缴的出资比例分取红利，但全体股东约定不按照出资比例分取红利的除外。

【考点】股东资格，股东权利和义务

8.【答案】C

【解析】股东权利可分为参与管理权和资产收益权。前者又称共益权，后者又称自益权。参与管理

权是股东依法参加公司事务的决策和经营管理的权利,如股东大会参加权、提案权(选项 A)、质询权、在股东大会上的表决权(选项 D)、累积投票权、股东大会召集请求权和自行召集权,了解公司事务、查阅公司账簿和其他文件的知情权(选项 B),提起诉讼权等权利。资产收益权是股东依法从公司取得利益、财产或处分自己股权的权利,主要为股利分配请求权(选项 C)、剩余财产分配权、新股认购优先权、股份质押权和股份转让权等。

【考点】股东资格,股东权利和义务

9.【答案】D

【解析】选项 D:股份有限公司的发起人,须有半数以上在中国境内有住所。

【考点】公司设立制度,股东出资制度

10.【答案】D

【解析】(1)选项 AC:代表 1/10 以上表决权的股东、1/3 以上董事或者监事会,可以提议召开董事会临时会议。董事长应当自接到提议后 10 日内,召集和主持董事会临时会议。(2)选项 B:董事长召集和主持董事会会议,检查董事会决议的实施情况。副董事长协助董事长工作,董事长不能履行职务或者不履行职务的,由副董事长履行职务;副董事长不能履行职务或者不履行职务的,由半数以上董事共同推举 1 名董事履行职务。

【考点】股份有限公司的组织机构

11.【答案】D

【解析】根据规定,董事会的决议违反法律、行政法规或者公司章程、股东大会决议,致使公司遭受严重损失的,参与决议的董事对公司负赔偿责任。但经证明在表决时曾表明异议并记载于会议记录的,该董事可以免除责任。在本题中,董事戊在该次会议上曾就该项决议表决时表明了异议,并且在董事会会议记录中有记载,不应承担责任;庚因故未出席也未书面委托其他董事代为出席,并没有参与该事项的决议,因此也不承担责任。

【考点】股份有限公司的组织机构

12.【答案】A

【解析】(1)选项 AB:发起人以尚在设立中的公司的名义对外签订合同,公司成立后自动承担该合同义务;(2)选项 CD:公司未成立,则单一发起人独自承担设立所产生的债务,发起人为数人的,连带承担债务。

【考点】公司设立制度

13.【答案】B

【解析】(1)选项 A:公司公开发行股份前已发行的股份,自公司股票在证券交易所上市交易之日起 1 年内不得转让。(2)选项 BC:董事、监事、高级管理人员(经理、副经理、财务负责人、上市公司董事会秘书)在任职期间每年转让的股份不得超过其所持有本公司股份总数的 25%;但上市公司董事、监事和高级管理人员所持股份不超过 1 000 股的,可以一次性全部转让,不受 25% 的比例限制。(3)选项 D:董事、监事、高级管理人员离职后 6 个月内,不得转让其所持有的本公司股份。

【考点】股份有限公司的股份及其发行、转让和回购

14.【答案】B

【解析】公司可以收购本公司股份的情形(包括但不限于):(1)将股份用于员工持股计划或者股权激励;(2)将股份用于转换上市公司发行的可转换为股票的公司债券;(3)上市公司为维护公司价值及股东权益所必需。属于上述三种情形的,公司合计持有的本公司股份数不得超过本公司已发行股

份总额的10%，并应当在3年内转让或者注销。因上述情形收购本公司股份的，可以依照公司章程的规定或者股东大会的授权，经2/3以上董事出席的董事会会议决议。

【考点】股份有限公司的股份及其发行、转让和回购

15.【答案】D

【解析】（1）选项AC：修改公司章程、解散公司属于有限责任公司股东会特别决议事项，必须经代表2/3以上表决权的股东通过。有限责任公司的股东按照出资比例行使表决权，但公司章程另有规定的除外。在本题中，张某、王某和李某表决权合计为56%，没有达到2/3以上，因此不能通过修改公司章程的决议；王某和李某表决权合计为51%，没有达到2/3以上，因此不能通过解散公司的决议。（2）选项B：代表1/10以上表决权的股东有权提议召开股东会临时会议。（3）选项D：有限责任公司首次股东会会议由出资最多的股东召集和主持。

【考点】有限责任公司的组织机构

16.【答案】C

【解析】（1）选项AB：代表1/10以上表决权的股东、1/3以上的董事、监事会或者不设监事会的公司的监事，有权提议召开股东会临时会议。（2）选项CD：有限责任公司股东会作出的下列决议必须经代表2/3以上表决权的股东通过：①修改公司章程；②增加或者减少注册资本；③公司合并、分立、解散；④变更公司形式。

【考点】有限责任公司的组织机构

17.【答案】B

【解析】选项B：解聘公司财务负责人属于董事会的职权。根据规定，董事会决定聘任或者解聘公司经理及其报酬事项，并根据经理的提名决定聘任或者解聘公司副经理、财务负责人及其报酬事项。

【考点】有限责任公司的组织机构

18.【答案】C

【解析】选项C：丙公司不是国有独资公司，一般有限责任公司中，董事长、副董事长的产生办法由公司章程规定。

【考点】有限责任公司的组织机构

19.【答案】D

【解析】选项D：有限责任公司设立董事会，有限责任公司董事会的成员为3至13人。

【考点】一人有限责任公司的特别规定，有限责任公司的组织机构

20.【答案】A

【解析】（1）选项A：股东也可以是一个法人；（2）选项B：一个自然人只能投资设立一个一人有限责任公司，该一人有限责任公司不能投资设立新的一人有限责任公司；（3）选项C：一人有限责任公司应当在每一会计年度终了时编制财务会计报告，并经会计师事务所审计；（4）选项D：一人有限责任公司的股东不能证明公司财产独立于股东自己的财产的，应当对公司债务承担连带责任。

【考点】一人有限责任公司的特别规定

21.【答案】C

【解析】（1）选项A：国有独资公司设经理，由董事会聘任或者解聘；（2）选项B：董事长、副董事长由国有资产监督管理机构从董事会成员中指定；（3）选项C：经国有资产监督管理机构同意，董事会成员可以兼任经理；（4）选项D：国有独资公司监事会成员不得少于5人，其中职工代表的比例不得低于1/3。

【考点】国有独资公司的特别规定

22.【答案】C

【解析】选项C：资本公积金不得用于弥补公司的亏损。

【考点】利润分配规则

23.【答案】C

【解析】公司分立前的债务由分立后的公司承担连带责任。但是，公司在分立前与债权人就债务清偿达成的书面协议另有约定的除外。在本题中，甲、丙公司未与债权人乙公司达成债务清偿协议，故对该笔债务承担连带责任。

【考点】公司分立

24.【答案】A

【解析】公司解散时，公司虽然成立了清算组但故意拖延清算的，如果债权人未提起清算申请，公司股东也可以申请人民法院指定清算组对公司进行清算。

【考点】公司解散和清算

25.【答案】B

【解析】人民法院组织清算的，清算组应当自成立之日起6个月内清算完毕。因特殊情况无法在6个月内完成清算的，清算组应当向人民法院申请延长。

【考点】公司解散和清算

26.【答案】D

【解析】根据《公司法》及有关规定，公司应当按照如下顺序进行利润分配：（1）弥补以前年度的亏损，但不得超过税法规定的弥补期限；（2）缴纳所得税；（3）弥补在税前利润弥补亏损之后仍存在的亏损；（4）提取法定公积金；（5）提取任意公积金；（6）向股东分配利润。

【考点】利润分配规则

27.【答案】A

【解析】法定公积金按照公司税后利润（300万元）的10%提取，当公司法定公积金累计额为公司注册资本的50%（350万元）以上时，可以不再提取。法定公积金按照税后利润的10%提取为300×10%＝30（万元）。

【考点】利润分配规则

二、多项选择题

1.【答案】ABC

【解析】（1）选项A：以募集设立方式设立公司，发起人应当在足额缴纳股款、验资证明出具之日后30日内召开公司创立大会；（2）选项B：创立大会应有代表股份总数过半数的发起人、认股人出席，方可举行；（3）选项C：创立大会作出的相关决议必须经出席会议的认股人所持表决权过半数通过。

【考点】股份有限公司的设立

2.【答案】CD

【解析】选项CD：公司董事、高级管理人员不得违反公司章程的规定或者未经股东（大）会（而非董事会、监事会）同意，与本公司订立合同或者进行交易。但是，如果公司章程事先有规定，或者事先经股东（大）会同意，董事、高级管理人员可以同本公司进行交易。

【考点】董事、监事、高级管理人员制度

3.【答案】CD

【解析】董事、高级管理人员执行公司职务时因违法给公司造成损失的，有限责任公司的股东可以书面请求监事会或者不设监事会的有限责任公司的监事向人民法院提起诉讼。监事会、不设监事会的有限责任公司的监事，收到股东书面请求后拒绝提起诉讼，或者自收到请求之日起30日内未提起诉讼，或者情况紧急、不立即提起诉讼将会使公司利益受到难以弥补的损害的，有限责任公司的股东有权为了公司的利益以自己的名义直接向人民法院提起诉讼。

【考点】股东资格、股东权利和义务

4.【答案】ABD

【解析】有限责任公司出现下列三种情形之一的，对股东会决议投反对票的股东可以请求公司按照合理的价格收购其股权：(1)公司连续5年不向股东分配利润，而公司该5年连续盈利，并且符合法律规定的分配利润条件的；(2)公司合并、分立、转让主要财产的（选项AB）；(3)公司章程规定的营业期限届满或者章程规定的其他解散事由出现，股东会会议通过决议修改章程使公司存续的（选项D）。

【考点】股东资格、股东权利和义务

5.【答案】ABC

【解析】(1)选项A：出资人以非货币财产出资，未依法评估作价，公司、其他股东或者公司债权人请求认定出资人未履行出资义务的，人民法院应当委托具有合法资格的评估机构对该财产评估作价。评估确定的价额显著低于公司章程所定价额的，人民法院应当认定出资人未依法全面履行出资义务。(2)选项BC：股东未履行或者未全面履行出资义务，公司或者其他股东请求其向公司依法全面履行出资义务的，人民法院应予支持；公司设立时的其他股东（或发起人）还应承担连带责任。(3)选项D：有限责任公司的股东未履行或者未全面履行出资义务即转让股权，受让人对此知道或者应当知道，公司请求该股东履行出资义务、受让人对此承担连带责任的，人民法院应予支持；公司债权人依照法律规定向该股东提起诉讼，同时请求前述受让人对此承担连带责任的，人民法院应予支持。在本题中，丁受让该股权时对甲未全面履行出资义务并不知情。

【考点】股东出资制度

6.【答案】AC

【解析】(1)选项A：股东未履行或者未全面履行出资义务或者抽逃出资，公司根据公司章程或者股东会决议对其利润分配请求权、新股优先认购权、剩余财产分配请求权等股东权利作出相应的合理限制，该股东请求认定该限制无效的，人民法院不予支持；(2)选项B：有限责任公司的股东未履行出资义务或者抽逃全部出资，经公司催告缴纳或者返还，其在合理期间内仍未缴纳或者返还出资，公司以股东会决议解除该股东的股东资格，该股东请求确认该解除行为无效的，人民法院不予支持；(3)选项C：公司债权人可以请求抽逃出资的股东在抽逃出资本息范围内对公司债务不能清偿的部分承担补充赔偿责任，并要求协助抽逃出资的其他股东、董事、高级管理人员或者实际控制人对此承担连带责任；(4)选项D：公司股东未履行或者未全面履行出资义务或者抽逃出资，公司或者其他股东请求其向公司全面履行出资义务或者返还出资，被告股东不得以诉讼时效为由进行抗辩。

【考点】股东出资制度

7.【答案】AD

【解析】(1)选项ABC：根据规定，监事会收到股东的书面请求后拒绝提起诉讼，或者自收到请求之日起30日内未提起诉讼，或者情况紧急、不立即提起诉讼将会使公司利益受到难以弥补的损害的，有限责任公司的股东、股份有限公司连续180日以上单独或者合计持有公司1%以上股份的股东，有权为了公司的利益以自己的名义直接向人民法院提起诉讼，股东依据《公司法》规定直接提起诉讼的案件，胜诉利益归属于公司。股东请求被告直接向其承担民事责任的，人民法院不予支持。（2）选项D：股东依据《公司法》规定直接提起诉讼的案件，其诉讼请求部分或者全部得到人民法院支持的，公司应当承担股东因参加诉讼支付的合理费用。

【考点】股东资格，股东权利和义务

8.【答案】AD

【解析】（1）选项AB：股东会或者股东大会、董事会的会议召集程序、表决方式违反法律、行政法规或者公司章程，或者决议内容违反公司章程的，股东可以自决议作出之日起60日内，请求人民法院撤销。在本题中，甲公司决议内容违反公司章程规定，股东有权请求人民法院撤销。（2）选项CD：股东会或者股东大会、董事会决议被人民法院判决确认无效或者撤销的，公司依据该决议与善意相对人形成的民事法律关系不受影响。

【考点】股东大会、股东会和董事会决议制度

9.【答案】ABCD

【解析】有限责任公司有证据证明股东存在下列情形之一的，人民法院应当认定股东有"不正当目的"：（1）股东自营或者为他人经营与公司主营业务有实质性竞争关系业务的，但公司章程另有规定或者全体股东另有约定的除外（选项AB）；（2）股东为了向他人通报有关信息查阅公司会计账簿，可能损害公司合法利益的（选项C）；（3）股东在向公司提出查阅请求之日前的3年内，曾通过查阅公司会计账簿，向他人通报有关信息损害公司合法利益的（选项D）；（4）股东有不正当目的的其他情形。

【考点】股东资格，股东权利和义务

10.【答案】CD

【解析】（1）选项AC：监事会或者不设监事会的有限责任公司的监事对董事、高级管理人员提起诉讼的，应当列"公司"为原告，依法由监事会主席或者不设监事会的有限责任公司的监事代表公司进行诉讼；（2）选项B：如果公司的控股股东、实际控制人、董事、监事、高级管理人员通过关联交易损害公司利益，原告公司请求控股股东、实际控制人、董事、监事、高级管理人员赔偿所造成的损失，被告仅以该交易已经履行了信息披露、经股东会或者股东大会同意等法律、行政法规或者公司章程规定的程序为由抗辩的，人民法院不予支持。

【考点】股东资格，股东权利和义务

11.【答案】BCD

【解析】（1）公司不得收购本公司股份。但是，有下列情形之一的除外：①减少公司注册资本；②与持有本公司股份的其他公司合并；③将股份用于员工持股计划或者股权激励（选项B）；④股东因对股东大会作出的公司合并、分立决议持异议，要求公司收购其股份；⑤将股份用于转换上市公司发行的可转换为股票的公司债券（选项C）；⑥上市公司为维护公司价值及股东权益所必需（选项D）。（2）选项A：公司不得接受本公司的股票作为质押权的标的。

【考点】股份有限公司的股份及其发行、转让和回购

12.【答案】ABD

【解析】（1）选项AB：股东大会作出修改公司章程、增加或者减少注册资本，以及公司合并、分立、解散或者变更公司形式的决议，必须经出席会议的股东所持表决权的2/3以上通过；（2）选项D：上市公司在1年内购买、出售重大资产或者担保金额超过公司资产总额30%的，应当由股东大会作出决议，并经出席会议的股东所持表决权的2/3以上通过。

【考点】股份有限公司的组织机构

13.【答案】ABD

【解析】下列人员不得担任独立董事（包括但不限于）：（1）在上市公司或者其附属企业任职的人员及其直系亲属、主要社会关系（直系亲属是指配偶、父母、子女等；主要社会关系是指兄弟姐妹、岳父母、儿媳女婿、兄弟姐妹的配偶、配偶的兄弟姐妹等）。（2）直接或间接持有上市公司已发行股份1%以上或者是上市公司前十名股东中的自然人股东及其直系亲属；选项C中，"岳父"是主要社会关系，而不是直系亲属，不构成障碍，可以担任独立董事。（3）在直接或间接持有上市公司已发行股份5%以上的股东单位或者在上市公司前五名股东单位任职的人员及其直系亲属。

【考点】上市公司独立董事制度

14.【答案】ACD

【解析】优先股股东有权出席股东大会会议，就以下事项与普通股股东分类表决：（1）修改公司章程中与优先股相关的内容；（2）一次或累计减少公司注册资本超过10%；（3）公司合并、分立、解散或者变更公司形式；（4）发行优先股；（5）公司章程规定的其他情形。

【考点】股份有限公司的股份及其发行、转让和回购

15.【答案】ACD

【解析】（1）选项AB：境外上市的外资股应采取记名股票的形式；公司向社会公众发行的股票可以记名，也可以不记名。（2）选项CD：公司向发起人、国家授权投资的机构、法人发行的股票，应当为记名股票。

【考点】股份有限公司的股份及其发行、转让和回购

16.【答案】AD

【解析】发起人以自己的名义为设立公司之目的而与他人订立合同，那么合同的当事人就是发起人和该相对人。根据《民法典》的规定，合同相对人有权选择请求该发起人或者成立后的公司承担合同义务。

【考点】公司设立制度

17.【答案】AC

【解析】（1）选项ACD：代表1/10以上表决权的股东（选项A大于1/10，正确）、1/3以上的董事（选项C大于1/3，正确）、监事会或者不设监事会的公司的监事（设有监事会应由监事会提议，不能由监事提议，选项D错误），有权提议召开临时股东会会议；（2）选项B：股份有限公司未弥补的亏损达实收股本总额1/3时，应当召开临时股东大会，但是有限责任公司没有该规定。

【考点】有限责任公司的组织机构，股份有限公司的组织机构

18.【答案】BD

【解析】（1）选项AB：有限责任公司的股东主张优先购买转让股权的，应当在收到通知后，在公司章程规定的行使期间内提出购买请求。公司章程没有规定行使期间或者规定不明确的，以通知确定的期间为准，通知确定的期间短于30日或者未明确行使期间的，行使期间为30日。（2）选项C：有限责任公司的转让股东在其他股东主张优先购买后又不同意转让股权的，对其他股东优先购买的主张，人民法院不予支持，但公司章程另有规定或者全体股东另有约定的除外。（3）选项D：股东以外的股权受让人，因股东行使优先购买权而不能实现合同目的的，可以依法请求转让股东承担相应民事责任。

【考点】有限责任公司的股权移转

19.【答案】AD

【解析】（1）选项AB：有限责任公司的股东向股东以外的人转让股权，未就其股权转让事项征求

其他股东意见，或者以欺诈、恶意串通等手段，损害其他股东优先购买权，其他股东主张按照同等条件购买该转让股权的，人民法院应当予以支持，但其他股东自知道或者应当知道行使优先购买权的同等条件之日起30内没有主张，或者自股权变更登记之日起超过1年的除外；（2）选项CD：其他股东仅提出确认股权转让合同及股权变动效力等请求，未同时主张按照同等条件购买转让股权的，人民法院不予支持，但其他股东非因自身原因导致无法行使优先购买权，请求损害赔偿的除外。

【考点】有限责任公司的股权移转

20.【答案】BCD

【解析】（1）选项A：公司聘用、解聘承办公司审计业务的会计师事务所，依照公司章程的规定，由股东会、股东大会或者董事会决定。（2）选项BD：公司除法定的会计账簿外，不得另立会计账簿。对公司资产，不得以任何个人名义开立账户存储。（3）选项C：有限责任公司应当依照公司章程规定的期限将财务会计报告送交各股东。

【考点】公司财务会计报告

21.【答案】BCD

【解析】（1）选项A：股东以知情权、利润分配请求权等权益受到损害，或者公司亏损、财产不足以偿还全部债务，以及公司被吊销企业法人营业执照未进行清算等为由，提起解散公司诉讼的，人民法院不予受理。（2）选项BCD：单独或者合计持有公司全部股东表决权10%以上的股东，以下列事由之一提起解散公司诉讼，并符合《公司法》有关规定的，人民法院应当受理：①公司持续2年以上无法召开股东会或者股东大会，公司经营管理发生严重困难的；②股东表决时无法达到法定或者公司章程规定的比例，持续2年以上不能作出有效的股东会或者股东大会决议，公司经营管理发生严重困难的；③公司董事长期冲突，且无法通过股东会或者股东大会解决，公司经营管理发生严重困难的；④经营管理发生其他严重困难，公司继续存续会使股东利益受到重大损失的。

【考点】公司解散和清算

22.【答案】ABCD

【考点】公司解散和清算

三、案例分析题

1.【答案】

（1）董事李某无权行使表决权。根据规定，上市公司董事与董事会会议决议事项所涉及的企业有关联关系的，不得对该项决议行使表决权。

【考点】股份有限公司的组织机构

（2）董事陈某无须承担赔偿责任。根据规定，董事会的决议违反公司章程，致使公司遭受严重损失的，参与决议的董事对公司负赔偿责任。但经证明在表决时曾表明异议并记载于会议记录的，该董事可以免除责任。

【考点】股份有限公司的组织机构

（3）股东郑某以自己的名义直接向人民法院提起诉讼符合法律规定。根据规定，股份有限公司的董事执行公司职务时违反公司章程的规定，给公司造成损失的，股份有限公司连续180日以上单独或者合计持有公司1%以上股份的股东，可以书面请求监事会向人民法院提起诉讼。如果监事会收到该股东的书面请求后拒绝提起诉讼，或者自收到书面请求之日起30日内未提起诉讼的，该股东有权为了公司的利益以自己的名义直接向人民法院提起诉讼。

【考点】股东权利和义务

(4) 郑某的行为不符合法律规定。根据规定，公司公开发行股份前已发行的股份，自公司股票在证券交易所上市交易之日起1年内不得转让。

【考点】股份有限公司的股份及其发行、转让和回购

2.【答案】

(1) 甲公司董事会无权作出融资担保决议。根据规定，上市公司在1年内购买、出售重大资产或者担保金额超过公司资产总额30%的，应当由股东大会作出决议，并经出席会议的股东所持表决权的2/3以上通过。在本题中，甲公司为其子公司一次性提供4 000万元的担保，超过了其资产总额的30%，因此需要由股东大会审议，董事会无权作出决议。

【考点】股份有限公司的组织机构

(2) 甲公司不能聘任刘某担任本公司独立董事。根据规定，在直接或间接持有上市公司已发行股份5%以上的股东单位或者在上市公司前五名股东单位任职的人员及其直系亲属不得担任上市公司的独立董事。在本题中，刘某为甲公司最大股东乙公司的总经理，不符合独立董事的任职资格。

【考点】上市公司独立董事制度

(3) 甲公司董事会通过向丙公司投资的方案不合法。根据规定，上市公司董事与董事会会议决议事项所涉及的企业有关联关系的，不得对该项决议行使表决权，也不得代理其他董事行使表决权。该董事会会议由过半数的无关联关系董事出席即可举行，董事会会议所作决议须经无关联关系董事过半数通过。出席董事会的无关联关系董事人数不足3人的，应将该事项提交上市公司股东大会审议。在本题中，甲公司董事会在对丙公司进行投资的表决中，参加会议的6名董事会成员中，有4人同时为丙公司董事，有2名董事为无关联关系董事，不足3人，因此应当将该事项提交上市公司股东大会进行审议。

【考点】股份有限公司的组织机构

3.【答案】

(1) 丙公司以特许经营权作价出资不合法。根据规定，股东不得以劳务、信用、自然人姓名、商誉、特许经营权或者设定担保的财产等作价出资。

【考点】股东出资制度

(2) 丁公司设1名执行董事和1名监事合法。根据规定，股东人数较少或者规模较小的有限责任公司，可以设1名执行董事、1～2名监事，不设董事会、监事会。

【考点】有限责任公司的组织机构

(3) 丁公司股东会作出解散公司的决议合法。根据规定，有限责任公司解散属于股东会的特别决议，必须经代表（全体）2/3以上表决权的股东通过。在本题中，公司章程规定股东按照1∶1∶1∶1行使表决权，甲公司、乙公司和陈某赞成解散公司，超过全部表决权的2/3，故作出解散公司的决议合法。

【考点】有限责任公司的组织机构

(4) 甲公司拒绝补足房屋贬值10万元合法。根据规定，出资人以符合法定条件的非货币财产出资后，因市场变化或者其他客观因素导致出资财产贬值，公司、其他股东或者公司债权人请求该出资人承担补足出资责任的，人民法院不予支持，但当事人另有约定的除外。在本题中，由于市场行情变化，甲公司出资的房屋贬值10万元，当事人对此没有特别约定，故甲公司有权拒绝补足房屋贬值部分。

【考点】股东出资制度

(5) 乙公司应当向丁公司补足出资不足部分的本息，其他发起人股东应对此承担连带责任。

【考点】股东出资制度

4. 【答案】

(1) 文路公司 2015 年度利润未按照股东的出资比例进行分配并不违反公司法律制度的规定。根据规定，有限责任公司的股东按照实缴的出资比例分取红利；但是，全体股东可以事先约定不按照出资比例分取红利。

【考点】股东权利和义务

(2) 甲以文路公司的名义为股东乙提供的担保违反了公司法律制度的规定。根据规定，有限责任公司为公司股东提供担保的，必须经股东会决议。在本题中，甲以文路公司的名义为股东乙提供的担保未经股东会决议通过。

【考点】公司法人资格与股东有限责任

(3) 文路公司拒绝丁复制部分账簿内容的做法符合公司法律制度的规定。根据规定，有限责任公司的股东可以要求查阅公司会计账簿，但无权复制。

【考点】股东权利和义务

(4) 甲的观点不符合公司法律制度的规定。根据规定，有限责任公司的股东之间可以相互转让其全部或者部分股权，《公司法》对此未设任何限制。

【考点】有限责任公司的股权移转

(5) 甲的行为违反了公司法律制度的规定。根据规定，董事、高级管理人员违反公司章程的规定或者未经股东会同意，与本公司订立合同或者进行交易的，属于法律禁止的行为。

【考点】股东权利和义务

(6) 丁的做法符合公司法律制度的规定。根据规定，董事、高级管理人员侵犯公司利益时，有限责任公司的股东可以书面请求监事会或者不设监事会的有限责任公司的监事向人民法院提起诉讼。如果监事会或者不设监事会的有限责任公司的监事收到股东的书面请求后拒绝提起诉讼，或者自收到请求之日起 30 日内未提起诉讼，或者情况紧急、不立即提起诉讼将会使公司利益受到难以弥补的损害的，股东有权为了公司的利益以自己的名义直接向人民法院提起诉讼。

【考点】股东权利和义务

第七章 证券法律制度

一、单项选择题

1. 下列关于招股说明书中引用的财务报表的有效期的表述中，符合证券法律制度规定的是（   ）。
   A. 招股说明书中引用的财务报表在其最近一期截止日后3个月内有效，特殊情况下发行人可申请适当延长，但至多不超过1个月
   B. 招股说明书中引用的财务报表在其最近一期截止日后3个月内有效，特殊情况下发行人可申请适当延长，但至多不超过6个月
   C. 招股说明书中引用的财务报表在其最近一期截止日后6个月内有效，特殊情况下发行人可申请适当延长，但至多不超过1个月
   D. 招股说明书中引用的财务报表在其最近一期截止日后6个月内有效，特殊情况下发行人可申请适当延长，但至多不超过3个月

2. 根据证券法律制度的规定，招股说明书的有效期为（   ）。
   A. 6个月　　　B. 9个月　　　C. 12个月　　　D. 24个月

3. 定期报告是上市公司进行持续信息披露的主要形式之一。甲上市公司的下列做法中，不符合证券法律制度规定的是（   ）。
   A. 该公司的第一季度报告在该会计年度的第4个月披露
   B. 该公司的中期报告在该会计年度的第7个月披露
   C. 该公司的第三季度报告在该会计年度的第10个月披露
   D. 该公司的年度报告在该会计年度结束之日后的第6个月披露

4. 根据证券法律制度的规定，下列关于证券发行中虚假陈述行为相关主体的民事责任承担的表述中，正确的是（   ）。
   A. 发行人在发行文件中作出虚假陈述而导致投资者受到损害的，其董事应与发行人承担连带赔偿责任，董事是否有过错在所不问
   B. 发行人在发行文件中作出虚假陈述而导致投资者受到损害的，应承担赔偿责任
   C. 发行人在发行文件中作出虚假陈述而导致投资者受到损害，发行人的控股股东有过错的，应与发行人承担连带责任
   D. 会计师事务所为证券发行出具的审计报告中存在虚假陈述而导致投资者受到损害的，应与发行人承担连带责任，会计师事务所是否有过错在所不问

5. 2018年4月10日，某上市公司对外公布公司2017年度的财务报告。6月15日，因年度财务报告虚增会计利润，该上市公司被中国证监会立案稽查。根据证券法律制度的规定，下列投资者的投资损失应当由该上市公司承担民事赔偿责任的是（   ）。

A. 甲3月10日以每股12元价格买入该公司2万股，4月2日以每股11元价格卖出全部股票

B. 乙4月20日以每股12元价格买入该公司2万股，5月10日以每股10元价格卖出全部股票

C. 丙4月30日以每股12元价格买入该公司2万股，6月20日以每股8元价格卖出全部股票

D. 丁6月20日以每股8元价格买入该公司2万股，7月2日以每股6元价格卖出全部股票

6. 下列股票交易行为中，不违反证券法律制度规定的是（   ）。

A. 甲上市公司的董事乙离职后第4个月，转让其所持甲上市公司的股票

B. 因包销购入售后剩余股票而持有丙上市公司6%股份的丁证券公司，第3个月转让其所持丙上市公司的股票

C. 戊上市公司的董事会秘书，将其持有的戊上市公司股票在买入后的第2个月卖出获利20万元

D. 庚上市公司持股8%的股东，将其持有的庚上市公司股票在买入后第4个月卖出获利10万元

7. 根据证券法律制度的规定，下列人员中，不属于证券交易内幕信息的知情人员的是（   ）。

A. 上市公司的总会计师　　　　B. 持有上市公司3%股份的股东

C. 上市公司控股的公司的董事　　D. 上市公司的监事

8. 某证券公司集中资金优势，在3个交易日内连续对某一上市公司的股票进行买卖，使该股票从每股10元上升至13元，然后在此价位大量卖出获利。根据证券法律制度的规定，下列关于该证券公司行为效力的表述中，正确的是（   ）。

A. 合法，因该行为不违反平等自愿、等价有偿的原则

B. 合法，因该行为不违反交易自由、风险自担的原则

C. 不合法，因该行为属于操纵市场的行为

D. 不合法，因该行为属于欺诈客户的行为

9. 根据上市公司收购法律制度的规定，下列情形中，不拥有上市公司控制权的是（   ）。

A. 投资者为上市公司持股50%以上的控股股东

B. 投资者可实际支配上市公司股份表决权超过30%

C. 投资者通过实际支配上市公司股份表决权能够决定公司董事会1/3成员选任

D. 投资者依其可实际支配的上市公司股份表决权足以对公司股东大会的决议产生重大影响

10. 下列关于上市公司收购要约的撤销与变更的表述中，符合证券法律制度规定的是（   ）。

A. 收购要约期限届满前 15 日内,收购人不得变更收购要约

B. 收购人在必要时可以作出降低收购价格的要约变更

C. 收购人在收购要约确定的承诺期限内,不得撤销其收购要约

D. 收购人在收购要约确定的承诺期限内,可在满足一定条件下撤销其收购要约

11. 以协议方式进行上市公司收购的,自签订收购协议起至相关股份完成过户的期间为上市公司收购过渡期。根据证券法律制度的规定,下列关于过渡期内相关主体要求的表述中,不正确的是(　　)。

A. 在过渡期内,收购人不得通过控股股东提议改选上市公司董事会,确有充分理由改选董事会的,来自收购人的董事不得超过董事会成员的 1/2

B. 在过渡期内,被收购公司不得为收购人及其关联方提供担保

C. 在过渡期内,被收购公司不得公开发行股份募集资金,但收购人为挽救陷入危机的上市公司的情形除外

D. 在过渡期内,被收购公司不得进行重大购买、出售资产行为,但收购人为挽救面临严重财务困难的上市公司的情形除外

12. 甲上市公司董事王某拟对本公司进行收购。根据证券法律制度的规定,下列关于该收购要求的表述中,不正确的是(　　)。

A. 甲上市公司董事会成员中独立董事的比例占 1/2 以上

B. 王某最近 3 年不存在证券市场不良诚信记录

C. 本次收购应当先经董事会非关联董事作出决议,且取得 2/3 以上的独立董事同意

D. 本次收购还须经公司股东大会审议,由经出席股东大会的非关联股东所持表决权 2/3 通过

13. 根据证券法律制度的规定,下列关于存托凭证的表述中,错误的是(　　)。

A. 存托凭证发行法律关系中的主体包括基础证券发行人、存托人和存托凭证持有人

B. 存托人应按照存托协议约定,根据存托凭证持有人意愿行使境外基础证券相应权利,办理存托凭证分红、派息等业务

C. 存托协议可以约定因存托凭证发生的纠纷适用外国法律法规规定,由境外法院管辖

D. 存托人和托管人不得将存托凭证基础财产归入其自有财产,不得违背受托义务侵占存托凭证基础财产

14. 根据证券法律制度的规定,股份有限公司的下列股票发行或转让活动中,须向中国证监会申请核准的是(　　)。

A. 因向公司核心员工转让股份导致股东累计达到 210 人,但在 1 个月内降至 190 人

B. 在全国中小企业股份转让系统挂牌的公司拟向特定对象发行股票,发行后股东预计达到 190 人

C. 股东累计已达 190 人的公司拟公开转让股票

D. 公司获得定向发行核准后第 13 个月,拟使用未完成的核准额度继续发行

15. 根据证券法律制度的规定，下列关于非上市公众公司向不特定合格投资者公开发行股票条件的表述中，不正确的是（　　）。

   A. 具备健全且运行良好的组织机构

   B. 具有持续盈利能力，财务状况良好，最近3年财务会计文件无虚假记载

   C. 最近3年内，公司及其控股股东、实际控制人不存在贪污、贿赂、侵占财产、挪用财产或者破坏社会主义市场经济秩序的刑事犯罪

   D. 公司最近6个月内未受到中国证监会行政处罚

16. 根据证券法律制度的规定，下列情形中，属于上市公司不得非公开发行股票的是（　　）。

   A. 上市公司及其附属公司曾违规对外提供担保，但已解除

   B. 上市公司现任监事最近36个月内受到过中国证监会的行政处罚

   C. 上市公司最近1年及最近1期财务报表被注册会计师出具保留意见的审计报告，但保留意见所涉及事项的重大影响已消除

   D. 上市公司的权益被控股股东或实际控制人严重损害且尚未消除

17. 根据证券法律制度的规定，下列关于公开发行公司债券筹集的资金使用的表述中，不正确的是（　　）。

   A. 公开发行公司债券筹集的资金，不得用于弥补亏损

   B. 公开发行公司债券筹集的资金，不得用于非生产性支出

   C. 改变资金用途，必须经股东大会会议作出决议

   D. 违反《证券法》规定，改变公开发行公司债券所募资金的用途，不得再次公开发行公司债券

18. 根据证券法律制度的规定，下列各项中，不属于债券受托管理人应当召集债券持有人会议的情形的是（　　）。

   A. 发行人不能按期支付本息　　B. 拟变更债券募集说明书的约定

   C. 发行人拟增加注册资本　　　D. 担保物发生重大变化

19. 根据证券法律制度的规定，下列关于公司债券的受托管理人的表述中，不正确的是（　　）。

   A. 上市公司应当为债券持有人聘请债券受托管理人，并订立债券受托管理协议

   B. 债券受托管理人至少每年向市场公告两次受托管理事务报告

   C. 债券受托管理人由本次发行的承销机构或者其他经中国证监会认可的机构担任

   D. 为本次发行提供担保的机构不得担任本次债券发行的受托管理人

20. 根据证券法律制度的规定，上市公司向特定对象发行的可转债转股的，所转换股票自可转债发行结束之日起一定期限内不得转让，该一定期限是（　　）。

   A. 6个月　　　B. 12个月　　　C. 18个月　　　D. 36个月

二、多项选择题

1. 根据证券法律制度的规定，下列关于信息披露事务管理的表述中，正确的有（　　）。

   A. 董事、监事和高级管理人员无法保证证券发行文件和定期报告内容的真实性、准确性、完整性或者有异议的，应当在书面确认意见中发表意见并陈述理由，发行人应当披露

   B. 应当披露的信息依法披露前，相关信息已在媒体上传播或者公司证券及其衍生品种出现交易异常情况的，股东或者实际控制人应当及时、准确地向上市公司作出书面报告，并配合上市公司及时、准确地公告

   C. 上市公司向特定对象发行股票时，其控股股东、实际控制人和发行对象应当及时向上市公司提供相关信息，配合上市公司履行信息披露义务

   D. 除依法需要披露的信息之外，信息披露义务人可以自愿披露与投资者作出价值判断和投资决策有关的信息，但不得与依法披露的信息相冲突，不得误导投资者

2. 根据证券法律制度的规定，发生可能对上市公司、股票在国务院批准的其他全国性证券交易场所交易的公司的股票交易价格产生较大影响的重大事件，投资者尚未得知时，公司应立即报送临时报告，并予公告。下列情形中，属于重大事件的有（　　）。

   A. 公司注册资本减少的决定

   B. 公司涉嫌犯罪被依法立案调查

   C. 公司分配股利的计划

   D. 公司在1年内购买、出售重大资产超过公司资产总额20%

3. 甲上市公司正在与乙公司商谈合并事项。下列关于甲上市公司信息披露的表述中，正确的有（　　）。

   A. 当甲上市公司董事会就该合并事项形成决议时，甲上市公司就应当及时公告披露合并事项

   B. 当市场出现甲上市公司与乙公司合并的传闻，并导致甲上市公司股价出现异常波动时，甲上市公司应当及时公告披露合并事项

   C. 当甲上市公司与乙公司签订合并协议时，甲上市公司应当及时公告披露合并事项

   D. 当合并事项难以保密时，甲上市公司应当及时公告披露合并事项

4. 甲股份有限公司（以下简称"甲公司"）公开发行债券，上年年末净资产为1亿元。根据证券法律制度的规定，下列情形中，属于甲公司应当及时披露的重大事件的有（　　）。

   A. 甲公司监事涉嫌犯罪被依法采取强制措施

   B. 甲公司放弃乙公司所欠的1 200万元货款

   C. 甲公司决定增资1 000万元

   D. 甲公司当年新增借款1 500万元

5. 根据证券法律制度的规定，下列选项中，可以考虑不予行政处罚的情形

有（　　）。

　　A. 董事甲因失去人身自由无法正常履行职责

　　B. 董事乙对董事会的信息披露违法事项投反对票，具体异议记载在会议记录中

　　C. 独立董事丙不直接从事公司的经营管理

　　D. 对公司信息披露违法行为不负主要责任的财务人员丁在事发后及时向公司和中国证监会报告

　6. 根据证券法律制度的规定，下列关于信息披露义务人存在误导性陈述的虚假陈述行为相关人员行政责任承担的表述中，正确的有（　　）。

　　A. 对直接负责的主管人员和其他直接责任人员给予警告，并处以50万元以上500万元以下的罚款

　　B. 发行人、上市公司的董事、监事和高级管理人员，应当视情形认定为直接负责的主管人员或者其他直接责任人员承担行政责任，但其能够证明已尽忠实、勤勉义务，没有过错的除外

　　C. 信息披露义务人的控股股东、实际控制人，应当视情形认定为直接负责的主管人员或者其他直接责任人员承担行政责任，但其能够证明已尽忠实、勤勉义务，没有过错的除外

　　D. 董事因受到股东、实际控制人控制或者其他外部干预，不应对虚假陈述承担行政责任

　7. 某上市公司董事吴某，持有该公司6%的股份。吴某将其持有的该公司股票在买入后的第5个月卖出，获利600万元。根据证券法律制度的规定，关于此收益，下列表述中，正确的有（　　）。

　　A. 该收益应当全部归公司所有

　　B. 该收益应由公司董事会负责收回

　　C. 董事会不收回该收益的，股东有权要求董事会限期收回

　　D. 董事会未在规定期限内执行股东关于收回吴某收益的要求的，股东有权代替董事会以公司的名义直接向人民法院提起收回该收益的诉讼

　8. 根据证券法律制度的规定，某上市公司的下列事项中，属于证券交易内幕信息的有（　　）。

　　A. 增加注册资本的计划　　　　　　B. 股权结构发生重大变化

　　C. 财务总监发生变动　　　　　　　D. 监事会共5名监事，其中2名发生变动

　9. 甲公司收购乙上市公司时，下列投资者同时也在购买乙上市公司的股票。根据证券法律制度的规定，如无相反证据，与甲公司为一致行动人的投资者有（　　）。

　　A. 甲公司董事杨某　　　　　　　　B. 甲公司董事长张某多年未联系的同学

　　C. 甲公司某监事的母亲　　　　　　D. 甲公司总经理的配偶

　10. 甲公司通过证券交易所的证券交易，持有乙上市公司已发行的有表决权股份达到30%，拟以要约收购方式继续增持该上市公司的股份。根据证券法律制度的规定，下

列关于该要约收购的表述中,不正确的有(　　)。

A. 甲公司持有的乙上市公司的股票,在收购行为完成后36个月内不得转让

B. 甲公司可以向乙上市公司所有股东发出收购上市公司已发行股份3%的要约

C. 在要约收购期限届满前2个交易日内,预受股东不得撤回其对要约的接受

D. 在要约收购期间,被收购公司的高级管理人员不得辞职

11. 根据证券法律制度的规定,下列情形中,属于收购人免于发出要约的有(　　)。

A. 上市公司面临严重财务困难,收购人提出的挽救公司的重组方案取得该公司股东大会批准,且收购人承诺2年内不转让其在该公司中所拥有的权益

B. 经上市公司股东大会非关联股东批准,投资者取得上市公司向其发行的新股,导致其在该公司拥有权益的股份超过该公司已发行股份的30%,投资者承诺2年内不转让本次向其发行的新股,且公司股东大会同意投资者免于发出要约

C. 因上市公司按照股东大会批准的确定价格向特定股东回购股份而减少股本,导致投资者在该公司中拥有权益的股份超过该公司已发行股份的30%

D. 因所持优先股表决权依法恢复导致投资者在一个上市公司中拥有权益的股份超过该公司已发行股份的30%

12. 根据证券法律制度的规定,下列关于上市公司发行股份购买资产的表述中,正确的有(　　)。

A. 上市公司发行股份的价格不得低于董事会决议公告日前20个交易日、60个交易日或者120个交易日的公司股票交易均价之一的90%

B. 上市公司股东大会就发行股份购买资产事项作出决议,必须经出席会议的股东所持表决权的2/3以上通过

C. 中国证监会以投票方式对提交其审议的发行股份购买资产申请进行表决,提出审核意见

D. 特定对象以资产认购而取得上市公司股份,对其用于认购股份的资产持续拥有权益的时间不足12个月的,36个月内不得转让取得的本次发行的股份

13. 根据证券法律制度的规定,下列关于非上市公众公司向不特定合格投资者公开发行股票的表述中,正确的有(　　)。

A. 股票在全国中小企业股份转让系统进行公开转让的公众公司可以向不特定合格投资者公开发行股票

B. 非上市公众公司向不特定合格投资者公开发行股票,无须经中国证监会核准

C. 公司股东人数超过200人的,应当对出席会议的持股比例在5%以下的股东表决情况单独计票并予以披露

D. 保荐人持续督导期间为公开发行完成后当年剩余时间及其后2个完整会计年度

14. 下列关于上市公司非公开发行股票的表述中,符合证券法律制度规定的有(　　)。

A. 上市公司非公开发行股票,发行对象不超过35名

B. 发行价格不得低于定价基准日前20个交易日公司股票的均价

C. 实际控制人认购的股份自发行结束之日起18个月内不得转让

D. 证券投资基金管理公司以其管理的2只以上产品认购的，视为1个发行对象

15. 上市公司的优先股股东有权出席股东大会会议，就相关事项与普通股股东分类表决。该相关事项有（　　）。

　　A. 修改公司章程中与优先股相关的内容

　　B. 一次减少公司注册资本达5%

　　C. 变更公司形式

　　D. 发行优先股

16. 甲上市公司拟决定其股票不再在交易所交易。根据证券法律制度的规定，甲上市公司对此事项作出决议的表述中，正确的有（　　）。

　　A. 应当召开股东大会作出决议，须经出席会议的股东所持表决权的2/3以上通过

　　B. 应当召开股东大会作出决议，须经出席会议的股东所持表决权的过半数通过

　　C. 除上市公司的董事、监事、高级管理人员、单独或者合计持有上市公司5%以上股份的股东以外，经出席会议的其他股东所持表决权的过半数通过

　　D. 除上市公司的董事、监事、高级管理人员、单独或者合计持有上市公司5%以上股份的股东以外，经出席会议的其他股东所持表决权的2/3以上通过

17. 根据证券法律制度的规定，下列关于公司债券非公开发行及转让的表述中，正确的有（　　）。

　　A. 发行人的董事不得参与本公司非公开发行公司债券的认购

　　B. 非公开发行公司债券应当向专业投资者发行

　　C. 非公开发行公司债券，可以申请在证券交易场所、证券公司柜台转让

　　D. 非公开发行公司债券，承销机构或依照法律规定自行销售的发行人应当在每次发行完成后5个工作日内向中国证监会报备

18. 发行人可采取内外部增信机制、偿债保障措施，提高偿债能力，控制公司债券风险。根据证券法律制度的规定，下列选项中，属于内外部增信机制、偿债保障措施的有（　　）。

　　A. 商业保险　　　　　　　　　B. 资产抵押、质押担保

　　C. 限制发行人对外投资规模　　D. 设置债券回售条款

19. 下列关于可转换公司债券的转股价格的表述中，符合证券法律制度规定的有（　　）。

　　A. 上市公司向不特定对象发行可转债的转股价格应当不低于募集说明书公告日前20个交易日发行人股票交易均价和前1个交易日均价，且不得向上修正

　　B. 上市公司向不特定对象发行可转债的转股价格应当不低于募集说明书公告日前20个交易日发行人股票交易均价或前1个交易日均价，且不得向下修正

　　C. 上市公司向特定对象发行可转债的转股价格应当不低于认购邀请书发出前20个

交易日发行人股票交易均价和前 1 个交易日均价，且不得向上修正

D. 上市公司向特定对象发行可转债的转股价格应当不低于认购邀请书发出前 20 个交易日发行人股票交易均价和前 1 个交易日均价，且不得向下修正

参考答案及解析

一、单项选择题

1.【答案】D

【解析】招股说明书中引用的财务报表在其最近一期截止日后 6 个月内有效，特殊情况下发行人可申请适当延长，但至多不超过 3 个月。

【考点】强制信息披露制度

2.【答案】A

【解析】招股说明书的有效期为 6 个月，自公开发行前招股说明书最后一次签署之日起计算。

【考点】强制信息披露制度

3.【答案】D

【解析】年度报告应当在每个会计年度结束之日起 4 个月内编制完成并披露。

【考点】强制信息披露制度

4.【答案】B

【解析】(1) 选项 AC：发行人的控股股东、实际控制人、董事、监事、高级管理人员和其他直接责任人员以及保荐人、承销的证券公司及其直接责任人员，应当与发行人承担连带赔偿责任，但是能够证明自己没有过错的除外；(2) 选项 B：信息披露义务人未按照规定披露信息，或者公告的证券发行文件、定期报告、临时报告及其他信息披露资料存在虚假记载、误导性陈述或者重大遗漏，致使投资者在证券交易中遭受损失的，信息披露义务人应当承担赔偿责任；(3) 选项 D：证券服务机构在其制作、出具的文件有虚假记载、误导性陈述或者重大遗漏，给他人造成损失的，应当与委托人承担连带赔偿责任，但是能够证明自己没有过错的除外。

【考点】虚假陈述行为

5.【答案】C

【解析】因果关系认定：首先是买入时间段，要求"投资者在虚假陈述实施日及以后，至揭露日或者更正日之前买入该证券"。其次是损失产生时间段，要求"投资者在虚假陈述揭露日或者更正日及以后，因卖出该证券发生亏损，或者因继续持有该证券而产生亏损"，只要投资者的损失产生在这个时间段即推定投资者的损失与虚假陈述行为之间存在因果关系，则上市公司应当对投资者的投资差额损失承担民事赔偿责任。

【考点】虚假陈述行为

6.【答案】B

【解析】(1) 选项 A：上市公司董事、监事和高级管理人员离职后半年内，不得转让其所持有的本公司股份。但是，因司法强制执行、继承、遗赠、依法分割财产等导致股份变动的除外。(2) 选项 B：证券公司因包销购入售后剩余股票而持有 5% 以上股份的，卖出该股票不受 6 个月时间限制。(3) 选项 CD：上市公司、股票在国务院批准的其他全国性证券交易场所交易的公司持有 5% 以上股份的股东、董事、监事、高级管理人员，将其持有的该公司的股票或者其他具有股权性质的证券在买入后 6 个月内卖

出，或者在卖出后6个月内又买入，由此所得收益归该公司所有，公司董事会应当收回其所得收益。但是，证券公司因包销购入售后剩余股票而持有5%以上股份，以及有国务院证券监督管理机构规定的其他情形的除外。前款所称董事、监事、高级管理人员、自然人股东持有的股票或者其他具有股权性质的证券，包括其配偶、父母、子女持有的及利用他人账户持有的股票或者其他具有股权性质的证券。

【考点】股份有限公司的股份及其发行、转让和回购，内幕交易行为

7.【答案】B

【解析】选项B：持股比例未达到5%，不属于内幕信息的知情人。

【考点】内幕交易行为

8.【答案】C

【解析】单独或者通过合谋，集中资金优势、持股优势或者利用信息优势联合或者连续买卖，操纵证券交易价格或者证券交易量，属于操纵证券市场行为。

【考点】操纵证券市场行为

9.【答案】C

【解析】有下列情形之一的，为拥有上市公司控制权：（1）投资者为上市公司持股50%以上的控股股东；（2）投资者可以实际支配上市公司股份表决权超过30%；（3）投资者通过实际支配上市公司股份表决权能够决定公司董事会半数以上成员选任；（4）投资者依其可实际支配的上市公司股份表决权足以对公司股东大会的决议产生重大影响；（5）中国证监会认定的其他情形。

【考点】上市公司收购概述

10.【答案】C

【解析】（1）选项A：收购要约期限届满前15日内，收购人不得变更收购要约，但是出现竞争要约的除外。（2）选项B：在收购要约确定的承诺期限内，收购人需要变更收购要约的，必须及时公告，载明具体变更事项，并通知被收购公司，且不得存在下列情形：①降低收购价格；②减少预定收购股份数额；③缩短收购期限；④国务院证券监督管理机构规定的其他情形。（3）选项CD：在收购要约确定的承诺期限内，收购人不得撤销其收购要约。

【考点】要约收购程序

11.【答案】A

【解析】在过渡期内，收购人不得通过控股股东提议改选上市公司董事会，确有充分理由改选董事会的，来自收购人的董事不得超过董事会成员的1/3。

【考点】特殊类型收购

12.【答案】D

【解析】选项CD：公司应当聘请具有证券、期货从业资格的资产评估机构提供公司资产评估报告，本次收购应当经董事会非关联董事作出决议，且取得2/3以上的独立董事同意后，提交公司股东大会审议，经出席股东大会的非关联股东所持表决权过半数通过。

【考点】特殊类型收购

13.【答案】C

【解析】存托协议应约定因存托凭证发生的纠纷适用中国法律法规规定，由境内法院管辖。

【考点】证券法律制度的基本原理

14.【答案】D

【解析】选项D：公司申请定向发行股票，可以申请一次核准，分期发行。自中国证监会予以核准

之日起，公司应当在 3 个月内完成首期发行，剩余数量应当在 12 个月内发行完毕。超过核准文件限定的有效期未发行的，必须重新经中国证监会核准后方可发行。在本题中，定向发行核准后第 13 个月继续发行，已经超过了有效期，应当重新经中国证监会核准后方可发行。

【考点】非上市公众公司

15.【答案】D

【解析】非上市公众公司申请公开发行，应当符合以下条件：(1)具备健全且运行良好的组织机构（选项 A 正确）；(2)具有持续盈利能力，财务状况良好，最近 3 年财务会计文件无虚假记载（选项 B 正确）；(3)依法规范经营，最近 3 年内，公司及其控股股东、实际控制人不存在贪污、贿赂、侵占财产、挪用财产或者破坏社会主义市场经济秩序的刑事犯罪（选项 C 正确），不存在欺诈发行、重大信息披露违法或者其他涉及国家安全、公共安全、生态安全、生产安全、公众健康安全等领域的重大违法行为，最近 12 个月内未受到中国证监会行政处罚（选项 D 错误）。

【考点】非上市公众公司

16.【答案】D

【解析】(1)选项 A：上市公司及其附属公司违规对外提供担保且尚未解除的，不得非公开发行股票。(2)选项 B：现任董事、高级管理人员最近 36 个月内受到过中国证监会的行政处罚，或者最近 12 个月内受到过证券交易所公开谴责的，不得非公开发行股票。(3)选项 C：上市公司最近 1 年及最近 1 期财务报表被注册会计师出具保留意见、否定意见或无法表示意见的审计报告的，不得非公开发行股票；但保留意见、否定意见或无法表示意见所涉及事项的重大影响已经消除或者本次发行涉及重大重组的除外。

【考点】上市公司发行新股

17.【答案】C

【解析】选项 C：公开发行公司债券筹集的资金，必须按照公司债券募集办法所列资金用途使用；改变资金用途，必须经债券持有人会议作出决议。

【考点】公司债券的发行

18.【答案】C

【解析】选项 C：发行人拟增加注册资本，不影响债券持有人利益，不需要召开债券持有人会议。

【考点】公司债券的发行

19.【答案】B

【解析】债券受托管理人应当对发行人的偿债能力和增信措施的有效性进行全面调查和持续关注，并至少每年向市场公告一次受托管理事务报告。

【考点】公司债券的发行

20.【答案】C

【考点】可转换公司债券的发行

二、多项选择题

1.【答案】ABCD

【考点】强制信息披露制度

2.【答案】ABC

【解析】选项 D：公司在 1 年内购买、出售重大资产超过公司资产总额 30%，构成重大事件。

【考点】强制信息披露制度

3.【答案】ABCD

【解析】上市公司应当在最先发生的以下任一时点,及时履行重大事件的信息披露义务:(1)董事会或者监事会就该重大事件形成决议时(选项A);(2)有关各方就该重大事件签署意向书或者协议时(选项C);(3)董事、监事或者高级管理人员知悉该重大事件发生并报告时。这里说的及时是指自起算日起或者触及披露时点的两个交易日内。在上述规定的时点之前出现下列情形之一的,上市公司应当及时披露相关事项的现状、可能影响事件进展的风险因素:(1)该重大事件难以保密(选项D);(2)该重大事件已经泄露或者市场出现传闻(选项B);(3)公司证券及其衍生品种出现异常交易情况。

【考点】强制信息披露制度

4.【答案】AB

【解析】发生可能对上市交易公司债券的交易价格产生较大影响的重大事件,投资者尚未得知时,公司应当立即将有关该重大事件的情况向国务院证券监督管理机构和证券交易场所报送临时报告,并予公告,说明事件的起因、目前的状态和可能产生的法律后果。重大事件包括但不限于:(1)公司新增借款或者对外提供担保超过上年年末净资产的20%(选项D未超过净资产的20%);(2)公司放弃债权或者财产,超过上年年末净资产的10%(选项B);(3)公司发生超过上年年末净资产10%的重大损失;(4)公司作出减资、合并、分立、解散及申请破产的决定(选项C是增资);(5)公司涉嫌犯罪被依法立案调查,公司的控股股东、实际控制人、董事、监事、高级管理人员涉嫌犯罪被依法采取强制措施(选项A)。

【考点】强制信息披露制度

5.【答案】ABD

【解析】任何下列情形,不得单独作为不予处罚情形认定:(1)不直接从事经营管理(选项C);(2)能力不足、无相关职业背景;(3)任职时间短、不了解情况;(4)相信专业机构或者专业人员出具的意见和报告;(5)受到股东、实际控制人控制或者其他外部干预。

【考点】虚假陈述行为

6.【答案】AB

【解析】(1)选项C:如有证据证明因信息披露义务人受控股股东、实际控制人指使,未按照规定披露信息,或者所披露的信息有虚假记载、误导性陈述或者重大遗漏的,在认定信息披露义务人责任的同时,应当认定信息披露义务人控股股东、实际控制人的信息披露违法责任;(2)选项D:受到股东、实际控制人控制或者其他外部干预的,不得单独作为不予处罚情形认定。

【考点】虚假陈述行为

7.【答案】ABC

【解析】上市公司、股票在国务院批准的其他全国性证券交易场所交易的公司的董事、监事、高级管理人员、持有或者通过协议、其他安排与他人共同持有该公司股份5%以上的股东,将其持有的公司股票在买入后6个月内卖出,或者在卖出后6个月内又买入,由此所得收益归该公司所有。公司董事会不按上述规定执行的,股东有权要求董事会在30日内执行。公司董事会未在上述期限内执行的,股东有权为了公司的利益以自己的名义直接向人民法院提起诉讼。公司董事会不按照上述规定执行的,负有责任的董事依法承担连带责任。

【考点】内幕交易行为

8.【答案】ABD

【解析】选项CD：公司的董事、1/3以上监事或经理发生变动，属于内幕信息。财务总监发生变动，不属于内幕信息。

【考点】内幕交易行为

9.【答案】ACD

【解析】在投资者任职的董事、监事及高级管理人员，其父母、配偶、子女及其配偶、配偶的父母、兄弟姐妹及其配偶、配偶的兄弟姐妹及其配偶等亲属，与投资者持有同一上市公司股份，互为一致行动人。

【考点】上市公司收购概述

10.【答案】ABCD

【解析】(1) 选项A：收购人持有的被收购上市公司的股票，在收购行为完成后18个月内不得转让。但在同一实际控制人控制的不同主体之间进行转让不受前述18个月的限制。(2) 选项B：预定收购的股份比例不得低于该上市公司已发行股份的5%。(3) 选项C：在要约收购期限届满前3个交易日内，预受股东不得撤回其对要约的接受。(4) 选项D：在要约收购期间，被收购公司董事不得辞职。

【考点】上市公司收购概述，要约收购程序

11.【答案】CD

【解析】(1) 选项A：上市公司面临严重财务困难，收购人提出的挽救公司的重组方案取得该公司股东大会批准，且收购人承诺3年内不转让其在该公司中所拥有的权益，收购人可以免于以要约方式增持股份；(2) 选项B：经上市公司股东大会非关联股东批准，投资者取得上市公司向其发行的新股，导致其在该公司拥有权益的股份超过该公司已发行股份的30%，投资者承诺3年内不转让本次向其发行的新股，且公司股东大会同意投资者免于发出要约，投资者可以免于发出要约。

【考点】强制要约制度

12.【答案】ABCD

【考点】上市公司重大资产重组

13.【答案】AD

【解析】(1) 选项B：非上市公众公司向不特定合格投资者公开发行股票，须经中国证监会核准；(2) 选项C：公司股东人数超过200人的，应当对出席会议的持股比例在10%以下的股东表决情况单独计票并予以披露。

【考点】非上市公众公司

14.【答案】ACD

【解析】(1) 选项B：发行价格不低于定价基准日前20个交易日公司股票均价的80%；(2) 选项C：控股股东、实际控制人或其控制的关联人认购的股份自发行结束之日起18个月内不得转让；(3) 选项D：证券投资基金管理公司、证券公司、合格境外机构投资者、人民币合格境外机构投资者以其管理的2只以上产品认购的，视为1个发行对象。

【考点】上市公司发行新股

15.【答案】ACD

【解析】优先股股东有权出席股东大会会议，就以下事项与普通股股东分类表决：(1) 修改公司章程中与优先股相关的内容；(2) 一次或累计减少公司注册资本超过10%；(3) 公司合并、分立、解散或变更公司形式；(4) 发行优先股；(5) 公司章程规定的其他情形。

【考点】优先股

16. 【答案】AD

【解析】上市公司拟决定其股票不再在交易所交易，或者转而申请在其他交易场所交易或者转让的，应当召开股东大会作出决议，须经出席会议的股东所持表决权的2/3以上通过，并且经出席会议的除以下股东以外的其他股东所持表决权的2/3以上通过：(1) 上市公司的董事、监事、高级管理人员；(2) 单独或者合计持有上市公司5%以上股份的股东。

【考点】股票上市与退市

17. 【答案】BC

【解析】(1) 选项A：发行人的董事、监事、高级管理人员及持股比例超过5%的股东，可视同专业投资者参与发行人相关公司债券的认购或交易、转让；(2) 选项B：非公开发行的公司债券应当向专业投资者发行，不得采用广告、公开劝诱和变相公开方式，每次发行对象不得超过200人；(3) 选项D：非公开发行公司债券，承销机构或依照法律规定自行销售的发行人应当在每次发行完成后5个工作日内向中国证券业协会报备。

【考点】公司债券的发行

18. 【答案】ABCD

【解析】内外部增信机制、偿债保障措施包括但不限于下列方式：(1) 第三方担保；(2) 商业保险（选项A）；(3) 资产抵押、质押担保（选项B）；(4) 限制发行人债务及对外担保规模；(5) 限制发行人对外投资规模（选项C）；(6) 限制发行人向第三方出售或抵押主要资产；(7) 设置债券回售条款（选项D）。

【考点】公司债券的发行

19. 【答案】AD

【解析】上市公司向不特定对象发行可转债的转股价格应当不低于募集说明书公告日前20个交易日发行人股票交易均价和前1个交易日均价，且不得向上修正。上市公司向特定对象发行可转债的转股价格应当不低于认购邀请书发出前20个交易日发行人股票交易均价和前1个交易日均价，且不得向下修正。

【考点】可转换公司债券的发行

第八章 企业破产法律制度

一、单项选择题

1. 下列关于破产申请当事人的表述中,不符合企业破产法律制度规定的是(   )。
   A. 债务人发生破产原因,可以向人民法院提出重整、和解或者破产清算申请
   B. 对破产人的特定财产享有担保权的债权人不享有破产申请权
   C. 税务机关和社会保险机构享有对债务人的破产清算申请权,但不享有重整申请权
   D. 破产企业的职工作为债权人可以申请债务人企业破产清算或者重整,职工提出破产申请应经职工代表大会或者全体职工会议多数决议通过

2. 2018年7月,甲、乙两家公司签订了一份买卖合同。按照合同约定,双方已于2018年8月底前各自履行了合同义务的50%,并应于2018年年底将各自剩余的50%的合同义务履行完毕。2018年10月,人民法院受理了债务人甲公司的破产申请。2018年10月31日,甲公司管理人通知乙公司继续履行合同,乙公司同意履行但要求甲公司管理人提供担保。根据企业破产法律制度的规定,下列关于该买卖合同的表述中,正确的是(   )。
   A. 乙公司应当继续履行合同,无权要求管理人提供担保
   B. 乙公司应当继续履行合同,所产生的债务属于共益债务
   C. 如果管理人不提供担保的,视为解除合同,乙公司有权就合同约定的违约金申报债权
   D. 甲公司管理人事后因履行困难可以再次选择解除合同

3. 2018年8月3日,人民法院受理了甲公司的破产申请。根据企业破产法律制度的规定,下列已经开始、尚未审结的与甲公司有关的民事诉讼中,人民法院应当中止审理的是(   )。
   A. 股东乙以甲公司董事长决策失误导致公司损失为由,对其提起的诉讼
   B. 甲公司以拖欠货款为由,对丙公司提起的诉讼
   C. 债权人丁公司以甲公司股东戊与甲公司法人人格严重混同为由,主张戊直接承担责任的诉讼
   D. 甲公司以总经理庚违反竞业禁止为由,主张其返还不当利益的诉讼

4. 根据企业破产法律制度的规定,下列关于执行案件移送破产审查的表述中,正确的是(   )。
   A. 执行法院采取财产调查措施后,发现被执行人的企业法人符合破产原因的,可以不征求申请执行人、被执行人同意,直接将案件移送破产审查
   B. 执行案件移送破产审查,由被执行人住所地人民法院管辖

C. 执行法院作出移送决定后，应当书面通知所有已知执行法院，执行法院均应终结对被执行人的执行程序

D. 执行法院作出移送决定后，对被执行人的查封、扣押、冻结措施应当解除

5. 根据企业破产法律制度的规定，下列主体中，可以担任管理人的是(　　)。

A. 甲，3年前因过失致人死亡被判处有期徒刑2年

B. 乙，5年前曾被吊销注册会计师证书现又重新取得

C. 丙，债务人董事的侄子

D. 丁，破产案件受理前2年内曾担任债务人法律顾问

6. 根据企业破产法律制度的规定，下列选项中，不属于人民法院可以指定管理人名册中的个人作为管理人的企业破产案件应同时具备的条件的是(　　)。

A. 事实清楚　　　　　　　　B. 标的额较小

C. 债权债务关系简单　　　　D. 债务人财产相对集中

7. 根据企业破产法律制度的规定，管理人转让债务人的土地、房屋等不动产权益的，应当提前一定期限书面报告债权人委员会或者人民法院。该一定期限是(　　)。

A. 5日　　　B. 10日　　　C. 15日　　　D. 30日

8. 根据企业破产法律制度的规定，下列选项中，不属于债务人财产的是(　　)。

A. 债务人依法享有的可以用货币估价并可以依法转让的债权

B. 债务人已依法设定担保物权的特定财产

C. 债务人对按份享有所有权的共有财产的相关份额

D. 债务人基于租赁合同占有、使用的他人财产

9. 根据企业破产法律制度的规定，下列关于债务人财产收回的表述中，不正确的是(　　)。

A. 债务人的出资人尚未完全履行出资义务的，管理人应当要求该出资人缴纳所认缴的出资，不受出资期限的限制

B. 债务人的董事、监事和高级管理人员利用职权侵占的企业财产，管理人应当追回

C. 债务人的董事、监事和高级管理人员在普遍拖欠职工工资情况下获取的工资性收入，应当向管理人返还，因返还所形成的债权，全部作为拖欠职工工资清偿

D. 在人民法院受理破产申请后，管理人可以通过清偿债务或者提供为债权人所接受的担保，取回质物、留置物

10. 甲公司欠乙公司100万元货款于2018年6月1日到期。2018年7月1日，人民法院受理了甲公司的破产申请。根据企业破产法律制度的规定，下列关于甲公司清偿债务的表述中，属于管理人有权请求人民法院撤销的是(　　)。

A. 2017年5月10日，甲公司向乙公司提前清偿了100万元货款

B. 2017年9月10日，甲公司向乙公司提前清偿了100万元货款

C. 2018年5月10日，甲公司已知自己不能清偿到期债务且资不抵债，向乙公司提前清偿了100万元货款

D. 2018 年 7 月 10 日，甲公司向乙公司清偿了 100 万元货款

11. 甲公司欠乙公司 100 万元货款于 2014 年 11 月 1 日到期。乙公司无正当理由一直未对甲公司主张债权。2018 年 4 月 1 日，人民法院受理了乙公司的破产申请。假定乙公司债权的诉讼时效期间为 3 年。根据企业破产法律制度的规定，管理人向甲公司主张债权的诉讼时效届满日为（   ）。

  A. 2017 年 11 月 1 日   B. 2018 年 4 月 1 日
  C. 2020 年 11 月 1 日   D. 2021 年 4 月 1 日

12. 根据企业破产法律制度的规定，下列费用支出，不属于由债务人财产随时清偿的是（   ）。

  A. 受理破产申请前债务人尚未支付的案件受理费
  B. 分配债务人财产的费用
  C. 受理破产申请前债务人尚未支付的未终结的执行程序中产生的评估费
  D. 管理人聘用工作人员的费用

13. 根据企业破产法律制度的规定，人民法院受理破产申请后，应当确定债权人申报债权的期限。下列关于债权申报期限的表述中，符合法律规定的是（   ）。

  A. 债权申报期限自人民法院发布受理破产申请公告之日起计算，最短不得少于 30 日，最长不得超过 60 日
  B. 债权申报期限自人民法院发布受理破产申请公告之日起计算，最短不得少于 30 日，最长不得超过 3 个月
  C. 债权申报期限自人民法院受理破产申请之日起计算，最短不得少于 30 日，最长不得超过 3 个月
  D. 债权申报期限自人民法院受理破产申请之日起计算，最短不得少于 30 日，最长不得超过 60 日

14. 根据企业破产法律制度的规定，下列关于债权申报的表述中，不正确的是（   ）。

  A. 债务人所欠职工的工资和医疗、伤残补助、抚恤费用，应当申报债权
  B. 债务人、保证人均被裁定进入破产程序的，债权人有权向债务人、保证人分别申报债权
  C. 对债务人特定财产享有担保权的债权，须依法申报
  D. 连带债权人可以由其中一人代表全体连带债权人申报债权，也可以共同申报债权

15. 根据企业破产法律制度的规定，下列关于破产债权确认的表述中，不正确的是（   ）。

  A. 管理人不允许以其认为债权超过诉讼时效或不能成立等为由拒绝编入债权申报登记册
  B. 管理人依法编制的债权表，应当提交第一次债权人会议核查
  C. 经第一次债权人会议核查后仍存在异议的债权，由人民法院裁定该异议债权是否

列入债权表内

D. 债权表由人民法院裁定确认,不允许债权人通过提起债权确认诉讼予以修正,该项裁定具有实体法律效力

16. 根据企业破产法律制度的规定,下列关于债权人表决权行使的表述中,不正确的是( )。

A. 对于第一次会议确认债权以后的债权人会议,只有债权得到确认者才有权行使表决权

B. 债权尚未确定的债权人,除人民法院能够为其行使表决权而临时确定债权额的外,不得行使表决权

C. 对债务人的特定财产享有担保权的债权人,未放弃优先受偿权利的,对于通过重整计划的事项不享有表决权

D. 对债务人的特定财产享有担保权的债权人,未放弃优先受偿权利的,对于通过破产财产的分配方案的事项不享有表决权

17. 根据企业破产法律制度的规定,下列选项中,属于债权人会议职权的是( )。

A. 更换管理人,审查管理人的费用和报酬

B. 登记并核查债权

C. 选任和更换债权人委员会所有成员

D. 决定继续或者停止债务人的营业

18. 根据企业破产法律制度的规定,债权人会议通过破产财产的分配方案,其决议方式是( )。

A. 由出席会议的有表决权的债权人过半数通过,并且其所代表的债权额占无财产担保债权总额的 1/2 以上

B. 由出席会议的有表决权的债权人过半数通过,并且其所代表的债权额占全部债权总额的 1/2 以上

C. 由出席会议的有表决权的债权人过半数通过,并且其所代表的债权额占无财产担保债权总额的 2/3 以上

D. 由出席会议的有表决权的债权人过半数通过,并且其所代表的债权额占全部债权总额的 2/3 以上

19. 根据企业破产法律制度的规定,下列关于债权人会议僵局的解决办法中,正确的是( )。

A. 债务人财产的管理方案和破产财产的变价方案,经债权人会议表决未通过的,由人民法院裁定

B. 破产财产的分配方案,经债权人会议表决未通过的,由人民法院裁定

C. 债权人对人民法院作出批准破产财产变价方案和债务人财产管理方案的裁定不服的,可以自收到通知之日起 15 日内向该人民法院的上一级法院上诉

D. 债权额占无财产担保债权总额 1/2 以上的债权人对人民法院作出批准破产财产分

配方案的裁定不服的，可以自收到通知之日起15日内向该人民法院的上一级法院上诉

20. 根据企业破产法律制度的规定，债权人委员会的成员人数原则上应当为奇数，不得超过一定数量。该一定数量是(   )。
   A. 5人　　　　　B. 7人　　　　　C. 9人　　　　　D. 11人

21. 债务人企业在重整申请受理之后，应当在法定期限内制作并提交重整计划草案。根据企业破产法律制度的规定，该法定期限最长为(   )。
   A. 3个月　　　　B. 6个月　　　　C. 9个月　　　　D. 12个月

22. 根据企业破产法律制度的规定，下列重整计划分组表决的表述中，不正确的是(   )。
   A. 对重整计划草案进行分组表决时，权益未受到调整或者影响的债权人或者股东，不参加重整计划草案的表决
   B. 对出资人组，由出席会议的该组出资人过半数同意，并且经参与表决的出资人所持表决权2/3以上通过的，即为该组通过重整计划草案
   C. 债务人欠缴的纳入社会统筹账户的社会保险费用，该项费用的债权人不参加重整计划草案的表决
   D. 人民法院在必要时可以决定在普通债权组中设小额债权组对重整计划草案进行表决

23. 根据企业破产法律制度的规定，下列关于重整期间的表述中，不正确的是(   )。
   A. 重整期间是指重整申请受理至重整计划草案得到债权人会议分组表决通过及人民法院审查批准的期间，但不包括重整计划得到批准后的执行期间
   B. 在重整期间，对债务人的特定财产享有的担保权可以行使
   C. 在重整期间，债务人或者管理人为继续营业而借款的，可以以债务人财产为该借款设定担保
   D. 在重整期间，经人民法院同意，债务人的董事、监事、高级管理人员可以向第三人转让其持有的债务人的股权

24. 根据企业破产法律制度的规定，下列关于农民专业合作社破产财产分配顺序的表述中，正确的是(   )。
   A. 破产财产优先清偿破产前与农民成员已发生交易但尚未结清的款项
   B. 破产财产在支付破产费用和共益债务后，优先清偿破产前与农民成员已发生交易但尚未结清的款项
   C. 破产财产在支付破产费用和共益债务、所欠职工工资和劳动保险费用后，优先清偿破产前与农民成员已发生交易但尚未结清的款项
   D. 破产财产在支付破产费用和共益债务、所欠职工工资和劳动保险费用、所欠税款后，优先清偿破产前与农民成员已发生交易但尚未结清的款项

25. 根据企业破产法律制度的规定，下列关于商业银行破产财产分配顺序的表述中，正确的是（　　）。
   A. 破产财产优先支付个人储蓄存款本息
   B. 破产财产在支付清算费用后，优先支付个人储蓄存款本息
   C. 破产财产在支付清算费用、所欠职工工资和劳动保险费用后，优先支付个人储蓄存款本息
   D. 破产财产在支付清算费用、所欠职工工资和劳动保险费用、所欠税款后，优先支付个人储蓄存款本息

26. 破产企业甲公司在破产案件受理后因欠缴税款产生滞纳金。下列关于该滞纳金在破产程序中清偿顺位的表述中，符合企业破产法律制度规定的是（　　）。
   A. 该滞纳金属于普通破产债权，清偿顺位劣后于欠缴税款
   B. 该滞纳金劣后于普通破产债权清偿
   C. 该滞纳金与欠缴税款处于相同清偿顺位
   D. 该滞纳金不属于破产债权，在破产程序中不予清偿

27. 债权人未受领也无法直接交付的破产财产分配额，管理人应当提存。债权人自一定期限仍不领取的，视为放弃受领分配的权利，管理人或者人民法院应当将提存的分配额分配给其他债权人。根据企业破产法律制度的规定，该一定期限是（　　）。
   A. 自破产程序终结之日起满 2 年　　B. 自破产程序终结之日起满 2 个月
   C. 自最后分配公告之日起满 2 个月　　D. 自最后分配公告之日起满 2 年

28. 破产财产分配时，对于诉讼或者仲裁未决的债权，管理人应当依争议标的额将其分配额提存。自一定期限仍不能受领分配的，人民法院应当将提存的分配额分配给其他债权人。根据企业破产法律制度的规定，该一定期限是（　　）。
   A. 自破产程序终结之日起满 2 年　　B. 自破产程序终结之日起满 2 个月
   C. 自最后分配公告之日起满 2 个月　　D. 自最后分配公告之日起满 2 年

29. 下列关于关联企业实质合并破产的表述中，符合企业破产法律制度规定的是（　　）。
   A. 人民法院实质合并破产的裁定，具有对各关联企业实行公司法上组织合并程序的效力
   B. 当关联企业资产与负债严重混同导致法人人格混同，可适用关联企业实质合并破产方式进行审理
   C. 采用实质合并方式审理关联企业破产案件的，应由关联企业主要财产所在地人民法院管辖
   D. 实质合并破产不消灭关联企业成员之间的债权债务关系

二、多项选择题

1. 根据企业破产法律制度的规定，下列选项中，债务人账面资产虽大于负债，但属于人民法院应当认定其明显缺乏清偿能力的有（　　）。

A. 因资金严重不足或者财产不能变现等原因，无法清偿债务

B. 法定代表人下落不明但有其他人员负责管理财产，无法清偿债务

C. 经人民法院强制执行，无法清偿债务

D. 长期亏损且经营扭亏困难，无法清偿债务

2. 甲公司因拖欠乙公司到期货款无法偿还，乙公司请求人民法院对甲公司资产采取强制执行措施，仍无法清偿债务。债权人丙公司向人民法院申请甲公司破产。根据企业破产法律制度的规定，下列选项中，属于对破产申请受理异议不成立的情形有(　　)。

A. 甲公司以丙公司自己未向人民法院申请采取强制执行措施为由，对破产申请提出异议

B. 甲公司以对丙公司的债务负有连带责任的人未丧失清偿能力为由，对破产申请提出异议

C. 甲公司以丙公司未预先交纳诉讼费用为由，对破产申请提出异议

D. 甲公司以丙公司的债权享有特定财产抵押担保为由，对破产申请提出异议

3. 2018年8月，甲公司将自有的一套房屋出租给乙公司，甲、乙两公司签订一份房屋租赁合同，租赁期限为3年。2020年4月，人民法院受理了债务人甲公司的破产申请。根据企业破产法律制度的规定，下列关于该租赁合同的表述中，正确的有(　　)。

A. 管理人有权决定解除或者继续履行合同

B. 管理人不得违背合同约定任意单方解除合同

C. 管理人在变价该房屋时，承租人在同等条件下享有优先购买权

D. 管理人可以将该房屋带租约出售，但不影响租赁合同效力

4. 甲公司因不能清偿到期债务且资不抵债向人民法院申请破产，人民法院受理了破产申请。根据企业破产法律制度的规定，下列关于破产申请受理的表述中，不正确的有(　　)。

A. 人民法院受理破产申请后，债务人对有担保的债权人乙公司在担保物价值范围内的债务清偿无效

B. 人民法院受理破产申请后，甲公司的债务人丙公司应当向甲公司清偿债务

C. 人民法院受理破产申请后，有关甲公司财产的保全措施应当解除，执行程序应当终结

D. 人民法院受理破产申请后，已经开始而尚未终结的有关甲公司的民事诉讼应当终结

5. 根据企业破产法律制度的规定，下列关于执行案件移送破产审查条件的表述中，正确的有(　　)。

A. 执行案件移送破产审查，被执行人可以是企业法人，也可以是企业法人之外的组织

B. 被执行人和申请执行人均书面同意将执行案件移送破产审查

C. 被执行人或者申请执行人书面同意将执行案件移送破产审查

D. 被执行人不能清偿到期债务，并且资产不足以清偿全部债务或者明显缺乏清偿能力

6. 根据企业破产法律制度的规定，下列关于执行案件移送破产审查的表述中，不正确的有(   )。

   A. 受移送法院作出受理裁定时，已通过拍卖程序处置且成交裁定已送达买受人的拍卖财产，应当移交受移送法院

   B. 受移送法院作出受理裁定时，通过以物抵债偿还债务且抵债裁定已送达债权人的抵债财产，应当移交受移送法院

   C. 受移送法院作出受理裁定时，已完成转账、汇款、现金交付的执行款，应当移交受移送法院

   D. 受移送法院裁定受理破产案件的，在此前的执行程序中产生的评估费、公告费、保管费等执行费用，可以参照破产费用的规定，从债务人财产中随时清偿

7. 根据企业破产法律制度的规定，下列各项中，属于管理人职责的有(   )。

   A. 调查债务人的财产状况，制作财产状况报告

   B. 决定债务人的日常开支

   C. 决定债务人的内部管理事务

   D. 通过债务人财产的管理方案

8. 根据企业破产法律制度的规定，下列表述中，正确的有(   )。

   A. 人民法院根据债务人最终清偿的财产价值总额，按照一定比例限制范围分段确定管理人报酬，但是担保权人优先受偿的担保物价值不计入该最终清偿的财产价值总额

   B. 对清算组中参与工作的有关政府部门派出的工作人员，不支付报酬

   C. 律师事务所、会计师事务所通过聘用本专业的其他社会中介机构或者人员协助履行管理人职责的，所需费用在管理人报酬之外从破产费用中另行支付

   D. 债权人会议对管理人报酬有异议并且无法与管理人协商一致的，应当向人民法院书面提出具体的请求和理由，异议书应当附有相应的债权人会议决议

9. 根据企业破产法律制度的规定，管理人实施的下列行为中，属于应当及时报告债权人委员会，未设立债权人委员会的，管理人应当及时报告人民法院的有(   )。

   A. 债权和有价证券的转让

   B. 借款

   C. 解除债务人和对方当事人均未履行完毕的合同

   D. 担保物的收回

10. 根据企业破产法律制度的规定，下列情形中，债权人可以行使抵销权的有(   )。

    A. 甲享有对债务人120万元的债权，同时又是债务人股东，在债务人破产时，甲尚有100万元的分期出资额未缴纳

B. 乙享有对债务人120万元的债权且有价值100万元的厂房作抵押担保,但在听说债务人申请破产后,购买了债务人80万元的货物并拒绝支付货款而形成债务

C. 丙应付债务人100万元的货款,在债务人的破产申请被受理后,从另一债权人手中以6折的价格买入了100万元的债权

D. 丁应付债务人100万元的货款,在债务人的破产申请受理1年前,从另一个债权人手中以8折的价格买入了100万元的债权

11. 2018年3月1日,甲公司和乙公司签订买卖设备合同,合同约定:设备价款100万元,乙公司在4月1日交付设备,甲公司首笔货款80万元在交付设备时支付,剩余的货款在9月1日前全部付清,在甲公司付清全部价款之前,乙公司对该设备保留所有权。4月1日,甲、乙公司按合同约定履行了交付设备和支付首笔货款义务。2018年7月1日,人民法院受理乙公司的破产申请,管理人接管了该企业。根据企业破产法律制度的规定,下列关于该买卖合同的表述中,正确的有(　　)。

A. 管理人决定继续履行该买卖合同的,甲公司应当按照买卖合同的约定支付剩余价款

B. 管理人决定继续履行该买卖合同的,如果甲公司不履行支付价款义务,乙公司管理人有权取回该设备

C. 管理人决定解除该买卖合同的,甲公司不得以自己不存在未依约支付价款为由进行抗辩

D. 管理人决定解除该买卖合同的,如果甲将买卖标的物交付出卖人管理人后,其已支付价款80万元形成的债权作为普通破产债权进行清偿

12. 2018年3月1日,甲公司和乙公司签订买卖设备合同,合同约定:设备价款100万元,乙公司在4月1日交付设备,甲公司首笔货款40万元在交付设备时支付,剩余的货款在9月1日前全部付清,在甲公司付清全部价款之前,乙公司对该设备保留所有权。4月1日,甲、乙公司按合同约定履行了交付设备和支付首笔货款义务。2018年7月1日,人民法院受理甲公司的破产申请,管理人接管了该企业。根据企业破产法律制度的规定,下列关于该买卖合同的表述中,正确的有(　　)。

A. 管理人决定继续履行该买卖合同的,可以要求按照合同约定的付款期限支付价款

B. 管理人决定继续履行该买卖合同的,如果甲公司不履行支付价款义务,乙公司有权取回该设备

C. 管理人决定解除该买卖合同的,乙公司取回的设备有损坏的,可从甲公司已支付价款中优先予以抵扣,剩余部分返还给甲公司

D. 管理人决定解除该买卖合同的,乙公司取回的设备有损坏的,对甲公司已支付价款不足以弥补该损失形成的债权,作为共益债务清偿

13. 根据破产法律制度的规定,下列关于撤销权行使的表述中,正确的有(　　)。

A. 只要债务人的特定行为发生在法定期间内,管理人便有权请求人民法院予以撤销

B. 破产申请受理后,管理人未依法请求撤销债务人放弃债权行为的,债权人可以行

使撤销权，但不得超过债权人的债权范围

C. 在破产清算程序终结后2年内，债权人可以行使破产撤销权而追回财产。该财产用于对追回财产的债权人个别清偿

D. 在重整程序中，在不与债务人利益发生冲突的情况下，撤销权可由债务人自行行使，管理人负责监督

14. 根据企业破产法律制度的规定，下列关于一般取回权行使的表述中，正确的有( )。

A. 在通常情况下，一般取回权的行使只限于取回原物

B. 债务人重整期间，权利人要求取回债务人合法占有的权利人的财产，不符合双方事先约定条件的，人民法院原则上不予支持

C. 权利人行使取回权时未依法向管理人支付相关的加工费、保管费、托运费、委托费、代销费等费用，管理人有权拒绝其取回相关财产

D. 权利人行使取回权，应当在破产财产分配方案或者和解协议、重整计划草案提交债权人会议表决前向管理人提出

15. 破产申请受理后，经债权人会议决议通过，管理人可以为债务人继续营业而借款。根据企业破产法律制度的规定，下列关于该借款清偿的表述中，正确的有( )。

A. 提供借款的债权人主张优先于普通破产债权清偿的，人民法院应予支持

B. 提供借款的债权人主张优先于此前已就债务人特定财产享有担保的债权清偿的，人民法院不予支持

C. 管理人可以为该借款设定抵押担保，提供借款的债权人有权就债务人特定财产享有优先受偿权

D. 管理人可以为该借款设定抵押担保，抵押物在破产申请受理前已为其他债权人设定抵押的，抵押权已登记的债权人主张先于未登记的抵押权受偿，人民法院应予支持

16. 在人民法院确定的债权申报期限内，债权人未申报债权的，根据企业破产法律制度的规定，下列表述中，正确的有( )。

A. 该债权不得申报

B. 该债权可以在破产财产最后分配前补充申报，此前已进行的分配，应对其补充分配

C. 该债权可以在破产财产最后分配前补充申报，但此前已进行的分配，不再对其补充分配

D. 依破产程序审查和确认补充申报债权所实际发生的费用，由补充申报债权人承担

17. 2018年4月1日，甲公司向乙银行贷款100万元（不考虑贷款利息），贷款期限2年，丙公司为其提供连带责任保证。2019年6月1日，人民法院受理了甲公司的破产申请，乙银行向管理人申报了全部债权。根据企业破产法律制度的规定，下列表述中，正确的有( )。

A. 保证人丙公司可以以其对债务人的将来求偿权预先向管理人申报债权

B. 丙公司清偿了乙银行全部债权后，可以代替债权人在破产程序中受偿

C. 在乙银行的债权未获全部清偿前，丙公司不得代替债权人在破产程序中受偿，但是有权就乙银行通过破产分配和实现担保债权等方式获得清偿总额中超出债权的部分，在其承担担保责任的范围内请求乙银行返还

D. 破产程序终结后，丙公司承担保证责任后，不得再向和解或重整后的甲公司行使求偿权

18. 2019年4月1日，甲公司向乙银行贷款100万元（不考虑贷款利息），贷款期限2年，丙公司为其提供一般保证。2020年6月1日，人民法院受理了丙公司的破产申请。根据企业破产法律制度的规定，下列表述中，正确的有(　　)。

A. 人民法院受理丙公司破产案件的，丙公司的保证责任不因其破产而免除

B. 人民法院受理丙公司破产案件的，丙公司的管理人可以向乙银行主张先诉抗辩权

C. 丙公司破产案件受理时主债务未到期的，丙公司并无提前履行保证责任的义务

D. 如果乙银行先从丙公司处获得清偿，应先行提存

19. 相关主体对债权表记载的债权有异议可以向人民法院提起诉讼。根据企业破产法律制度的规定，下列关于该诉讼中原告和被告的表述中，正确的有(　　)。

A. 债务人对债权表记载的债权有异议向人民法院提起诉讼的，应将被异议债权人列为被告

B. 债权人对债权表记载的他人债权有异议的，应将被异议债权人和债务人列为共同被告

C. 债权人对债权表记载的本人债权有异议的，应将债务人列为被告

D. 对同一笔债权存在多个异议人，其他异议人申请参加诉讼的，应当列为共同原告

20. 根据企业破产法律制度的规定，下列关于债权人会议性质的表述中，正确的有(　　)。

A. 债权人会议不是一个独立的民事权利主体，而只是具有自治性质的团体机构

B. 债权人会议不能与破产程序之外的主体发生法律关系

C. 债权人会议属于法定必设机关，但不是常设的机构，而是会议体机构

D. 债权人会议仅为决议机关，虽享有法定职权，但本身无执行功能

21. 在债权人会议上除有权出席会议的债权人之外，还有其他列席人员。根据企业破产法律制度的规定，下列人员中，有义务列席债权人会议的有(　　)。

A. 债务人的法定代表人

B. 债务人的控股股东

C. 债务人企业的财务管理人员

D. 管理人

22. 根据企业破产法律制度的规定，下列情形中，需要召开债权人会议的有(　　)。

A. 人民法院认为必要时

B. 管理人向债权人会议主席提议时

C. 债权人委员会向债权人会议主席提议时

D. 占债权总额1/10以上的债权人向债权人会议主席提议时

23. 债权人会议的决议具有特定情形之一，损害债权人利益，债权人申请撤销的，人民法院应予支持。根据企业破产法律制度的规定，下列选项中，属于该特定情形的有(　　)。

A. 债权人会议的召开违反法定程序

B. 债权人会议的表决违反法定程序

C. 债权人会议的决议内容违法

D. 债权人会议的决议超出债权人会议的职权范围

24. 根据企业破产法律制度的规定，下列关于债权人委员会的表述中，不正确的有(　　)。

A. 在债权人会议中应当设立债权人委员会

B. 债权人会议可以依照《企业破产法》规定，委托债权人委员会通过债务人财产的管理方案

C. 债权人委员会决定所议事项应获得出席会议的成员过半数通过，并作成议事记录

D. 只有债权额占无财产担保债权总额1/2以上的债权人有权查阅债权人委员会决议

25. 债权人申请对债务人进行破产清算的，下列主体中，在人民法院受理破产申请后、宣告债务人破产前，可以向人民法院申请重整的有(　　)。

A. 债务人

B. 其他债权人

C. 出资额占债务人注册资本1/10以上的出资人

D. 管理人

26. 根据企业破产法律制度的规定，下列关于重整计划执行和效力的表述中，正确的有(　　)。

A. 重整计划可以由债务人负责执行，也可以由管理人负责执行

B. 经人民法院裁定批准的重整计划，对债务人的特定财产享有担保权的债权人不受其约束

C. 债权人对债务人的保证人和其他连带债务人所享有的权利，不受重整计划的影响，可以依据原合同约定行使权利

D. 债权人未依照规定申报债权的，在重整计划执行期间不得行使权利

27. 下列关于重整计划变更的表述中，不符合企业破产法律制度规定的有(　　)。

A. 因出现国家政策调整、法律修改变化等特殊情况，导致原重整计划无法执行的，债务人或者管理人可以申请变更重整计划一次

B. 重整计划变更无须经债权人会议决议同意，但须经人民法院批准

C. 人民法院裁定同意变更重整计划的，债务人或者管理人应当在3个月内提出新的

重整计划

D. 变更后的重整计划应提交所有债权人组和出资人组进行表决

28. 下列关于和解的表述中，符合企业破产法律制度规定的有（   ）。

A. 和解申请只能由债务人一方提出

B. 和解申请只能由债权人一方提出

C. 在和解程序中，对债务人特定财产享有的担保物权暂停行使

D. 和解债权人未依照法律规定申报债权的，在和解协议执行完毕后，仍可按和解协议规定的清偿条件行使权利

29. 根据企业破产法律制度的规定，企业被宣告破产后，下列选项中，不构成别除权的情形有（   ）。

A. 第三人为破产人的债务提供抵押担保

B. 破产人为其他债务人的债务提供连带责任保证

C. 破产人为自己的债务提供质押担保

D. 破产人为其他债务人的债务提供抵押担保

30. 根据企业破产法律制度的规定，下列债务中，在清偿破产费用和共益债务后，应从破产财产中按第一顺位获得清偿的有（   ）。

A. 破产人所欠职工的工资

B. 破产人所欠职工的医疗、伤残补助、抚恤费用

C. 破产人所欠的应当划入职工个人账户的基本养老保险、基本医疗保险费用

D. 破产人所欠纳入社会统筹账户的社会保险费用

31. 根据企业破产法律制度的规定，对于法律没有明确规定清偿顺序的债权，人民法院可以按照一定的原则合理确定清偿顺序。下列关于该清偿原则的表述中，正确的有（   ）。

A. 人身损害赔偿债权优先于财产性债权

B. 私法债权优先于公法债权

C. 补偿性债权优先于惩罚性债权

D. 惩罚性债权优先于补偿性债权

32. 根据企业破产法律制度的规定，下列关于破产清偿顺序的表述中，正确的有（   ）。

A. 破产财产依照《企业破产法》规定的顺序清偿后仍有剩余的，可依次用于清偿破产受理前产生的刑事罚金、行政罚款、民事惩罚性赔偿金等惩罚性债权

B. 由第三方垫付的职工债权，原则上按照垫付的职工债权性质进行清偿

C. 由欠薪保障基金垫付的职工债权，应按照纳入社会统筹账户的社会保险费用和破产人所欠税款的顺序清偿

D. 债务人欠缴的住房公积金，按照债务人拖欠的职工工资性质清偿

三、案例分析题

2018年5月5日，因A公司未能偿还对B公司的到期债务80万元（以价值100万元的楼房设定抵押），B公司提起对A公司破产清算的申请。A公司收到人民法院通知后，于5月9日提出异议：第一，A公司已为债权人B公司的债权设定抵押担保，且担保物价值大于其所欠债务，故B公司不享有破产清算申请权；第二，A公司账面资产大于负债，不构成资不抵债。人民法院经过调查得知：虽然A公司的账面资产总额超过负债总额，但A公司的法定代表人下落不明且无其他人员负责管理资产，无法清偿债务。据此，人民法院于5月16日裁定受理B公司的申请，并指定了管理人。

在此破产案件中，有以下情况：

（1）2017年12月9日，A公司的债权人C公司向某人民法院提起诉讼，主张A公司股东甲向其承担出资不实的责任，本案于2018年4月10日作出生效的民事判决，截至破产受理时尚未执行。

（2）2018年1月10日，A公司与乙公司订立买卖合同，将一台机器设备以100万元的价格卖给乙公司，合同约定：乙公司先交付首付款40万元，A公司交付设备，其余款项在2018年9月1日前缴清，在缴清全部货款之前，A公司保留该设备的所有权。乙公司按照约定支付了首期款项，A公司也交付了该设备。人民法院裁定受理A公司破产申请后，管理人决定解除该合同，要求乙公司返还该设备，但乙公司以其并不存在违约为由提出抗辩。

（3）2017年10月，A公司受托为丙公司保管一批苹果，2018年4月20日，由于遭遇台风天气，导致该批苹果部分损失。保险公司于2018年4月30日向A公司支付了保险赔偿金30万元，A公司财务人员收到保险赔偿金后，将其存入A公司的银行账户，并未作特别区分。

（4）2018年3月，B公司已知A公司有不能清偿到期债务的事实，从A公司购买了一批货物，合同交易金额50万元，5月25日，B公司在向管理人申报债权时，主张将其所欠A公司的50万元货款与自己对乙公司享有的债权抵销，管理人对此向人民法院提出异议。

要求：

根据上述内容，分别回答下列问题：

（1）人民法院受理破产申请之后，债务人A公司提出的两项异议是否成立？请分别说明理由。

（2）C公司诉A公司股东甲的案件如何处理？请说明理由。

（3）乙公司拒绝管理人请求返还设备的抗辩是否成立？请说明理由。

（4）丙公司是否有权要求管理人返还保险金？如果丙公司有权要求返还，请说明理由。如果丙公司无权要求返还，丙公司该如何维护自己的权益？

（5）管理人针对B公司提出抵销异议是否成立？请说明理由。

参考答案及解析

一、单项选择题

1.【答案】 B

【解析】选项B：债务人不能清偿到期债务，债权人可以向人民法院提出对债务人进行重整或者破产清算的申请，但不能提出和解申请。没有物权担保的债权人享有破产申请权，对破产人的特定财产享有担保权的债权人同样享有破产申请权。

【考点】破产申请的提出

2.【答案】 B

【解析】（1）选项AC：管理人决定继续履行合同的，对方当事人应当履行；但是，对方当事人有权要求管理人提供担保。管理人不提供担保的，视为解除合同。对方当事人以因合同解除所产生的损害赔偿请求权申报债权。这时可申报的债权以实际损失为限，违约金不得作为破产债权申报。（2）选项B：因管理人请求对方当事人履行双方均未履行完毕的合同所产生的债务，属于共益债务。（3）选项D：管理人只享有一次性的合同选择履行权，不得反向再次或多次行使，尤其是不得在决定履行合同后又决定解除合同。

【考点】破产申请的受理，破产债权申报的特别规定，破产费用与共益债务

3.【答案】 C

【解析】（1）选项A：股东代表诉讼虽以股东自己的名义提起，但最终胜诉利益应归属于公司，不涉及债务人财产的个别清偿，不属于中止审理的情形；（2）选项B：胜诉后，丙公司应向甲公司清偿货款，胜诉利益归属于甲公司，不涉及债务人财产的个别清偿，不属于中止审理的情形；（3）选项D：庚返还的利益归属于甲公司，不涉及债务人财产的个别清偿，不属于中止审理的情形。

【考点】破产申请的受理

4.【答案】 B

【解析】（1）选项A：执行法院采取财产调查措施后，发现作为被执行人的企业法人符合《企业破产法》第2条规定的，应当及时询问申请执行人、被执行人是否同意将案件移送破产审查；（2）选项C：执行法院作出移送决定后，应当书面通知所有已知执行法院，执行法院均应中止对被执行人的执行程序；（3）选项D：执行法院决定移送后、受移送法院裁定受理破产案件之前，对被执行人的查封、扣押、冻结措施不解除。

【考点】执行案件移送破产审查

5.【答案】 A

【解析】（1）选项A：因故意犯罪受过刑事处罚，不得担任管理人；（2）选项B：曾被吊销相关专业执业证书，不得担任管理人；（3）选项C：与债权人或者债务人的控股股东、董事、监事、高级管理人员存在夫妻、直系血亲、三代以内旁系血亲或者近姻亲关系的，认定与本案有利害关系，不得担任本案管理人；（4）选项D：现在担任或者在人民法院受理破产申请前3年内曾经担任债务人、债权人的财务顾问、法律顾问的，认定与本案有利害关系，不得担任本案管理人。

【考点】管理人的资格与指定

6.【答案】 B

【解析】对于事实清楚、债权债务关系简单、债务人财产相对集中的企业破产案件，人民法院可以

指定管理人名册中的个人为管理人。司法解释没有将指定个人管理人的适用范围限定为小额破产案件。

【考点】管理人的资格与指定

7.【答案】B

【考点】债权人委员会

8.【答案】D

【解析】债务人基于仓储、保管、承揽、代销、借用、寄存、租赁等合同或者其他法律关系占有、使用的他人财产，不属于债务人财产。

【考点】债务人财产的一般规定

9.【答案】C

【解析】选项C：债务人的董事、监事和高级管理人员在普遍拖欠职工工资情况下获取的工资性收入，应当向管理人返还，因返还所形成的债权，按照该企业职工平均工资计算的部分作为拖欠职工工资清偿，高出该企业职工平均工资计算的部分，可以作为普通破产债权清偿。

【考点】债务人财产的一般规定

10.【答案】C

【解析】（1）选项A：提前清偿并未发生在人民法院受理破产申请前1年内，而是在1年前，不属于可撤销情形。（2）选项BC：破产申请受理前1年内债务人提前清偿的未到期债务，在破产申请受理前已经到期，管理人请求撤销该清偿行为的，人民法院不予支持。但是，该清偿行为发生在破产申请受理前6个月内且债务人有破产原因的除外。（3）选项D：人民法院受理破产申请后，债务人对个别债权人的债务清偿无效。

【考点】破产撤销权与无效行为

11.【答案】D

【解析】债务人对外享有债权的诉讼时效，自人民法院受理破产申请之日起中断。债务人无正当理由未对其到期债权及时行使权利（变相放弃），导致其对外债权在破产申请受理前1年内超过诉讼时效期间的，人民法院受理破产申请之日起重新计算上述债权的诉讼时效期间。

【考点】破产撤销权与无效行为

12.【答案】A

【解析】（1）选项AC：人民法院裁定受理破产申请的，此前债务人尚未支付的公司强制清算费用、未终结的执行程序中产生的评估费、公告费、保管费等执行费用，可以参照《企业破产法》关于破产费用的规定，由债务人财产随时清偿。此前债务人尚未支付的案件受理费、执行申请费，可以作为破产债权清偿。（2）选项BD：属于破产费用，由债务人财产随时清偿。

【考点】破产费用与共益债务

13.【答案】B

【考点】破产债权申报的一般规则

14.【答案】A

【解析】选项A：债务人所欠职工的工资和医疗、伤残补助、抚恤费用，所欠的应当划入职工个人账户的基本养老保险、基本医疗保险费用，以及法律、行政法规规定应当支付给职工的补偿金，不必申报，由管理人调查后列出清单并予以公示。职工对清单记载有异议的，可以要求管理人更正；管理人不予更正的，职工可以向人民法院提起债权确认诉讼。

【考点】破产债权申报的一般规则，破产债权申报的特别规定

15.【答案】D

【解析】选项D：债权表由人民法院裁定确认，但允许通过提起债权确认诉讼予以修正，即该项裁定无实体法律效力，不影响债权人等利害关系人提起债权确认诉讼的权利。

【考点】破产债权的确认

16.【答案】C

【解析】选项CD：对债务人的特定财产享有担保权的债权人，未放弃优先受偿权利的，对于通过和解协议（对重整计划享有表决权）、通过破产财产的分配方案的事项不享有表决权。

【考点】债权人会议的组成

17.【答案】D

【解析】（1）选项A：债权人会议有权申请人民法院更换管理人，审查管理人的费用和报酬；(2)选项B：管理人负责登记债权，债权人会议核查债权；(3)选项C：债权人委员会中的债权人代表由债权人会议选任、罢免。

【考点】债权人会议的召集与职权

18.【答案】A

【考点】债权人会议的召集与职权

19.【答案】A

【解析】（1）选项B：破产财产的分配方案，经债权人会议2次表决仍未通过的，由人民法院裁定；(2)选项C：债权人对人民法院作出批准债务人财产管理方案和破产财产变价方案的裁定不服的，可以自裁定宣布之日或者收到通知之日起15日内向该人民法院申请复议；(3)选项D：债权额占无财产担保债权总额1/2以上的债权人对人民法院作出批准破产财产分配方案的裁定不服的，可以自裁定宣布之日或者收到通知之日起15日内向该人民法院申请复议。

【考点】债权人会议的召集与职权

20.【答案】C

【考点】债权人委员会

21.【答案】C

【解析】债务人或者管理人应当自人民法院裁定债务人重整之日起6个月内，同时向人民法院和债权人会议提交重整计划草案。期限届满，经债务人或者管理人请求，有正当理由的，人民法院可以裁定延期3个月。

【考点】重整计划草案的制订与批准

22.【答案】B

【解析】选项B：出资人组的表决，按照《公司法》规定的股东（大）会的表决方式进行，即按照出资比例行使表决权，同意者的人数不是表决是否通过的考虑因素，这是与债权人组表决不同的。出资人组对重整计划草案中涉及出资人权益调整事项的表决，经参与表决的出资人所持表决权2/3以上通过的，即为该组通过重整计划草案。

【考点】重整计划草案的制订与批准

23.【答案】B

【解析】选项B：在重整期间，对债务人的特定财产享有的担保权暂停行使。

【考点】重整申请和重整期间

24.【答案】B

【考点】破产财产的变价和分配

25.【答案】C

【考点】破产财产的变价和分配

26.【答案】D

【考点】破产财产的变价和分配

27.【答案】C

【解析】债权人未受领也无法直接交付的破产财产分配额，管理人应当提存。债权人自最后分配公告之日起满2个月仍不领取的，视为放弃受领分配的权利，管理人或者人民法院应当将提存的分配额分配给其他债权人。

【考点】破产财产的变价和分配

28.【答案】A

【解析】破产财产分配时，对于诉讼或者仲裁未决的债权，管理人应当依争议标的额将其分配额提存。自破产程序终结之日起满2年仍不能受领分配的，人民法院应当将提存的分配额分配给其他债权人。

【考点】破产财产的变价和分配

29.【答案】B

【解析】（1）选项A：实质合并破产中的"合并"，不是公司法、企业法上的组织合并，而只是在破产程序进行期间以对各关联企业的资产与负债统一处理为目的的法人人格模拟合并。（2）选项C：采用实质合并方式审理关联企业破产案件的，应由关联企业中的核心控制企业住所地人民法院管辖。核心控制企业不明确的，由关联企业主要财产所在地人民法院管辖。（3）选项D：人民法院裁定采用实质合并方式审理破产案件的，各关联企业成员之间的债权债务归于消灭，各成员的财产作为合并后统一的破产财产，由各成员的债权人在同一程序中按照法定顺序公平受偿。

【考点】关联企业实质合并破产

二、多项选择题

1.【答案】ACD

【解析】选项B：法定代表人下落不明且无其他人员负责管理财产，无法清偿债务的，债务人账面资产虽大于负债，但人民法院应当认定其明显缺乏清偿能力。

【考点】破产原因

2.【答案】ABCD

【解析】（1）选项A：只要债务人的任何一个债权人经人民法院强制执行未得到清偿，其每个债权人均有权提出破产申请，并不要求申请人自己已经采取了强制执行措施；（2）选项B：相关当事人以对债务人的债务负有连带责任的人未丧失清偿能力为由，主张债务人不具备破产原因的，人民法院不予支持；（3）选项C：相关当事人以申请人未预先交纳诉讼费用为由，对破产申请提出异议的，人民法院不予支持；（4）选项D：债务人对申请人的债权是否存在担保等提出异议，因不影响破产原因的成立，不能成为阻止提出破产申请的理由，不影响人民法院对破产申请的受理。

【考点】破产申请的受理，破产原因

3.【答案】BCD

【解析】（1）选项AB：破产企业对外出租不动产的合同（如房屋租赁合同），除存在严重影响破产财产的变价与价值，且无法分别处分等特殊情况外，管理人不得违背合同约定任意单方解除合同；

(2) 选项C：在变价破产财产时，房屋可以带租约出售，承租人在同等条件下享有优先购买权；
(3) 选项D：买卖不破租赁。

【考点】破产申请的受理

4. 【答案】ABCD

【解析】(1) 选项A：人民法院受理破产申请后，债务人对个别债权人的债务清偿无效。但是，债务人以其财产向债权人提供物权担保的，其在担保物市场价值内向债权人所作的债务清偿，不受上述规定限制。(2) 选项B：人民法院受理破产申请后，债务人的债务人或者财产持有人应当向管理人清偿债务或者交付财产。(3) 选项C：人民法院受理破产申请后，有关债务人财产的保全措施应当解除，执行程序应当中止。(4) 选项D：人民法院受理破产申请后，已经开始而尚未终结的有关债务人的民事诉讼或者仲裁应当中止；在管理人接管债务人财产、掌握诉讼情况后能够继续进行时，该诉讼或者仲裁继续进行。

【考点】破产申请的受理

5. 【答案】CD

【解析】执行案件移送破产审查，应同时符合下列条件：(1) 被执行人为企业法人；(2) 被执行人或者有关被执行人的任何一个执行案件的申请执行人书面同意将执行案件移送破产审查；(3) 被执行人不能清偿到期债务，并且资产不足以清偿全部债务或者明显缺乏清偿能力。

【考点】执行案件移送破产审查

6. 【答案】ABC

【解析】受移送法院作出受理裁定时，已通过拍卖程序处置且成交裁定已送达买受人的拍卖财产，通过以物抵债偿还债务且抵债裁定已送达债权人的抵债财产，已完成转账、汇款、现金交付的执行款，因财产所有权已经发生变动，不属于被执行人的财产，不再移交。

【考点】执行案件移送破产审查

7. 【答案】ABC

【解析】(1) 选项ABC：属于管理人的职责；(2) 选项D：属于债权人会议的职权。

【考点】管理人的职责与责任

8. 【答案】ABD

【解析】选项C：为防止重复计酬，律师事务所、会计师事务所通过聘用本专业的其他社会中介机构或者人员协助履行管理人职责的，所需费用从其报酬中支付，不能在管理人报酬之外从破产费用中另行支付。

【考点】管理人的报酬

9. 【答案】ABD

【解析】根据规定，管理人实施下列行为，应当及时报告债权人委员会（未设立债权人委员会的，管理人应当及时报告人民法院）：(1) 涉及土地、房屋等不动产权益的转让；(2) 探矿权、采矿权、知识产权等财产权的转让；(3) 全部库存或者营业的转让；(4) 借款；(5) 设定财产担保；(6) 债权和有价证券的转让；(7) 履行债务人和对方当事人均未履行完毕的合同；(8) 放弃权利；(9) 担保物的收回；(10) 对债权人的利益有重大影响的其他财产处分行为。

【考点】债权人委员会

10. 【答案】BD

【解析】(1) 选项A：股东的破产债权，不得与其欠付的注册资本金相抵销。(2) 选项B：法律规定的不得抵销情形的债权人,主张以其对债务人特定财产享有优先受偿权的债权,与债务人对其不享有优先受偿权的债权抵销,债务人管理人以抵销存在不得抵销情形提出异议的,人民法院不予支持。但是,用以抵销的债权大于债权人享有优先受偿权财产价值的除外,本选项中用以抵销的债权是80万元,没有超过抵押物价值100万元。(3)选项C:债务人的债务人在破产申请受理后取得他人对债务人的债权的,禁止抵销。

【考点】抵销权

11.【答案】AC

【解析】(1)选项AB:出卖人破产,其管理人决定继续履行所有权保留买卖合同的,买受人应当按照原买卖合同的约定支付价款或者履行其他义务。买受人未依约支付价款或者履行完毕其他义务,或者将标的物出卖、出质或者作出其他不当处分,给出卖人造成损害,出卖人管理人依法主张取回标的物的,人民法院应予支持。但是,买受人已经支付标的物总价款75%以上或者第三人善意取得标的物所有权或者其他物权的除外。(2)选项CD:出卖人破产,其管理人决定解除所有权保留买卖合同的,有权依法要求买受人向其交付买卖标的物。买受人以其不存在未依约支付价款或者履行完毕其他义务,或者将标的物出卖、出质或者作出其他不当处分情形抗辩的,人民法院不予支持。买受人依法履行合同义务并依据上述规定将买卖标的物交付出卖人管理人后,买受人已支付价款损失形成的债权作为共益债务清偿;买受人违反合同约定的,买受人上述债权作为普通破产债权清偿。在本题中,买受人甲公司依法履行义务,故首笔货款80万元所形成的债权作为共益债务清偿。

【考点】取回权

12.【答案】BCD

【解析】选项A:买受人破产,其管理人决定继续履行所有权保留买卖合同的,原买卖合同中约定的买受人支付价款或者履行其他义务的期限在破产申请受理时视为到期,买受人管理人应当及时向出卖人支付价款或者履行其他义务。

【考点】取回权

13.【答案】AD

【解析】(1)选项A:只要债务人的特定行为发生在法定期间内,即构成可撤销行为,除法律另有规定外,立法不再对被撤销行为实施时债务人是否存在破产原因作实质判断。债务人与第三人主观上为恶意或善意,原则上也不影响撤销权的行使。(2)选项B:破产申请受理后,管理人未依据《企业破产法》第31条的规定请求撤销债务人无偿转让财产、以明显不合理的价格进行交易、放弃债权行为的,债权人依据《合同法》第74条等规定提起诉讼,请求撤销债务人上述行为并将因此追回的财产归入债务人财产的,人民法院应予受理。相对人以债权人行使撤销权的范围超出债权人的债权抗辩的,人民法院不予支持。(3)选项C:在破产清算程序终结后2年内,债权人可以行使破产撤销权或针对债务人的无效行为而追回财产。在此期间内追回的财产,应用于对全体债权人分配。(4)选项D:在重整程序中,债务人可以在管理人的监督下自行管理财产和营业事务,其职权相当于管理人。此时,在不与债务人利益发生冲突的情况下,撤销权也可由债务人自行行使,管理人负责监督。

【考点】破产撤销权与无效行为

14.【答案】ABC

【解析】选项D:权利人行使取回权,应当在破产财产变价方案或者和解协议、重整计划草案提交债权人会议表决前向管理人提出。

【考点】取回权

15. 【答案】ABCD

【解析】选项CD：管理人或者自行管理的债务人可以为借款设定抵押担保，抵押物在破产申请受理前已为其他债权人设定抵押的，债权人主张按照《物权法》第199条规定的顺序清偿，人民法院应予支持。《物权法》第199条规定：同一财产向两个以上债权人抵押的，拍卖、变卖抵押财产所得的价款依照下列规定清偿：(1)抵押权已登记的，按照登记的先后顺序清偿；顺序相同的，按照债权比例清偿；(2)抵押权已登记的先于未登记的受偿；(3)抵押权未登记的，按照债权比例清偿。

【考点】破产费用与共益债务

16. 【答案】CD

【解析】在人民法院确定的债权申报期限内，债权人未申报债权的，可以在破产财产最后分配前补充申报；但是，此前已进行的分配，不再对其补充分配。为审查和确认补充申报债权的费用，由补充申报人承担。

【考点】破产债权申报的一般规则

17. 【答案】BCD

【解析】选项A：保证人已经代替债务人清偿债务的，以其对债务人的求偿权申报债权。保证人尚未代替债务人清偿债务的，以其对债务人的将来求偿权预先申报债权。但是，债权人已经向管理人申报全部债权，保证人或者连带债务人不能再申报债权。

【考点】破产债权申报的特别规定

18. 【答案】AD

【解析】(1)选项B：一般保证人破产的，不得行使先诉抗辩权；(2)选项C：保证债务尚未到期的，可依照法律的规定，将其未到期之保证责任视为已到期，提前予以清偿；(3)选项D：如债权人先从一般保证人处获得清偿，应先行提存，待债权人在债务到期从债务人处行使受偿权利后，再确定保证人是否还应承担保证责任。

【考点】破产债权申报的特别规定

19. 【答案】ACD

【解析】选项B：债权人对债权表记载的他人债权有异议的，应将被异议债权人列为被告。

【考点】破产债权的确认

20. 【答案】ABCD

【解析】(1)选项B：债权人会议仅在破产程序中与人民法院、管理人、债务人或破产人等有关当事人进行交涉，负责处理涉及全体债权人共同利益的问题，协调债权人的法律行为，采用多数决的表决方式在其职权范围内议决有关破产事宜。债权人会议不能与破产程序之外的主体发生法律关系。(2)选项D：债权人会议仅为决议机关，虽享有法定职权，但本身无执行功能，其所作出的相关决议一般由管理人、债权人委员会负责执行。

【考点】债权人会议的组成

21. 【答案】ACD

【解析】债务人的法定代表人有义务列席债权人会议。经人民法院决定，债务人企业的财务管理人员和其他经营管理人员有义务列席债权人会议。管理人作为负有财产事务管理职责的人也应当列席债权人会议。

【考点】债权人会议的组成

22. 【答案】ABC

【解析】根据规定,第一次债权人会议由人民法院召集,以后的债权人会议,在人民法院认为必要时,或者管理人、债权人委员会、占债权总额 1/4 以上的债权人向债权人会议主席提议时召开。

【考点】债权人会议的召集与职权

23.【答案】ABCD

【考点】债权人会议的召集与职权

24.【答案】ABCD

【解析】(1)选项 A:债权人会议可以决定设立债权人委员会。(2)选项 B:债权人会议可以依照《企业破产法》规定,委托债权人委员会行使部分债权人会议职权(限于申请人民法院更换管理人,审查管理人的费用和报酬;监督管理人;决定继续或者停止债务人的营业)。债权人会议不得作出概括性授权,委托其行使债权人会议所有职权。(3)选项 C:债权人委员会决定所议事项应获得全体成员过半数通过,并作成议事记录。(4)选项 D:单个债权人有权查阅债务人财产状况报告、债权人会议决议、债权人委员会决议、管理人监督报告等参与破产程序所必需的债务人财务和经营信息资料。

【考点】债权人委员会

25.【答案】ABC

【解析】债权人申请对债务人进行破产清算的,在人民法院受理破产申请后、宣告债务人破产前,债务人或者出资额占债务人注册资本 1/10 以上的出资人,可以向人民法院申请重整。其他债权人也可以申请对债务人进行重整。

【考点】重整申请和重整期间

26.【答案】CD

【解析】(1)选项 A:重整计划由债务人负责执行;(2)选项 B:经人民法院裁定批准的重整计划,对债务人和全体债权人均有约束力,包括对债务人的特定财产享有担保权的债权人。

【考点】重整计划的执行、监督与终止

27.【答案】BCD

【解析】(1)选项 B:债权人会议决议同意变更重整计划的,应自决议通过之日起 10 日内提请人民法院批准。债权人会议决议不同意或者人民法院不批准变更申请的,人民法院经管理人或者利害关系人请求,应当裁定终止重整计划的执行,并宣告债务人破产。(2)选项 C:人民法院裁定同意变更重整计划的,债务人或者管理人应当在 6 个月内提出新的重整计划。(3)选项 D:变更后的重整计划应提交给因重整计划变更而遭受不利影响的债权人组和出资人组进行表决。

【考点】重整计划的执行、监督与终止

28.【答案】AD

【解析】(1)选项 AB:和解申请只能由债务人提出;(2)选项 C:有财产担保的债权人不受和解协议的约束,该债权人自人民法院裁定和解之日起就可以行使担保物权。

【考点】和解制度

29.【答案】AB

【解析】(1)选项 A:因抵押物属于第三人(而非破产企业),不构成别除权;(2)选项 B:别除权针对的是有财产担保的债权(如抵押、质押),不涉及保证。

【考点】别除权

30.【答案】ABC

【解析】破产财产在优先清偿破产费用和共益债务后,依照下列顺序清偿:(1)破产人所欠职工的工资和医疗、伤残补助、抚恤费用，所欠的应当划入职工个人账户的基本养老保险、基本医疗保险费用，以及法律、行政法规规定应当支付给职工的补偿金；(2)破产人欠缴的除前项规定以外的社会保险费用和破产人所欠税款；(3)普通破产债权。

【考点】破产财产的变价和分配

31.【答案】ABC

【考点】破产财产的变价和分配

32.【答案】BCD

【解析】选项A：破产财产依照《企业破产法》规定的顺序清偿后仍有剩余的，可依次用于清偿破产受理前产生的民事惩罚性赔偿金、行政罚款、刑事罚金等惩罚性债权。

【考点】破产财产的变价和分配

三、案例分析题

【答案】

(1)债务人A公司提出的两项异议均不成立。①根据规定，对破产人的特定财产享有担保权的债权人同样享有破产申请权。②债务人账面资产虽大于负债，但存在法定代表人下落不明且无其他人员负责管理财产，无法清偿债务的情形，人民法院应当认定其明显缺乏清偿能力，构成破产原因。

【考点】破产原因

(2) C公司诉A公司股东甲的案件应当中止执行，C公司应当依法向管理人申报债权。根据规定，破产申请受理前，债权人就债务人财产向人民法院提起诉讼，人民法院已经作出生效民事判决书或者调解书但尚未执行完毕的，破产申请受理后，相关执行行为应当中止，债权人应当依法向管理人申报相关债权。

【考点】破产申请的受理

(3)乙公司拒绝管理人请求返还设备的抗辩不成立。根据规定，出卖人破产，其管理人决定解除所有权保留买卖合同的，有权依法要求买受人向其交付买卖标的物。买受人不得以其不存在未依约支付价款或者履行完毕其他义务等情形进行抗辩。

【考点】取回权

(4)①丙公司无权要求管理人返还保险金。根据规定，债务人占有的他人财产毁损、灭失，因此获得的保险金、赔偿金、代偿物尚未交付给债务人，或者代偿物虽已交付给债务人但能与债务人财产予以区分的，权利人主张取回就此获得的保险金、赔偿金、代偿物的，人民法院应予支持。在本题中，其保险金已经支付且与债务人财产无法区分。②债务人占有的他人财产毁损、灭失，因此获得的保险金、赔偿金已经交付给债务人，或者代偿物已经交付给债务人且不能与债务人财产予以区分的，人民法院应当按照以下规定处理：a. 财产毁损、灭失发生在破产申请受理前的，权利人因财产损失形成的债权，作为普通破产债权清偿。b. 财产毁损、灭失发生在破产申请受理后的，因管理人或者相关人员执行职务导致权利人损害产生的债务，作为共益债务清偿。在本题中，财产毁损、灭失发生在破产申请受理前，故丙公司只能向管理人申报普通破产债权清偿。

【考点】取回权

(5)管理人针对B公司提出抵销异议不成立。根据规定，《企业破产法》第40条所列不得抵销情形的债权人，主张以其对债务人特定财产享有优先受偿权的债权，与债务人对其不享有优先受偿权的债权抵销，债务人的管理人以其抵销存在《企业破产法》第40条规定的情形提出异议的，人民法院不予支持。但是，用以抵销的债权大于债权人享有优先受偿权财产价值的除外。

【考点】抵销权

第九章　票据与支付结算法律制度

一、单项选择题

1. 甲公司成立后在某银行申请开立了一个用于办理日常转账结算和现金收付的账户，该账户的性质属于(　　)。
   A. 基本存款账户　　　　　　　B. 一般存款账户
   C. 专用存款账户　　　　　　　D. 临时存款账户

2. 根据支付结算法律制度的规定，下列存款人中，不得开立基本存款账户的是(　　)。
   A. 非法人企业　　　　　　　　B. 异地临时机构
   C. 异地常设机构　　　　　　　D. 单位设立的独立核算的附属机构

3. 甲公司异地临时机构因临时需要在P银行开立了临时存款账户。根据支付结算法律制度的规定，该账户有效期最长不得超过(　　)。
   A. 5年　　　　B. 1年　　　　C. 2年　　　　D. 6个月

4. 根据票据法律制度的规定，下列各项中，属于汇票相对必要记载事项的是(　　)。
   A. 出票日期　　　　　　　　　B. 收款人名称
   C. 无条件支付的委托　　　　　D. 付款日期

5. 甲公司为支付租金向乙公司签发一张汇票，乙公司为支付丙公司的工程款，将该汇票背书转让给丙公司，乙公司签章并记载"本票据转让于工程验收合格后生效"，但未记载丙公司名称就将票据交付给丙公司，丙公司在票据被背书人栏内记载了自己的名称，后丙公司施工的工程存在严重的质量问题。根据票据法律制度的规定，下列关于背书行为的表述中，正确的是(　　)。
   A. 乙公司因未记载被背书人名称，背书行为无效
   B. 乙公司因背书附条件，背书行为无效
   C. 乙公司背书所附条件，不具有票据上的效力
   D. 丙公司因施工的工程存在严重质量问题，故不享有票据权利

6. 甲公司为支付乙公司货款将自己受让的一张汇票背书转让给乙公司，并记载"不得转让"，乙公司事后又将该汇票背书转让给丙公司以支付其广告费。根据票据法律制度的规定，下列各项表述中，正确的是(　　)。
   A. 甲公司不得记载"不得转让"字样
   B. 甲公司背书行为无效
   C. 乙公司背书行为无效

D. 甲公司对丙公司不承担保证责任

7. 甲公司为支付货款向乙公司签发一张银行承兑汇票，丙银行对此汇票进行了承兑。乙公司向丁公司购买货物，将该票据依法背书转让给丁公司，但丁公司未按期向乙公司交货。后丁公司又将该票据背书转让给不知情的戊公司，用于支付租金。戊公司按期持票据向丙银行请求付款，丙银行以出票人甲公司账户余额不足为由拒绝付款。根据票据法律制度的规定，下列关于当事人的票据责任表述中，不正确的是（　　）。

　　A. 丙银行可以拒绝向戊公司付款

　　B. 戊公司可以向甲公司、乙公司、丙银行和丁公司行使追索权

　　C. 乙公司不得以丁公司未按期交货为由拒绝向戊公司承担票据责任

　　D. 乙公司可以以丁公司未按期交货为由拒绝向丁公司承担票据责任

8. 甲银行签发一张银行本票给乙公司，乙公司将该银行本票背书转让给丙公司，丁公司作为乙公司的保证人在票据上签章。丙公司又将该本票背书转让给戊公司，戊公司作为持票人未按规定期限向付款人提示见票，请求付款。根据票据法律制度的规定，下列选项中，戊公司可以行使追索权的是（　　）。

　　A. 甲银行　　　B. 乙公司　　　C. 丙公司　　　D. 丁公司

9. 根据票据法律制度的规定，下列关于公示催告程序的表述中，不正确的是（　　）。

　　A. 申请公示催告的失票人必须是在丧失票据占有以前的最后合法持票人

　　B. 付款人或者代理付款人收到人民法院发出的止付通知，应当立即停止支付，直至公示催告程序终结

　　C. 公示催告的期间，不得少于60日，且期间届满日不得早于票据付款日后15日

　　D. 利害关系人因正当理由不能在除权判决前向人民法院申报的，自知道或者应当知道判决公告之日起2年内，可以向作出除权判决的人民法院起诉

10. 根据支付结算法律制度的规定，下列关于托收承付的表述中，正确的是（　　）。

　　A. 托收承付的结算方式个人不能使用，所有单位都可以使用

　　B. 托收承付的结算方式既可以同城使用，也可以异地使用

　　C. 托收承付结算的款项必须是商品交易款项，劳务供应的款项不得使用

　　D. 收付双方必须在购销合同上订明使用托收承付结算方式

11. 2018年3月1日，甲公司销售给乙公司一批化肥，双方协商采取托收承付、验单付款方式办理货款结算。3月6日，乙公司开户银行向乙公司发出承付通知。乙公司在承付期内未向其开户银行表示拒绝付款。已知3月10日、11日为法定休假日。则乙公司开户银行向甲公司划拨货款的日期为（　　）。

　　A. 3月9日　　　B. 3月10日　　　C. 3月11日　　　D. 3月12日

12. 根据支付结算法律制度的规定，下列关于单位卡的表述中，不正确的是（　　）。

　　A. 单位人民币卡账户的资金一律从其基本存款账户转账存入

　　B. 单位外币卡账户的资金应从其单位的外汇账户转账存入

C. 单位人民币卡账户不得存取现金

D. 单位人民币卡账户可以存入销货收入

13. 根据支付结算法律制度的规定，关于信用卡透支利率及利息管理的下列表述中，不正确的是(　　)。

A. 透支的计结息方式由发卡机构自主确定

B. 透支的利率标准由发卡机构与申请人协商确定

C. 透支利率实行下限管理

D. 透支利率实行上限管理

14. 下列关于国内信用证议付的表述中，不正确的是(　　)。

A. 信用证未明示可议付，任何银行不得办理议付

B. 信用证明示可议付，如开证行仅指定一家议付行，未被指定为议付行的银行不得办理议付

C. 信用证明示可议付，被指定的议付行必须为受益人办理议付

D. 议付行议付时，必须与受益人书面约定是否有追索权

二、多项选择题

1. 根据支付结算法律制度的规定，对于下列资金的管理和使用，存款人可以申请开立专用存款账户的有(　　)。

A. 更新改造资金　　　　　　B. 收入汇缴资金

C. 业务支出资金　　　　　　D. 销售货物资金

2. 根据支付结算法律制度的规定，下列选项中，属于办理支付结算应当遵守的原则有(　　)。

A. 恪守信用，履约付款　　　B. 谁的钱进谁的账，由谁支配

C. 银行不得垫款　　　　　　D. 依法办理

3. 根据支付结算法律制度的规定，下列各项中，属于一般存款账户使用范围的有(　　)。

A. 办理借款转存　　　　　　B. 办理借款归还

C. 办理现金支取　　　　　　D. 办理现金缴存

4. 根据支付结算法律制度的规定，下列各项中，存款人应向开户银行申请撤销银行结算账户的有(　　)。

A. 甲公司被人民法院宣告破产

B. 乙公司被市场监督管理局吊销营业执照

C. 丙公司将生产经营地址迁往另一个城市，需要变更开户银行

D. 丁公司将生产经营地址迁往马路对面

5. 根据票据法律制度的规定，下列关于票据无效的表述中，正确的有(　　)。

A. 未使用按中国人民银行统一规定印制的票据，票据无效

B. 更改出票金额的，票据无效

C. 票据金额以中文大写和数码同时记载，二者必须一致，二者不一致的，票据无效

D. 出票人未记载出票日期的，票据无效

6. 根据票据法律制度的规定，票据的下列记载事项中，不得更改的有(　　)。

　　A. 出票金额　　　　　　　　B. 出票日期
　　C. 收款人名称　　　　　　　D. 付款人名称

7. 甲公司为支付货款向乙公司签发一张银行承兑汇票，并在汇票上记载"见票日后6个月付款"。丙银行对此票据进行了承兑，并注明"甲公司在汇票到期后账户资金足以支付票据金额，承兑生效"，但未记载承兑日期。根据票据法律制度的规定，下列关于承兑行为的表述中，正确的有(　　)。

　　A. 持票人应当自出票日起1个月内向丙银行提示承兑
　　B. 丙银行应当在承兑时记载付款日期
　　C. 应当以收到提示承兑的汇票之日起3日内的最后一日为承兑日
　　D. 丙银行在票据到期后应当向持票人付款

8. 甲公司为支付货款签发一张银行承兑汇票给乙公司，丙银行对此汇票进行了承兑。丁公司为该汇票作保证，并注明"仅对收款人乙公司承担票据保证责任"，但未记载被保证人和保证日期，后乙公司为支付租金将票据背书转让给戊公司。根据票据法律制度的规定，下列关于保证行为的表述中，正确的有(　　)。

　　A. 未记载保证日期的，出票日期为保证日期
　　B. 未记载被保证人的，丙银行为被保证人
　　C. 丁公司应当与被保证人对持票人承担连带责任
　　D. 丁公司对戊公司不承担票据保证责任

9. 根据票据法律制度的规定，下列票据记载事项中，属于相对必要记载事项的有(　　)。

　　A. 背书日期　　B. 承兑日期　　C. 保证日期　　D. 付款日期

10. 根据票据法律制度的规定，下列关于票据行为附条件的法律效力的表述中，正确的有(　　)。

　　A. 背书附条件，不影响背书行为的效力
　　B. 承兑附条件，不影响承兑行为的效力
　　C. 保证附条件，不影响对票据的保证责任
　　D. 出票附条件，不影响出票行为的效力

11. 甲公司为支付货款向乙公司签发一张出票后6个月付款、金额为100万元的银行承兑汇票，丙银行为承兑人，丁公司的分支机构戊及庚公司为其票据作保证。根据票据法律制度的规定，下列关于票据保证的表述中，正确的有(　　)。

　　A. 丁公司的分支机构戊在丁公司书面授权范围内可以提供票据保证
　　B. 庚公司应当与乙公司签订保证合同或保证条款
　　C. 戊应当在票据上记载"保证"字样并签章

D. 庚公司与戊之间承担连带责任

12. 甲公司依法签发一张汇票给乙公司，丙公司胁迫乙公司将该汇票背书转让给自己，后丙公司将票据赠与不知情的丁公司，丁公司为支付货款又将该票据背书转让给不知情的戊公司，戊公司将该票据赠与庚公司。根据票据法律制度的规定，下列关于票据权利的表述中，不正确的有（ ）。

A. 丙公司享有票据权利
B. 丁公司享有票据权利
C. 戊公司享有票据权利
D. 庚公司不享有票据权利

13. 根据票据法律制度的规定，下列关于商业汇票提示承兑期限的表述中，正确的有（ ）。

A. 见票即付的商业汇票，无须提示承兑
B. 定日付款的商业汇票，持票人应当在汇票到期日前提示承兑
C. 出票后定期付款的商业汇票，持票人应当在汇票到期日前提示承兑
D. 见票后定期付款的商业汇票，持票人应当自出票日起1个月内提示承兑

14. 根据票据法律制度的规定，下列各项中，属于无效支票的有（ ）。

A. 出票时未记载付款人名称
B. 出票时未记载收款人名称
C. 出票时更改了付款人名称，并在更改处加盖出票人印章
D. 出票时更改了收款人名称，并在更改处加盖出票人印章

15. 2018年1月10日，甲公司依法向乙公司签发一张丙银行为付款人、到期日为出票日起3个月的银行承兑汇票。乙公司将汇票背书转让给丁公司，丁公司按期向丙银行提示承兑，丙银行依法对该汇票进行了承兑。后丁公司又背书转让给戊公司，戊公司在2018年5月10日向承兑人丙银行提示付款被拒绝。根据票据法律制度的规定，下列表述中，正确的有（ ）。

A. 丁公司应当在2018年4月10日之前向丙银行提示承兑
B. 戊公司应当在2018年4月10日起10日内向丙银行提示付款
C. 戊公司有权在2018年11月10日之前向乙公司行使追索权
D. 戊公司有权在2020年4月10日之前向甲公司主张票据权利

16. 根据票据法律制度的规定，下列各项中，属于可以行使追索权的情形有（ ）。

A. 汇票到期被拒绝付款的
B. 汇票到期日前被拒绝承兑的
C. 汇票到期日前承兑人逃匿的
D. 汇票到期日前背书人被宣告破产的

17. 根据支付结算法律制度的规定，下列有关汇兑的表述中，正确的有（ ）。

A. 汇兑是汇款人委托银行将其款项支付给收款人的结算方式
B. 汇兑每笔金额起点是1万元，新华书店系统每笔金额起点为1 000元
C. 汇款回单可以作为该笔汇款已转入收款人账户的证明
D. 汇入银行对于向收款人发出取款通知，经过2个月无法交付的汇款，应主动办理退汇

18. 根据支付结算法律制度的规定，在办理托收承付结算中，付款人在承付期内可向银行提出全部或部分拒绝付款的情形有（　　）。

　　A. 购销合同未订明托收承付结算方式的款项

　　B. 代销、寄销、赊销商品的款项

　　C. 因逾期交货，付款人不再需要该项货物的款项

　　D. 货物已经依照合同规定发运到指定地址，付款人尚未提取货物的款项

19. 根据支付结算法律制度的规定，下列关于国内信用证的表述中，正确的有（　　）。

　　A. 我国信用证为可撤销的跟单信用证

　　B. 信用证既可以转账结算，也可以支取现金

　　C. 未被指定为议付行的银行不得办理议付

　　D. 开证行已发出付款承诺，即使申请人交存的保证金和其存款账户余额不足支付，开证行仍应在规定的付款时间内进行付款

三、案例分析题

1. 2015年2月1日，为支付货款，A公司向B公司签发一张以X银行为承兑人、金额为80万元、到期日为2015年8月1日的银行承兑汇票，X银行依法在汇票票面上签章。

　　3月1日，B公司因急需现金，将该汇票背书转让给C公司，C公司向B公司支付现金75万元。

　　4月1日，C公司将该汇票背书转让给D公司，以支付房屋租金，D公司对B公司与C公司之间的票据买卖事实不知情。D公司将该票据背书转让给E公司，以支付装修工程款，并在汇票上注明"本票据转让于工程验收合格后生效"。后E公司施工的装修工程存在严重的质量问题。

　　5月，E公司被F公司吸收合并，E公司办理了注销登记。6月1日，F公司为支付材料款将该汇票背书转让给G公司。8月10日，G公司向X银行提示付款，X银行以背书不连续为由拒绝支付。

　　要求：

　　根据上述内容，分别回答下列问题：

　　（1）C公司能否因B公司的背书转让行为而取得票据权利？并说明理由。

　　（2）D公司能否因C公司的背书转让行为而取得票据权利？并说明理由。

　　（3）在装修工程未验收合格的情况下，D公司对E公司的背书转让行为是否生效？并说明理由。

　　（4）在X银行拒绝付款时，G公司应如何证明其是票据权利人？

2. 2018年3月2日，甲公司为支付货款，向乙公司签发一张票面金额为40万元的银行承兑汇票，A银行已经签章，票据到期日为2018年9月2日。

　　2018年4月28日，乙公司为支付货款，拟将该汇票背书转让给丙公司，遂在背书人

签章一栏签章背书,但未填写被背书人名称,亦未交付。

2018年5月1日,乙公司财务人员王某利用工作之便,盗走存放于公司保险柜中的该汇票,乙公司未能及时发现。

王某盗取汇票后,将该空白背书汇票交付给丁公司,用以支付所欠货款,丁公司当时对王某盗取汇票一事不知情,丁公司在汇票被背书人栏内补记了自己的名称。

2018年5月20日,乙公司发现汇票被盗,遂于当日向公安机关报案,并向人民法院申请公示催告,人民法院于2018年5月21日发出公告,公告期间,无人申报票据权利,但因律师工作失误,乙公司未向人民法院申请作出除权判决,人民法院裁定终结公示催告程序。

2018年9月5日,丁公司向承兑人A银行提示付款,A银行按照汇票金额向丁公司支付了款项。

要求:

根据上述内容,分别回答下列问题:

(1) 王某是否取得票据权利?并说明理由。

(2) 丁公司是否取得票据权利?并说明理由。

(3) 公示催告的公告期最早于何时结束?并说明理由。

(4) A银行的付款行为是否正当?并说明理由。

参考答案及解析

一、单项选择题

1. 【答案】A

【解析】基本存款账户是存款人因办理日常转账结算和现金收付需要开立的银行结算账户。

【考点】银行结算账户

2. 【答案】B

【解析】(1) 申请开立基本存款账户的存款人(包括但不限于):①企业法人;②非法人企业(个人独资企业和合伙企业及不具有法人资格的专业服务机构等)(选项A);③民办非企业组织;④异地常设机构(选项C);⑤个体工商户;⑥居民委员会、村民委员会、社区委员会;⑦单位设立的独立核算的附属机构(包括食堂、招待所、幼儿园)(选项D);⑧其他组织(如业主委员会、村民小组等)。(2) 选项B:异地临时机构应申请开立临时存款账户。

【考点】银行结算账户

3. 【答案】C

【解析】临时存款账户的有效期最长不得超过2年。

【考点】银行结算账户

4. 【答案】D

【解析】(1) 选项ABC:属于汇票的绝对必要记载事项;(2) 选项D:属于汇票的相对必要记载事项,未记载的,视为见票即付。

【考点】汇票的具体制度

5.【答案】C

【解析】(1) 选项A：背书人未记载被背书人名称即将票据交付他人的，持票人在票据被背书人栏内记载自己的名称与背书人记载具有同等法律效力；(2) 选项BCD：背书时附有条件的，所附条件不具有票据上的效力，即不影响背书行为本身的效力，故丙公司享有票据权利。

【考点】汇票的具体制度

6.【答案】D

【解析】背书人在票据上记载"不得转让"字样，其后手再背书转让的，原背书人对后手的被背书人不承担保证责任。

【考点】汇票的具体制度

7.【答案】A

【解析】(1) 选项A：付款人承兑汇票后，应当承担到期付款的责任，不得以其与出票人之间的资金关系对抗持票人。(2) 选项B：出票人、背书人、承兑人和保证人对持票人承担连带责任。(3) 选项C：票据债务人不得以自己与出票人或者与持票人的前手之间的抗辩事由，对抗持票人。但是，持票人明知存在抗辩事由而取得票据的除外。在本题中，戊公司是不知情的。(4) 选项D：票据债务人可以对不履行约定义务的与自己有直接债权债务关系的持票人，进行抗辩。

【考点】票据抗辩，汇票的具体制度

8.【答案】A

【解析】本票的持票人未按照规定期限提示见票的，丧失对出票人以外的前手的追索权。在本题中，持票人戊公司只能向出票人甲银行行使追索权，对乙公司、丙公司、丁公司不得行使追索权。

【考点】本票的具体制度

9.【答案】D

【解析】选项D：利害关系人因正当理由不能在除权判决前向人民法院申报的，自知道或者应当知道判决公告之日起1年内，可以向作出除权判决的人民法院起诉。

【考点】票据丧失及补救

10.【答案】D

【解析】(1) 选项A：使用托收承付结算方式的收款单位和付款单位，必须是国有企业、供销合作社及经营管理较好并经开户银行审查同意的城乡集体所有制工业企业；(2) 选项B：托收承付是根据购销合同由收款人发货后委托银行向异地付款人收取款项，由付款人向银行承认付款的结算方式；(3) 选项C：办理托收承付结算的款项，必须是商品交易，以及因商品交易而产生的劳务供应的款项。

【考点】托收承付

11.【答案】D

【解析】(1) 验单付款的承付期为3天，自付款人开户银行向付款人发出承付通知的次日算起。在本题中，验单付款的承付期为3月7日—9日（承付期内遇法定休假日顺延）。(2) 付款人在承付期内，未向银行表示拒绝付款，银行即视作承付，并在承付期满的次日（遇法定休假日顺延）上午银行开始营业时，将款项主动从付款人的账户内付出，按照收款人指定的划款方式，划给收款人。因此，乙公司开户银行向甲公司划拨货款的日期为3月12日。

【考点】托收承付

12.【答案】D

【考点】银行卡

13.【答案】B

【解析】(1) 选项 AB：信用卡透支的计结息方式，以及对信用卡溢缴款是否计付利息及其利率标准，由发卡机构自主确定；(2) 选项 CD：发卡银行对信用卡透支利率实行上限和下限管理。

【考点】银行卡

14.【答案】C

【解析】信用证明示可议付，如开证行仅指定一家议付行，未被指定为议付行的银行不得办理议付，被指定的议付行可自行决定是否办理议付。

【考点】国内信用证

二、多项选择题

1.【答案】ABC

【解析】选项 D：销售货物资金不属于特定用途资金，不能开立专用存款账户，应转入基本存款账户。

【考点】银行结算账户

2.【答案】ABC

【解析】依法办理是银行办理支付结算的要求之一，但不属于原则。

【考点】支付结算的原则

3.【答案】ABD

【解析】一般存款账户用于办理存款人借款转存、借款归还和其他结算。一般存款账户可以办理现金缴存，但不得办理现金支取。

【考点】银行结算账户

4.【答案】ABC

【解析】有下列情形之一的，存款人应向开户银行提出撤销银行结算账户的申请：(1) 被撤并、解散、宣告破产或关闭的（选项 A）；(2) 注销、被吊销营业执照的（选项 B）；(3) 因迁址需要变更开户银行的（选项 C）；(4) 其他原因需要撤销银行结算账户的。

【考点】银行结算账户

5.【答案】ABCD

【解析】(1) 选项 B：出票金额、出票日期、收款人名称不得更改，更改的票据无效；(2) 选项 C：票据和结算凭证金额以中文大写和数码同时记载，二者必须一致，二者不一致的，票据无效；(3) 选项 D：出票日期属于票据的绝对必要记载事项，未记载的，票据无效。

【考点】支付结算的特征

6.【答案】ABC

【解析】出票金额、出票日期、收款人名称不得更改，更改的票据无效。

【考点】票据的伪造和变造

7.【答案】ABC

【解析】(1) 选项 A：见票后定期付款的汇票，自出票日起 1 个月内提示承兑；(2) 选项 B：见票后定期付款的汇票，应当在承兑时记载付款日期；(3) 选项 C：未记载承兑日期的，应当以收到提示承兑的汇票之日起 3 日内的最后一日为承兑日期；(4) 选项 D：承兑附有条件的，视为拒绝承兑，故丙银行不承担付款责任。

【考点】汇票的具体制度

8.【答案】ABC

【解析】（1）选项A：未记载保证日期的，出票日期为保证日期；（2）选项B：未记载被保证人的，已承兑的票据，承兑人为被保证人；（3）选项D：保证附有条件的，不影响对票据的保证责任，故丁公司对乙公司和戊公司均须承担票据责任。

【考点】汇票的具体制度

9.【答案】ABCD

【解析】（1）选项A：背书日期属于相对必要记载事项，未记载的，视为在汇票到期日前背书；（2）选项B：承兑日期属于相对必要记载事项，未记载的，以收到提示承兑的汇票之日起3日内的最后一日为承兑日期；（3）选项C：保证日期属于相对必要记载事项，未记载的，以出票日期为保证日期；（4）选项D：付款日期属于相对必要记载事项，未记载的，视为见票即付。

【考点】汇票的具体制度

10.【答案】AC

【解析】（1）选项B：承兑附有条件的，视为拒绝承兑；（2）选项D：无条件支付的委托（承诺）是出票行为绝对必要记载事项，故出票时附有条件的，出票行为无效。

【考点】汇票的具体制度

11.【答案】ACD

【解析】（1）选项A：企业法人的分支机构在法人书面授权范围内可以提供票据保证；（2）选项BC：保证人未在票据或者粘单上记载"保证"字样而另行签订保证合同或者保证条款的，不属于票据保证；（3）选项D：保证人为2人以上的，保证人之间承担连带责任。

【考点】汇票的具体制度

12.【答案】ABD

【解析】（1）选项A：以欺诈、偷盗或者胁迫等手段取得票据的，不享有票据权利；（2）选项B：因税收、继承、赠与可以依法无偿取得票据，不受给付对价的限制，但是所享有的票据权利不得优于其前手；（3）选项C：无处分权人处分票据权利，受让人依照《票据法》所规定的票据转让方式取得票据，且善意无重大过失，则可以基于善意取得制度而享有票据权利；（4）选项D：如果前手是善意的、已付对价的正当持票人，享有完整有效的票据权利，则无偿取得之人也享有同样的票据权利。

【考点】票据权利的取得

13.【答案】ABCD

【考点】汇票的具体制度

14.【答案】AD

【解析】（1）选项AB：付款人名称是绝对必要记载事项，未记载的，票据无效。而收款人名称可以授权补记。（2）选项CD：票据上出票日期、收款人名称、出票金额不得更改，更改的票据无效。对票据上的其他记载事项，原记载人可以更改，更改时应当由原记载人在更改处签章证明。

【考点】支票的具体制度

15.【答案】ABD

【解析】（1）选项A：出票后定期付款的票据，持票人应当在汇票到期日前（4月10日）向付款人提示承兑。（2）选项B：定日付款、出票后定期付款或者见票后定期付款的票据，自到期日起10日内向承兑人提示付款。（3）选项C：汇票未按照规定期限提示付款的，持票人丧失对出票人、承兑人

（如果有）以外的前手的追索权。在本题中，戊公司未按期提示付款，丧失对丁公司和乙公司的追索权。（4）选项 D：持票人对票据的出票人和承兑人的权利时效自票据到期日起 2 年（2018 年 4 月 10 日—2020 年 4 月 10 日）。

【考点】汇票的具体制度

16.【答案】ABC

【解析】（1）选项 A：票据到期后被拒绝付款的，持票人可以向背书人、出票人及票据的其他债务人行使追索权。（2）选项 BC：汇票到期日前，有下列情形之一的，持票人可以行使追索权：①汇票被拒绝承兑的；②承兑人或者付款人死亡、逃匿的；③承兑人或者付款人被依法宣告破产的或者因违法被责令终止业务活动的。（3）选项 D：汇票到期日前背书人被宣告破产，不影响持票人付款请求权的行使，故不得行使追索权。

【考点】汇票的具体制度

17.【答案】AD

【解析】（1）选项 B：汇兑没有每笔金额起点要求，只有托收承付才有每笔金额起点要求。（2）选项 C：汇款回单只能作为汇出银行受理汇款的依据，不能作为该笔汇款确已转入收款人账户的证明。收账通知是银行将款项确已收入收款人账户的凭据。

【考点】汇兑

18.【答案】ABC

【解析】选项 D：因付款人原因未提取货物，付款人不得拒绝付款。若收款人未按合同规定的到货地址发货的，则付款人可以拒绝付款。

【考点】托收承付

19.【答案】CD

【解析】（1）选项 A：国内信用证为以人民币计价、不可撤销的跟单信用证；（2）选项 B：信用证只限于转账结算，不得支取现金。

【考点】国内信用证

三、案例分析题

1.【答案】

（1）C 公司不能取得票据权利。根据规定，票据贴现属于国家特许经营业务，只有经批准的金融机构才有资格从事票据贴现业务。其他组织与个人从事票据贴现业务，票据贴现行为（背书转让）无效，故该贴现人（被背书人）不能取得票据权利。

【考点】汇票的具体制度

（2）D 公司可以取得票据权利。根据规定，虽然 C 公司不能取得票据权利，但是由于其形式上是票据权利人，在其向他人背书转让票据权利时，受让人可以基于善意取得制度而取得票据权利。在本题中，不知情的 D 公司基于善意取得制度而取得票据权利。

【考点】票据权利的取得

（3）D 公司对 E 公司的背书转让行为有效。根据规定，背书时附有条件的，所附条件不具有汇票上的效力，即不影响背书行为本身的效力。在本题中，D 公司背书时在汇票上记载了"本票据转让于工程验收合格后生效"，这属于附条件背书，所附条件不具有汇票上的效力，背书有效。

【考点】汇票的具体制度

（4）根据规定，非经背书转让，而以其他合法方式取得汇票的，应依法举证，证明其汇票权利。

在本题中，G公司应当证明：E公司与F公司发生了吸收合并，E公司被注销登记，E公司的所有权利、义务均由F公司承受，那么尽管票据不连续，但相关证据证明了E公司与F公司之间权利转移的事实，G公司就可以主张票据权利了。

【考点】票据权利的取得

2.【答案】

（1）王某不能取得票据权利。根据规定，以欺诈、偷盗、胁迫等手段或者出于恶意或者因重大过失而取得票据的，不得享有票据权利。在本题中，王某系偷盗取得票据，不享有票据权利。

【考点】票据权利的取得

（2）丁公司能够取得票据权利。根据规定，丁公司善意且无重大过失，并支付了相应对价，因此可以善意取得票据权利。此外，持票人（丁公司）在票据被背书人栏内记载自己的名称与背书人记载具有同等的法律效力。

【考点】票据权利的取得

（3）公示催告的公告期最早于2018年9月17日结束。根据规定，公示催告的期间，由人民法院根据情况决定，但不得少于60日。且公示催告期间届满日不得早于票据付款日后15日。

【考点】票据丧失及补救

（4）A银行的付款行为正当。根据规定，乙公司未申请人民法院作出除权判决，人民法院终结公示催告程序后，票据权利恢复正常。因此，当持票人在法定期限内提示付款时，承兑人A银行必须当日足额付款。

【考点】票据丧失及补救

第十章 企业国有资产法律制度

一、单项选择题

1. 根据企业国有资产法律制度的规定,下列关于企业履行出资人职责的机构的表述中,不正确的是(   )。
   A. 企业国有资产为全民所有
   B. 只有国务院有权代表国家对国家出资企业履行出资人职责
   C. 国务院代表国家行使企业国有资产所有权
   D. 国务院确定的关系国民经济命脉和国家安全的大型国家出资企业,由国务院代表国家履行出资人职责

2. 根据企业国有资产法律制度的规定,下列关于国有资本控股公司的表述中,不正确的是(   )。
   A. 国有资本控股公司包括有限责任公司和股份有限公司
   B. 出资额占有限责任公司资本总额50%以上的股东或者持有的股份占股份有限公司股本总额50%以上的股东,构成国有资本控股
   C. 出资额或者持有股份的比例虽然不足50%,但依其出资额或者持有的股份享有的表决权已足以对股东会、股东大会的决议产生重大影响的股东,构成国有资本控股
   D. 出资额或者持有股份的比例不足50%,即使依其出资额或者持有的股份享有的表决权已足以对股东会、股东大会的决议产生重大影响的股东,亦不构成国有资本控股

3. 王某是某国有独资公司的董事长。根据企业国有资产法律制度的规定,下列关于王某的说法中,正确的是(   )。
   A. 王某的董事长一职由履行出资人职责的机构任免
   B. 王某担任该国有独资公司的董事长应当具有注册会计师证
   C. 王某可以兼任该国有独资公司的监事
   D. 王某不得兼任该国有独资公司的经理

4. 根据企业国有资产法律制度的规定,下列关于企业改制的说法中,不正确的是(   )。
   A. 国有独资企业可以改制为国有独资公司
   B. 国有独资企业可以改制为国有资本控股公司
   C. 国有资本控股公司可以改制为国有资本参股公司
   D. 国有独资公司可以改制为国有独资企业

5. 根据企业国有资产法律制度的规定，下列选项中，不属于应当办理国有资产产权登记的是(　　)。

　　A. 国家出资企业所属事业单位

　　B. 在中华人民共和国境外设立的金融类企业，其实收资本包括国家资本的

　　C. 国家出资企业为了赚取差价从二级市场购入的上市公司股权

　　D. 国家出资企业拥有实际控制权的境外企业

6. 根据企业国有资产法律制度的规定，金融企业国有资产产权登记和管理机关是(　　)。

　　A. 本级人民政府　　　　　　　　B. 同级财政部门

　　C. 同级市场监督管理部门　　　　D. 同级履行出资人职责的机构

7. 企业收到资产评估机构出具的评估报告后应当逐级上报初审，经初审同意后，自评估基准日起一定期限内向履行出资人职责的机构提出核准申请。根据企业国有资产法律制度的规定，该一定期限是(　　)。

　　A. 6个月　　　B. 8个月　　　C. 9个月　　　D. 12个月

8. 根据《资产评估法》的规定，资产评估档案的保存期限不少于(　　)。

　　A. 10年　　　B. 15年　　　C. 20年　　　D. 30年

9. 根据国有资产交易管理法律制度的规定，企业国有产权转让过程中，转让项目自首次正式披露信息之日起超过一定期限内未征集到合格受让方的，应当重新履行审计、资产评估及信息披露等产权转让工作程序。该期限为(　　)。

　　A. 24个月　　　B. 6个月　　　C. 18个月　　　D. 12个月

10. 国有资产监督管理机构负责审核国家出资企业的产权转让事项。其中，因产权转让致使国家不再拥有所出资企业控股权的，须由国有资产监督管理机构报特定主体批准。该特定主体是(　　)。

　　A. 上级人民政府　　　　　　　　B. 本级人民政府

　　C. 国家出资企业所在地省级人民政府　　D. 上级履行出资人职责的机构

11. 产权转让原则上通过产权交易市场公开进行，转让方可以根据企业实际情况和工作进度安排，采取信息预披露和正式披露相结合的方式，通过产权交易机构网站分阶段对外披露产权转让信息，公开征集受让方。其中正式披露信息时间不得少于(　　)。

　　A. 10个工作日　　B. 20个工作日　　C. 30个工作日　　D. 40个工作日

12. 根据国有资产交易管理法律制度的规定，企业增资通过产权交易机构网站对外披露信息公开征集投资方，时间不得少于(　　)。

　　A. 10个工作日　　B. 20个工作日　　C. 30个工作日　　D. 40个工作日

13. 根据国有资产交易管理法律制度的规定，国有股东发行的可交换公司债券交换为上市公司每股股份的价格，应不低于(　　)。

　　A. 债券募集说明书公告日前1个交易日、前20个交易日、前30个交易日该上市公司股票均价中的最高者

B. 债券募集说明书公告日前20个交易日、前60个交易日、前120个交易日该上市公司股票均价中的最高者

C. 债券募集说明书公告日前10个交易日、前20个交易日、前30个交易日该上市公司股票均价中的最高者

D. 债券募集说明书公告日前1个交易日、前10个交易日、前20个交易日该上市公司股票均价中的最高者

二、多项选择题

1. 根据企业国有资产法律制度的规定，下列关于企业国有资产与企业法人财产的表述中，不正确的有(　　)。

   A. 企业国有资产是国家作为出资人对出资企业所享有的权益
   B. 企业法人财产是指国家出资企业的各项具体财产
   C. 出资人对企业法人财产具有直接的所有权
   D. 出资人将出资投入企业，所形成的企业的各项具体财产，属于企业国有资产

2. 根据企业国有资产法律制度的规定，下列关于履行出资人职责的机构的表述中，正确的有(　　)。

   A. 履行出资人职责的机构是国务院履行出资人职责的机构
   B. 保障出资人权益，防止企业国有资产损失，是履行出资人职责的机构的职责
   C. 履行出资人职责的机构依法享有选择管理者的权利
   D. 履行出资人职责的机构对本级人民政府负责

3. 根据企业国有资产法律制度的规定，下列关于我国企业履行出资人职责的机构的表述中，不正确的有(　　)。

   A. 履行出资人职责应当坚持政企分开、社会公共管理职能与国有资产出资人职能分开、不干预企业依法自主经营原则
   B. 企业国有资产属于国家所有，国务院代表国家对所有国家出资企业履行出资人职责
   C. 国有资本投资、运营公司可对授权范围内的国有资本履行出资人职责
   D. 地方人民政府无权代表国家对国家出资企业履行出资人职责

4. 根据企业国有资产法律制度的规定，下列关于企业改制的表述中，正确的有(　　)。

   A. 改制方案必须由履行出资人职责的机构决定
   B. 职工安置方案应经职工代表大会或者职工大会审议通过
   C. 改制时解除劳动合同且不再继续留用的职工，应当支付经济补偿金
   D. 改制时对经确认的拖欠职工的工资、集资款、医疗费和挪用的职工住房公积金及企业欠缴社会保险费，原则上一次性付清

5. 根据企业国有资产法律制度的规定，下列情形中，属于企业应当通过所出资企业向产权登记机关申办变动产权登记的有(　　)。

A. 国家出资企业名称改变的

B. 国家出资企业级次发生变动的

C. 国家出资企业国有资本出资人发生变动的

D. 国家出资企业转让全部国有资产产权的

6. 根据企业国有资产法律制度的规定，国家出资企业的下列行为中，应当对相关资产进行评估的有（　　）。

A. 整体资产或者部分资产租赁给非国有单位

B. 收购非国有单位的资产

C. 经人民政府批准，对企业整体或者部分资产实施无偿划转

D. 国有独资企业与其下属独资企业之间的合并、资产置换

7. 根据《资产评估法》的规定，下列关于企业国有资产评估的表述中，正确的有（　　）。

A. 企业国有资产评估业务委托人应当依法选择资产评估机构，并与资产评估机构订立委托合同，约定双方的权利和义务

B. 资产评估机构受理企业国有资产评估业务后，应当指定至少两名相应专业类别的评估师承办

C. 评估师应当恰当选择评估方法，除依据评估执业准则只能选择一种评估方法的外，应当选择两种以上评估方法

D. 委托人或者资产评估报告使用人违反规定使用评估报告的，评估机构和评估师不承担责任

8. 根据国有资产交易管理法律制度的规定，企业国有产权转让，金额较大、一次付清确有困难的，受让人可以采取分期付款方式。下列关于分期付款的表述中，正确的有（　　）。

A. 首期付款不得低于总价款的30%，并在合同生效之日起5个工作日内支付

B. 首期付款不得低于总价款的50%，并在合同生效之日起5个工作日内支付

C. 其余款项按同期银行存款利率支付延期付款期间的利息，付款期限不得超过1年

D. 其余款项按同期银行贷款利率支付延期付款期间的利息，付款期限不得超过1年

9. 根据国有资产交易管理法律制度的规定，下列关于企业国有产权转让的表述中，不正确的有（　　）。

A. 企业国有产权转让原则上不得针对受让方设置资格条件，确需设置的，所设资格条件相关内容应当在信息披露前报同级履行出资人职责的机构备案，国有资产监督管理机构在5个工作日内未反馈意见的视为拒绝

B. 企业国有产权转让项目首次正式信息披露的转让底价，不得低于经核准或备案转让标的评估结果的90%

C. 产权交易机构对意向受让方是否符合受让条件提出意见并反馈转让方，产权交易机构与转让方意见不一致的，由转让方决定意向受让方是否符合受让条件

D. 转让方与受让方签订产权交易合同后，交易双方不得以交易期间企业经营性损益等理由对已达成的交易条件和交易价格进行调整

10. 根据国有资产交易管理法律制度的规定，经同级国有资产监督管理机构批准，可以采取非公开协议方式进行增资的有（　　）。

A. 因国有资本布局结构调整需要，由特定的国有及国有控股企业或国有实际控制企业参与增资

B. 因国家出资企业与特定投资方建立战略合作伙伴或利益共同体需要，由该投资方参与国家出资企业或其子企业增资

C. 企业债权转为股权

D. 企业原股东增资

11. 甲上市公司总股本为8亿股，乙公司为国有独资公司，是甲上市公司的控股股东。乙公司按照内部决策程序决定通过证券交易系统转让所持甲上市公司股份。根据国有资产交易管理法律制度的规定，下列有关乙公司转让甲上市公司股份的方案须报国有资产监督管理机构审核批准的有（　　）。

A. 在1个会计年度内累计转让股份扣除累计增持股份后的余额为3 000万股

B. 在1个会计年度内累计转让股份扣除累计增持股份后的余额为3 800万股

C. 在1个会计年度内累计转让股份扣除累计增持股份后的余额为4 600万股

D. 在1个会计年度内累计转让股份扣除累计增持股份后的余额为5 000万股

12. 根据国有资产交易管理法律制度的规定，下列关于国有股东拟公开征集转让上市公司股份的表述中，正确的有（　　）。

A. 国有控股股东公开征集转让上市公司股份可能导致上市公司控股权转移的，应当一并通知上市公司申请停牌

B. 国有股东拟公开征集转让上市公司股份的，公开征集期限不得少于20个交易日

C. 公开征集转让可能导致上市公司控股权转移的，国有股东应当聘请符合条件的财务顾问机构担任财务顾问

D. 国有股东公开征集转让上市公司股份的价格不得低于下列两者之中的较高者：提示性公告日前20个交易日的每日加权平均价格的算术平均值；最近一个会计年度上市公司经审计的每股净资产值

13. 根据国有资产交易管理法律制度的规定，下列选项中，属于国有股东可以非公开协议转让上市公司股份的有（　　）。

A. 上市公司连续2年亏损并存在退市风险或严重财务危机，受让方提出重大资产重组计划及具体时间表的

B. 上市公司回购股份涉及国有股东所持股份的

C. 国有股东因接受要约收购方式转让其所持上市公司股份的

D. 国有股东以所持上市公司股份出资的

参考答案及解析

一、单项选择题

1.【答案】B

【解析】选项B：国务院和地方人民政府依照法律、行政法规的规定，分别代表国家对国家出资企业履行出资人职责，享有出资人权益。

【考点】企业国有资产的监督管理体制

2.【答案】D

【解析】选项CD：出资额或者持有股份的比例虽然不足50%，但依其出资额或者持有的股份享有的表决权已足以对股东会、股东大会的决议产生重大影响的股东，亦构成国有资本控股。

【考点】国家出资企业

3.【答案】A

【解析】(1)选项B：履行出资人职责的机构任命或者建议任命的董事、监事、高级管理人员应当有符合职位要求的专业知识和工作能力，并未要求具有注册会计师证；(2)选项C：国家出资企业的董事、高级管理人员不得兼任监事；(3)选项D：未经履行出资人职责的机构同意，国有独资公司的董事长不得兼任经理。

【考点】履行出资人职责的机构

4.【答案】D

【解析】选项D：国有独资公司不可以改制为国有独资企业。

【考点】企业改制

5.【答案】C

【解析】国家出资企业、国家出资企业（不含国有资本参股公司）拥有实际控制权的境内外各级企业及其投资参股企业，应当纳入产权登记范围。国家出资企业所属事业单位视为其子企业进行产权登记。上述企业为交易目的持有的下列股权不进行产权登记：(1)为了赚取差价从二级市场购入的上市公司股权；(2)为了近期内（一年以内）出售而持有的其他股权。

【考点】企业国有资产产权登记的范围

6.【答案】B

【考点】企业国有资产产权登记的管理

7.【答案】B

【考点】企业国有资产评估项目核准制和备案制

8.【答案】D

【考点】企业国有资产评估程序

9.【答案】D

【解析】企业国有产权转让过程中，转让项目自首次正式披露信息之日起超过12个月未征集到合格受让方的，应当重新履行审计、资产评估及信息披露等产权转让工作程序。

【考点】企业产权转让

10.【答案】B

【解析】国有资产监督管理机构负责审核国家出资企业的产权转让事项。其中，因产权转让致使国家不再拥有所出资企业控股权的，须由国资产监督管理机构报本级人民政府批准。

【考点】企业产权转让

11.【答案】B

【考点】企业产权转让

12.【答案】D

【考点】企业增资

13.【答案】A

【解析】国有股东发行的可交换公司债券交换为上市公司每股股份的价格，应不低于债券募集说明书公告日前1个交易日、前20个交易日、前30个交易日该上市公司股票均价中的最高者。

【考点】上市公司国有股权变动管理

二、多项选择题

1.【答案】CD

【解析】(1) 选项C：出资人对企业法人财产不具有直接的所有权，其对企业享有的是出资人权利，通常表现为资产收益、参与重大决策和选择管理者等权利；(2) 选项D：出资人将出资投入企业，所形成的企业的各项具体财产，属于企业法人财产。

【考点】履行出资人职责的机构

2.【答案】BCD

【解析】选项A：履行出资人职责的机构有以下几种：国务院国有资产监督管理机构、地方人民政府按照国务院的规定设立的国有资产监督管理机构、国务院和地方人民政府根据需要授权的其他部门、机构。

【考点】履行出资人职责的机构

3.【答案】BD

【解析】选项BD：国务院确定的关系国民经济命脉和国家安全的大型国家出资企业、重要基础设施和重要自然资源等领域的国家出资企业，由国务院代表国家履行出资人职责。其他的国家出资企业，由地方人民政府代表国家履行出资人职责。

【考点】履行出资人职责的机构

4.【答案】BCD

【解析】选项A：企业改制由履行出资人职责的机构决定或者由公司股东会、股东大会决定。重要的国有独资企业、国有独资公司、国有资本控股公司的改制，履行出资人职责的机构在作出决定或者向其委派参加国有资本控股公司股东会会议、股东大会会议的股东代表作出指示前，应当将改制方案报请本级人民政府批准。

【考点】企业改制

5.【答案】ABC

【解析】选项D：企业转让全部国有资产产权或者改制后不再设置国有股权的，应当申办注销产权登记。

【考点】企业国有资产产权登记的内容

6.【答案】AB

【解析】选项CD：企业有下列行为之一的，可以不对相关国有资产进行评估：(1) 经各级人民政府或其国有资产监督管理机构批准，对企业整体或者部分资产实施无偿划转；(2) 国有独资企业与其下属独资企业（事业单位）之间或其下属独资企业（事业单位）之间的合并、资产（产权）置换和无偿划转。

【考点】企业国有资产评估的范围

7.【答案】ABCD

【考点】企业国有资产评估程序

8.【答案】AD

【解析】采用分期付款方式的，首期付款不得低于总价款的30%，并在合同生效之日起5个工作日内支付；其余款项应当提供转让方认可的合法有效担保，并按同期银行贷款利率支付延期付款期间的利息，付款期限不得超过1年。

【考点】企业产权转让

9.【答案】ABC

【解析】(1) 选项A：产权转让原则上不得针对受让方设置资格条件，确需设置的，不得有明确指向性或违反公平竞争原则，所设资格条件相关内容应当在信息披露前报同级国有资产监督管理机构备案，国有资产监督管理机构在5个工作日内未反馈意见的视为同意。(2) 选项B：产权转让项目首次正式信息披露的转让底价，不得低于经核准或备案的转让标的评估结果。(3) 选项C：产权交易机构负责意向受让方的登记工作，对意向受让方是否符合受让条件提出意见并反馈转让方。产权交易机构与转让方意见不一致的，由转让行为批准单位决定意向受让方是否符合受让条件。

【考点】企业产权转让

10.【答案】AB

【解析】选项CD：以下情形经国家出资企业审议决策，可以采取非公开协议方式进行增资：(1) 国家出资企业直接或指定其控股、实际控制的其他子企业参与增资；(2) 企业债权转为股权；(3) 企业原股东增资。

【考点】企业增资

11.【答案】CD

【解析】总股本不超过10亿股的上市公司，国有控股股东拟于一个会计年度内累计净转让（累计转让股份扣除累计增持股份后的余额）达到总股本5%及以上的；总股本超过10亿股的上市公司，国有控股股东拟于一个会计年度内累计净转让数量达到5 000万股及以上的，应报国有资产监督管理机构审核批准。

【考点】上市公司国有股权变动管理

12.【答案】AC

【解析】(1) 选项B：国有股东拟公开征集转让上市公司股份的，公开征集期限不得少于10个交易日。(2) 选项D：国有股东公开征集转让上市公司股份的价格不得低于下列两者之中的较高者：提示性公告日前30个交易日的每日加权平均价格的算术平均值；最近一个会计年度上市公司经审计的每股净资产值。

【考点】上市公司国有股权变动管理

13.【答案】ABCD

【解析】符合以下情形之一的，国有股东可以非公开协议转让上市公司股份：(1) 上市公司连续2年亏损并存在退市风险或严重财务危机，受让方提出重大资产重组计划及具体时间表（选项A）；(2) 企业主业处于关系国家安全、国民经济命脉的重要行业和关键领域，主要承担重大专项任务，对受让方有特殊要求的;(3) 为实施国有资源整合或资产重组,在国有股东、潜在国有股东(经本次国有资源整合或资产重组后成为上市公司国有股东的)之间转让的;(4) 上市公司回购股份涉及国有股东所持股份的(选项B);(5) 国有股东因接受要约收购方式转让其所持上市公司股份的(选项C);(6) 国有股东因解散、破产、减资、被依法责令关闭等原因转让其所持上市公司股份的;(7) 国有股东以所持上市公司股份出资的(选项D)。

【考点】上市公司国有股权变动管理

第十一章 反垄断法律制度

一、单项选择题

1. 根据反垄断法律制度的规定,下列关于我国《反垄断法》适用范围的表述中,正确的是( )。
   A. 中华人民共和国境内经济活动中的垄断行为中的"境内",包含我国港、澳、台地区
   B. 中华人民共和国境外的垄断行为,不适用《反垄断法》
   C. 知识产权的行使,排除《反垄断法》的适用
   D. 农业生产中的联合或者协同行为排除《反垄断法》的适用

2. 下列关于反垄断调查程序的表述中,正确的是( )。
   A. 反垄断执法机构应当依举报人举报对涉嫌垄断行为立案调查
   B. 举报采用书面形式并提供相关事实和证据的,反垄断执法机构应当进行必要的调查
   C. 反垄断执法机构调查涉嫌垄断行为,执法人员应为两人,并应当出示执法证件
   D. 反垄断执法机构对涉嫌垄断行为调查核实后,认为构成垄断行为的,应当依法作出处理决定,并向社会公布

3. 通过假定垄断者测试界定相关商品市场的基本路径是:假设反垄断审查关注的经营者是以利润最大化为经营目标的垄断者,在其他商品的销售条件保持不变的情况下,看其能否持久而小幅提高其商品的价格,并仍然有利可图。下列选项中,对上述"看其能否持久"的时间和"小幅"的幅度的表述中,正确的是( )。
   A. 一般为2年;一般为5%~10%
   B. 一般为1年;一般为5%~10%
   C. 一般为1年;一般为10%~15%
   D. 一般为2年;一般为10%~15%

4. 根据反垄断法律制度的规定,下列关于反垄断民事诉讼的表述中,不正确的是( )。
   A. 消费者不可以作为反垄断民事诉讼的原告
   B. 人民法院受理垄断民事纠纷案件,不以执法机构对相关垄断行为进行了查处为前提条件
   C. 原告和被告都有权申请专家出庭
   D. 在反垄断民事诉讼中,经人民法院同意或指定的专业人员就案件的专门性问题作出的市场调查或者经济分析报告,视为鉴定意见

5. 根据反垄断法律制度的规定,下列各项中,属于界定相关商品市场的基本标准的是(   )。

    A. 商品的运输成本和运输特征

    B. 商品的外形、特性、质量和技术特点等总体特征和用途

    C. 商品的使用期限和季节性

    D. 商品间较为紧密的相互替代性

6. 根据反垄断法律制度的规定,涉嫌垄断行为的经营者在被调查期间,可以提出中止调查申请,承诺在反垄断执法机构认可的期限内采取具体措施消除行为后果。下列选项中,属于反垄断执法机构可以接受中止调查的申请的是(   )。

    A. 反垄断执法机构对涉嫌垄断行为调查核实后,认为构成违法垄断行为的,应当依法作出处理决定,经营者提出的中止调查申请

    B. 涉嫌固定或者变更商品价格的横向垄断协议,经营者提出的中止调查申请

    C. 涉嫌联合抵制交易的横向垄断协议,经营者提出的中止调查申请

    D. 涉嫌限制商品的生产数量或者销售数量的横向垄断协议,经营者提出的中止调查申请

7. 下列反垄断审查案件中,执法权未对省级市场监管部门授权,仍全部保留于中央的是(   )。

    A. 省级人民政府实施的滥用行政权力排除限制竞争行为的案件

    B. 跨省、自治区、直辖市的垄断协议的案件

    C. 在全国有重大影响的滥用市场支配地位的案件

    D. 经营者集中审查案件

8. 下列行为中,属于可被《反垄断法》豁免的垄断协议类型的是(   )。

    A. 国有经济占控制地位的关系国民经济命脉行业的国有企业之间就市场划分达成垄断协议的行为

    B. 具有竞争关系的境内企业就固定商品出口价格达成的垄断协议

    C. 参与垄断协议的经营者第一个主动向执法机构报告达成垄断协议的有关情况并提供重要证据,被免除处罚

    D. 农业生产者在农产品生产、加工、销售、运输、储存等经营活动中实施的联合行为

9. 根据反垄断法律制度的规定,对于特定种类的可被豁免的垄断协议,经营者无须证明所达成的协议不会严重限制相关市场的竞争,并且能够使消费者分享由此产生的利益。下列各项中,属于上述特定种类的可被豁免的垄断协议的是(   )。

    A. 为改进技术、研究开发新产品的垄断协议

    B. 为实现节约能源、保护环境、救灾救助等社会公共利益的垄断协议

    C. 为提高中小经营者经营效率、增强中小经营者竞争力的垄断协议

    D. 为保障对外贸易和对外经济合作中的正当利益的垄断协议

10. 根据反垄断法律制度的规定，对于经营者从事的下列滥用市场支配地位的行为，反垄断执法机构进行违法性认定时，无须考虑其行为是否有正当理由的是（　　）。

A. 以不公平的低价购买商品

B. 拖延、中断与交易相对人的现有交易

C. 限定交易相对人不得与特定经营者进行交易

D. 对商品的销售地域、销售对象、售后服务等附加不合理的限制

11. 根据反垄断法律制度的规定，下列各项中，经营者应当事先向反垄断执法机构申报的是（　　）。

A. 参与集中的所有经营者上一会计年度在全球范围内的营业额合计达到100亿元人民币，并且其中至少两个经营者上一会计年度在中国境内的营业额均超过4亿元人民币

B. 参与集中的所有经营者上一会计年度在全球范围内的营业额合计超过100亿元人民币，并且其中至少两个经营者上一会计年度在全球范围内的营业额均超过4亿元人民币

C. 参与集中的所有经营者上一会计年度在中国境内的营业额合计超过20亿元人民币，并且其中至少两个经营者上一会计年度在中国境内的营业额均超过4亿元人民币

D. 参与集中的所有经营者上一会计年度在中国境内的营业额合计超过20亿元人民币，并且其中至少两个经营者上一会计年度在中国境内的营业额均达到4亿元人民币

12. 下列经营者集中案件中，通常可以作为简易案件审查的是（　　）。

A. 在同一相关市场的甲公司和乙公司合并，两公司所占市场份额均为10%

B. 纺织公司甲和制衣公司乙合并，甲公司在布料市场占有的份额为20%，乙公司在成衣市场占有的份额为24%

C. 制衣公司甲和建筑公司乙合并，两公司在各自主营业务相关市场中所占的份额均为25%

D. 由甲公司与乙公司共同控制的合营企业，通过集中被其中的乙公司控制，该乙公司与合营企业属于同一相关市场的竞争者，且市场份额之和为20%

13. 根据反垄断法律制度的规定，下列关于经营者集中审查程序的表述中，不正确的是（　　）。

A. 反垄断执法机构对经营者集中实施两阶段审查制

B. 反垄断执法机构在对经营者集中进行初步审查后，则进入第二阶段审查

C. 初步审查期间，在反垄断执法机构作出决定前，经营者不得实施集中

D. 第二阶段审查期间，原则上经营者不得实施集中

14. 根据反垄断法律制度的规定，下列经营者集中附加的限制性条件中，不属于行为性条件的是（　　）。

A. 剥离知识产权　　　　　　　　　B. 许可关键技术

C. 终止排他性协议　　　　　　　　D. 开放平台等基础设施

15. 甲市市政府办公厅下发红头文件，要求本市各级政府机构在公务接待中必须使用本市乙酒厂生产的"醉八仙"系列白酒，并根据有关政府机构的公务接待预算分别下达了一定数量的用酒任务。根据反垄断法律制度的规定，下列表述中，正确的是(　　)。

A. 甲市市政府的行为不违法，乙酒厂实施了滥用行政权力排除、限制竞争行为

B. 甲市市政府的行为不违法，乙酒厂实施了滥用市场支配地位行为

C. 甲市市政府实施了滥用行政权力排除、限制竞争行为，乙酒厂不违法

D. 甲市市政府实施了滥用行政权力排除、限制竞争行为，乙酒厂实施了滥用市场支配地位行为

16. 下列符合公平竞争审查标准中的商品和要素自由流动标准的是(　　)。

A. 不得设置没有法律法规依据的审批或者事前备案程序

B. 不得违法给予特定经营者优惠政策

C. 不得排斥或者限制外地经营者参加本地招标投标活动

D. 不得超越定价权限进行政府定价

二、多项选择题

1. 根据反垄断法律制度的规定，从需求角度界定相关商品市场，一般考虑的因素有(　　)。

A. 经营者的生产流程和工艺

B. 商品的外形、特性、质量和技术特点等总体特征和用途

C. 商品之间的价格差异

D. 商品的运输成本、运输特征

2. 根据相关法律制度的规定，下列情形中可能承担刑事责任的有(　　)。

A. 情节严重的串通招投标行为

B. 阻碍反垄断执法机构审查、调查行为

C. 反垄断执法机构工作人员滥用职权

D. 反垄断执法机构工作人员泄露执法过程中知悉的商业秘密

3. 根据反垄断法律制度的规定，下列情形中，相关当事人可以依据反垄断法和民法主张赔偿责任的有(　　)。

A. 因经营者滥用市场支配地位行为而受损的

B. 因垄断协议当事人一方对违反垄断协议的他方实施处罚，给其造成损失的

C. 因垄断协议无效，协议一方当事人向另一方当事人主张返还对价，恢复原状的

D. 因垄断协议无效，消费者向实施垄断协议的经营者主张返还多付价款的

4. 根据反垄断法律制度的规定，下列属于我国《反垄断法》意义上的行政责任的有(　　)。

A. 责令停止违法行为　　　　　　　B. 没收违法所得

C. 限期恢复原状　　　　　　　D. 停止侵害、赔偿损失

5. 根据反垄断法律制度的规定，反垄断执法机构调查涉嫌垄断行为时可以采取必要的调查措施。下列各项中，属于此类措施的有（　　）。
   A. 查阅、复制被调查的经营者的有关单证、协议、会计账簿等文件和资料
   B. 进入被调查的经营者的营业场所进行检查
   C. 查询、冻结被调查的经营者的银行账户
   D. 查封、扣押相关证据

6. 对反垄断执法机构调查的涉嫌垄断行为，被调查的经营者承诺在反垄断执法机构认可的期限内采取具体措施消除该行为后果的，反垄断执法机构可以决定中止调查。有下列情形之一的，反垄断执法机构应当恢复调查（　　）。
   A. 经营者未作出承诺的
   B. 经营者未履行承诺的
   C. 作出中止调查决定所依据的事实发生重大变化的
   D. 中止调查的决定是基于经营者提供的不完整或者不真实的信息作出的

7. 根据反垄断法律制度的规定，执法机构认定"其他协同行为"时，应当考虑的因素包括（　　）。
   A. 经营者的市场行为是否具有一致性
   B. 相关市场的结构情况、竞争状况、市场变化情况
   C. 经营者能否对行为的一致性作出合理解释
   D. 经营者之间是否进行过意思联络或者信息交流

8. 经营者与其交易相对人达成的下列协议中，不违反我国《反垄断法》规定的有（　　）。
   A. 限定向第三人转售商品的最低价格
   B. 限定向第三人转售商品的最高价格
   C. 固定向第三人转售商品的价格
   D. 限定向第三人转售商品的地域范围

9. 根据反垄断法律制度的规定，在垄断民事纠纷案件中，被诉垄断行为属于《反垄断法》禁止的垄断协议的，被告应对该协议不具有排除、限制竞争效果承担举证责任。下列各项中，属于上述垄断协议的有（　　）。
   A. 固定或者变更商品价格的协议　　B. 固定转售价格的协议
   C. 联合抵制交易的协议　　　　　　D. 限制购买新技术的协议

10. 我国反垄断法律制度禁止具有市场支配地位的经营者没有正当理由，拒绝与交易相对人进行交易。下列各项中，属于法定正当理由的有（　　）。
    A. 因不可抗力等客观原因无法进行交易
    B. 交易相对人有严重的不良信用记录，影响交易安全
    C. 交易相对人出现经营状况持续恶化，影响交易安全

D. 与交易相对人进行交易将使经营者利益发生不当减损

11. 我国反垄断法律制度禁止具有市场支配地位的经营者没有正当理由，以低于成本的价格销售商品。下列各项中，属于法定正当理由的有(　　)。

　　A. 因转产、歇业降价销售商品

　　B. 在合理期限内为推广新商品进行促销

　　C. 处理季节性商品

　　D. 处理积压商品

12. 根据反垄断法律制度的规定，下列关于经营者集中申报豁免的表述中，正确的有(　　)。

　　A. 参与集中的一个经营者拥有其他每个经营者30%以上有表决权的股份或者资产的

　　B. 参与集中的一个经营者拥有其他每个经营者50%以上有表决权的股份或者资产的

　　C. 参与集中的每个经营者50%以上有表决权的股份或者资产被同一个未参与集中的经营者拥有的

　　D. 参与集中的每个经营者30%以上有表决权的股份或者资产被同一个未参与集中的经营者拥有的

13. 根据反垄断法律制度的规定，下列情形中，属于经营者集中简易案件的有(　　)。

　　A. 在同一相关市场，所有参与集中的经营者所占的市场份额之和小于15%

　　B. 存在上下游关系的参与集中的经营者，在上下游市场所占的份额均小于25%

　　C. 参与集中的经营者在中国境外设立合营企业，合营企业不在中国境内从事经济活动

　　D. 由两个以上经营者共同控制的合营企业，通过集中被其中一个或一个以上经营者控制

14. 根据反垄断法律制度的规定，在对经营者集中进行反垄断审查并作出是否禁止该集中的决定过程中，反垄断执法机构应根据个案具体情况和特点，综合考虑一些因素。下列各项中，属于该类因素的有(　　)。

　　A. 参与集中的经营者在相关市场的市场份额及其对市场的控制力

　　B. 相关市场的市场集中度

　　C. 经营者集中对市场进入、技术进步的影响

　　D. 经营者集中对消费者的影响

15. 根据反垄断法律制度的规定，下列关于经营者集中附加限制性条件批准制度的表述中，正确的有(　　)。

　　A. 市场监管总局可以自行或者通过受托人对义务人履行限制性条件的行为进行监督检查

B. 限制性条件为剥离，经市场监管总局核查，义务人履行完成所有义务的，限制性条件自动解除

C. 根据审查决定，限制性条件到期自动解除的，经市场监管总局核查，义务人存在违反审查决定情形的，市场监管总局可以适当延长附加限制性条件的期限，并及时向社会公布

D. 审查决定生效期间，市场监管总局可以主动或者应义务人申请对限制性条件进行重新审查，变更或者解除限制性条件

16. 根据反垄断法律制度的规定，市场监管总局变更或者解除限制性条件时，应当考虑一些因素。下列选项中，属于该类因素的有（　　）。

A. 集中交易方是否发生重大变化　　B. 相关市场竞争状况是否发生实质性变化
C. 实施限制性条件是否无必要　　　D. 实施限制性条件是否不可能

17. 下列选项中，属于公平竞争审查对象的有（　　）。

A. 《政府采购法》

B. 《政府采购法实施条例》

C. 《江苏省招标投标条例》

D. 《江苏省建设工程招标投标管理办法》

18. 根据反垄断法律制度的规定，下列情形中，由反垄断执法机构责令停止违法行为，没收违法所得，并处上一年度销售额1%以上10%以下罚款的有（　　）。

A. 经营者达成垄断协议并实施

B. 行业协会组织本行业经营者从事垄断协议行为

C. 经营者未依法申报达到申报标准的经营者集中

D. 经营者滥用市场支配地位的行为

参考答案及解析

一、单项选择题

1. 【答案】D

【解析】（1）选项A：中华人民共和国境内经济活动中的垄断行为中的"境内"，不包含我国港、澳、台地区；（2）选项B：中华人民共和国境外的垄断行为，对境内市场竞争产生排除、限制影响的，适用《反垄断法》；（3）选项C：知识产权的正当行使，排除《反垄断法》的适用，但经营者滥用知识产权，排除、限制竞争的行为，不可排除《反垄断法》的适用。

【考点】《反垄断法》的适用范围

2. 【答案】B

【解析】（1）选项A：反垄断执法机构可依举报人举报对涉嫌垄断行为立案调查，也可依职权主动立案；（2）选项C：反垄断执法机构调查涉嫌垄断行为，执法人员不得少于两人，并应当出示执法证件；（3）选项D：反垄断执法机构对涉嫌垄断行为调查核实后，认为构成垄断行为的，应当依法作出处理决定，并可以向社会公布。

【考点】《反垄断法》的实施机制

3.【答案】B

【解析】通过假定垄断者测试界定相关商品市场的基本路径是：假设反垄断审查关注的经营者是以利润最大化为经营目标的垄断者，在其他商品的销售条件保持不变的情况下，看其能否持久（一般为1年）而小幅（一般为5%～10%）提高其商品的价格，并仍然有利可图。

【考点】相关市场界定

4.【答案】A

【解析】选项A：反垄断民事诉讼的原告可以是自然人、法人或者其他组织，即包括间接购买人在内的消费者可以作为垄断民事案件的原告。

【考点】《反垄断法》的实施机制

5.【答案】D

【解析】判断商品之间是否具有竞争关系、是否在同一相关市场的基本标准是商品间较为紧密的相互替代性。

【考点】相关市场界定

6.【答案】C

【解析】反垄断执法机构不接受中止调查的申请：（1）反垄断执法机构对涉嫌垄断行为调查核实后，认为构成违法垄断行为的，应当依法作出处理决定，不再接受经营者提出的中止调查申请；（2）涉嫌固定或者变更商品价格、限制商品的生产数量或者销售数量、分割销售市场或者原材料采购市场等三类严重限制竞争的横向垄断协议的，反垄断执法机构不得接受中止调查申请。

【考点】《反垄断法》的实施机制

7.【答案】D

【解析】（1）选项ABC：属于国家市场监管总局直接管辖或者授权有关省级市场监管部门管辖的案件；（2）选项D：经营者集中审查案件的执法权未对省级市场监管部门授权，仍全部保留于中央。

【考点】《反垄断法》的实施机制

8.【答案】B

【解析】（1）选项A：属于《反垄断法》规制的垄断协议；（2）选项B：属于出口卡特尔，予以豁免；（3）选项C：属于垄断协议的宽恕制度；（4）选项D：《反垄断法》对农业生产者及农村经济组织在农产品生产、加工、销售、运输、储存等经营活动中实施的联合或者协同行为排除适用。

【考点】垄断协议的豁免

9.【答案】D

【考点】垄断协议的豁免

10.【答案】A

【解析】除以不公平的高价销售商品或者以不公平的低价购买商品外，其他情形的前提均为没有正当理由。

【考点】滥用市场支配地位规制制度

11.【答案】C

【解析】经营者集中达到下列标准之一的，经营者应当事先向国务院商务主管部门申报，未申报的，不得实施集中：（1）参与集中的所有经营者上一会计年度在全球范围内的营业额合计超过（非"达到"）100亿元人民币，并且其中至少两个经营者上一会计年度在中国（非"全球"）境内的营业额均超过4亿元人民币；（2）参与集中的所有经营者上一会计年度在中国境内的营业额合计超过20亿元人民币，并且其中至少两个经营者上一会计年度在中国境内的营业额均超过（非"达到"）4亿元人民币。

【考点】经营者集中反垄断审查制度

12.【答案】B

【解析】（1）选项A：在同一相关市场，参与集中的经营者所占的市场份额之和小于15%；（2）选项B：存在上下游关系的参与集中的经营者，在上下游市场所占的份额均小于25%；（3）选项C：不在同一相关市场也不存在上下游关系的参与集中的经营者，在与交易有关的每个市场所占的份额均小于25%；（4）选项D：由两个以上经营者共同控制的合营企业，通过集中被其中的一个经营者控制，该经营者与合营企业属于同一相关市场的竞争者，且市场份额之和大于15%，不视为简易案件。

【考点】经营者集中反垄断审查制度

13.【答案】B

【解析】选项B：反垄断执法机构在进行初步审查后，需要作出是否实施进一步审查的决定；如果反垄断执法机构决定实施进一步审查的，则进入第二阶段审查。

【考点】经营者集中反垄断审查制度

14.【答案】A

【解析】选项A：属于结构性条件；选项BCD：属于行为性条件。

【考点】经营者集中反垄断审查制度

15.【答案】C

【解析】（1）选项A：乙酒厂不属于行政机关和法律、法规授权的具有管理公共事务职能的组织，不能成为滥用行政权力排除、限制竞争行为的主体。（2）选项BD：本题并未交代足够证据证明乙酒厂具有市场支配地位，因此不能直接认定乙酒厂实施了滥用市场支配地位的行为。（3）选项C：经营者以依据行政机关和法律、法规授权的具有管理公共事务职能的组织制定、发布的行政规定为由实施垄断行为，亦属违法。本题并未交代乙酒厂依据市政府的红头文件实施了垄断行为，因此，乙酒厂不违法。

【考点】滥用行政权力排除、限制竞争规制制度

16.【答案】C

【解析】（1）选项A：属于市场准入和退出标准；（2）选项B：属于影响生产经营成本标准；（3）选项D：属于影响生产经营行为标准。

【考点】滥用行政权力排除、限制竞争规制制度

二、多项选择题

1.【答案】BC

【解析】（1）从需求角度界定相关商品市场，一般还需要考虑以下几个方面的因素：①需求者因商品价格或其他竞争因素变化，转向或考虑转向购买其他商品的证据；②商品的销售渠道；③其他重要因素。（2）选项A：从供给角度界定相关商品市场一般需要考虑的因素。（3）选项D：从需求角度界定相关地域市场一般需要考虑的因素。

【考点】相关市场界定

2.【答案】ABCD

【考点】《反垄断法》的实施机制

3. 【答案】ABCD

【考点】《反垄断法》的实施机制

4. 【答案】ABC

【解析】选项 D：属于行为人应当承担的民事责任。

【考点】《反垄断法》的实施机制

5. 【答案】ABD

【解析】反垄断执法机构调查涉嫌垄断行为，可以采取下列措施：（1）进入被调查的经营者的营业场所或者其他有关场所进行检查（选项 B 正确）；（2）询问被调查的经营者、利害关系人或者其他有关单位或者个人，要求其说明有关情况；（3）查阅、复制被调查的经营者、利害关系人或者其他有关单位或者个人的有关单证、协议、会计账簿、业务函电、电子数据等文件、资料（选项 A 正确）；（4）查封、扣押相关证据（选项 D 正确）；（5）查询经营者的银行账户（选项 C 错误）。

【考点】《反垄断法》的实施机制

6. 【答案】BCD

【考点】《反垄断法》的实施机制

7. 【答案】ABCD

【考点】其他协同行为的认定

8. 【答案】BD

【解析】（1）选项 AB：限定向第三人转售商品的"最低价格"，属于《反垄断法》明确禁止的纵向垄断协议，而限定向第三人转售商品的"最高价格"，并不违法；（2）选项 D：具有竞争关系的经营者之间就分割销售市场或者原材料采购市场达成的垄断协议，属于《反垄断法》明确禁止的横向垄断协议，而经营者与其交易相对人（如生产商和销售商）达成的限定向第三人转售商品的地域范围的协议，并不违法。

【考点】纵向垄断协议规制制度

9. 【答案】ACD

【解析】在垄断民事纠纷案件中，被诉垄断行为属于《反垄断法》禁止的横向垄断协议的，被告应对该协议不具有排除、限制竞争效果承担举证责任，即横向垄断协议的排除、限制竞争效果的举证责任倒置。但是，纵向垄断协议的排除、限制竞争效果的证明仍应按"谁主张，谁举证"的基本原则，由原告承担举证责任。（1）选项 ACD：属于横向垄断协议；（2）选项 B：属于纵向垄断协议。

【考点】横向垄断协议规制制度

10. 【答案】ABCD

【解析】根据《禁止滥用市场支配地位行为暂行规定》，能构成否认拒绝交易行为违法性的"正当理由"包括：（1）因不可抗力等客观原因无法进行交易；（2）交易相对人有不良信用记录或者出现经营状况恶化等情况，影响交易安全；（3）与交易相对人进行交易将使经营者利益发生不当减损；（4）能够证明行为具有正当性的其他理由。

【考点】滥用市场支配地位规制制度

11. 【答案】ABCD

【解析】根据《禁止滥用市场支配地位行为暂行规定》，下列情形构成低于成本价格销售行为的"正当理由"：（1）降价处理鲜活商品、季节性商品、有效期限即将到期的商品和积压商品的（选项 CD）；（2）因清偿债务、转产、歇业降价销售商品的（选项 A）；（3）在合理期限内为推广新商品进行促销的（选项 B）；（4）能够证明行为具有正当性的其他理由。

【考点】滥用市场支配地位规制制度

12.【答案】BC

【解析】我国《反垄断法》规定，经营者集中有下列情形之一的，可以不向国务院反垄断执法机构申报：（1）参与集中的一个经营者拥有其他每个经营者50%以上有表决权的股份或者资产的；（2）参与集中的每个经营者50%以上有表决权的股份或者资产被同一个未参与集中的经营者拥有的。

【考点】经营者集中反垄断审查制度

13.【答案】ABCD

【解析】符合下列情形的经营者集中案件，为简易案件：（1）在同一相关市场，所有参与集中的经营者所占的市场份额之和小于15%；（2）存在上下游关系的参与集中的经营者，在上下游市场所占的份额均小于25%；（3）不在同一相关市场、也不存在上下游关系的参与集中的经营者，在与交易有关的每个市场所占的份额均小于25%；（4）参与集中的经营者在中国境外设立合营企业，合营企业不在中国境内从事经济活动；（5）参与集中的经营者收购境外企业股权或资产的，该境外企业不在中国境内从事经济活动；（6）由两个以上经营者共同控制的合营企业，通过集中被其中一个或一个以上经营者控制。

【考点】经营者集中反垄断审查制度

14.【答案】ABCD

【考点】经营者集中反垄断审查制度

15.【答案】ABCD

【考点】经营者集中反垄断审查制度

16.【答案】ABCD

【解析】市场监管总局变更或者解除限制性条件时，应当考虑下列因素：（1）集中交易方是否发生重大变化；（2）相关市场竞争状况是否发生实质性变化；（3）实施限制性条件是否无必要或者不可能；（4）应当考虑的其他因素。

【考点】经营者集中反垄断审查制度

17.【答案】BCD

【解析】公平竞争审查对象包括三类：（1）行政机关和法律、法规授权的具有管理公共事务职能的组织（以下统称"政策制定机关"）制定市场准入、产业发展、招商引资、招标投标、政府采购、经营行为规范、资质标准等涉及市场主体经济活动的规章、规范性文件和其他政策措施（选项D）；（2）行政法规和国务院制定的其他政策措施（选项B）；（3）政府部分负责起草的地方性法规（选项C）。

【考点】滥用行政权力排除、限制竞争规制制度

18.【答案】AD

【解析】（1）选项B：行业协会违反《反垄断法》规定，组织本行业的经营者达成垄断协议的，反垄断执法机构可以处50万元以下的罚款；情节严重，社会团体登记管理机关可以依法撤销登记。（2）选项C：经营者违反《反垄断法》规定实施集中的，由国务院反垄断执法机构责令停止实施集中、限期处分股份或者资产、限期转让营业及采取其他必要措施恢复到集中前的状态，可以处50万元以下的罚款。

【考点】滥用行政权力排除、限制竞争规制制度

第十二章 涉外经济法律制度

一、单项选择题

1. 根据外商投资法律制度的规定，下列关于准入前国民待遇加负面清单管理模式的表述中，不正确的是(　　)。
   A. 准入前国民待遇是包含准入阶段和准入后的运营阶段在内的整个投资阶段的国民待遇
   B. 负面清单由商务部发布或批准发布
   C. 国家对负面清单之外的外商投资，给予国民待遇
   D. 负面清单是指国家规定的准入特别管理措施

2. 根据外商投资法律制度的规定，下列关于外商投资企业登记制度的表述中，不正确的是(　　)。
   A. 外商投资企业的登记注册，必须由国务院市场监督管理部门依法办理
   B. 注册资本可以用人民币或可自由兑换货币表示
   C. 外商投资企业的组织形式、组织机构适用《公司法》《合伙企业法》等法律的规定
   D. 《外商投资法》施行前依照"外资三法"设立的外商投资企业，在《外商投资法》施行后5年内，可以依照《公司法》《合伙企业法》等法律的规定调整其组织形式、组织机构等，并依法办理变更登记，也可以继续保留原企业组织形式、组织机构等

3. 根据外商投资法律制度的规定，下列各项中，不属于自由贸易试验区外商投资国家安全审查范围的是(　　)。
   A. 外商投资对国家网络安全的影响
   B. 外商投资对相关市场的集中度的影响
   C. 外商投资对国家经济稳定运行的影响
   D. 外商投资对社会基本生活秩序的影响

4. 根据外商投资法律制度的规定，下列关于外商投资保护的表述中，不正确的是(　　)。
   A. 外商投资企业通过投诉工作机制申请协调解决有关问题的，不影响其依法申请行政复议、提起行政诉讼
   B. 外商投资企业的外籍职工和中国香港、澳门、台湾职工的工资收入和其他合法收入，经批准后可以汇出
   C. 行政机关及其工作人员不得强制或者变相强制外国投资者、外商投资企业转让

技术

 D. 除法律、法规另有规定外，外商投资企业有权自主决定参加或者退出商会、协会，任何单位和个人不得干预

5. 某省属企业拟实施一项境外投资项目，中方投资额2.5亿美元，项目不涉及敏感国家和地区、敏感行业。下列表述中，符合涉外经济法律制度规定的是（ ）。

 A. 该项目应报国家发展改革委备案

 B. 该项目应报该省发展改革部门核准

 C. 该项目应报该省发展改革部门备案

 D. 该项目应报国家发展改革委核准

6. 下列关于《对外贸易法》适用范围和原则的表述中，不正确的是（ ）。

 A. 我国对外贸易法律制度适用于货物进出口、技术进出口、国际服务贸易及与此相关的知识产权保护

 B. 我国《对外贸易法》既适用于中国内地，又适用于中国香港特别行政区、澳门特别行政区和台湾地区

 C. 互惠、对等是处理国际关系的基本原则，也是我国对外贸易法律制度的基本原则

 D. 最惠国待遇是指一国给予另一国的个人、企业、商品等的待遇不低于给惠国给予任何第三国的相应待遇

7. 下列关于对外贸易经营者及其管理的表述中，不符合对外贸易法律制度规定的是（ ）。

 A. 依法办理了工商登记或者其他执业手续的单位和个人均可从事外贸经营

 B. 我国可以对部分货物的进出口实行国营贸易管理

 C. 从事货物进出口或者技术进出口的对外贸易经营者，都应当向商务部或者其委托的机构办理备案登记

 D. 对外贸易经营者未按照规定办理备案登记的，海关不予办理进出口货物的报关验放手续

8. 根据对外贸易法律制度的规定，下列关于技术进出口管理制度的表述中，不正确的是（ ）。

 A. 对自由进出口的技术，应当向商务部或者其委托的机构办理合同备案登记

 B. 我国对自由进出口技术的进出口实行合同登记制度，故技术进出口合同自登记时生效

 C. 我国对限制进出口的技术，实行许可证管理，技术进出口合同自许可证颁发之日起生效

 D. 对限制进出口的技术，进出口经营者取得技术进出口许可意向书后，方可对外签订技术进出口合同

9. 根据对外贸易法律制度的规定，保障措施可以采取提高关税形式，有权作出提高关税决定的机构是（ ）。

A. 商务部　　　　　　　　　　B. 海关总署
C. 国家税务总局　　　　　　　D. 国务院关税税则委员会

10. 根据对外贸易法律制度的规定，保障措施可以采取数量限制形式，有权作出该决定的机构是(　　)。

A. 商务部　　　　　　　　　　B. 海关总署
C. 国家税务总局　　　　　　　D. 国务院关税税则委员会

11. 根据对外贸易法律制度的规定，商务部初裁决定确定倾销成立，并由此对国内产业造成损害的，可以采取临时反倾销措施。临时反倾销措施实施的期限，自临时反倾销措施决定公告规定实施之日起，最长不超过(　　)。

A. 4个月　　B. 6个月　　C. 9个月　　D. 200天

12. 根据外汇管理法律制度的规定，下列货币中，不属于特别提款权"货币篮"组成货币的是(　　)。

A. 美元　　B. 日元　　C. 人民币　　D. 加拿大元

13. 根据外汇管理法律制度的规定，下列表述中，不正确的是(　　)。

A. 可自由使用货币是指基金组织认定同时符合下列两个条件的成员国货币：一是事实上在国际交易中广泛用于支付；二是在主要外汇市场上被广泛交易
B. 加入特别提款权"货币篮"标志着人民币完全实现了可自由兑换
C. "货币篮"组成货币的权重由基金组织执行董事会每5年审议一次
D. 特别提款权的"货币篮"由5种货币组成

14. 根据外汇管理法律制度的规定，下列各项中，属于资本项目的是(　　)。

A. 职工报酬　　　　　　　　B. 境内个人到境外买房
C. 股息、红利　　　　　　　D. 政府间的经济援助

15. 下列关于经常项目外汇收支管理的表述中，不符合外汇管理法律制度规定的是(　　)。

A. 经常项目外汇支出凭有效单证，无须审批
B. 经营外汇业务的金融机构应当对经常项目外汇收支的真实性进行审核
C. 境内个人购汇额度为每人每年等值5万美元，应凭相关贸易单证办理
D. 经常项目外汇收入实行意愿结汇制

16. 根据外汇管理法律制度的规定，负责对合格境内机构投资者（QDII）的境外投资额度进行管理的机构是(　　)。

A. 财政部　　　　　　　　　B. 国家外汇管理局
C. 商务部　　　　　　　　　D. 中国证监会

17. 根据外汇管理法律制度的规定，下列关于当前人民币汇率制度的表述中，不正确的是(　　)。

A. 参考"一篮子"货币进行调节
B. 有管理的浮动汇率

C. 以市场供求为基础

D. 官方汇率和调剂市场汇率并存的双重汇率制度

二、多项选择题

1. 根据外商投资法律制度的规定，下列选项中，属于外商投资的有（   ）。
   A. 中国自然人和外国企业共同在中国境内设立外商投资企业
   B. 中国企业和外国自然人共同在中国境内投资新建项目
   C. 外国自然人单独在中国境内设立外商投资企业
   D. 外国企业取得中国境内企业的股份

2. 根据外商投资法律制度的规定，下列选项中，属于外商投资企业融资方式的有（   ）。
   A. 在中国境内公开发行公司股票
   B. 借用外债
   C. 在中国境外公开发行公司股票
   D. 在中国境外公开发行公司债券

3. 根据外商投资法律制度的规定，外国投资者在中国境内取得的下列收入中，可以依法以人民币或者外汇自由汇出的有（   ）。
   A. 资本收益
   B. 取得的知识产权许可使用费
   C. 依法获得的补偿或者赔偿
   D. 清算所得

4. 根据外商投资法律制度的规定，下列关于外商投资合同效力认定的表述中，正确的有（   ）。
   A. 对于外商投资准入负面清单之外的领域形成的投资合同，当事人以合同未经有关行政主管部门批准、登记为由主张合同无效或者未生效的，人民法院不予支持
   B. 外国投资者投资外商投资准入负面清单规定禁止投资的领域，当事人主张投资合同无效的，人民法院应予支持
   C. 外国投资者投资外商投资准入负面清单规定限制投资的领域，在人民法院作出生效裁判前，当事人采取必要措施满足准入特别管理措施的要求，并据此主张所涉投资合同有效的，人民法院应予支持
   D. 外国投资者投资外商投资准入负面清单规定限制投资的领域，在生效裁判作出前，因外商投资准入负面清单调整，外国投资者投资不再属于禁止或者限制投资的领域，当事人主张投资合同有效的，人民法院应予支持

5. 根据对外贸易法律制度的规定，下列关于国营贸易和国营贸易企业的表述中，不正确的有（   ）。
   A. 实行国营贸易管理的货物的目录，由海关总署会同其他有关部门确定
   B. 实行国营贸易管理货物的进出口业务只能由经授权的企业专属经营，一律不得由其他企业经营
   C. 国营贸易是指国家设立的国有企业及国家给予排他性特权的私营企业对特定产品所进行的贸易
   D. 判断一个企业是不是国营贸易企业，关键是看该企业的所有制形式

6. 根据对外贸易法律制度的规定，对于国家规定限制进出口的货物，我国实行的管理方式有(   )。
   A. 配额管理
   B. 自由进出口管理
   C. 备案登记管理
   D. 许可证管理

7. 根据对外贸易法律制度的规定，下列情形中，属于反倾销调查应当终止的有(   )。
   A. 申请人撤销申请的
   B. 没有足够证据证明存在倾销、损害或者二者之间有因果关系的
   C. 倾销幅度低于5%的
   D. 商务部认为不适宜继续进行反倾销调查的

8. 根据对外贸易法律制度的规定，倾销进口产品的出口经营者在反倾销调查期间，可以向商务部作出改变价格或者停止以倾销价格出口的价格承诺。下列关于价格承诺的表述中，正确的有(   )。
   A. 商务部可以向出口经营者提出价格承诺的建议，也可以强迫出口经营者作出价格承诺
   B. 出口经营者不作出价格承诺或者不接受价格承诺的建议的，不妨碍对反倾销案件的调查和确定
   C. 商务部对倾销及由倾销造成的损害作出肯定的初裁决定前，不得寻求或者接受价格承诺
   D. 商务部认为出口经营者作出的价格承诺能够接受并符合公共利益的，可以决定中止或者终止反倾销调查

9. 根据对外贸易法律制度的规定，下列关于征收反倾销税的表述中，正确的有(   )。
   A. 征收反倾销税，由商务部作出决定并予以公告
   B. 反倾销税原则上仅适用于终裁决定公告之日以后进口的产品
   C. 反倾销税的纳税人为倾销进口产品的进口经营者
   D. 反倾销税的征收期限一般不超过5年

10. 根据对外贸易法律制度的规定，下列关于保障措施的表述中，正确的有(   )。
    A. 保障措施针对的是公平贸易条件下的特殊情形
    B. 商务部根据调查结果，可以作出初裁决定，也可以直接作出终裁决定，并予以公告
    C. 临时保障措施的实施期限，自临时保障措施决定公告规定实施之日起，不超过200天
    D. 在任何情况下，一项保障措施的实施期限及其延长期限不得超过10年

11. 根据外汇管理法律制度的规定，下列外汇收支活动中，应当适用《外汇管理条例》的有(   )。

A. 到广州考察3个月的美国公民甲，出租其在美国的住房获得的租金

B. 持中华人民共和国居民身份证的中国公民丁，出租其在美国的住房获得的租金

C. 英国驻华大使洪某在华任职期间的薪酬

D. 已在上海连续居住3年的法国公民丙，出租其在法国的住房获得的租金

12. 根据外汇管理法律制度的规定，下列选项中，属于我国《外汇管理条例》所规定的外汇的有（　　）。

A. 外币现钞　　　　　　　　B. 外币支付凭证

C. 外币有价证券　　　　　　D. 特别提款权

13. 根据外汇管理法律制度的规定，下列关于直接投资项下外汇管理的表述中，正确的有（　　）。

A. 外商境内直接投资的外汇，无论是直接投资的汇入还是汇出，外国投资者应先在外汇局办理登记

B. 对于境内机构境外直接投资，应由外汇局对境外投资外汇资金来源进行审核

C. 境内机构境外直接投资所得利润可以留存境外用于其境外直接投资，也可以汇回境内

D. 境内机构将其所得的境外直接投资利润汇回境内的，可以保存在其经常项目外汇账户或办理结汇

14. 根据外汇管理法律制度的规定，国家外汇管理局对合格境内机构投资者（QDII）的境外投资进行管理的有（　　）。

A. 资格审批　　　　　　　　B. 投资品种的确定

C. 投资额度的审定　　　　　D. 资金汇兑管理

15. 根据外汇管理法律制度的规定，下列关于"外保内贷"的表述中，正确的有（　　）。

A. 外保内贷业务发生担保履约的，金融机构可直接与境外担保人办理担保履约收款

B. 境内债务人因外保内贷项下担保履约形成的对外负债，其未偿本金余额不得超过其上年度末经审计的净资产数额

C. 在境内债务人偿清其对境外担保人的债务之前，未经外汇局批准，境内债务人应暂停签订新的外保内贷合同

D. 在境内债务人偿清其对境外担保人的债务之前，已经签订外保内贷合同但尚未提款或尚未全部提款的，未经所在地外汇局批准，境内债务人应暂停办理新的提款

参考答案及解析

一、单项选择题

1.【答案】B

【解析】选项B：负面清单由国务院投资主管部门会同国务院商务主管部门等有关部门提出，报国

务院发布或者报国务院批准后由国务院投资主管部门、商务主管部门发布。

【考点】外商投资管理

2.【答案】A

【解析】选项A：外商投资企业的登记注册，由国务院市场监督管理部门或者其授权的地方人民政府市场监督管理部门依法办理。

【考点】外商投资管理

3.【答案】B

【解析】选项B：属于反垄断审查的内容。

【考点】外商投资安全审查制度

4.【答案】B

【解析】选项B：外商投资企业的外籍职工和中国香港、澳门、台湾职工的工资收入和其他合法收入，可以依法自由汇出。

【考点】外商投资保护

5.【答案】C

【解析】投资主体直接开展的非敏感类项目，既不涉及敏感国家和地区也不涉及敏感行业的项目实行备案管理。(1) 实行备案管理的项目中，投资主体是中央管理企业的，备案机关是国家发展改革委；(2) 投资主体是地方企业，且中方投资额3亿美元及以上的，备案机关是国家发展改革委；(3) 投资主体是地方企业，且中方投资额3亿美元以下的，备案机关是投资主体注册地的省级政府发展改革部门。

【考点】对外直接投资制度

6.【答案】B

【解析】我国《对外贸易法》仅适用于中国内地，不适用于中国香港特别行政区、澳门特别行政区和台湾地区。中国香港特别行政区、澳门特别行政区和台湾地区已经分别以"中国香港"、"中国澳门"和"台湾、澎湖、金门、马祖单独关税区"（简称"中国台北"）名义加入世界贸易组织，成为我国的"单独关税区"。单独关税区同主权国家一样，是世界贸易组织的独立成员。

【考点】《对外贸易法》适用范围和原则

7.【答案】C

【解析】从事货物进出口或者技术进出口的对外贸易经营者，应当向国务院对外贸易主管部门或者其委托的机构办理备案登记；但是，法律、行政法规和国务院对外贸易主管部门规定不需要备案登记的除外。

【考点】对外贸易经营者

8.【答案】B

【解析】选项B：我国对自由进出口技术的进出口实行合同登记制度。但需要指出的是，此种合同登记仅具有备案意义，合同自依法成立时生效，不以登记作为合同生效的条件。

【考点】货物和技术进出口

9.【答案】D

【解析】保障措施采取提高关税形式的，由商务部提出建议，国务院关税税则委员会根据商务部的建议作出决定，由商务部予以公告。

【考点】保障措施

10.【答案】A

【解析】保障措施采取数量限制形式的，由商务部作出决定并予以公告。

【考点】保障措施

11.【答案】C

【解析】临时反倾销措施实施的期限，自临时反倾销措施决定公告规定实施之日起，不超过4个月；在特殊情形下，可以延长至9个月。

【考点】反倾销

12.【答案】D

【解析】特别提款权货币篮包括人民币、美元、欧元、日元和英镑。

【考点】特别提款权

13.【答案】B

【解析】选项B：可自由使用货币的判定涉及相关货币在国际上的实际使用和交易，与货币是否自由兑换、汇率是否自由浮动是不同的概念。

【考点】特别提款权

14.【答案】B

【解析】（1）经常项目包括贸易收支、服务收支、收益（包括职工报酬和股息、红利等投资收益，选项AC）和经常转移（单方面转移，选项D）；（2）境内个人在境外买房、投资等方面的需求增加，境外个人在境内买房、购买股权等行为时有发生，这些资本项下的外汇交易行为按照资本项目的管理原则和相关政策办理。

【考点】资本项目

15.【答案】C

【解析】选项C：个人经常项目项下外汇收支分为经营性外汇收支和非经营性外汇收支，对于个人开展对外贸易产生的经营性外汇收支，视同机构按照货物贸易的有关原则进行管理；对于个人的非经营性外汇收支，无须提供贸易单证。

【考点】经常项目

16.【答案】B

【解析】国家外汇管理局依法对QDII境外投资的投资额度、资金账户、资金收付及汇兑等实施监督、管理和检查。

【考点】间接投资项下的外汇管理

17.【答案】D

【解析】我国实行以市场供求为基础（选项C），参考"一篮子"货币进行调节（选项A）、有管理的浮动汇率制度（选项B）。我国自1994年1月1日起，将官方汇率和调剂市场汇率两种汇率并轨。

【考点】人民币汇率制度

二、多项选择题

1.【答案】ABCD

【解析】外商投资是指外国的自然人、企业或者其他组织直接或者间接在中国境内进行的投资活动，包括以下四类具体情形：一是外国投资者单独或者与其他投资者共同在中国境内设立外商投资企业（选项AC）；二是外国投资者取得中国境内企业的股份、股权、财产份额或者其他类似权益（选项D）；三是外国投资者单独或者共同在中国境内投资新建项目（选项B）；四是法律、行政法规或者国务院规定的其他方式的投资。上述"其他投资者",包括中国的自然人在内。

【考点】外商投资的界定

2.【答案】ABCD

【解析】外商投资企业可以依法在中国境内或者境外通过公开发行股票、公司债券等证券(选项ACD),以及公开或者非公开发行其他融资工具、借用外债(选项B)等方式进行融资。

【考点】外商投资促进

3.【答案】ABCD

【解析】外国投资者在中国境内的出资、利润、资本收益(选项A)、资产处置所得、知识产权许可使用费(选项B)、依法获得的补偿或者赔偿(选项C)、清算所得(选项D)等,可以依法以人民币或者外汇自由汇入、汇出。任何单位和个人不得违法对币种、数额及汇入、汇出的频次等进行限制。

【考点】外商投资保护

4.【答案】ABCD

【考点】外商投资管理

5.【答案】ABD

【解析】(1)选项A:实行国营贸易管理的货物和经授权经营企业的目录,由国务院对外贸易主管部门会同国务院其他有关部门确定、调整并公布。(2)选项B:实行国营贸易管理货物的进出口业务只能由经授权的企业经营;但是,国家允许部分数量的国营贸易管理货物的进出口业务由非授权企业经营的除外。(3)选项D:判断一个企业是不是国营贸易企业,关键是看该企业是否在国际贸易中享有专营权或特许权,与该企业的所有制形式并无必然联系。

【考点】国营贸易的特别规定

6.【答案】AD

【解析】国家规定有数量限制的限制进出口货物,实行配额管理;其他限制进出口货物,实行许可证管理。

【考点】货物与技术进出口

7.【答案】ABD

【解析】有下列情形之一的,反倾销调查应当终止,并由商务部予以公告:(1)申请人撤销申请的(选项A);(2)没有足够证据证明存在倾销、损害或者二者之间有因果关系的(选项B);(3)倾销幅度低于2%的;(4)倾销进口产品实际或者潜在的进口量或者损害属于可忽略不计的;(5)商务部认为不适宜继续进行反倾销调查的(选项D)。

【考点】反倾销

8.【答案】BCD

【解析】选项A:商务部可以向出口经营者提出价格承诺的建议,但不得强迫出口经营者作出价格承诺。

【考点】反倾销

9.【答案】BCD

【解析】选项A:征收反倾销税,由商务部提出建议,国务院关税税则委员会根据商务部的建议作出决定,由商务部予以公告。海关自公告规定实施之日起执行。

【考点】反倾销

10.【答案】ABCD

【考点】保障措施

11.【答案】BD

【解析】（1）对境外机构和境外个人而言，仅对其发生在中国境内的外汇收支或者外汇经营活动适用该条例（选项A）；（2）境内机构和境内个人的外汇收支或者外汇经营活动，不论其发生在中国境内或者境外，均适用该条例。境内机构是指中华人民共和国境内的国家机关、企业、事业单位、社会团体、部队等，外国驻华外交领事机构和国际组织驻华代表机构除外；境内个人是指中国公民和在中华人民共和国境内连续居住满1年的外国人（选项BD），外国驻华外交人员和国际组织驻华代表除外（选项C）。

【考点】《外汇管理条例》的适用范围

12.【答案】ABCD

【解析】根据我国《外汇管理条例》的规定，外汇包括外币现钞（选项A）、外币支付凭证或者支付工具（选项B）、外币有价证券（选项C）、特别提款权（选项D）及其他外汇资产。

【考点】外汇的概念

13.【答案】ACD

【解析】选项B：对于境内机构境外直接投资，已经取消了境外投资外汇资金来源审核，改为实行登记备案制度。

【考点】直接投资项下的外汇管理

14.【答案】CD

【解析】国家外汇管理局依法对QDII境外投资的投资额度、资金账户、资金收付及汇兑等实施监督、管理和检查。

【考点】间接投资项下的外汇管理

15.【答案】ABCD

【考点】外债管理

第三部分 历年试卷精析

2016 年注册会计师全国统一考试 《经济法》试卷

一、单项选择题（本题型共 24 小题，每小题 1 分，共 24 分。每小题只有一个正确答案，请从每小题的备选答案中选出一个你认为正确的选项。）

1. 下列关于法律渊源的表述中，正确的是(　　)。
   A. 全国人大常委会有权部分修改由全国人大制定的基本法律
   B. 部门规章可以设定减损公民、法人和其他组织权利或者增加其义务的规范
   C. 地方性法规是指地方人民政府对地方性事务制定的规范性法律文件的总称
   D. 除最高人民法院外，其他国家机关无权解释法律

2. 根据民事法律制度的规定，下列各项中，属于诉讼时效中止法定事由的是(　　)。
   A. 申请仲裁
   B. 权利被侵害的无民事行为能力人没有法定代理人
   C. 申请宣告义务人死亡
   D. 申请支付令

3. 甲、乙、丙三兄弟共同继承一幅古董字画，由甲保管。甲擅自将该画以市场价出卖给丁并已交付，丁对该画的共有权属关系并不知情。根据物权法律制度的规定，下列表述中，正确的是(　　)。
   A. 丁取得该画的所有权，但须以乙和丙均追认为前提
   B. 无论乙和丙追认与否，丁均不能取得该画的所有权
   C. 无论乙和丙追认与否，丁均可取得该画的所有权
   D. 经乙和丙中一人追认，丁即可取得该画的所有权

4. 根据合同法律制度的规定，下列情形中，构成有效承诺的是(　　)。
   A. 受要约人向要约人发出承诺函后，随即又发出一份函件表示收回承诺，两封函件同时到达要约人
   B. 受要约人在承诺期内发出承诺，正常情形下可如期到达要约人，但因连日暴雨致道路冲毁，承诺通知到达要约人时已超过承诺期限，要约人收到承诺通知后未作任何表示

C. 受要约人发出表示承诺的函件时已超过要约人规定的承诺期限，要约人收到后未作任何表示

D. 受要约人向要约人回函表示"若价格下调5%，我司即与贵司订立合同"

5. 乙承租甲的房屋，双方约定租赁期间为2015年1月1日至2016年12月31日。经甲同意，乙将该房屋转租给丙，租赁期间为2015年6月1日至2016年5月31日。根据合同法律制度的规定，下列表述中，正确的是（　　）。

A. 甲有权直接向丙收取租金

B. 甲和乙之间的租赁合同在转租期内失效

C. 甲有权解除乙和丙之间的转租合同

D. 若丙对房屋造成损害，甲有权向乙主张赔偿

6. 根据合同法律制度的规定，建设工程合同当事人对工程实际竣工日期有争议时，下列处理规则中，正确的是（　　）。

A. 工程竣工验收合格的，以工程转移占有之日为竣工日期

B. 工程未经竣工验收，发包人擅自使用的，以开始使用之日为竣工日期

C. 工程未经竣工验收，发包人擅自使用的，以工程封顶之日为竣工日期

D. 承包人已提交竣工验收报告，发包人拖延验收的，以承包人提交验收报告之日为竣工日期

7. 甲、乙、丙、丁拟共同投资设立一有限合伙企业，甲、乙为普通合伙人，丙、丁为有限合伙人。四人草拟了一份合伙协议。该合伙协议的下列内容中，符合合伙企业法律制度规定的是（　　）。

A. 丙任执行事务合伙人

B. 甲以房屋作价30万元出资，乙以专利技术作价15万元出资，丙以劳务作价20万元出资，丁以现金50万元出资

C. 丙、丁可以将其在合伙企业中的财产份额出质

D. 合伙企业名称为"环宇商贸有限公司"

8. 某普通合伙企业的一名合伙人拟将其合伙财产份额转让给合伙企业以外的人，但合伙协议对该事项的决定规则未作约定。根据合伙企业法律制度的规定，下列关于该事项决定规则的表述中，正确的是（　　）。

A. 须其他合伙人半数以上同意　　B. 须其他合伙人一致同意

C. 须其他合伙人2/3以上同意　　D. 须其他合伙人过半数同意

9. 根据合伙企业法律制度的规定，下列出资形式中，只能由全体合伙人协商确定价值评估办法的是（　　）。

A. 实物　　　　B. 土地使用权　　C. 知识产权　　D. 劳务

10. 根据合伙企业法律制度的规定，合伙企业解散清算时，企业财产首先应当清偿或者支付的是（　　）。

A. 所欠税款　　B. 所欠银行借款　C. 所欠职工工资　D. 清算费用

11. 根据公司法律制度的规定，下列关于一人有限责任公司（简称"一人公司"）的表述中，正确的是(   )。

    A. 一个自然人只能投资设立一个一人公司，但该一人公司可以再投资设立新的一人公司

    B. 一人公司应当在公司登记中注明自然人独资或者法人独资

    C. 一人公司设立时，股东应当一次缴足公司章程规定的出资额

    D. 一人公司的股东应当对公司债务承担连带清偿责任

12. 某股份有限公司于2016年3月7日首次公开发行股份并在上海证券交易所上市交易。2016年4月8日，该公司召开股东大会，拟审议的有关董事、高级管理人员（简称"高管"）持股事项的议案中包含下列内容，其中，符合公司法律制度规定的是(   )。

    A. 董事、高管离职后半年内，不得转让其所持有的本公司股份

    B. 董事、高管持有的本公司股份，自决议通过之日起6个月后可以对外自由转让

    C. 董事、高管持有的本公司股份，自决议通过之日起3个月后可以内部自由转让

    D. 董事、高管在任职期间每年转让的股份不得超过其所持有的本公司股份总数的50%

13. 根据公司法律制度的规定，下列情形中，构成股东要求司法解散公司的正当理由的是(   )。

    A. 公司最近3年未召开股东会，无法形成股东会决议，经营管理严重困难，继续存续会使股东利益严重受损，且无其他途径解决

    B. 公司连续3年亏损，累计亏损达到实收股本总额的1/2

    C. 公司连续5年盈利，并符合法律规定的利润分配条件，但不分红

    D. 公司无故拒绝股东查询公司会计账簿

14. 某有限责任公司有甲、乙、丙三名股东，甲、乙各持8%的股权，丙持84%的股权。丙任执行董事，乙任监事。甲发现丙将公司资产以极低价格转让给其妻开办的公司，严重损害了本公司利益，遂书面请求乙对丙提起诉讼。乙碍于情面予以拒绝。根据公司法律制度的规定，下列表述中，正确的是(   )。

    A. 甲可以提议召开临时股东会，要求丙对相关事项作出说明

    B. 甲可以以自己的名义对丙提起诉讼，要求其赔偿公司损失

    C. 甲可以以公司内部监督机制失灵、公司和股东利益严重受损为由，请求人民法院判决解散公司

    D. 甲可以请求公司以合理价格收购其股权，从而退出公司

15. 证券监管部门调查发现，1年前在证券交易所挂牌上市的甲公司在首次公开发行股票的过程中存在虚假陈述行为，并给投资者造成经济损失。乙系甲公司董事长。根据证券法律制度的规定，下列关于乙就甲公司虚假陈述行为所致投资者损失承担赔偿责任的表述中，正确的是(   )。

A. 无论乙有无过错，均须承担赔偿责任

B. 只有当投资者证明乙有过错时，乙才承担赔偿责任

C. 乙须承担赔偿责任，除非能证明自己没有过错

D. 无论乙有无过错，均不承担赔偿责任

16. 根据证券法律制度的规定，上市公司进行重大资产重组须由股东大会作出决议。下列关于该股东大会会议召开和表决规则的表述中，正确的是(   )。

A. 股东大会会议应当以现场会议或通讯方式举行

B. 决议经出席会议股东所持表决权过半数同意即可通过

C. 与重组事项有关联关系的股东应当回避表决

D. 持有上市公司股份不足5%的股东的投票情况无须单独统计或披露

17. 根据企业破产法律制度的规定，下列关于破产案件诉讼费用承担的表述中，正确的是(   )。

A. 由破产申请人预先支付　　　B. 由全体债权人按比例分担

C. 从债务人财产中随时拨付　　D. 由债权人和债务人分担

18. 根据票据法律制度的规定，下列票据行为人中，其签章不符合《票据法》规定可导致票据无效的是(   )。

A. 出票人　　　B. 保证人　　　C. 背书人　　　D. 承兑人

19. 根据企业国有资产法律制度的规定，下列关于商业类和公益类国有企业的相关表述中，正确的是(   )。

A. 公益类国有企业以保障民生、服务社会、提供公共产品和服务为主要目标

B. 商业类国有企业须保持国有资本绝对控股或者相对控股

C. 商业类国有企业均须实行公司制股份制改革

D. 公益类国有企业的产品或者服务价格均由政府调控

20. 根据企业国有资产法律制度的规定，代表国家行使企业国有资产所有权的是(   )。

A. 全国人民代表大会　　　B. 国有资产监督管理委员会

C. 国家主席　　　　　　　D. 国务院

21. 国有资产监督管理机构负责审核国家出资企业的增资行为。其中，因增资致使国家不再拥有所出资企业控股权的，须由国有资产监督管理机构报特定主体批准。该特定主体是(   )。

A. 本级人民政府

B. 国家出资企业所在地省级人民政府

C. 上级人民政府

D. 上级国有资产监督管理机构

22. 根据涉外经济法律制度的规定，对于国家规定有数量限制的进出口货物，我国实行的管理方式是(   )。

A. 配额管理 B. 自由进出口管理
C. 备案登记管理 D. 许可证管理

23. 某省属企业拟实施一项境外投资项目，中方投资额2.5亿美元，项目所在国家系敏感国家。下列表述中，符合涉外经济法律制度规定的是(   )。

A. 该项目应报国家发展改革委备案 B. 该项目应报该省投资主管部门核准
C. 该项目应报该省投资主管部门备案 D. 该项目应报国家发展改革委核准

24. 根据外汇管理法律制度的规定，负责对合格境内机构投资者（QDII）的境外投资额度进行管理的机构是(   )。

A. 财政部 B. 国家外汇管理局
C. 国家发展改革委 D. 中国证监会

二、多项选择题（本题型共14小题，每小题1.5分，共21分。每小题均有多个正确答案，请从每小题的备选答案中选出你认为正确的选项。每小题所有答案选择正确的得分，不答、错答、漏答均不得分。）

1. 甲、乙均为完全民事行为能力人。甲、乙之间的下列约定中，能够产生法律上的权利义务的有(   )。

A. 甲将房屋出租给乙 B. 二人此生不离不弃
C. 二人共进晚餐 D. 甲送给乙一部手机

2. 根据物权法律制度的规定，以出让方式取得土地使用权的，转让房地产时，应当符合的条件有(   )。

A. 按照出让合同约定已经支付全部土地使用权出让金，并取得土地使用权证书
B. 按照出让合同约定进行投资开发，属于成片开发土地的，形成工业用地或其他建设用地条件
C. 转让房地产时房屋已经建成的，应当持有房屋所有权证书
D. 按照出让合同约定进行投资开发，属于房屋建设工程的，完成开发投资总额的20%以上

3. 甲为庆祝好友乙60岁生日，拟赠与其古董瓷瓶一只。但双方约定，瓷瓶交付乙后，甲可以随时借用该瓷瓶。根据合同法律制度的规定，下列表述中，正确的有(   )。

A. 瓷瓶交付乙前，甲不得撤销赠与
B. 瓷瓶交付乙后，若被鉴定为赝品，乙有权以欺诈为由撤销赠与
C. 瓷瓶交付乙后，若甲请求借用时被乙拒绝，甲可以撤销赠与
D. 瓷瓶交付乙前，若甲的经济状况显著恶化，严重影响其生活，可不再履行赠与义务

4. 某普通合伙企业经营期间，吸收甲入伙。甲入伙前合伙企业已负债20万元。甲入伙1年后退伙，在此期间合伙企业新增负债10万元。甲退伙后半年，合伙企业解散，以企业全部财产清偿债务后，尚有80万元债务不能清偿。根据合伙企业法律制度的规定，下列关于甲承担清偿责任的表述中，正确的有(   )。

A. 甲对入伙前合伙企业的20万元债务承担无限连带责任

B. 甲对入伙后至合伙企业解散时新增的60万元债务承担无限连带责任

C. 甲对合伙企业解散后尚未清偿的全部80万元债务承担无限连带责任

D. 甲对担任合伙人期间合伙企业新增的10万元债务承担无限连带责任

5. 根据合伙企业法律制度的规定,下列关于特殊的普通合伙企业执业风险防范措施的表述中,正确的有( )。

A. 企业可以选择建立执业风险基金或者办理职业保险

B. 执业风险基金用于偿付合伙人执业活动造成的债务

C. 执业风险基金应当单独立户管理

D. 企业应当从其经营收益中提取相应比例资金作为执业风险基金

6. 根据公司法律制度的规定,有限责任公司股东会会议的下列决议中,须经代表2/3以上表决权的股东通过的有( )。

A. 修改公司章程　　　　　　B. 决定利润分配方案

C. 对外提供担保　　　　　　D. 增加注册资本

7. 根据公司法律制度的规定,股份有限公司的下列文件中,股东有权查阅的有( )。

A. 公司债券存根　　　　　　B. 股东名册

C. 董事会会议决议　　　　　D. 公司会计账簿

8. 甲、乙、丙、丁拟设立一家贸易公司,委派丙负责租赁仓库供公司使用,因公司尚未成立,丙以自己的名义与戊签订仓库租赁合同。根据公司法律制度的规定,下列关于仓库租赁合同义务承担的表述中,正确的有( )。

A. 若贸易公司未能成立,戊可以请求丙承担合同义务

B. 贸易公司成立后,戊仍可以请求丙承担合同义务

C. 贸易公司成立后,戊只能请求贸易公司承担合同义务

D. 贸易公司成立后,戊可以请求贸易公司承担合同义务

9. 根据票据法律制度的规定,下列各项中,属于汇票上的绝对必要记载事项的有( )。

A. 汇票金额　　B. 收款人名称　　C. 付款日期　　D. 出票日期

10. 根据企业国有资产管理法律制度的规定,下列各项中,属于国家出资企业的有( )。

A. 国有独资企业　　　　　　B. 国有资本参股公司

C. 国有资本控股公司　　　　D. 国有独资公司

11. 根据反垄断法律制度的规定,执法机构认定"其他协同行为"时,应当考虑的因素包括( )。

A. 经营者的市场行为是否具有一致性

B. 相关市场的结构情况、竞争状况、市场变化情况

C. 经营者能否对一致行为作出合理的解释

D. 经营者之前是否进行过意思联络或者信息交流

12. 下列行为中，违反我国《反垄断法》的有（　　）。

A. 国有经济占控制地位的关系国民经济命脉行业的国有企业之间达成垄断协议的行为

B. 具有竞争关系的境内企业就固定商品出口价格达成的垄断协议

C. 外国企业在中国境外实施的对中国境内市场竞争产生排除或者限制效果的垄断行为

D. 农业生产者在农产品生产、加工、销售、运输、储存等经营活动中实施的联合行为

13. 根据涉外经济法律制度的规定，下列关于特别提款权的表述中，正确的有（　　）。

A. 特别提款权是一种货币

B. 特别提款权本身具有价值

C. 特别提款权的"货币篮"目前由5种货币组成

D. 加入特别提款权"货币篮"标志着人民币完全实现了可自由兑换

14. 根据涉外经济法律制度的规定，下列企业形式中，可以作为中外合资经营企业组织形式的有（　　）。

A. 个人独资企业　　B. 股份有限公司　　C. 有限责任公司　　D. 合伙企业

三、案例分析题（本题型共4小题55分。其中一道小题可以选用中文或英文解答，请仔细阅读答题要求。如使用英文解答，须全部使用英文，答题正确的，增加5分。本题型最高得分为60分。）

1. （本小题10分，可以选用中文或英文解答，如使用英文解答，须全部使用英文，答题正确的，增加5分，最高得分为15分。）

2016年3月1日，为支付工程款项，A公司向B公司签发一张以甲银行为承兑人、金额为150万元的银行承兑汇票，汇票到期日为2016年9月1日，甲银行作为承兑人在汇票票面上签章。

4月1日，B公司将该汇票背书转让给C公司，用于支付买卖合同价款。后因C公司向B公司出售的合同项下货物存在严重质量问题，双方发生纠纷。

5月1日，C公司为支付广告费，将该汇票背书转让给D公司。D公司负责人知悉B、C公司之间合同纠纷的详情，对该汇票产生疑虑，遂要求C公司的关联企业E公司与D公司签订了一份保证合同。保证合同约定：E公司就C公司对D公司承担的票据责任提供连带责任保证。但E公司未在汇票上记载有关保证事项，亦未签章。

6月1日，D公司将该汇票背书转让给F公司，以偿还所欠F公司的租金。

9月2日，F公司持该汇票向甲银行提示付款，甲银行以A公司资信状况不佳、账户余额不足为由拒付。

F公司遂向B、D公司追索。B公司以C公司违反买卖合同为由，对F公司的追索予以拒绝，D公司向F公司承担票据责任后，分别向B、E公司追索，B公司仍以C公司违反买卖合同为由，对D公司的追索予以拒绝，E公司亦拒绝。

要求：

根据上述内容，分别回答下列问题：

（1）甲银行的拒付理由是否成立？并说明理由。

（2）B公司拒绝F公司追索的理由是否成立？并说明理由。

（3）B公司拒绝D公司追索的理由是否成立？并说明理由。

（4）D公司能否要求E公司承担票据责任？能否依保证合同要求E公司承担保证责任？并分别说明理由。

2．（10分）

人民法院于2015年11月5日受理了债权人提出的针对A公司的破产申请。人民法院向A公司送达受理裁定，并要求其在15日内提交财产状况说明、债务清册、债权清册等有关资料，A公司以企业管理不善、资料保存不全为由拒绝。

管理人在调查债务人财产状况时发现下述情况：

（1）2015年1月，A公司向B公司出售一台机床，B公司验货后，将机床暂存于A公司库房。双方约定：在B公司付清全部价款前，A公司保留机床所有权。2015年10月，B公司付清全部价款，但尚未提货。

（2）2015年2月，A公司向C银行借款20万元，由D公司承担连带责任保证。借款到期后A公司未能清偿，C银行已就20万元借款及利息向管理人申报了债权，同时要求D公司承担连带责任保证，D公司遂向管理人预先申报此笔债权，遭到拒绝。

在债权人会议对破产财产的变价方案进行表决时，出席会议并参与表决的债权人共计30人（全体债权人人数为45人），债权额占全部无财产担保债权总额的60%，其中赞成的为28人，代表债权额占全部无财产担保债权总额的45%。

在人民法院对本案作出破产宣告前，当地社会保险机构以债权人名义提出对A公司进行重整的申请。

要求：

根据上述内容，分别回答下列问题：

（1）A公司拒不提交相关材料，人民法院可对其采取何种处罚措施？

（2）A公司销售给B公司的机床是否属于债务人财产？并说明理由。

（3）管理人拒绝D公司预先申报债权，是否符合企业破产法律制度的规定？并说明理由。

（4）债权人会议关于破产财产变价方案的表决结果，是否达到通过表决方案的法定最低比例要求？并说明理由。

（5）当地社会保险机构是否有权提出重整申请？并说明理由。

3.（17分）

2014年3月5日，机床生产商甲公司向乙公司出售机床20台，每台20万元。乙公司因资金周转困难，欲向丙银行贷款400万元，并与甲公司约定：仅在乙公司的400万元银行借款于2014年6月2日前到账时，机床买卖合同始生效。

2014年4月2日，乙公司与丙银行签订借款合同，并以其自有房屋一套为丙银行设定抵押。双方签订了书面抵押合同，但未办理抵押登记。直至6月16日，乙公司始获得丙银行发放的3个月短期贷款400万元。6月17日，乙公司请求甲公司履行机床买卖合同，甲公司以合同未生效为由拒绝。

2014年5月20日，甲公司与丁公司签订买卖合同。双方约定：甲公司向丁公司出售机床5台，每台21万元；甲公司应于2014年7月11日前交付机床，交付机床的同时，丁公司支付货款。6月20日，丁公司与乙公司签订买卖合同，将拟从甲公司购入的5台机床以每台22万元的价格转售给乙公司。双方约定于7月12日交货付款。

6月5日，甲公司的债权人戊公司要求其清偿到期债务100万元。甲公司遂将对丁公司的合同债权让与戊公司用于抵债，并通知丁公司，丁公司表示反对。7月11日，甲公司欲向丁公司交付机床，同时要求丁公司将货款支付给戊公司。丁公司拒绝向戊公司付款，甲公司遂停止交付机床。

7月12日，乙公司请求丁公司交付机床，丁公司无货可交。7月20日，乙公司另行购得机床5台，共计花费120万元。7月28日，乙公司请求丁公司赔偿其另行购买机床多花费的10万元。

9月16日，乙公司无法偿还丙银行到期贷款，丙银行要求实现在乙公司房屋上设定的抵押权。

要求：

根据上述内容，分别回答下列问题：

（1）甲公司是否有义务向乙公司交付机床？并说明理由。

（2）乙公司与丙银行之间的抵押合同是否有效？并说明理由。

（3）丁公司反对甲公司将债权转让给戊公司，该债权转让是否有效？并说明理由。

（4）丁公司拒绝向戊公司付款，甲公司是否有权停止向丁公司交付机床？并说明理由。

（5）乙公司是否有权请求丁公司赔偿其另行购买机床多花费的10万元？并说明理由。

（6）丙银行要求实现抵押权的主张能否得到支持？并说明理由。

4.（18分）

甲股份有限公司（简称"甲公司"）为A股上市公司。2015年8月3日，乙有限责任公司（简称"乙公司"）向中国证监会、证券交易所提交权益变动报告书，称其自2015年7月20日开始持有甲公司股份，截至8月1日，已经通过公开市场交易持有该公司已发行股份的5%。乙公司同时也将该情况通知了甲公司并予以公告。8月16日和9

月3日，乙公司连续两次公告其所持甲公司股份分别增加5%。乙公司分别按照规定向中国证监会、证券交易所提交了书面报告并通知了甲公司。截至9月3日，乙公司已经成为甲公司的第一大股东，持股15%。甲公司原第一大股东丙有限责任公司（简称"丙公司"）持股13%，退居次位。

2015年9月15日，甲公司公告称因筹划重大资产重组事项，公司股票停牌3个月。2015年11月1日，甲公司召开董事会会议审议丁有限责任公司（简称"丁公司"）与甲公司的资产重组方案，方案主要内容是：（1）甲公司拟向丁公司发行新股，购买丁公司价值60亿元的软件业务资产；（2）股份发行价格拟定为本次董事会决议公告前20个交易日交易均价的85%；（3）丁公司因该次重组取得的甲公司股份自发行结束之日起6个月后方可自由转让。该项交易完成后，丁公司将持有甲公司12%的股份，但尚未取得甲公司的实际控股权；乙公司和丙公司的持股比例分别降至10%和8%。

甲公司董事会共有董事11人，7人到会。在讨论上述重组方案时，2名非执行董事认为，该重组方案对购入资产定价过高，同时严重稀释老股东权益，在与其他董事激烈争论之后，这2名非执行董事离席，未参加表决，其余5名董事均对重组方案投了赞成票，并决定于2015年12月25日召开临时股东大会审议该重组方案。

2015年11月5日，乙公司书面请求甲公司监事会起诉投票通过上述重组方案的5名董事违反忠实和勤勉义务，遭到拒绝。乙公司遂以自己的名义直接向人民法院起诉该5名董事。

2015年11月20日，甲公司向中国证监会举报乙公司在收购上市公司过程中存在违反信息披露义务的行为，中国证监会经调查发现：2015年8月1日至3日，戊公司和辛公司通过公开市场交易分别购入甲公司2%和3%的股份；戊、辛两公司事先均向乙公司出具书面承诺，同意无条件按照乙公司指令行使各自所持甲公司股份的表决权。戊、辛、乙三公司均未对上述情况予以披露。

要求：

根据上述内容，分别回答下列问题：

（1）乙、戊、辛三公司在收购甲公司股份时，是否构成一致行动人？并说明理由。

（2）乙公司在收购甲公司股份时，存在哪些不符合证券法律制度关于权益变动披露规定的行为？并说明理由。

（3）丁公司与甲公司的资产重组方案的三项内容中，哪些不符合证券法律制度的规定？并说明理由。

（4）2015年11月1日董事会会议的到会人数是否符合公司法律制度关于召开董事会会议法定人数的规定？并说明理由。

（5）2015年11月1日董事会作出的决议是否获得通过？并说明理由。

（6）人民法院应否受理乙公司的起诉？并说明理由。

2017年注册会计师全国统一考试
《经济法》试卷

一、单项选择题（本题型共24小题，每小题1分，共24分。每小题只有一个正确答案，请从每小题的备选答案中选出一个你认为正确的选项。）

1. 根据合同法律制度的规定，下列关于抵销的表述中，正确的是（　　）。
   A. 抵销通知为要式
   B. 抵销的意思表示溯及于得为抵销之时
   C. 抵销的效果自通知发出时生效
   D. 抵销可以附条件或者附期限

2. 下列关于法律规范与法律条文关系的表述中，正确的是（　　）。
   A. 法律规范等同于法律条文
   B. 法律规范与法律条文一一对应
   C. 法律规范是法律条文的表现形式
   D. 法律条文的内容除法律规范外，还包括法律原则等法要素

3. 根据企业破产法律制度的规定，下列各项中，免于申报的破产债权是（　　）。
   A. 有担保的债权
   B. 地方税收债权
   C. 职工劳动债权
   D. 社会保障债权

4. 根据证券法律制度的规定，招股说明书的有效期为6个月。该有效期的起算日是（　　）。
   A. 发行人全体董事在招股说明书上签名、盖章之日
   B. 招股说明书在中国证监会指定网站第一次全文刊登之日
   C. 公开发行前招股说明书最后一次签署之日
   D. 保荐人及保荐代表人在核查意见上签字、盖章之日

5. 根据物权法律制度的规定，下列各项中，属于独立物权的是（　　）。
   A. 地役权
   B. 建设用地使用权
   C. 质权
   D. 抵押权

6. 某普通合伙企业合伙人甲享有合伙财产份额价值为10万元，因个人车辆修理而欠乙修理费5万元，到期无力清偿。同时，乙欠合伙企业5万元未清偿；合伙企业未向甲支付上一年度应分配利润10万元。债权人乙提出的下列主张中，符合合伙企业法律制度规定的是（　　）。
   A. 以甲欠乙的修理费抵销乙欠合伙企业的货款
   B. 请求人民法院强制执行甲在合伙企业中的财产份额以清偿修理费

C. 代位行使甲对合伙企业上一年度全部可分配利润的请求权

D. 直接取得甲在合伙企业中价值5万元的财产份额

7. 甲有限责任公司成立于2017年1月5日。公司章程规定,股东乙以其名下的一套房产出资。乙于1月7日将房产交付公司,但未办理权属变更手续。5月9日,股东丙诉至人民法院,要求乙履行出资义务。5月31日,人民法院责令乙于10日内办理权属变更手续。6月6日,乙办理了权属变更手续。根据公司法律制度的规定,乙享有股东权利的起始日期是(   )。

　　A. 1月5日　　　B. 6月6日　　　C. 1月7日　　　D. 5月31日

8. 甲公司与乙银行签订300万元的借款合同,以其所有的房屋提供债权额为300万元的抵押担保,并已办理登记。其后,借款合同的借款金额增加为400万元,仍以该房屋提供抵押担保,担保债权额相应增加为400万元。为使新增抵押生效,根据物权法律制度的规定,乙银行应向不动产登记机构申请的登记类型是(   )。

　　A. 更正登记　　B. 预告登记　　C. 变更登记　　D. 转移登记

9. A公司因急需资金,将其作为收款人的一张已获银行承兑的商业汇票背书转让给B公司。汇票票面金额为50万元,B公司向A公司支付现金42万元作为取得该汇票的对价。根据票据法律制度的规定,下列关于A公司背书行为效力及其理由的表述中,正确的是(   )。

　　A. 背书行为有效,因为票据行为具有无因性

　　B. 背书行为无效,因为票据贴现属于国家特许经营业务,只有经批准的金融机构才有资格从事票据贴现业务

　　C. 背书行为有效,因为该汇票已获银行承兑

　　D. 背书行为无效,因为B公司支付的对价过低

10. 甲、乙、丙三人拟设立一有限责任公司。在公司设立过程中,甲在搬运为公司购买的办公家具时,不慎将丁撞伤。根据公司法律制度的规定,下列关于对丁的侵权责任承担的表述中,正确的是(   )。

　　A. 若公司未成立,丁仅能请求甲承担该侵权责任

　　B. 若公司成立,则由公司自动承受该侵权责任

　　C. 若公司未成立,丁应先向甲请求赔偿,不足部分再由乙、丙承担

　　D. 无论公司是否成立,该侵权责任应由甲、乙、丙共同承担

11. 甲盗用乙的身份证,以乙的名义向丙公司出资。乙被记载于丙公司股东名册,并进行了工商登记,但直至出资期限届满仍未履行出资义务。根据公司法律制度的规定,下列关于出资责任承担的表述中,正确的是(   )。

　　A. 乙承担出资责任

　　B. 甲承担出资责任

　　C. 乙首先承担出资责任,不足部分再由甲补足

　　D. 甲、乙对出资承担连带责任

12. 根据合伙企业法律制度的规定，下列关于普通合伙企业合伙人的表述中，正确的是（　　）。
    A. 上市公司可以成为合伙人
    B. 限制民事行为能力的自然人不能成为合伙人
    C. 非法人组织不能成为合伙人
    D. 公益性社会团体可以成为合伙人

13. 根据证券法律制度的规定，下列关于非上市公众公司的表述中，正确的是（　　）。
    A. 非上市公众公司不包括虽然股票在全国中小企业股份转让系统公开转让，但股东人数未超过200人的股份有限公司
    B. 非上市公众公司向特定对象发行股票，无须中国证监会核准
    C. 非上市公众公司包括股票向特定对象转让导致股东累计超过200人，但其股票未在证券交易所上市交易的股份有限公司
    D. 非上市公众公司经中国证监会核准，可以在全国中小企业股份转让系统向不特定对象公开发行

14. 根据企业国有资产法律制度的规定，在选择国有资本控股公司的企业管理者时，履行出资人职责的机构享有的权限是（　　）。
    A. 任免企业的经理、副经理
    B. 任免企业的财务负责人和其他高级管理人员
    C. 任免企业的董事长、副董事长、董事和监事
    D. 向企业的股东会或股东大会提出董事、监事人选

15. 甲股份有限公司非公开发行债券，乙证券公司担任承销商。下列关于此次非公开发行的表述中，符合证券法律制度规定的是（　　）。
    A. 本次非公开发行的债券在发行后可申请在证券交易所转让
    B. 债券发行后进行转让的，持有本次发行债券的合格投资者合计不得超过300人
    C. 净资产不低于500万元的企业法人可以作为本次非公开发行债券的合格投资者
    D. 乙证券公司应在本次发行完成后5个工作日内向中国证监会备案

16. 根据对外贸易法律制度的规定，决定征收临时反倾销税的机构是（　　）。
    A. 商务部　　　　　　　　B. 国家税务总局
    C. 财政部　　　　　　　　D. 国务院关税税则委员会

17. 国有资产监督管理机构负责审核国家出资企业的增资行为。其中，因增资致使国家不再拥有所出资企业控股权的，须由国有资产监督管理机构报特定主体批准。该特定主体是（　　）。
    A. 本级人民政府　　　　　B. 国家出资企业所在地省级人民政府
    C. 上级人民政府　　　　　D. 上级国有资产监督管理机构

18. 下列关于中外合资经营企业的组织形式和组织机构的表述中，符合涉外投资法

律制度规定的是( )。

　　A. 合营企业的组织形式可以为有限责任公司，也可以为合伙企业或股份有限公司

　　B. 合资股份公司的组织机构应按照《公司法》关于股份有限公司组织机构的规定办理

　　C. 合营企业的组织形式为有限责任公司的，股东会是其最高权力机构

　　D. 总经理是合营企业的法定代表人

19. 根据我国反垄断执法机构的职责分工，负责不涉及价格的滥用行政权力排除、限制竞争行为的执法工作的机构是( )。

　　A. 商务部　　　　　　　　　　B. 国务院反垄断委员会
　　C. 国家工商总局　　　　　　　　D. 国家发展改革委员会

20. 某普通合伙企业合伙人甲死亡，其未成年子女乙、丙是其全部合法继承人。根据合伙企业法律制度的规定，下列表述中，正确的是( )。

　　A. 乙、丙因继承甲的财产份额自动取得合伙人资格

　　B. 经全体合伙人一致同意，乙、丙可以成为有限合伙人

　　C. 乙、丙可以继承甲的财产份额，但不能成为合伙人

　　D. 应解散合伙企业，清算后向乙、丙退还甲的财产份额

21. 根据合伙企业法律制度的规定，下列各项中，构成有限合伙人当然退伙情形的是( )。

　　A. 作为有限合伙人的法人被宣告破产

　　B. 作为有限合伙人的自然人故意给合伙企业造成损失

　　C. 作为有限合伙人的自然人被宣告失踪

　　D. 作为有限合伙人的自然人丧失民事行为能力

22. 朋友6人共同出资购买一辆小汽车，未约定共有形式，且每人的出资额也不能确定。部分共有人欲对外转让该车。为避免该转让成为无权处分，在没有其他约定的情况下，根据物权法律制度的规定，同意转让的共有人至少应当达到的人数是( )。

　　A. 4人　　　　　B. 3人　　　　　C. 6人　　　　　D. 5人

23. 根据民事法律制度的规定，下列关于诉讼时效起算的表述中，正确的是( )。

　　A. 当事人约定同一债务分期履行的，从最后一期履行期限届满之日起算

　　B. 可撤销合同的撤销权，从当事人知道或应当知道撤销事由之日起算

　　C. 请求他人不作为的，自义务人违反不作为义务时起算

　　D. 国家赔偿的，自国家机关及其工作人员实施违法行为时起算

24. 甲境外公司控股股东拟以股权作为支付手段并购乙境内公司。根据涉外投资法律制度的规定，甲公司及其管理层最近一定年限内应未受到监管机构的处罚。该一定年限是( )。

　　A. 2年　　　　　B. 5年　　　　　C. 3年　　　　　D. 4年

二、多项选择题（本题型共14小题，每小题1.5分，共21分。每小题均有多个正确答案，请从每小题的备选答案中选出你认为正确的选项。每小题所有答案选择正确的得分，不答、错答、漏答均不得分。）

1. 甲、乙和丙设立某普通合伙企业，从事餐饮服务，2017年6月5日，甲退伙；6月10日，丁入伙。6月9日，合伙企业经营的餐厅发生卡式燃气炉灼伤顾客戊的事件，需要支付医疗费用等总计45万元，经查，该批燃气炉系当年4月合伙人共同决定购买，其质量不符合相关国家标准。该合伙企业支付30万元赔偿后已无赔偿能力。现戊请求合伙人承担其余15万元赔偿责任。根据合伙企业法律制度的规定，应承担赔偿责任的合伙人有(　　)。

   A. 甲　　　　　B. 丁　　　　　C. 乙　　　　　D. 丙

2. 下列各项中，属于法律关系客体的有(　　)。

   A. 建筑物　　　　　　　　B. 自然人的不作为
   C. 有价证券　　　　　　　D. 人格利益

3. 根据企业国有资产法律制度的规定，下列各项中，属于国务院和地方人民政府依法履行出资人职责时应遵循的原则有(　　)。

   A. 政企分开
   B. 社会公共管理职能与国有资产出资人职能分开
   C. 保护消费者合法权益
   D. 不干预企业依法自主经营

4. 根据支付结算法律制度的规定，下列关于国内信用证（简称"信用证"）的表述中，正确的有(　　)。

   A. 信用证只能用于转账结算，不得支取现金
   B. 开证行可以单方修改或撤销信用证
   C. 信用证与作为其依据的买卖合同相互独立
   D. 可转让信用证只能转让一次，即只能由第一受益人转让给第二受益人

5. 保证合同是保证人与债权人订立的在主债务人不履行其债务时，由保证人按照约定履行债务或者承担责任的协议。根据合同法律制度的规定，下列关于保证合同性质的表述中，正确的有(　　)。

   A. 单务合同　　B. 要式合同　　C. 有偿合同　　D. 诺成合同

6. 根据公司法律制度的规定，清算组在清算期间可以行使的职权有(　　)。

   A. 清理公司财产，分别编制资产负债表和财产清单
   B. 处理公司清偿债务后的剩余财产
   C. 通知、公告债权人
   D. 代表公司参与民事诉讼

7. 上市公司发行股份购买资产时，发行股份的价格不得低于市场参考价的90%。市场参考价为本次发行股份购买资产的董事会决议公告日前特定时间段的公司股票交易均

价。下列各项中,属于该特定时间段的有( )。

A. 20个交易日　　　　　　B. 120个交易日

C. 60个交易日　　　　　　D. 90个交易日

8. 根据物权法律制度的规定,下列关于建设用地使用权的表述中,正确的有( )。

A. 以有偿出让方式取得居住用地的建设用地使用权,出让的最高年限为70年

B. 住宅建设用地使用权期间届满的,自动续期

C. 建设用地使用权出让,优先考虑双方协议的方式,协议不成,则采取拍卖、招标方式

D. 用于商业开发的建设用地,不得以划拨方式取得建设用地使用权

9. 为消除经营者集中对竞争造成的不利影响,反垄断执法机构可以在批准集中时附加业务剥离的条件。下列关于业务剥离的表述中,符合反垄断法律制度规定的有( )。

A. 剥离受托人可以是法人和其他组织,也可以是自然人

B. 监督受托人不得披露其在履职过程中向商务部提交的各种报告及相关信息

C. 剥离受托人的报酬由剥离义务人支付,监督受托人的报酬由反垄断执法机构支付

D. 在受托剥离中,剥离受托人有权以无底价方式出售剥离业务

10. 根据证券法律制度的规定,下列各项中,属于债券受托管理人应当召集债券持有人会议的情形有( )。

A. 拟变更债券募集说明书的约定　　B. 发行人拟增加注册资本

C. 发行人不能按期支付本息　　　　D. 担保物发生重大变化

11. 下列关于《反垄断法》适用范围的表述中,正确的有( )。

A. 只要行为人是我国公民或境内企业,无论该行为是否发生在境内,均应适用《反垄断法》

B. 只要行为人是我国公民或境内企业,无论该行为是否对境内市场竞争产生排除、限制影响,均应适用《反垄断法》

C. 只要垄断行为发生在境内,无论该行为是否对境内市场竞争产生排除、限制影响,均应适用《反垄断法》

D. 只要垄断行为对境内市场竞争产生排除、限制影响,无论该行为是否发生在境内,均应适用《反垄断法》

12. 根据合伙企业法律制度的规定,下列有限合伙人的行为中,视为执行合伙事务的有( )。

A. 参与决定普通合伙人退伙

B. 参与决定合伙企业为第三人提供担保

C. 参与决定出售合伙企业房产

D. 为合伙企业提供担保

13. 根据涉外投资法律制度的规定,外国投资者以股权作为支付手段并购境内公司

的，所涉及的境内外公司的股权应符合特定条件。下列各项中，属于该特定条件的有（　　）。

A. 股东合法持有并依法可以转让

B. 境外公司股权如挂牌交易的，最近3年交易价格稳定

C. 无所有权争议

D. 没有设定质押及任何其他权利限制

14. 下列货币中，属于特别提款权"货币篮"组成货币的有（　　）。

A. 美元　　　B. 加拿大元　　　C. 英镑　　　D. 人民币

三、案例分析题（本题型共4小题55分。其中一道小题可以选用中文或英文解答，请仔细阅读答题要求。如使用英文解答，须全部使用英文，答题正确的，增加5分。本题型最高得分为60分。）

1.（10分）

2016年6月3日，人民法院裁定受理债务人甲公司的破产申请。同日，人民法院发布受理破产申请的公告，确定债权人申报债权的期限。在此期限内，管理人收到以下债权申报：

（1）A公司曾为甲公司的50万元银行借款提供连带责任保证。2016年3月，因甲公司无力偿还借款，A公司承担连带保证责任，向银行支付50万元借款本息。A公司因此向管理人申报50万元借款本息的债权。

（2）甲公司欠B信用社60万元借款未还。C公司为该笔借款提供连带责任保证，但尚未承担保证责任。B信用社向管理人申报60万元借款本息的债权后，C公司也提出相同金额债权的申报。

（3）甲公司的关联企业乙公司也进入破产程序。甲公司和乙公司对D公司负有70万元的连带债务。D公司向乙公司管理人申报70万元债权后，又向甲公司管理人申报该70万元债权。

（4）甲公司长期拖欠E公司货款，累计20万元。E公司申报20万元货款本息的债权。

甲公司管理人收到上述申报后，审查了A、B、C、D、E五个债权人的相关资料，认为E公司主张的债权已经超过诉讼时效期间，故未将E公司申报的债权编入债权登记表。

要求：

根据上述内容，分别回答下列问题：

（1）根据企业破产法律制度的规定，债权人申报债权的最短期限和最长期限分别是多少？

（2）甲公司管理人对A公司申报的50万元借款本息债权应否确认？并说明理由。

（3）甲公司管理人对C公司申报的60万元借款本息债权应否确认？并说明理由。

（4）甲公司管理人对D公司申报的70万元债权应否确认？并说明理由。

(5) 甲公司管理人不将 E 公司债权编入债权登记表的理由是否成立？并说明理由。

2. （本小题 10 分，可以选用中文或英文解答，如使用英文解答，须全部使用英文，答题正确的，增加 5 分，最高得分为 15 分。）

2017 年 2 月 10 日，甲公司向乙公司签发一张金额为 50 万元的商业汇票，以支付所欠货款。汇票到期日为 2017 年 8 月 10 日。A 银行作为承兑人在汇票票面上签章。

3 月 10 日，乙公司将该汇票背书转让给丙公司，用于支付装修工程款，并在汇票上注明：票据转让于工程验收合格后生效。后丙公司施工的装修工程因存在严重质量问题未能通过验收。

4 月 10 日，丙公司将该汇票背书转让给丁公司，用于支付房屋租金。丁公司随即将该汇票背书转让给戊公司，用于购买办公设备，并在汇票背书人栏内记载"不得转让"字样。

5 月 10 日，戊公司将该汇票背书转让给庚公司，用于支付咨询服务费用，但未在汇票被背书人栏内记载庚公司名称。

8 月 15 日，庚公司持该汇票向 A 银行提示付款。A 银行以庚公司名称未记载于汇票被背书人栏内为由拒付。庚公司在汇票被背书人栏内补记本公司名称后，再次向 A 银行提示付款。A 银行以自行补记不具效力为由再次拒付。庚公司向乙、丙、丁、戊公司追索，均遭拒绝。其中，丙公司的拒绝理由是，丁公司在汇票背书人栏内记载有"不得转让"字样；乙公司的拒绝理由是，丙公司的装修工程未通过验收，不符合乙公司在汇票上注明的转让生效条件。

要求：

根据上述内容，分别回答下列问题：

(1) A 银行第一次拒付的理由是否成立？并说明理由。
(2) A 银行第二次拒付的理由是否成立？并说明理由。
(3) 丙公司拒绝庚公司追索的理由是否成立？并说明理由。
(4) 乙公司拒绝庚公司追索的理由是否成立？并说明理由。

3. （18 分）

2014 年 11 月，甲股份有限公司（简称"甲公司"）拟向中国证监会提交首次公开发行并上市（简称"IPO"）的申请。为解决公司应收账款余额过大问题，顺利实现上市目标，甲公司董事长赵某决定通过外部借款、伪造银行单据等方式冲减应收账款。2014 年 12 月至 2016 年 6 月间，甲公司通过上述方式虚构回收应收账款 1.5 亿元。

2017 年 1 月，甲公司取得中国证监会《关于核准甲公司首次公开发行股票并上市的批复》。3 月，甲公司发布招股说明书，其中包含上述 2014 年至 2016 年间应收账款回收情况的虚假财务数据。乙会计师事务所为甲公司 IPO 提供审计服务并出具了无保留意见的审计报告书。丙律师事务所为甲公司的招股说明书出具法律意见书，其中载明"根据上市申请人提供的相关文件、乙会计师事务所出具的审计报告及本所律师核查，……上市申请人在最近 3 年财务会计报告中无虚假记载……"。2017 年 4 月 1 日，甲公司股票在深交所上市交易。

2017年12月22日，投资者钱某以每股16.5元的价格买入甲公司股票1万股；2018年3月10日，钱某以每股14.3元的价格卖出其中7 000股，其余部分继续持有。

2018年7月，中国证监会启动对甲公司违法行为的调查。经查，乙会计师事务所在对甲公司2015年财务报表中的应收账款进行审计时，向甲公司46家客户发出询证函，有30家客户未回函，会计师仅对其中4家进行了替代测试；丙律师事务所则未对甲公司为减少应收账款而伪造的重大借款合同进行核查、验证。

中国证监会还查明，赵某存在假借其他员工名义从公司借款供个人使用的情形。截止到2016年12月31日，累计借款金额达6 000万元；招股说明书中未披露该事项。

另外，在接受中国证监会调查过程中，甲公司董事孙某称："公司都由董事长赵某说了算，我平时对公司事务不怎么关注，对公司会议只是例行参加，只负责签字。"

2018年8月8日，中国证监会对甲公司出具行政处罚决定书，认定甲公司在IPO申请文件中提供虚假财务数据，构成欺诈发行。

投资者李某于2018年8月14日以每股3.5元的价格买入甲公司股票2万股，之后甲公司股价持续下跌。李某于8月22日以每股2.5元的价格将持有的2万股股票全部卖出。

投资者钱某于8月25日以每股2.3元的价格卖出其剩余的3 000股甲公司股票。

要求：

根据上述内容，分别回答下列问题：

（1）赵某应否对招股说明书中的虚假财务数据承担行政法律责任？并说明理由。

（2）乙会计师事务所、丙律师事务所应否对招股说明书中的虚假财务数据承担行政法律责任？并分别说明理由。

（3）赵某从公司借款的行为是否符合公司法律制度的规定？并说明理由。

（4）孙某"平时对公司事务不怎么关注，对公司会议只是例行参加，只负责签字"的行为是否符合公司法律制度的规定？并说明理由。

（5）投资者李某能否要求甲公司赔偿其投资损失？并说明理由。

（6）投资者钱某能否要求甲公司赔偿其于2018年3月10日和2018年8月25日两次卖出甲公司股票的投资损失？并分别说明理由。

4．（17分）

2016年3月，甲公司因业务需要分别向乙公司和丙公司购买绒布面料和丝质面料。为筹措面料采购资金，甲公司与丁银行签订合同，双方约定：借款金额为50万元，借期为自放款日起1个月，月利率为4%。借款合同签订当日，丁银行预先扣除相应利息后发放贷款48万元。戊公司为甲公司借款提供保证，双方未约定保证方式属于一般保证还是连带责任保证。

甲公司和乙公司绒布面料买卖合同约定：面料总价40万元，乙公司交付绒布面料3日内，甲公司一次付清货款；合同签订次日，甲公司如数给付定金10万元，后因绒布面料价格上涨，乙公司要求加价，被甲公司拒绝，最终，乙公司比约定交货日期迟延10日才向甲公司交货。此时，甲公司因无原料投产，不能向买方按时交货，订单已被原买方取消。甲公司为此遭受损失19万元。鉴于乙公司的履行已无意义，甲公司拒绝接受乙公司履行，通知乙公司解除合同，要求适用定金罚则由乙公司双倍返还定金共20万元，并赔偿全部损失19万元。乙公司不同意解除合同，拒绝赔偿19万元损失，要求甲公司收货并支付货款。

甲公司和丙公司丝质面料买卖合同约定：甲公司向丙公司购买丝质面料100匹；甲公司应在收货后10日内检验面料质量并通知丙公司；甲公司于质量检验后3日内支付价款。甲公司收货后，由于业务繁忙，至收货后的第12日才开箱验货，发现面料质量存在问题，不能正常使用，遂通知丙公司解除合同，丙公司拒绝。验货次日，甲公司所在地山洪暴发，丝质面料全部毁损。

甲公司未能按期偿还丁银行借款。丁银行要求戊公司承担保证责任，为甲公司还本付息。戊公司拒绝，理由是：（1）4%的月利率不合法；（2）丁银行应先就甲公司财产强制执行。

要求：

根据上述内容，分别回答下列问题：

（1）甲公司是否有权解除与乙公司的绒布面料买卖合同？并说明理由。

（2）根据定金罚则，甲公司能否要求乙公司返还20万元？并说明理由

（3）适用定金罚则后，甲公司能否要求乙公司赔偿全部损失19万元？并说明理由。

（4）甲公司是否有权解除与丙公司的丝质面料买卖合同？并说明理由。

（5）丝质面料遭山洪毁损的损失由谁承担？并说明理由。

（6）甲公司与丁银行借款合同约定的4%月利率是否合法？借款到期后，甲公司应向丁银行支付多少利息？并分别说明理由。

（7）戊公司关于"丁银行应先就甲公司财产强制执行"的理由是否成立？并说明理由。

2018年注册会计师全国统一考试
《经济法》试卷

一、单项选择题（本题型共24小题，每小题1分，共24分。每小题只有一个正确答案，请从每小题的备选答案中选出一个你认为正确的选项。）

1. 根据反垄断法律制度的规定，下列各项中，属于界定相关商品市场的基本标准的是(　　)。
   A. 商品的外形、特性、质量和技术特点等总体特征和用途
   B. 商品的运输成本和运输特征
   C. 商品间较为紧密的相互替代性
   D. 商品的使用期限和季节性

2. 2017年，甲有限合伙企业实现利润300万元。2018年年初，合伙企业向普通合伙人乙、丙及有限合伙人丁各分配利润100万元。根据合伙企业法律制度的规定，就上述可分配利润应缴纳所得税的主体是(　　)。
   A. 乙和丙
   B. 乙、丙和丁
   C. 丁
   D. 甲、乙、丙和丁

3. 根据物权法律制度的规定，下列各项中，属于动产的是(　　)。
   A. 房屋　　B. 林木　　C. 海域　　D. 船舶

4. 根据对外贸易法律制度的规定，下列关于国营贸易和国营贸易企业的表述中，正确的是(　　)。
   A. 实行国营贸易管理的货物的目录，由海关总署会同其他有关部门确定
   B. 实行国营贸易管理的货物的进出口业务一概由授权企业经营
   C. 国营贸易是世界贸易组织明文允许的贸易制度
   D. 判断一个企业是不是国营贸易企业，关键是看该企业的所有制形式

5. 根据涉外投资法律制度的规定，外国投资者以股权作为支付手段并购中国境内企业的审批机关是(　　)。
   A. 国家发改委
   B. 省级商务主管部门
   C. 商务部
   D. 国家市场监督管理总局

6. 下列各项法律规范中，属于确定性规范的是(　　)。
   A. 供用水、供用气、供用热力合同，参照供用电合同的有关规定
   B. 法律、行政法规禁止或者限制转让的标的物，依照其规定
   C. 国务院反垄断委员会的组成和工作规则由国务院规定
   D. 因正当防卫造成损害的，不承担民事责任

7. 根据证券法律制度的规定，首次公开发行股票数量在2 000万股（含）以下且无老股转让计划的，其发行价格确定方式是（　　）。

   A. 直接定价　　B. 竞价定价　　C. 网下询价　　D. 机构报价

8. 某有限责任公司股东甲、乙、丙的持股比例分别为9%、9%和82%。公司未设监事会，乙任监事，丙任执行董事。甲发现丙将公司资产擅自以低于市价的价格转让给其妻，严重损害公司利益，遂书面请求乙对丙提起诉讼。乙碍于情面，未提起诉讼。甲的下列行为中，符合公司法律制度规定的是（　　）。

   A. 以自己的名义对丙提起诉讼，要求其赔偿公司损失

   B. 提议召开临时股东会，要求丙对相关事项作出说明

   C. 请求公司以合理价格收购其股权，从而退出公司

   D. 以公司监督机构失灵、公司和股东利益受到严重损害为由，请求人民法院解散公司

9. 根据民事法律制度的规定，下列各项中，属于民事法律行为中的处分行为的是（　　）。

   A. 租赁合同　　B. 所有权转让　　C. 买卖合同　　D. 拆除房屋

10. 根据票据法律制度的规定，下列票据记载事项中，可以更改的是（　　）。

    A. 出票日期　　B. 付款人名称　　C. 票据金额　　D. 收款人名称

11. 根据企业破产法律制度的规定，管理人依法编制的债权登记表，应当提交特定主体核查。该特定主体是（　　）。

    A. 债权人委员会　　　　　　B. 债权人会议主席

    C. 人民法院　　　　　　　　D. 第一次债权人会议

12. 根据民事法律制度的规定，下列主体中，具有完全民事行为能力的是（　　）。

    A. 8周岁的乙　　　　　　　B. 15周岁的少年天才丙

    C. 刚出生的甲　　　　　　　D. 18周岁的大学生丁

13. 根据公司法律制度的规定，下列主体中，有资格提出上市公司独立董事候选人的是（　　）。

    A. 持有上市公司已发行股份1%以上的股东

    B. 上市公司的董事长

    C. 上市公司的职工代表大会

    D. 上市公司的监事会主席

14. 某有限责任公司的自然人股东甲死亡。公司章程对于股权继承无特别规定。根据公司法律制度的规定，甲的合法继承人享有的权利是（　　）。

    A. 继承甲的股东资格，并享有全部股东权利

    B. 继承甲的股东资格，但表决权受一定限制

    C. 继承甲所持股权的财产利益，但不得继承股东资格

    D. 继承甲所持股权的财产利益，但继承股东资格须经其他股东过半数通过

15. 某有限责任公司有甲、乙两名股东,分别持有70%和30%的股权。2018年3月,乙发现,该公司基于股东会2017年2月作出的增资决议增加了注册资本,乙的持股比例被稀释。经查,该公司2017年2月并未召开股东会作出增资决议。根据公司法律制度的规定,如果乙拟提起诉讼推翻增资决议,其诉讼请求应当是(　　)。

  A. 撤销决议   B. 确认决议不成立

  C. 确认决议无效   D. 确认决议效力待定

16. 甲股份有限公司为非上市公众公司,拟向5名战略投资者发行股票,募集资金。根据证券法律制度的规定,甲公司应当向中国证监会履行的手续是(　　)。

  A. 申请备案 B. 申请核准 C. 事后知会 D. 申请注册

17. 根据合伙企业法律制度的规定,下列关于有限合伙企业的表述中,错误的是(　　)。

  A. 除法律另有规定外,有限合伙人人数不得超过200人

  B. 国有独资公司及公益性的事业单位,不得担任普通合伙人

  C. 法人及其他组织均可依照法律规定设立有限合伙企业

  D. 有限合伙企业仅剩普通合伙人的,应当转为普通合伙企业

18. 根据合同法律制度的规定,下列各项中,应当承担缔约过失责任的是(　　)。

  A. 丙未按时履行支付租金的义务

  B. 丁驾驶机动车违反交通规则撞伤行人

  C. 甲假借订立合同,恶意与乙进行磋商

  D. 戊辞职后违反竞业禁止约定从事同业竞争

19. 2017年6月,自然人甲、乙、丙设立某合伙企业。合伙协议约定:甲、乙各出资30万元,丙出资90万元,均应于合伙企业成立之日起2年内缴清。合伙协议未约定利润分配事项。2018年6月,合伙企业拟分配利润,此时甲、乙已完全履行出资义务,丙已向合伙企业出资60万元,在甲、乙、丙未能就此次利润分配方案达成一致意见的情形下,下列关于此次利润应如何分配的表述中,正确的是(　　)。

  A. 甲、乙、丙应按1:1:2的比例分配

  B. 甲、乙、丙应按1:1:3的比例分配

  C. 甲、乙、丙应按1:1:1的比例分配

  D. 甲、乙、丙应按各自对合伙企业的贡献度分配

20. 根据企业国有资产法律制度的规定,下列国有独资公司的人员中,应当由履行出资人职责的机构任免的是(　　)。

  A. 副董事长 B. 副经理 C. 经理   D. 财务负责人

21. 根据涉外投资法律制度的规定,外商投资项目存在特定情形的,应当列为禁止类外商投资项目。下列各项中,属于禁止类外商投资项目的是(　　)。

  A. 不利于节约资源

  B. 不利于改善生态环境

C. 技术水平落后

D. 占用大量耕地,不利于保护、开发土地资源

22. 根据企业国有资产法律制度的规定,金融企业国有资产的监督管理部门是( )。

　　A. 国资委　　　B. 中国人民银行　　C. 财政部门　　　D. 中国银保监会

23. 某普通合伙企业合伙人甲拟对外转让其持有的合伙财产份额。合伙协议对于转让程序无特定约定。根据合伙企业法律制度的规定,下列关于该转让的表述中,正确的是( )。

　　A. 须经全体合伙人 2/3 以上同意

　　B. 须经甲以外的其他合伙人 2/3 以上同意

　　C. 须经全体合伙人 1/2 以上同意

　　D. 须经甲以外的其他合伙人一致同意

24. 根据企业国有资产法律制度的规定,下列关于企业国有资产的表述中,正确的是( )。

　　A. 企业国有资产是指国家对企业各种形式的出资所形成的权益

　　B. 国家作为出资人对所出资企业的法人财产享有所有权

　　C. 企业国有资产即国家出资企业的法人财产

　　D. 国家对企业出资所形成的厂房、机器设备等固定资产的所有权属于国家

二、**多项选择题**(本题型共 14 小题,每小题 1.5 分,共 21 分。每小题均有多个正确答案,请从每小题的备选答案中选出你认为正确的选项。每小题所有答案选择正确的得分,不答、错答、漏答均不得分。)

1. 根据反垄断法律制度的规定,市场支配地位是指经营者在相关市场内具有能够控制商品价格、数量或者其他交易条件,或者能够阻碍、影响其他经营者进入相关市场能力的市场地位。下列各项中,属于"其他交易条件"的有( )。

　　A. 付款条件　　B. 交付方式　　C. 商品品质　　D. 售后服务

2. 甲为普通合伙企业合伙人,因个人原因欠合伙企业以外的第三人乙 10 万元。乙欠合伙企业货款 15 万元。现甲无力以个人财产清偿欠乙的债务,乙的下列主张中,符合合伙企业法律制度规定的有( )。

　　A. 以其对甲的债权部分抵销其欠合伙企业的债务

　　B. 以甲从合伙企业中分得的利润偿付债务

　　C. 代位行使甲在合伙企业中的各项权利

　　D. 以甲在合伙企业中的财产份额偿付债务

3. 根据民事法律制度的规定,下列各项中,属于无相对人的意思表示的有( )。

　　A. 抛弃动产　　B. 授予代理权　　C. 订立遗嘱　　D. 行使解除权

4. 根据外汇管理法律制度的规定,下列关于当前人民币汇率制度的表述中,正确的有( )。

A. 参考"一篮子"货币进行调节　　B. 有管理的浮动

C. 以市场供求为基础　　D. 官方汇率与调剂市场汇率并存

5. 根据涉外投资法律制度的规定，下列在中国领域内履行的合同中，专属适用中国法律，不得由当事人选择合同准据法的有（　　）。

A. 中外合作经营企业合同　　B. 外商独资企业股份转让合同

C. 中外合资经营企业合同　　D. 中外合作勘探、开发自然资源合同

6. 下列各项中，属于我国法律渊源的有（　　）。

A. 《支付结算办法》

B. 《最高人民法院关于适用〈中华人民共和国物权法〉若干问题的解释（一）》

C. 《中华人民共和国立法法》

D. 《上市公司信息披露管理办法》

7. 下列关于本票的表述中，符合票据法律制度规定的有（　　）。

A. 本票为见票即付的票据

B. 本票的收款人名称可以授权补记

C. 我国现行法律规定的本票仅为银行本票

D. 本票未记载付款地的，出票人的营业场所为付款地

8. 根据证券法律制度的规定，公开发行优先股的公司必须在公司章程中规定的事项有（　　）。

A. 在有可分配税后利润的情况下必须向优先股股东分配股息

B. 未向优先股股东足额派发股息的差额部分应当累积到下一会计年度

C. 采取固定股息率

D. 优先股股东按照约定的股息率分配股息后，不再同普通股股东一起参加剩余利润分配

9. 根据物权法律制度的规定，下列各项中，可以出质的有（　　）。

A. 存款单　　B. 仓单　　C. 支票　　D. 股权

10. 根据企业国有资产法律制度的规定，国家出资企业及其各级子企业发生特定行为时，应当对相关资产进行评估。下列各项中，属于此种行为的有（　　）。

A. 合并、分立、破产、解散　　B. 产权转让

C. 资产转让、置换　　D. 以货币资产对外投资

11. 根据公司法律制度的规定，下列各项中，应当由上市公司股东大会作出决议的有（　　）。

A. 公司对外担保总额超过最近1期经审计总资产的30%以后提供的担保

B. 为资产负债率超过70%的非关联方提供的担保

C. 公司对外担保总额达到最近1期经审计净资产的50%以后提供的担保

D. 为公司实际控制人及其关联方提供的担保

12. 根据合伙企业法律制度的规定，下列各项中，属于普通合伙企业合伙人当然退

伙的情形有(   )。

　　A. 法人合伙人被吊销营业执照　　B. 因重大过失给合伙企业造成损失
　　C. 自然人合伙人被宣告死亡　　　D. 未履行出资义务

13. 根据公司法律制度的规定，下列各项中，属于有限责任公司股东义务的有(   )。

　　A. 经营管理公司的义务　　　　　B. 善意行使股权的义务
　　C. 出资义务　　　　　　　　　　D. 公司出现解散事由后，组织清算的义务

14. 根据反垄断法律制度的规定，下列具有竞争关系的经营者之间的约定中，属于横向垄断协议的有(   )。

　　A. 联合拒绝销售特定经营者的商品　B. 划分销售商品的种类
　　C. 采用据以计算价格的标准公式　　D. 拒绝采用新的技术标准

三、案例分析题 (本题型共4小题55分。其中一道小题可以选用中文或英文解答，请仔细阅读答题要求。如使用英文解答，须全部使用英文，答题正确的，增加5分。本题型最高得分为60分。)

1. (18分)

2020年4月，甲上市公司（简称"甲公司"）与乙有限责任公司（简称"乙公司"）达成合并意向。甲公司董事会初步拟订的合并及配套融资方案（简称"方案初稿"）包括以下要点：

(1) 甲公司吸收合并乙公司，合并完成后，甲公司存续，承接乙公司全部资产和负债，乙公司注销，乙公司原股东获得现金补偿。

(2) 根据合并双方审计报告，截至2019年年底，乙公司资产总额占甲公司同期经审计资产总额的比例超过50%。但该年度乙公司营业收入占甲公司同期经审计营业收入的比例低于50%，故本次合并不构成甲公司重大资产重组。

(3) 出席股东大会并对合并方案投反对票的股东，享有异议股东股份回购请求权，有权要求甲公司以合理价格回购其股票。

(4) 为筹集实施合并所需资金，甲公司拟向本公司控股股东A公司非公开发行股票，发行价不低于定价基准日的20个交易日公司股票均价的70%。具体发行价格由董事会决议确定，并经股东大会批准，A公司认购的股份自发行结束之日起6个月内不得转让。

甲公司董事会根据中介机构的意见修订方案初稿后，予以公告。

2020年6月1日，甲公司临时股东大会通过合并决议和非公开发行股票融资决议。同日，乙公司临时股东会也通过了合并决议。6月15日，中国证监会批准甲公司的合并与配套融资方案。

B银行对甲公司享有一笔2020年10月底到期的借款债权。接到甲公司合并通知后，B银行于6月20日向甲公司提出偿债请求。甲公司以债务未到期为由，予以拒绝。

2020年6月22日，乙公司股东贾某以"股东会召集程序违反公司章程"为由提起

诉讼，请求人民法院撤销乙公司股东会6月1日通过的合并决议。经查，乙公司章程规定，召开股东会应当以电子邮件方式通知股东，但乙公司并未向贾某发送电子邮件，而是以手机短信方式通知。贾某及其他股东均出席了6月1日的股东会会议并表决。人民法院认为，乙公司股东会召集程序确有不符合公司章程之处，但仍然驳回了贾某的诉讼请求。

甲公司股东周某反对甲、乙公司合并，于2020年5月底向甲公司董事会邮寄了书面反对意见，但周某并未出席甲公司6月1日召开的临时股东大会，也未委托他人表决。6月6日，周某向甲公司提出行使异议股东股份回购请求权，遭甲公司拒绝，拒绝理由是：只有出席股东大会并对合并投反对票的股东，才享有异议股东股份回购请求权。

2020年10月7日，中国证监会接到举报称，甲公司董事雷某涉嫌内幕交易。经查，雷某于2020年2月1日、2月10日及3月2日先后购入甲公司股票10万股、20万股、40万股，并于2020年8月25日全部卖出，获利100余万元。根据以上事实，中国证监会认定雷某的行为违反《证券法》，构成短线交易。

要求：

根据上述内容，分别回答下列问题：

（1）基于方案初稿所述情况，本次合并是否构成甲公司的重大资产重组？并说明理由。

（2）方案初稿中关于非公开发行股票的内容，是否符合证券法律制度的规定？并说明理由。

（3）甲公司拒绝B银行偿债请求的理由是否成立？并说明理由。

（4）人民法院认为乙公司股东会召集程序确有不符合章程之处，但仍然驳回了贾某的诉讼请求，是否符合公司法律制度的规定？并说明理由。

（5）甲公司拒绝周某异议股东股份回购请求的理由是否成立？并说明理由。

（6）计算雷某因短线交易所获利润时，应当以多少股份数为基础？并说明理由。

（7）雷某短线交易所获利润应当归谁所有？并说明理由。

2.（10分）

2017年4月，申请执行人B公司请求甲地级市乙县人民法院执行A公司（住所地为丙地级市丁县）位于乙县的X房产。乙县人民法院在执行中发现，A公司不能清偿到期债务且资产不足以清偿全部债务。后经A公司书面同意，该执行案件移送破产审查。同年5月，受移送人民法院确定受理A公司破产案件，并指定了破产管理人。

在破产案件审理中，查明下列事实：

（1）A公司在X房产上为其所欠B公司300万元债务设定了抵押担保。抵押时，X房产的市场价值约为350万元，现该房产市场价值约为400万元。除上述抵押外，该房产上没有其他权利负担。

（2）2016年8月，A公司因正常生产经营所需与C公司约定：A公司从当年9月开始每月从C公司采购原材料，货款按季度结算，A公司以其专用存款账户质押担保。之后，A 公司依约提供了质押担保。破产案件审理中，其他债权人提出，A 公司为 C 公司提供质押担保的行为发生于破产申请受理前 1 年内，因此，管理人应请求人民法院予以撤销。

在破产案件审理期间，因国家税收政策调整及不动产市场价格上涨，A 公司资产超过负债。A 公司认为破产原因消失，希望通过变卖部分不动产清偿债务，遂向人民法院提出终止破产程序的申请。

要求：

根据上述内容，分别回答下列问题：

（1）乙县人民法院移送的 A 公司破产案件，根据级别管辖和地域管辖的规则，应当由哪个人民法院管辖？并说明理由。

（2）乙县人民法院在作出执行案件移送破产审查决定前，应当履行何种审核程序？

（3）X 房产应以多少财产价值计入管理人报酬的计酬基数？并说明理由。

（4）A 公司为 C 公司提供质押担保的行为应否撤销？并说明理由。

（5）对于 A 公司提出的终止破产程序的申请，人民法院应否支持？并说明理由。

3.（本小题 10 分，可以选用中文或英文解答，如使用英文解答，须全部使用英文，答题正确的，增加 5 分，最高得分为 15 分。）

2018 年 3 月 5 日，A 公司为支付货款，向 B 公司签发一张 200 万元的银行承兑汇票，汇票到期日为 2018 年 9 月 4 日，甲银行与 A 公司签署承兑协议后，作为承兑人在票面上签章。后甲银行以对该承兑协议有重大误解为由向人民法院提起诉讼，请求人民法院撤销该承兑协议。

B 公司收到汇票后，背书转让给 C 公司，用于支付房屋租金，但未在"被背书人"栏内记载 C 公司的名称。C 公司欠 D 公司一笔应付账款，遂直接将 D 公司记载为 B 公司的被背书人，并将汇票交给 D 公司。

6 月 5 日，D 公司财务人员李某将其负责保管的该汇票盗出，并伪造 D 公司相关签章，持该汇票背书转让给与其相互串通的 E 公司。

7 月 5 日，E 公司将该汇票背书转让给 F 公司，用于支付货款，F 公司知道 E 公司获得该汇票的详情，但仍予接受。F 公司随即将该汇票背书转让给 G 公司，用于支付装修工程款。G 公司对于李某的行为及 E 公司、F 公司获取该汇票的经过均不知情。

9 月 4 日，G 公司持该汇票向甲银行提示付款，甲银行以其与 A 公司之间的承兑协议已被人民法院撤销为由拒绝付款。

要求：

根据上述内容，分别回答下列问题：

（1）甲银行拒绝向 G 公司付款的理由是否成立？并说明理由。

（2）F 公司是否取得票据权利？并说明理由。

（3）G 公司是否取得票据权利？并说明理由。

（4）G 公司是否有权向 C 公司追索？并说明理由。

4.（17分）

2016年6月6日，甲与乙签订委托合同，委托乙出租自有房屋一套并代收租金，委托期间为2016年6月6日至2018年7月31日。2016年7月4日，甲为乙出具了授权委托书，载明乙有权代理甲处理房屋出租及租金收取事宜，代理权期间为2016年7月4日至2018年7月31日。

2016年8月1日，乙以甲的名义与丙签订书面房屋租赁合同，租期为2016年8月1日至2018年7月31日，租金每月2万元，2017年6月，该房屋卫生间管道严重漏水，丙请求甲维修，甲以租赁合同中未约定由其承担维修义务为由拒绝，丙自行维修，花费2 000元。

2018年2月，甲欲出售该房屋，遂通知丙解除租赁合同，丙以甲无权任意解除合同为由拒绝。2018年3月5日，甲在未告知丙的情况下，与丁签订买卖合同，以800万元的价格将房屋出售给丁。为支付房款，2018年3月11日，丁与戊、庚签订借款合同，分别自戊、庚处借款500万元和300万元，借款期限均为3个月。同时，丁还分别与戊、庚约定以房屋作为借款抵押。次日，丁向甲支付了房款。2018年3月20日，甲和丁办理了房屋过户登记。随后，丁为戊、庚办理了顺位相同的房屋抵押登记。

2018年4月2日，丁以其为房屋所有权人为由，要求丙搬离，丙拒绝，并以承租人享有优先购买权为由，主张甲与丁的买卖合同无效。

因丁无力偿还戊、庚的借款，2018年7月12日，戊、庚主张实现抵押权。房屋拍卖所得价款为720万元，戊、庚均要求就拍卖所得价款全额实现自己的债权。

要求：

根据上述内容，分别回答下列问题：

（1）甲与乙的委托合同何时生效？乙何时取得代理权？并分别说明理由。

（2）卫生间管道严重漏水的维修费用2 000元应当由谁承担？并说明理由。

（3）甲是否有权解除与丙的租赁合同？并说明理由。

（4）丁是否有权要求丙搬离？并说明理由。

（5）丙是否有权主张甲与丁的买卖合同无效？并说明理由。

（6）戊和庚应如何就房屋拍卖所得价款实现各自的抵押权？并说明理由。

2019年注册会计师全国统一考试
《经济法》试卷

一、**单项选择题**（本题型共24小题，每小题1分，共24分。每小题只有一个正确答案，请从每小题的备选答案中选出一个你认为正确的选项。）

1. 全面推进依法治国的总目标是（　　）。
   A. 坚持中国共产党的领导，坚持人民主体地位
   B. 法律面前人人平等
   C. 建设中国特色社会主义法治体系，建设社会主义法治国家
   D. 依法治国和以德治国相结合

2. 甲公司分立成乙、丙两公司。根据分立协议，乙公司承继甲公司20%的净资产，丙公司承继甲公司80%的净资产及所有负债。甲公司的到期债权人丁公司接到分立通知后，要求上述相关公司立即清偿债务。下列关于丁公司债务清偿请求的表述中，符合公司法律制度规定的是（　　）。
   A. 丁公司仅能请求乙公司对该债务承担20%的责任
   B. 丁公司仅能请求丙公司对该债务承担责任，不能请求乙公司对该债务承担责任
   C. 丁公司可以请求乙、丙公司对该债务承担连带责任
   D. 丁公司仅能请求丙公司对该债务承担80%的责任

3. 根据企业破产法律制度的规定，下列主体中，可以担任管理人的是（　　）。
   A. 因盗窃行为受过刑事处罚的张某
   B. 破产申请受理前根据有关规定成立的行政清算组
   C. 因违法行为被吊销执业证书的王某
   D. 正在担任债务人财务顾问的李某

4. 根据物权法律制度的规定，下列各项中，属于《物权法》上物的是（　　）。
   A. 太阳　　　B. 海域　　　C. 月亮　　　D. 星星

5. 根据企业国有资产法律制度的规定，在国有企业混合所有制改革中，下列行业或领域的国有企业中，允许非国有资本控股的是（　　）。
   A. 重要通信基础设施　　　B. 自然垄断环节以外的电网
   C. 森林资源开发利用　　　D. 核电

6. 甲、乙拟共同投资设立丙公司，约定由乙担任法定代表人。在公司设立过程中，甲以丙公司的名义与丁公司签订房屋租赁合同。后丙公司因故未成立，尚欠丁公司房租20万元。根据公司法律制度的规定，下列关于该租金清偿责任的表述中，正确的是（　　）。

A. 由甲承担全部责任 B. 由甲、乙依出资比例按份承担责任
C. 由乙承担全部责任 D. 由甲、乙承担连带责任

7. 甲公司向乙公司签发一张金额为 35 万元的银行承兑汇票，用于支付购买设备的价款。乙公司随即将汇票背书转让给丙公司，用于支付工程款。在丙公司提示付款前，甲、乙公司之间的设备买卖合同因乙公司欺诈而被人民法院撤销。甲公司的下列主张中，符合票据法律制度规定的是(   )。

A. 请求乙公司返还汇票 B. 请求承兑银行对丙公司拒绝付款
C. 请求乙公司返还 35 万元价款 D. 请求丙公司返还汇票

8. 根据公司法律制度的规定，上市公司在 1 年内出售重大资产超过公司资产总额一定比例的，应当由股东大会作出决议，并经出席会议的股东所持表决权的 2/3 以上通过。该比例是(   )。

A. 30% B. 70% C. 50% D. 60%

9. 我国《外汇管理条例》在适用范围上采取属人主义与属地主义相结合的原则，对于特定主体，仅对其发生在中国境内的外汇收支和外汇经营活动适用该条例。下列各项中，属于此类主体的是（   ）。

A. 到广州旅游 1 个月的美国公民甲
B. 持中华人民共和国居民身份证的中国公民丁
C. 在北京设立的中德合资经营企业乙
D. 已在上海连续居住 3 年的法国公民丙

10. 普通合伙人甲、乙、丙、丁分别持有某合伙企业18%、20%、27%和35%的财产份额。合伙协议约定：合伙人对外转让财产份额应当经持有3/5以上合伙财产份额的合伙人同意。现甲欲将其持有的10%财产份额转让给非合伙人戊，并将剩余8%的财产份额转让给合伙人丙。根据合伙企业法律制度的规定，下列表述中，正确的是(   )。

A. 未经乙、丙、丁一致同意，甲不得将其财产份额转让给戊
B. 未经丁同意，甲不得将其财产份额转让给丙
C. 经丙、丁同意，甲即可将其财产份额转让给戊
D. 未经乙同意，甲不得将其财产份额转让给丙

11. 甲向乙借款 200 万元，期限自 2017 年 1 月 1 日起至 2019 年 6 月 30 日止。丙为保证人，乙和丙在保证合同中未约定保证期间。2019 年 6 月 5 日，甲向乙追加借款 100 万元，双方约定全部借款于 2019 年 9 月 30 日清偿。丙对甲向乙追加借款与首期借款期限延长之事并不知情。根据合同法律制度的规定，下列关于丙的保证责任的表述中，正确的是(   )。

A. 保证责任范围是 200 万元，期限至 2019 年 6 月 30 日
B. 保证责任范围是 200 万元，期限至 2019 年 9 月 30 日
C. 保证责任范围是 300 万元，期限至 2019 年 6 月 30 日
D. 保证责任范围是 300 万元，期限至 2019 年 9 月 30 日

12. 根据民事法律制度的规定,下列关于意思表示的表述中,正确的是( )。
   A. 要约不属于意思表示
   B. 继承开始后,继承人没有作出意思表示的,视为放弃继承
   C. 以公告方式发出的意思表示,公告发布时生效
   D. 非对话的意思表示属于无相对人的意思表示

13. 根据证券法律制度的规定,对于申请在科创板公开发行股票并上市的公司,作出同意或者不同意股票公开发行并上市的审核意见的是( )。
   A. 保荐人   B. 中国证券业协会
   C. 证券交易所   D. 中国证监会

14. 某普通合伙企业有甲、乙、丙、丁四位合伙人,合伙协议约定,合伙企业债务由各合伙人平均承担。现该合伙企业无力清偿到期债务12万元,甲向债权人清偿了9万元,乙向债权人清偿了3万元。根据合伙企业法律制度的规定,下列关于合伙企业债务内部追偿的表述中,正确的是( )。
   A. 甲无权向丙或丁追偿3万元   B. 甲可以向丁追偿3万元
   C. 甲可以向乙追偿3万元   D. 甲可以向丙追偿6万元

15. 根据公司法律制度的规定,下列各项中,有权制订公司年度财务预算、决算方案的是( )。
   A. 经理   B. 股东大会   C. 董事会   D. 监事会

16. 根据企业国有资产法律制度的规定,代表国家行使企业国有资产所有权的是( )。
   A. 国务院   B. 中国人民银行
   C. 国有资产监督管理委员会   D. 财政部

17. 根据民事法律制度的规定,下列各项中,属于无权利能力的是( )。
   A. 刚出生的婴儿   B. 智能机器人
   C. 植物人   D. 病理性醉酒的人

18. 下列关于相关市场界定的表述中,符合反垄断法律制度规定的是( )。
   A. 只有滥用市场支配地位案件,才需要界定相关市场
   B. 界定相关市场的基本标准是商品间较为紧密的相互替代性
   C. 任何反垄断案件的分析中,相关市场均应从商品、地域和时间三个维度界定
   D. 供给替代是界定相关市场的主要分析视角

19. 根据证券法律制度的规定,公司申请首次公开发行股票并在创业板上市的,在不存在未弥补亏损的情况下,其最近1期期末净资产的最低金额应当是( )。
   A. 1 000万元   B. 4 000万元   C. 2 000万元   D. 3 000万元

20. 甲为某有限合伙企业的有限合伙人,欲将其财产份额出质。合伙协议对该类事项的批准方式未作约定。下列关于该事项批准方式的表述中,符合合伙企业法律制度规定的是( )。
   A. 其他合伙人一致同意   B. 无须其他合伙人同意

C. 普通合伙人一致同意　　　　　D. 有限合伙人一致同意

21. 根据涉外投资法律制度的规定，下列关于准入前国民待遇加负面清单管理模式的表述中，正确的是(　　)。

A. 准入前国民待遇是指在企业设立阶段给予外资国民待遇，不包括企业设立后的经营阶段

B. 负面清单由商务部发布或批准发布

C. 准入前国民待遇加负面清单管理模式目前在我国仅适用于自由贸易试验区

D. 负面清单是指国家规定的准入特别管理措施

22. 根据合伙企业法律制度的规定，合伙人以劳务出资的，确定评估办法的主体应当是(　　)。

A. 全体合伙人　　　　　　　　B. 合伙企业事务执行人
C. 法定评估机构　　　　　　　D. 合伙企业登记机关

23. 根据对外贸易法律制度的规定，反倾销调查应当自立案调查决定公告之日起一定期限内结束。该期限最长可以是(　　)。

A. 6个月　　B. 24个月　　C. 12个月　　D. 18个月

24. 根据物权法律制度的规定，下列关于建设用地使用权的表述中，正确的是(　　)。

A. 建设用地使用权自登记时设立

B. 以划拨方式取得的建设用地使用权，最高使用年限为70年

C. 以划拨方式取得的建设用地使用权，非经国务院审批不得转让

D. 建设用地使用权期间届满自动续期

二、多项选择题（本题型共14小题，每小题1.5分，共21分。每小题均有多个正确答案，请从每小题的备选答案中选出你认为正确的选项。每小题所有答案选择正确的得分，不答、错答、漏答均不得分。）

1. 根据民事法律制度的规定，下列各项中，属于单方民事法律行为的有(　　)。

A. 赠与　　B. 撤销　　C. 借贷　　D. 追认

2. 根据票据法律制度的规定，支票的下列记载事项中，可以由出票人授权补记的有(　　)。

A. 出票日期　　B. 付款人名称　　C. 收款人名称　　D. 票据金额

3. 根据企业国有资产法律制度的规定，下列关于我国企业国有资产监督管理体制的表述中，正确的有(　　)。

A. 企业国有资产属于国家所有，国务院代表国家对国家出资企业履行出资人职责

B. 履行出资人职责应当坚持政企分开、社会公共管理职能与企业国有资产出资人职能分开、不干预企业依法自主经营原则

C. 地方人民政府无权代表国家对国家出资企业履行出资人职责

D. 国有资本投资、运营公司可对授权范围内的国有资本履行出资人职责

4. 根据物权法律制度的规定，下列权利中，可以设定在动产之上的有（   ）。
   A. 抵押权　　　　B. 所有权　　　　C. 质押权　　　　D. 留置权

5. 下列关于我国经营者集中申报制度的表述中，符合反垄断法律制度规定的有（   ）。
   A. 我国对经营者集中实行强制的事前申报制
   B. 参与集中的每个经营者30%以上有表决权的股份或者资产被同一未参与集中的经营者拥有的，可以免于申报
   C. 参与集中的所有经营者上一会计年度在全球范围内的营业额合计达到100亿元人民币，并且其中至少两个经营者上一会计年度在中国境内的营业额均达到4亿元人民币的经营者集中，应当申报
   D. 经营者在国务院反垄断执法机构规定的期限内未补交应当补交的申报材料的，视为未申报

6. 根据公司法律制度的规定，下列各项中，股份有限公司的所有股东均有权查阅的有（   ）。
   A. 股东名册　　　　　　　　　B. 股东大会会议记录
   C. 董事会会议记录　　　　　　D. 监事会会议记录

7. 下列各项中，可以用来衡量相关市场的市场集中度的有（   ）。
   A. 需求替代分析　　　　　　　B. CR_n 指数
   C. HHI 指数　　　　　　　　　D. 假定垄断者测试

8. 根据公司法律制度的规定，下列情形中，人民法院应当确认董事会决议不成立的有（   ）。
   A. 公司未召开董事会会议作出该决议
   B. 董事会会议表决结果未达到《公司法》或者公司章程规定的通过比例
   C. 公司召开了董事会会议，但未表决该决议事项
   D. 公司召开董事会会议时，到会董事人数不符合《公司法》或者公司章程规定

9. 根据外汇管理法律制度的规定，外汇市场可以划分为外汇零售市场和外汇批发市场。下列市场参与者之间进行的外汇买卖中，形成外汇批发市场的有（   ）。
   A. 银行与企业之间进行的柜台式外汇买卖
   B. 银行与其他金融机构之间进行的外汇买卖
   C. 银行与个人客户之间进行的外汇买卖
   D. 银行与银行之间进行的外汇买卖

10. 根据合伙企业法律制度的规定，合伙企业存续期间出现特定情形时，合伙人可以退伙。这些情形有（   ）。
    A. 发生合伙协议约定的退伙事由
    B. 其他合伙人严重违反合伙协议约定的义务
    C. 全体合伙人一致同意退伙

D. 发生合伙人难以继续参加合伙的事由

11. 乙拾得甲丢失的手机，以市场价500元出让给不知情的旧手机经销商丙。根据物权法律制度的规定，下列表述中，正确的有（   ）。

　　A. 乙拾得手机后，甲即失去手机所有权

　　B. 甲有权请求丙返还手机，但应向丙支付500元

　　C. 乙将手机出让给丙的行为属于无权处分

　　D. 甲有权请求乙给予损害赔偿

12. 根据合伙企业法律制度的规定，下列事项中，除合伙协议另有约定外，须经全体合伙人一致同意方能通过的有（   ）。

　　A. 合伙人向合伙人以外的人转让其合伙份额

　　B. 处分合伙企业的不动产

　　C. 合伙企业聘任合伙人以外的人担任企业经营管理人员

　　D. 合伙企业分配利润

13. 根据涉外投资法律制度的规定，中国境内投资者对外直接投资时需要遵守的法律规则包括（   ）。

　　A. 中国法律

　　B. 中国与投资所在国共同缔结或参加的多边条约

　　C. 投资所在国法律

　　D. 中国与投资所在国签订的双边投资保护协定

14. 根据证券法律制度的规定，下列情形中，应当经中国证监会核准的有（   ）。

　　A. 甲股份有限公司向特定对象发行股票，发行后股东人数为200人

　　B. 乙上市公司发行新股

　　C. 股东人数为201人的丙股份有限公司申请股票以公开方式向社会公众公开转让

　　D. 丁股份有限公司首次在科创板公开发行股票并上市

三、案例分析题（本题型共4小题55分。其中一道小题可以选用中文或英文解答，请仔细阅读答题要求。如使用英文解答，须全部使用英文，答题正确的，增加5分。本题型最高得分为60分。）

1. （10分）

2018年9月3日，债务人甲公司出现不能清偿到期债务且明显缺乏清偿能力的情况。10月15日，债权人乙公司向人民法院提出甲公司破产申请。甲公司对破产申请提出异议，理由是：（1）甲公司的账面资产大于负债，只是难以变现，不构成明显缺乏清偿能力；（2）乙公司未预先交纳诉讼费用，不应立案。

11月1日，人民法院受理甲公司破产案件，并指定管理人。管理人调查甲公司财产状况时发现：当年8月，甲公司向丙公司购买起重机5台，总金额50万元，约定分两期付款，第二期付款日为2018年12月31日；在甲公司付清价款前，丙公司保留起重机的所有权。至人民法院指定管理人之时，甲公司已经收到5台起重机并投入使用，甲公司

已经支付价款总计40万元。11月3日,管理人决定继续履行起重机买卖合同并通知丙公司,丙公司要求管理人立即支付剩余10万元起重机价款。管理人以第二期付款期限尚未届至为由拒绝。丙公司遂要求取回起重机。

此外,当年8月,甲公司与丁公司签订购买原材料合同,约定交货时间为11月30日之前。10月20日,丁公司发货,甲公司于11月5日收到货物。11月8日,丁公司向甲公司催收货款时发现甲公司破产案件已被人民法院受理,遂要求取回该批货物。

要求:

根据上述内容,分别回答下列问题:

(1) 甲公司关于"其账面资产大于负债,只是难以变现,不构成明显缺乏清偿能力"的异议是否成立?并说明理由。

(2) 甲公司关于"乙公司未预先交纳诉讼费用,人民法院不应立案"的异议是否成立?并说明理由。

(3) 管理人是否有权以付款期限尚未届至为由拒绝支付甲公司所欠丙公司剩余10万元起重机价款?并说明理由。

(4) 在管理人以第二期付款期限尚未届至为由拒绝付款的情况下,丙公司是否有权取回起重机?并说明理由。

(5) 丁公司是否有权要求取回已交付的原材料?并说明理由。

2. (17分)

甲、乙二人是在某技校结识的朋友。2017年10月12日,两人共同出资购买一台价格为50万元的挖掘机,甲出资10万元,乙出资40万元,双方约定按出资比例共有。

2018年7月9日,挖掘机出现故障,无法正常工作。乙在未征得甲同意的情况下请丙维修,维修费用3万元。乙要求甲分担20%的维修费用,甲以维修未征得自己同意为由拒绝。丙要求乙支付全部维修费,乙拒绝。

乙不想再与甲合作,欲将其份额对外转让。2018年8月2日,乙发函征询丁的购买意向,同时告知甲:正在寻找份额买主,甲须在接到通知之日起15日内决定是否行使优先购买权。甲认为,份额转让须经其同意,况且乙尚在寻找份额买主,在未告知任何交易条件的情况下,要求自己在接到通知之日起15日内决定是否行使优先购买权,不符合法律规定,故对乙的通知置之不理。

2018年8月3日,甲在未告知乙的情况下,将挖掘机以市价卖给不知情的戊,约定3日后交付。

2018年8月4日,丁向乙回函称,对乙所占挖掘机份额不感兴趣,想要整台挖掘机。由于甲对乙之前的通知置之不理,乙也不再告知甲,于8月4日当天将挖掘机转让给丁,并同时交付。

2018年8月6日,戊要求甲交付挖掘机时,发现挖掘机已被乙交付给了丁,遂要求丁交出挖掘机,丁拒绝。

要求:

根据上述内容，分别回答下列问题：

（1）挖掘机维修是否需要征得甲的同意？乙是否有权要求甲分担20%的维修费用？并分别说明理由。

（2）乙是否有权拒绝向丙支付全部维修费用？并说明理由。

（3）乙的份额转让是否需要征得甲的同意？并说明理由。

（4）乙在寻找份额买主时要求甲在接到通知之日起15日内决定是否行使优先购买权，是否符合法律规定？并说明理由。

（5）丁是否取得挖掘机的所有权？并说明理由。

（6）甲与戊之间买卖挖掘机的行为是否有效？并说明理由。

（7）丁是否有权拒绝戊交出挖掘机的请求？并说明理由。

3．（18分）

福明公司为A股上市公司。2018年1月25日，福明公司实际控制人、董事长李某根据公司2017年度业绩情况，向董事会秘书赵某提出在当期实施股票"高送转"的利润分配动议。赵某起草了《高送转预期利润分配预案》等文件提交董事会审议，但由于董事会对具体实施方案存在较大分歧，未能形成有效决议，该方案未予披露。

孙某为赵某好友。2018年1月底，孙某在一次商业宴会上向赵某打听福明公司2017年度业绩和利润分配情况。赵某告知孙某"业绩不错，可能会做'高送转'，但董事会还没通过，具体还不好说"。得此答复后，孙某于2018年2月2日买入福明公司股票。

2018年2月5日，赵某根据董事会意见修改了利润分配方案。2018年2月26日（星期一），福明公司召开董事会通过了修改后的利润分配方案。根据该方案，以盈余公积金向全体股东每10股转增10股，并派发2元红利。3月1日，福明公司公告董事会决议。

赵某将"高送转"信息告知妻子程某。随后，程某又将该信息转告福明公司股东王某。王某遂通过其控制的越野投资有限公司（简称"越野投资"）于2018年2月中旬多次买入福明公司股票。此前，王某已持有福明公司2%的股份，越野投资不持有福明公司股份。

2019年3月起，中国证监会对福明公司内幕交易案立案调查。孙某在内幕交易调查中抗辩：福明公司的"高送转"方案在2018年1月底时董事会尚未通过；赵某于2月5日才修改"高送转"方案；孙某在2月2日买入股票时内幕信息尚未形成，故其买入行为不构成内幕交易。

调查期间，中国证监会认定王某与越野投资在2018年2月购入福明公司股票时，构成一致行动人；购入后二者合计持股比例为5.9%，未按规定履行重大持股信息披露义务。王某在内幕交易调查中未对自己的买入行为给出正当理由，但辩称：其于2018年2月的股票买入行为，属于相关司法解释中规定的"持有或通过协议、其他安排与他人共同持有上市公司5%以上股份的自然人、法人或者其他组织收购该上市公司股份"的情形，不构成内幕交易。

要求：

根据上述内容，分别回答下列问题：

（1）本案"高送转"的利润分配方案是否构成内幕信息？并说明理由。

（2）赵某告知孙某"可能会做'高送转'"的行为是否构成内幕交易？并说明理由。

（3）福明公司以盈余公积金转增股本的做法是否符合公司法律制度的规定？并说明理由。

（4）福明公司于2018年3月1日公告董事会决议，是否符合证券法律制度的规定？并说明理由。

（5）孙某关于其"在2月2日买入股票时内幕信息尚未形成"的抗辩是否成立？并说明理由。

（6）程某告知王某"福明公司将做'高送转'"的行为是否构成内幕交易？并说明理由。

（7）王某所称"其于2018年2月的股票买入行为属于收购，不构成内幕交易"的抗辩理由是否成立？并说明理由。

4．（本小题10分，可以选用中文或英文解答，如使用英文解答，须全部使用英文，答题正确的，增加5分，最高得分为15分。）

A公司向B公司购买一批生产设备。为支付货款，A公司向B公司签发一张以甲银行为承兑人、金额为500万元的银行承兑汇票。甲银行作为承兑人在票面上签章。B公司收到汇票后背书转让给C公司，用于偿还其所欠C公司的专利使用费，但未在被背书人栏内记载C公司的名称。C公司欠D公司一笔货款，遂直接将D公司记载为B公司的被背书人，并将汇票交给D公司。D公司随即将汇票背书转让给E公司，用于偿付工程款，并在汇票上注明"工程验收合格则转让生效"。E公司随即又将汇票背书转让给F公司，用于支付办公楼装修费用。后D公司与E公司因工程存在严重安全隐患、未能验收合格而发生纠纷。

B公司未在约定期间内向A公司发货，经催告后仍未发货。A公司遂向B公司主张解除合同、退还货款。

F公司于汇票到期日向甲银行提示付款，甲银行以A公司资信状况不佳、账户余额不足为由拒绝。F公司遂向前手行使追索权。A公司辩称：因B公司根本违约，其已向B公司主张解除合同、退还货款，故不应承担任何票据责任。D公司辩称：根据其在汇票上注明的条件，D公司对E公司的背书转让并未生效，故D公司无须向F公司承担票据责任。

要求：

根据上述内容，分别回答下列问题：

（1）甲银行拒绝向F公司付款的理由是否成立？并说明理由。

（2）A公司拒绝向F公司承担票据责任的理由是否成立？并说明理由。

（3）D公司对E公司的背书转让是否生效？并说明理由。

（4）C公司是否应当承担票据责任？并说明理由。

2020年注册会计师全国统一考试
《经济法》试卷

一、单项选择题（本题型共24小题，每小题1分，共24分。每小题只有一个正确答案，请从每小题的备选答案中选出一个你认为正确的选项。）

1. 根据企业国有资产法律制度的规定，国有金融企业经批准进行改组改制涉及资产评估的，其资产评估项目应经特定部门核准。该特定部门是(　　)。
   A. 国有资产监督管理部门　　　　B. 财政部门
   C. 证券监督管理部门　　　　　　D. 市场监督管理部门

2. 根据外汇管理法律制度的规定，下列关于经常项目外汇管理制度的表述中，正确的是(　　)。
   A. 经常项目外汇收入实行强制结汇制
   B. 经常项目包括贸易收支、服务收支和经常转移，但不包括投资收益
   C. 经常项目外汇支出凭有效单证进行审批
   D. 经常项目外汇收支需要有真实、合法的交易基础

3. 根据合同法律制度的规定，下列关于承诺的表述中，正确的是(　　)。
   A. 承诺人可以撤回承诺，但撤回承诺的通知不得晚于承诺通知到达要约人
   B. 要约以对话方式作出的，承诺应当在合理期限内到达
   C. 受要约人超过承诺期限发出承诺的，除要约人表示反对外，该承诺有效
   D. 承诺的内容应与要约的内容一致，否则视为新要约

4. 下列关于《外商投资法》的特色与创新的表述中，正确的是(　　)。
   A. 全面落实外商投资国民待遇原则
   B. 从投资行为法转型为企业组织法
   C. 仅适用于外商直接投资，不适用于间接投资
   D. 相比于外商投资的促进和保护，更加强调对外商投资的管理

5. 根据合伙企业法律制度的规定，下列关于有限合伙企业合伙事务执行人的表述中，正确的是(　　)。
   A. 合伙协议无约定的情况下，全体普通合伙人是合伙事务的共同执行人
   B. 合伙协议可以约定由有限合伙人担任合伙事务执行人
   C. 合伙事务执行人执行合伙事务造成合伙财产损失的，应向合伙企业或其他合伙人承担赔偿责任
   D. 合伙事务执行人不得要求合伙企业就执行事务的劳动付出支付报酬

6. 甲有限责任公司的职工股东乙未履行出资义务，经公司催告在合理期间内仍拒绝

缴纳。根据公司法律制度的规定，有权作出决议解除乙股东资格的公司机构是（　　）。

　　A. 监事会　　　　B. 董事会　　　　C. 股东会　　　　D. 职工代表大会

7. 根据票据法律制度的规定，下列主体中，属于票据上主债务人的是（　　）。

　　A. 汇票承兑人　　　　　　　　B. 支票出票人

　　C. 汇票出票人　　　　　　　　D. 支票付款人

8. 下列经营者集中附加的限制性条件中，属于结构性条件的是（　　）。

　　A. 许可关键技术　　　　　　　B. 剥离知识产权

　　C. 终止排他性协议　　　　　　D. 开放平台等基础设施

9. 某非敏感类境外投资项目，投资主体为地方企业，中方投资额为2亿美元。根据涉外投资法律制度的规定，下列表述中，正确的是（　　）。

　　A. 该项目应由国家发展改革委备案

　　B. 该项目应由国家发展改革委核准

　　C. 该项目应由投资主体注册地的省级政府发展改革部门核准

　　D. 该项目应由投资主体注册地的省级政府发展改革部门备案

10. 根据民事法律制度的规定，下列关于负担行为与处分行为的表述中，正确的是（　　）。

　　A. 民事主体根据负担行为所负担的义务不包括不作为义务

　　B. 负担行为直接导致既有权利的变动

　　C. 负担行为产生的是债法上的法律效果

　　D. 处分行为中的权利人享有履行请求权

11. 根据合伙企业法律制度的规定，合伙企业解散的，应当进行清算。下列各项中，应当以合伙企业财产优先支付的是（　　）。

　　A. 清算费用　　　B. 所欠税款　　　C. 职工工资　　　D. 所欠债务

12. （本题涉及的考点教材已经删除）根据证券法律制度的规定，公司拟在创业板首次公开发行股票并上市的，发行后股本总额的最低数额应当是（　　）。

　　A. 2 000万元　　　B. 1 000万元　　　C. 3 000万元　　　D. 4 000万元

13. 下列关于法人权利能力与行为能力的表述中，正确的是（　　）。

　　A. 法人终止时，权利能力和行为能力同时消灭

　　B. 法人先取得权利能力，后取得行为能力

　　C. 所有法人都有权利能力，但并非所有法人都有行为能力

　　D. 法人的行为能力只能通过其法定代表人实现

14. 根据证券法律制度的规定，对证券、发行人公开作出评价、预测或者投资建议，并进行反向证券交易，影响或者意图影响证券交易价格的行为是（　　）。

　　A. 虚假陈述行为　　　　　　　B. 内幕交易行为

　　C. 操纵市场行为　　　　　　　D. 编造、传播虚假信息的行为

15. 根据物权法律制度的规定，下列物权变动中，须经登记方可生效的是（　　）。

A. 设定地役权 B. 转让土地承包经营权
C. 在生产设备上设定抵押权 D. 设立建设用地使用权

16. "君主们在任何时候都不得不服从经济条件,并且从来不能向经济条件发号施令。"马克思的这句名言所体现的法的特征是( )。
   A. 法受物质生活条件的制约 B. 法是统治阶级意志的体现
   C. 法是国家意志的体现 D. 法是由国家强制力保障实施的行为规范

17. 根据反垄断法律制度的规定,下列关于我国反垄断民事诉讼举证责任的表述中,正确的是( )。
   A. 对于纵向垄断协议的排除、限制竞争效果的证明,适用举证责任倒置
   B. 对于横向垄断协议的排除、限制竞争效果,由人民法院直接认定,原、被告均不承担举证责任
   C. 对于横向垄断协议的排除、限制竞争效果,适用"谁主张,谁举证"原则
   D. 对于纵向垄断协议的排除、限制竞争效果,适用"谁主张,谁举证"原则

18. 甲有限责任公司的股东乙起诉公司请求分配利润。该公司另一股东丙得知后,在一审法庭辩论终结前,基于同一分配方案也提出分配利润的请求并申请参加诉讼。根据公司法律制度的规定,丙在本案中的诉讼地位是( )。
   A. 共同被告 B. 共同原告
   C. 无独立请求权的第三人 D. 有独立请求权的第三人

19. 根据合同法律制度的规定,下列关于赠与合同撤销的表述中,正确的是( )。
   A. 受赠人严重侵害赠与人近亲属的合法权益,赠与人不得以此为由撤销赠与
   B. 受赠人有法律规定的忘恩行为时,即使赠与具有救灾性质,赠与人也可以撤销赠与
   C. 赠与人的撤销权,须从撤销原因发生之日起1年内行使
   D. 赠与人因受赠人的侵害行为而死亡的,赠与人的继承人行使撤销权的期间是自知道或者应当知道撤销原因之日起1年

20. 根据合伙企业法律制度的规定,下列主体中,可以成为普通合伙人的是( )。
   A. 创业板上市的某民营企业 B. 某公益性事业单位
   C. 某大型国有企业 D. 某个人独资企业

21. 根据证券法律制度的规定,上市公司应当在每个会计年度结束之日起一定期限内编制年度报告并披露。该期限是( )。
   A. 3个月 B. 1个月 C. 4个月 D. 6个月

22. 根据公司法律制度的规定,下列事项中,属于禁止使用公司资本公积金的情形是( )。
   A. 转增公司资本 B. 扩大生产经营
   C. 弥补公司亏损 D. 长期股权投资

23. 根据民事法律制度的规定,下列关于民事法律行为概念的表述中,正确的

是( )。

A. 民事法律行为包括事实行为

B. 民事法律行为以意思表示为要素

C. 民事法律行为包括侵权行为

D. 民事法律行为的目的是指行为人实施行为的动机

24. 根据合伙企业法律制度的规定，下列情形中，属于当然退伙事由的是( )。

A. 合伙人个人丧失偿债能力

B. 合伙人未履行出资义务

C. 合伙人执行合伙事务时有不正当行为

D. 合伙人因故意或重大过失给合伙企业造成损失

二、多项选择题（本题型共14小题，每小题1.5分，共21分。每小题均有多个正确答案，请从每小题的备选答案中选出你认为正确的选项。每小题所有答案选择正确的得分，不答、错答、漏答均不得分。）

1. 根据反垄断法律制度的规定，下列各项中，属于反垄断执法机构调查涉嫌垄断行为时可采取的措施的有( )。

A. 复制被调查的有关单位的会计账簿和电子数据

B. 进入被调查的经营者的营业场所或者其他有关场所进行检查

C. 要求被调查的经营者的利害关系人说明有关情况

D. 查封、扣押相关证据

2. 根据外汇管理法律制度的规定，下列外汇资金中，境内机构可以用于境外直接投资的有( )。

A. 符合规定的国内外汇贷款

B. 自有外汇资金

C. 人民币购汇

D. 该机构留存境外的境外直接投资所得利润

3. 甲、乙、丙三人共同出资成立某普通合伙企业，合伙协议约定甲担任合伙事务执行人，但并未约定其执行事务的权限。根据合伙企业法律制度的规定，下列事项中，甲无权单独决定的有( )。

A. 变更该企业的经营范围   B. 变更该企业的名称

C. 变更该企业主要经营场所的地点   D. 聘任丁担任该合伙企业总经理

4. 根据涉外投资法律制度的规定，下列关于外商投资保护的表述中，正确的有( )。

A. 外国投资者在中国境内的利润，可以依法以人民币或者外汇自由汇出

B. 国家对于外国投资者的投资，原则上可以实行征收

C. 外国投资者、外商投资企业认为行政行为所依据的国务院部门和地方人民政府及其部门制定的规范性文件不合法，在依法对行政行为申请行政复议或者提起行政

诉讼时，可以一并请求对该规范性文件进行审查

D. 行政机关及其工作人员不得利用行政手段强制或者变相强制外国投资者、外商投资企业转让技术

5. 根据公司法律制度的规定，下列关于有限责任公司股东增资优先认缴权的表述中，正确的有(　　)。

  A. 股东的优先认缴权只能依其实缴出资比例行使

  B. 股东享有优先认缴权须以公司决议为前提

  C. 股东可以放弃优先认缴权

  D. 股东可以将其优先认缴权转让给其他股东

6. 根据证券法律制度的规定，在我国境内发行下列证券时，应当适用《中华人民共和国证券法》的有(　　)。

  A. 公司债券　　B. 股票　　C. 政府债券　　D. 存托凭证

7. 根据企业国有资产法律制度的规定，下列各项中，属于企业国有资产产权登记内容的有(　　)。

  A. 企业的现金流　　　　　　B. 出资人名称、住所

  C. 企业的实收资本　　　　　D. 企业的投资情况

8. 下列主体中，属于《反垄断法》规制对象的有(　　)。

  A. 行业协会　　　　　　　　B. 经营者

  C. 行政机关　　　　　　　　D. 具有管理公共事务职能的组织

9. 根据票据法律制度的规定，下列各项中，属于汇票到期日记载方式的有(　　)。

  A. 定日付款　　　　　　　　B. 见票即付

  C. 出票后定期付款　　　　　D. 见票后定期付款

10. 添附是所有权取得的特殊方式。根据物权法律制度的规定，下列各项中，属于添附的有(　　)。

  A. 加工　　B. 先占　　C. 附合　　D. 混合

11. 根据合伙企业法律制度的规定，下列各项中，属于合伙人通知退伙应当满足的条件的有(　　)。

  A. 退伙不给合伙企业事务执行造成不利影响

  B. 合伙协议未约定合伙企业的经营期限

  C. 提前30日通知其他合伙人

  D. 其他合伙人一致同意

12. 根据证券法律制度的规定，下列情形中，属于上市公司主动退市的有(　　)。

  A. 上市公司股份被要约收购，不再具备上市条件

  B. 上市公司向证券交易所主动提出退市申请

  C. 上市公司被吸收合并，丧失法人资格

  D. 上市公司股东大会决议解散公司

13. 下列关于法律与道德的关系的表述中，正确的有（   ）。

A. 法律属于社会制度，道德属于社会意识形态

B. 法律规范与道德规范的调整范围相互交叉

C. 法律规定的是权利，道德强调的是义务

D. 法律由国家强制力保证实施，道德主要靠舆论、内心信仰、宣传教育等手段实现

14. 担保有约定担保和法定担保之分。根据合同法律制度的规定，下列各项中，属于约定担保的有（   ）。

A. 抵押　　　　　B. 保证　　　　　C. 留置　　　　　D. 定金

三、案例分析题（本题型共4小题55分。其中一道小题可以选用中文或英文解答，请仔细阅读答题要求。如使用英文解答，须全部使用英文，答题正确的，增加5分。本题型最高得分为60分。）

1. （10分）

2019年9月5日，人民法院受理债权人针对债务人甲公司提出的破产申请。随后，甲公司及甲公司股东张某（出资额占甲公司注册资本的比例为15%）均向人民法院提出重整申请，甲公司同时提出自行管理财产和营业事务的申请。9月18日，人民法院裁定甲公司重整，批准甲公司自行管理财产和营业事务，并指定乙会计师事务所为管理人。

重整计划草案调减了甲公司出资人的相应权益，需债权人会议出资人组对此进行表决。甲公司共有股东20名，其中10名股东赞成重整计划草案，合计出资比例为45%；4名股东反对重整计划草案，合计出资比例为15%；其余股东未参加表决。

重整期间，甲公司所欠丙银行一笔借款到期，该笔借款以甲公司正在使用的一台生产设备为抵押担保。丙银行要求将该设备变卖以实现其抵押权。

重整期间，甲公司擅自将存放于公司仓库的一批贵重原材料转移给其关联企业。部分债权人将此情况报告了管理人乙会计师事务所。乙会计师事务所认为，人民法院已批准甲公司自行管理财产和营业事务，因此管理人不再负有义务。

要求：

根据上述内容，分别回答下列问题：

(1) 张某是否有资格向人民法院提出重整申请？并说明理由。

(2) 重整计划草案是否通过了出资人组的表决？并说明理由。

(3) 重整期间，丙银行能否就甲公司抵押的设备实现抵押权？并说明理由。

(4) 乙会计师事务所关于"人民法院已批准甲公司自行管理财产和营业事务，因此管理人不再负有义务"的观点是否正确？并说明理由。

(5) 对于甲公司擅自转移财产的行为，债权人可以通过何种途径获得法律救济？并说明理由。

2. （本小题10分，可以选用中文或英文解答，如使用英文解答，须全部使用英文，答题正确的，增加5分，最高得分为15分。）

A公司为支付工程款，向B公司签发了一张以甲银行为承兑人、金额为50万元的银

行承兑汇票。甲银行作为承兑人在票面上签章。

B公司财务人员项某利用职务之便将汇票盗出,伪造B公司财务专用章和法定代表人签章,将汇票背书转让给与其合谋的C公司。C公司又将该汇票背书转让给D公司,用于偿付货款。D公司对于汇票伪造一事不知情。

后D公司被E公司吸收合并,E公司于汇票到期日向甲银行提示付款;甲银行以E公司不是汇票上的被背书人为由拒付,E公司遂向B、C公司追索。B公司拒绝,理由是:票据转让背书系项某与C公司合谋伪造,C公司及其后手D公司均未取得票据权利。

要求:

根据上述内容,分别回答下列问题:

(1) C公司是否取得票据权利?并说明理由。

(2) D公司是否取得票据权利?并说明理由。

(3) B公司是否应当承担票据责任?并说明理由。

(4) C公司是否应当承担票据责任?并说明理由。

3. (17分)

甲公司获悉乙医院欲购10台呼吸机,遂于2017年6月3日向乙医院发出要约函,称愿以30万元的总价向乙医院出售呼吸机10台,乙医院须先支付定金5万元,货到后10日内支付剩余货款,质量保证期为5年。2017年7月6日,乙医院获知信件内容,并于同日向甲公司发出传真表示同意要约,但同时提出:总价降为28万元,2017年9月5日前交付全部货物,我方于2017年10月10日前支付剩余货款;任何一方未按约履行,均须向对方支付违约金5万元。次日,甲公司回复传真表示同意。双方未约定货物交付地点及方式。

2017年7月29日,乙医院向甲公司支付定金5万元。次日,甲公司将呼吸机交付承运人丙公司。2017年8月10日,乙医院收到8台呼吸机,且其中2台存在瑕疵:1台外观有轻微划痕,1台严重变形无法正常使用。经查,甲公司漏发1台,实际只发了9台;运输途中遇山洪突然暴发被洪水冲走1台;2台呼吸机的瑕疵系因甲公司员工不慎碰撞所致。

2017年10月13日,乙医院要求甲公司另行交付4台呼吸机,否则将就未收到的2台呼吸机及存在瑕疵的2台呼吸机部分解除合同,并要求甲公司支付违约金5万元,同时双倍返还定金。甲公司要求乙医院支付剩余货款23万元,并告知乙医院,甲公司之前委托丁公司保管1台全新呼吸机,已通知丁公司向乙医院交付以补足漏发的呼吸机,其余则未作出回应。乙医院表示同意接收丁公司交来的呼吸机。

甲公司交付乙医院的呼吸机中有1台一直未启用。直至2019年12月5日启用时,乙医院才发现该台呼吸机也因质量瑕疵无法使用,遂向甲公司主张赔偿,甲公司拒绝。

要求:

根据上述内容,分别回答下列问题:

(1) 甲公司与乙医院的买卖合同何时成立?并说明理由。

（2）乙医院是否有权分别就外观有轻微划痕和严重变形无法正常使用的呼吸机部分解除合同？并分别说明理由。

（3）甲公司是否有权要求丙公司赔偿被洪水冲走的呼吸机？并说明理由。

（4）甲公司是否有权要求乙医院支付被洪水冲走呼吸机的价款？并说明理由。

（5）乙医院是否有权要求甲公司同时支付违约金和双倍返还定金？并说明理由。

（6）甲公司通知丁公司向乙医院交付呼吸机，是否构成甲公司向乙医院的交付？并说明理由。

（7）乙医院是否有权要求甲公司就2019年12月5日发现的呼吸机质量瑕疵进行赔偿？并说明理由。

4.（18分）

甲公司为上市公司。2019年5月，以甲公司董事长为首的8名董事和高管所持公司股票的限售期到期。

2019年5月底，农业农村部向社会通报猪瘟疫情。6月5日，财经媒体大同财经发布新闻报道称，甲公司正在与某科研机构合作研发"可有效预防非洲猪瘟的疫苗"；当日，甲公司股票交易价格明显上涨。6月18日，甲公司发布重大合同公告，声称公司研发的兽用疫苗注射液将投入产业化生产，对猪瘟的预防率达到100%，并将给公司带来显著业绩增长；当日，甲公司股票涨停，交易量显著增多，8名董事和高管各自售出部分股票。

6月19日，农业农村部发布公告称"目前尚未有任何猪瘟商品化疫苗获批或上市，且目前尚无预防率为100%的猪瘟疫苗"。证券交易所亦于同日就甲公司6月18日披露的公告向甲公司发出问询函。甲公司回复称，6月18日的公告误将"兽用注射液"写成"兽用疫苗注射液"。当日，甲公司股票跌停。

2020年2月4日，甲公司发布公告称：因公司涉嫌证券违法行为，中国证监会决定对甲公司立案调查。

投资者李某于2019年6月5日买入甲公司股票，于2019年6月19日卖出。投资者赵某于2019年6月18日买入甲公司股票，并一直持有。投资者孙某于2019年6月3日买入甲公司股票，于2020年3月陆续卖出。2020年5月，李某、赵某和孙某分别向人民法院提起虚假陈述民事赔偿诉讼，要求甲公司及其董事、高管赔偿投资损失。

李某向人民法院主张：虚假陈述实施日为2019年6月5日。孙某向人民法院主张：虚假陈述揭露日为2020年2月4日中国证监会立案调查公告之日。

人民法院查明：公司股票价格自2019年6月19日跌停后，一直处于相对低位；2020年2月4日公司股价没有明显下跌。人民法院将2019年6月19日认定为虚假陈述揭露日，并驳回李某和孙某的起诉。

在赵某提起的诉讼中，甲公司董事长等人提出：虚假陈述行为人是甲公司，公司董事和高管不应该作为虚假陈述民事赔偿诉讼的共同被告。

中国证监会在调查中发现：甲公司8名董事和高管在6月初向交易所报备减持计划

的同时，授意大同财经记者袁某发布公司研发"非洲猪瘟疫苗"的新闻，有证据表明袁某应当知道该新闻是不真实的。稽查人员认为：甲公司8名董事和高管的行为构成操纵市场；袁某也违反了《证券法》的相关规定。袁某辩称：他不是信息披露义务人，其作为记者有权进行财经新闻报道，没有义务核实信息的真实性，因此没有违反《证券法》。

要求：

根据上述内容，分别回答下列问题：

（1）甲公司6月18日的公告构成哪些类型的信息披露违法行为？并分别说明理由。

（2）甲公司董事长关于"公司董事和高管不应该作为共同被告"的主张是否成立？并说明理由。

（3）李某关于"虚假陈述实施日为2019年6月5日"的主张是否成立？并说明理由。

（4）人民法院将2019年6月19日认定为虚假陈述揭露日，是否符合证券法律制度的规定？并说明理由。

（5）人民法院认可投资者赵某的原告资格，是否符合证券法律制度的规定？并说明理由。

（6）甲公司董事和高管的行为是否构成操纵市场？并说明理由。

（7）袁某关于"他不是信息披露义务人""没有义务核实信息的真实性"的辩解是否成立？并说明理由。

历年试卷参考答案

2016年注册会计师全国统一考试《经济法》试卷

一、单项选择题

1.【答案】A

【解析】（1）选项A：在全国人大闭会期间，全国人大常委会可对基本法律进行部分补充和修改，但是不得同该法律的基本原则相抵触；（2）选项B：没有法律或者国务院的行政法规、决定、命令的依据，部门规章不得设定减损公民、法人和其他组织权利或者增加其义务的规范；（3）选项C：地方性法规由地方人大及其常委会（而非地方人民政府）制定；（4）选项D：全国人大常委会负责解释法律，最高人民法院、最高人民检察院只享有司法解释权。

【考点】法律渊源

2.【答案】B

【解析】选项ACD：属于诉讼时效中断的法定事由。

【考点】诉讼时效中止与中断

3.【答案】C

【解析】（1）如果乙、丙不追认，则甲的行为构成无权处分，但丁基于"善意取得制度"（善意且无重大过失、合理对价并完成交付）依法取得该画的所有权；（2）如果乙、丙追认，则甲的无权处分行为转为有权处分,则丁基于"交付"取得该画的所有权。因此,无论乙和丙追认与否,丁均可取得该画的所有权。

【考点】善意取得制度

4.【答案】B

【解析】(1) 选项 A:受要约人依法撤回了承诺(撤回承诺的通知应当在承诺通知到达要约人之前或者与承诺通知同时到达要约人),该承诺并未生效;(2) 选项 B:受要约人在承诺期限内发出承诺,按照通常情况能够及时到达要约人,但因其他原因承诺到达要约人时超过承诺期限的,为迟到承诺,除要约人及时通知受要约人因承诺超过期限不接受该承诺的以外,迟到承诺为有效承诺;(3) 选项 C:受要约人超过承诺期限发出承诺的,为迟延承诺,除要约人及时通知受要约人该承诺有效的以外,迟延承诺应视为新要约;(4) 选项 D:受要约人对要约的内容作出实质性变更的,视为新要约。

【考点】承诺

5.【答案】D

【解析】(1) 选项AC:转租合同在乙、丙之间发生效力,根据合同的相对性原理,甲无权解除乙、丙之间的租赁合同,也无权直接向丙收取租金;如果承租人(乙)未经出租人(甲)同意转租的,出租人(甲)可以解除甲、乙之间的租赁合同,而非乙、丙之间的租赁合同。(2) 选项BD:承租人经出租人同意,可以将租赁物转租给第三人,承租人与出租人之间的原租赁合同继续有效;第三人(丙)对租赁物造成损失的,承租人(乙)应当向甲赔偿损失。

【考点】租赁合同

6.【答案】D

【解析】(1) 选项 A:建设工程经竣工验收合格的,以竣工验收合格之日为竣工日期;(2) 选项 BC:建设工程未经竣工验收,发包人擅自使用的,以转移占有建设工程之日为竣工日期;(3) 选项 D:承包人已经提交竣工验收报告,发包人拖延验收的,以承包人提交验收报告之日为竣工日期。

【考点】建设工程合同

7.【答案】C

【解析】(1) 选项 A:有限合伙人丙不得执行合伙事务,这是法律的强制性规定,合伙协议不能违背法律强制性规定;(2) 选项 B:有限合伙人丙不得以劳务出资,这是法律的强制性规定,合伙协议不能违背法律强制性规定;(3) 选项 C:有限合伙人丙、丁以其财产份额出质的,先看合伙协议的约定(协议怎么约定都可以);(4) 选项 D:有限合伙企业名称中应当标明"有限合伙"字样,这是法律的强制性规定,合伙协议不能违背法律强制性规定。

【考点】合伙企业的约定与法定规制

8.【答案】B

【解析】除合伙协议另有约定外,普通合伙人向合伙人以外的人转让其在合伙企业中的全部或者部分财产份额时,须经其他合伙人一致同意。

【考点】合伙人财产份额对外转让

9.【答案】D

【解析】(1) 选项ABC:全体合伙人协商确定或者委托法定评估机构评估;(2) 选项 D:只能由全体合伙人协商确定。

【考点】合伙企业设立

10.【答案】D

【解析】合伙企业清算时,其财产在支付清算费用和职工工资、社会保险费用、法定补偿金及缴纳所欠税款、清偿债务后的剩余财产,依照《合伙企业法》关于利润分配和亏损分担的规定进行分配。

【考点】合伙企业清算

11. 【答案】B

【解析】(1)选项A:一个自然人只能投资设立一个一人公司,且该一人公司不能再投资设立新的一人公司。(2)选项C:新修订的《公司法》取消了"一人公司的股东不得分期出资"的规定,一人公司的股东可以分期缴纳出资。(3)选项D:一人公司属于法人,一般情况下股东只承担有限责任;只有当股东不能证明公司财产独立于股东自己的财产的,股东才应对公司债务承担连带责任。

【考点】一人有限责任公司

12. 【答案】A

【解析】(1)选项BC:上市公司董事、监事、高级管理人员所持本公司股份,自公司股票上市交易之日起1年内不得转让;(2)选项D:上市公司董事、监事、高级管理人员在任职期间每年转让的股份不得超过其所持有本公司股份总数的25%。

【考点】股份转让限制

13. 【答案】A

【解析】(1)选项A:公司持续2年以上无法召开股东会或者股东大会,公司经营管理发生严重困难的,单独或者合计持有公司全部股东表决权10%以上的股东,可向人民法院提起解散公司诉讼;(2)选项BD:股东以知情权、利润分配请求权等权益受到损害,或者公司亏损、财产不足以偿还全部债务,以及公司被吊销企业法人营业执照未进行清算等为由,提起解散公司诉讼的,人民法院不予受理;(3)选项C:公司连续5年不向股东分配利润,而公司该5年连续盈利,并且符合法律规定的分配利润条件的,对股东会决议投反对票的股东可以请求公司按照合理的价格收购其股权,而非解散公司。

【考点】公司强制解散

14. 【答案】B

【解析】(1)选项A:有限责任公司代表10%以上表决权的股东、1/3以上的董事、监事会或者不设监事会的公司的监事才有权提议召开临时股东会,甲的股权比例未达到10%;(2)选项B:董事、高级管理人员侵犯公司利益的,有限责任公司的股东可以书面请求监事会或者不设监事会的有限责任公司的监事向人民法院提起诉讼,如果监事会或者不设监事会的有限责任公司的监事收到股东的书面请求后拒绝提起诉讼,或者自收到请求之日起30日内未提起诉讼,或者情况紧急、不立即提起诉讼将会使公司利益受到难以弥补的损害的,股东有权为了公司的利益以自己的名义直接向人民法院提起诉讼;(3)选项C:本题所述情形不属于解散公司的法定事由;(4)选项D:本题所述情形不属于有限责任公司的股东可以请求公司以合理价格回购其股权的法定事由。

【考点】股东代表诉讼

15. 【答案】C

【解析】发行人的董事、监事和高级管理人员承担"过错推定责任":首先推定其有过错,如果其能够证明自己没有过错,应予免责;否则,应当承担连带赔偿责任。

【考点】虚假陈述

16. 【答案】C

【解析】(1)选项A:上市公司就重大资产重组事宜召开股东大会,应当以现场会议形式召开,并应当提供网络投票和其他合法方式为股东参加股东大会提供便利;(2)选项B:上市公司股东大会就重大资产重组事项作出决议，必须经出席会议的股东所持表决权的2/3以上通过；(3)选项D：除上市公司的董事、监事、高级管理人员、单独或者合计持有上市公司5%以上股份的股东以外，其他股东的投票情况应当单独统计并予以披露。

【考点】重大资产重组

17.【答案】C

【解析】破产案件的诉讼费用属于破产费用，依法从债务人财产中拨付。相关当事人以申请人未预先交纳诉讼费用为由，对破产申请提出异议的，人民法院不予支持。

【考点】破产费用

18.【答案】A

【解析】(1)选项BD：承兑人、保证人在票据上的签章不符合法律规定的，其签章无效，但不影响其他符合法律规定签章的效力；(2)选项C：背书人在票据上的签章不符合法律规定的，其签章无效，但不影响其前手符合规定签章的效力。

【考点】票据行为成立要件

19.【答案】A

【解析】选项D：公益类国有企业必要的（而非全部）产品或者服务价格可以由政府调控。

【考点】企业国有资产法律制度的概述

20.【答案】D

【解析】国务院代表国家行使企业国有资产所有权。

【考点】企业国有资产法律制度的概述

21.【答案】A

【解析】国有资产监督管理机构负责审核国家出资企业的增资行为。其中，因增资致使国家不再拥有所出资企业控股权的，须由国有资产监督管理机构报本级人民政府批准。

【考点】企业国有产权交易管理制度

22.【答案】A

【解析】国家规定有数量限制的限制进出口货物，实行配额管理；其他限制进出口货物，实行许可证管理。

【考点】货物进出口与技术进出口

23.【答案】D

【解析】涉及敏感国家和地区、敏感行业的境外投资项目，由国家发展改革委核准；其中，中方投资额20亿美元及以上的，由国家发展改革委提出审核意见报国务院核准。

【考点】对外直接投资法律制度

24.【答案】B

【解析】(1)选项B：国家外汇管理局依法对QDII境外投资的投资额度、资金账户、资金收付及汇兑等实施监督、管理和检查；(2)选项D：根据职责分工，中国证监会、中国银保监会分别负责各自监管范围内金融机构境外投资业务的市场准入，包括资格审批、投资品种确定及相关风险管理。

【考点】间接投资项下的外汇管理

二、多项选择题

1.【答案】AD

【解析】选项BC：因不存在相应的法律规范，也就不存在相应的法律关系，无从产生法律上的权利义务。

【考点】法律关系

2.【答案】ABC

【解析】选项D：按照出让合同约定进行投资开发，属于房屋建设工程的，完成开发投资总额的"25%以上"。

【考点】建设用地使用权

3.【答案】CD

【解析】（1）选项A：赠与人在赠与财产的权利转移之前可以撤销赠与（但具有救灾、扶贫等社会公益、道德义务性质的赠与合同或者经过公证的赠与合同，不得撤销）；（2）选项B：如果甲订立赠与合同时并不知道该瓷瓶是赝品，乙无权以欺诈为由撤销赠与；（3）选项C：受赠人不履行赠与合同约定的义务时，无论赠与财产的权利是否转移，赠与是否具有救灾、扶贫等社会公益、道德义务性质或者经过公证，赠与人均可以撤销该赠与；（4）选项D：赠与人的经济状况显著恶化，严重影响其生产经营或者家庭生活的，可以不再履行赠与义务。

【考点】赠与合同

4.【答案】AD

【解析】（1）选项A：新入伙的普通合伙人对入伙前合伙企业的债务（20万元）承担无限连带责任；（2）选项D：退伙的普通合伙人对基于其退伙前的原因发生的合伙企业债务（10万元）承担无限连带责任；（3）选项BC：退伙的普通合伙人对其退伙后的企业债务不承担责任。

【考点】入伙与退伙

5.【答案】BCD

【解析】选项A：特殊的普通合伙企业应当建立执业风险基金，还应当办理职业保险。

【考点】特殊的普通合伙企业

6.【答案】AD

【解析】（1）选项B：利润分配方案需要经过股东会决议通过，但并非特殊决议事项。（2）选项C：上市公司对外提供担保应当考虑是否触及相关标准，是否需要特殊决议；有限责任公司对外提供担保不需要考虑该事项。

【考点】股东会决议

7.【答案】ABC

【解析】选项D：有限责任公司的股东可以要求查阅公司会计账簿，但股份有限公司的股东并没有该项权利。

【考点】查阅权

8.【答案】ABD

【解析】发起人以自己的名义为设立公司之目的而与他人订立合同，合同相对人有权选择请求该发起人或者成立后的公司承担合同义务。

【考点】公司设立阶段的合同责任

9.【答案】ABD

【解析】选项C：汇票上未记载付款日期的，视为见票即付。

【考点】汇票的出票

10.【答案】ABCD

【解析】国家出资企业包括国有独资企业、国有独资公司、国有资本控股公司和国有资本参股公司。

【考点】企业国有资产法律制度的概述

11.【答案】ABCD

【解析】认定其他协同行为，应当考虑下列因素：（1）经营者的市场行为是否具有一致性；（2）经营者之间是否进行过意思联络或者信息交流；（3）经营者能否对一致行为作出合理的解释；（4）相关市场的结构情况、竞争状况、市场变化情况、行业情况等。

【考点】垄断协议

12.【答案】AC

【解析】（1）选项A：对于铁路、石油、电信、电网、烟草等重点行业，国家通过立法赋予国有企业以垄断性经营权，但是，如果这些国有垄断企业从事垄断协议、滥用市场支配地位行为，或者从事可能排除、限制竞争的经营者集中行为，同样应受《反垄断法》的限制；（2）选项B：为保障对外贸易和对外经济合作中的正当利益的（出口卡特尔），予以豁免；（3）选项C：境外的垄断行为，对境内市场竞争产生排除、限制影响的，适用《反垄断法》；（4）选项D：《反垄断法》对农业生产者及农村经济组织在农产品生产、加工、销售、运输、储存等经营活动中实施的联合或者协同行为排除适用。

【考点】《反垄断法》的适用范围

13.【答案】BC

【解析】（1）选项AB：特别提款权本身不是货币，但可用于换取可自由使用货币，其本身具有价值；（2）选项D：目前人民币尚未完全实现可自由兑换，资本项目还存在限制。

【考点】特别提款权

14.【答案】BC

【考点】外商投资法律制度

三、案例分析题

1.【答案】

（1）甲银行的拒付理由不成立。根据规定，承兑人不得以其与出票人之间的资金关系来对抗持票人，拒绝支付汇票金额。

【考点】承兑

（2）B公司拒绝F公司追索的理由不成立。根据规定，票据债务人不得以自己与持票人的前手之间的抗辩事由对抗持票人。但是，持票人明知存在抗辩事由而取得票据的除外。在本题中，F公司对B公司与C公司之间的合同纠纷并不知情，B公司不得以自己与C公司之间存在合同纠纷为由拒绝向F公司承担票据责任。

【考点】票据抗辩

（3）B公司拒绝D公司追索的理由成立。根据规定，票据债务人不得以自己与持票人的前手之间的抗辩事由对抗持票人。但是，持票人明知存在抗辩事由而取得票据的除外。在本题中，D公司知悉B公司与C公司之间的合同纠纷，B公司可以拒绝D公司的追索。

【考点】票据抗辩

（4）①D公司无权要求E公司承担票据责任。根据规定，如果保证人未在票据或者粘单上记载"保证"字样而另行签订保证合同或者保证条款的，不属于票据保证。在本题中，E公司未在票据上签章，无须承担票据责任。②D公司有权依保证合同要求E公司承担保证责任。根据规定，未在票据或者粘单上记载"保证"字样而另行签订的保证合同,虽不属于票据保证,但仍具有民法上保证的效力,因此,D公司可依据保证合同要求E公司承担连带保证责任。

【考点】保证

2.【答案】

(1)人民法院可以对债务人的直接责任人员采取罚款等强制措施。

【考点】破产申请的受理

(2)A公司销售给B公司的机床不属于债务人财产。根据规定,债务人基于仓储、保管等法律关系占有、使用他人财产,不属于债务人财产。在本题中,双方约定:在B公司付清全部价款前,A公司保留机床所有权。2015年10月,B公司付清全部价款后,B公司即取得了该机床的所有权。尽管B公司尚未提货,但A公司仅处于保管人的地位,该机床不属于债务人财产。

【考点】债务人财产的一般规定

(3)管理人拒绝D公司预先申报债权符合规定。根据规定,对于破产债权,债权人已向管理人申报全部债权的,保证人(D公司)不能再申报债权。

【考点】涉及保证的破产债权申报

(4)未达到法定最低比例要求。根据规定,债权人会议对破产财产变价方案作出的决议,应由出席会议的有表决权的债权人过半数通过,并且其所代表的债权额占无财产担保债权总额的1/2以上。在本题中,赞成该决议的人数为28人,超过出席会议的有表决权的债权人的半数;但是,其所代表的债权额仅占全部无财产担保债权总额的45%,不足1/2的法定要求。

【考点】债权人会议

(5)当地社会保险机构无权提出重整申请。根据规定,社会保险机构只享有对债务人的破产清算申请权,但不享有重整申请权。

【考点】破产申请

3.【答案】

(1)甲公司无义务向乙公司交付机床。根据规定,附生效条件的合同,自条件成就时生效。在本题中,甲、乙双方约定合同生效的条件为"乙公司的银行借款于2014年6月2日前到账",但乙公司的银行借款于6月16日才到账,不满足双方约定的条件,因此,机床买卖合同未生效,甲公司无须交付机床。

【考点】附条件合同的生效

(2)乙公司与丙银行之间的抵押合同有效。根据规定,当事人之间订立有关设立、变更、转让和消灭不动产物权的合同,除法律另有规定或者合同另有约定外,自合同成立时生效;未办理物权登记的,不影响合同效力。

【考点】抵押合同

(3)甲公司对戊公司的债权转让有效。根据规定,债权人转让权利的,无须债务人同意,但应当通知债务人,未经通知的,该转让行为对债务人不生效。在本题中,甲公司向戊公司转让债权无须取得债务人丁公司的同意,甲公司通知丁公司后,该债权转让即对丁公司产生法律效力。

【考点】债权转让

(4)甲公司有权停止向丁公司交付机床。根据规定,双务合同的当事人互负债务,没有先后履行顺序的,应当同时履行。一方在对方履行之前有权拒绝其履行要求。在本题中,双方约定:甲公司交付机床的同时,丁公司支付货款。当丁公司拒绝支付货款时,甲公司可以行使同时履行抗辩权,停止交付机床。

【考点】同时履行抗辩权

（5）乙公司有权请求丁公司赔偿其另行购买机床多花费的10万元。根据规定，损失赔偿额应当相当于因违约所造成的损失，包括合同履行后可以获得的利益，但不得超过违反合同一方订立合同时预见到或者应当预见到的因违反合同可能造成的损失。在本题中，乙公司另行购买机床多花费的10万元属于因丁公司违约所遭受的实际损失，乙公司有权要求丁公司赔偿。

【考点】违约责任

（6）丙银行要求实现抵押权的主张不能得到支持。根据规定，以不动产设定抵押的，抵押权自登记时设立。在本题中，乙公司以房屋设定抵押时并未办理抵押登记，丙银行的抵押权未设立，无权要求实现抵押权。

【考点】抵押权的设立

4.【答案】

（1）乙、戊、辛三公司构成一致行动人。根据规定，在上市公司的收购及相关股份权益变动活动中有一致行动情形的投资者，互为一致行动人。在本题中，戊、辛两公司事先即作出无条件与乙公司保持一致行动的书面承诺，三者构成一致行动人。

【考点】一致行动人

（2）2015年8月1日至3日，戊、辛两公司继续收购甲公司股份不符合法律规定。根据规定，通过证券交易所的证券交易，投资者持有或者通过协议、其他安排与他人共同持有一个上市公司已发行的股份达到5%时，应当在该事实发生之日起3日内向中国证监会、证券交易所作出书面报告，通知该上市公司，并予公告。在上述期限内，不得再行买卖该上市公司的股票。在本题中，自8月1日起3日内，乙公司及其一致行动人（戊公司和辛公司）不得再行买卖甲公司股票。

【考点】持股权益变动披露

（3）①股份发行价格不符合规定。根据规定，上市公司发行股份的价格不得低于市场参考价的90%，市场参考价为本次发行股份购买资产的董事会决议公告日前20个交易日、60个交易日或者120个交易日的公司股票交易均价之一。②丁公司获得的甲公司股份自发行结束之日起6个月后可自由转让不符合规定。根据规定，丁公司获得的甲公司股份自发行结束之日起12个月内不得转让。

【考点】发行股份购买资产

（4）董事会会议的到会人数符合规定。根据规定，股份有限公司董事会会议应有过半数的董事出席方可举行。

【考点】股份有限公司董事会

（5）董事会作出的决议不能通过。根据规定，股份有限公司董事会作出决议，必须经全体董事的过半数通过。在本题中，全体董事11人，对该项决议投赞成票的董事仅为5人，未超过全体董事的半数，该项决议不能获得通过。

【考点】股份有限公司董事会

（6）人民法院不应受理乙公司的起诉。根据规定，股份有限公司连续180日以上单独或者合计持有公司1%以上股份的股东，可以提起股东代表诉讼。在本题中，乙公司持有甲公司股份的时间尚不足180日，不具有提起股东代表诉讼的资格。

【考点】股东代表诉讼

2017年注册会计师全国统一考试《经济法》试卷

一、单项选择题

1.【答案】B

【解析】(1) 选项A：抵销通知为非要式；(2) 选项C：抵销的效果自通知到达对方时生效（而非"通知时"）；(3) 选项D：抵销不得附条件或者附期限。

【考点】抵销

2.【答案】D

【解析】(1) 选项AC：法律规范不同于法律条文。法律条文是法律规范的文字表述形式，是规范性法律文件的基本构成要素；法律规范是法律条文的内容，法律条文是法律规范的表现形式。(2) 选项B：法律规范与法律条文不一一对应，一项法律规范的内容可以表现在不同法律条文甚至不同的规范性法律文件中，同样，一个法律条文也可以反映若干法律规范的内容。

【考点】法律规范构成要素

3.【答案】C

【解析】债务人所欠职工的工资和医疗、伤残补助、抚恤费用，所欠的应当划入职工个人账户的基本养老保险、基本医疗保险费用，以及法律、行政法规规定应当支付给职工的补偿金，不必申报，由管理人调查后列出清单并予以公示。

【考点】破产债权申报

4.【答案】C

【解析】招股说明书的有效期为6个月，自公开发行前招股说明书最后一次签署之日起计算。

【考点】强制信息披露制度

5.【答案】B

【解析】选项ACD：属于从物权。

【考点】物权的概念与种类

6.【答案】B

【解析】(1) 选项AC：合伙人发生与合伙企业无关的债务，相关债权人不得以其债权抵销其对合伙企业的债务；也不得代位行使合伙人在合伙企业中的权利。(2) 选项BD：合伙人的自有财产不足清偿其与合伙企业无关的债务的，该合伙人可以其从合伙企业中分取的收益用于清偿；债权人也可以依法请求人民法院强制执行该合伙人在合伙企业中的财产份额用于清偿。

【考点】合伙人的债务清偿

7.【答案】C

【解析】出资人以房屋、土地使用权或者需要办理权属登记的知识产权等财产出资，已经交付公司使用但未办理权属变更手续，公司、其他股东或者公司债权人主张认定出资人未履行出资义务的，人民法院应当责令当事人在指定的合理期间内办理权属变更手续；在指定的期间内办理了权属变更手续的，人民法院应当认定其已经履行了出资义务；出资人主张自其实际交付财产（1月7日）给公司使用时享有相应股东权利的，人民法院应予支持。

【考点】股东出资制度

8.【答案】C

【解析】抵押担保的主债权数额发生变化的，不动产权利人可以向不动产登记机构申请变更登记。

【考点】变更登记

9. 【答案】B

【解析】根据规定，票据贴现属于国家特许经营业务，只有经批准的金融机构才有资格从事票据贴现业务。其他组织与个人从事票据贴现业务，票据贴现行为（背书转让）无效。

【考点】票据基础关系对票据行为效力的影响，票据贴现

10. 【答案】B

【解析】发起人如因设立公司而对他人造成损害的，公司成立后应自动承受该侵权责任；公司未成立的，受害人有权请求全体发起人承担连带责任；公司或者无过错的发起人承担赔偿责任后，可以向有过错的发起人追偿。

【考点】公司设立制度

11. 【答案】B

【解析】冒用他人名义出资并将该他人作为股东在公司登记机关登记的，冒名登记行为人应当承担相应责任；公司、其他股东或者公司债权人以未履行出资义务为由，请求被冒名登记的股东承担补足出资责任或者对公司债务不能清偿部分的赔偿责任的，人民法院不予支持。

【考点】股东出资制度

12. 【答案】B

【解析】（1）选项AD：国有独资公司、国有企业、上市公司及公益性的事业单位、社会团体不得成为普通合伙人；（2）选项C：合伙人可以是自然人，也可以是法人或者其他组织（如个人独资企业、合伙企业）。

【考点】普通合伙企业的设立

13. 【答案】C

【解析】（1）选项A：只要股份有限公司申请其股票在全国中小企业股份转让系统公开转让，不论申请之前其股东人数是否超过200人，该公司均成为非上市公众公司。（2）选项B：已经成为非上市公众公司的，向特定对象发行股票时，原则上必须经过中国证监会的核准。但在全国中小企业股份转让系统挂牌公开转让股票的非上市公众公司，向特定对象发行股票后股东累计不超过200人的，豁免向中国证监会申请核准，由全国中小企业股份转让系统自律管理。（3）选项D：非上市公众公司公开转让股票应当在全国中小企业股份转让系统进行。非上市公众公司经中国证监会核准向不特定对象公开发行股票，应当申请在证券交易所上市交易。

【考点】非上市公众公司

14. 【答案】D

【解析】履行出资人职责的机构对管理者的任免范围：（1）国有独资企业：任免经理、副经理、财务负责人和其他高级管理人员；（2）国有独资公司：任免董事长、副董事长、董事、监事会主席和监事；（3）国有资本控股公司、国有资本参股公司：向股东会、股东大会提出董事、监事人选。

【考点】国家出资企业管理者的选择和考核

15. 【答案】A

【解析】（1）选项B：债券发行后进行转让的，持有本次发行债券的合格投资者合计不得超过200人；（2）选项C：净资产不低于1 000万元的企事业单位法人、合伙企业可以作为本次非公开发行债券的合格投资者；（3）选项D：非公开发行公司债券，承销机构或依法自行销售的发行人应当在每次发行完成后5个工作日内向中国证券业协会备案。

【考点】公司债券的非公开发行

16.【答案】D

【解析】征收临时反倾销税，由商务部提出建议，国务院关税税则委员会根据商务部的建议作出决定，由商务部予以公告。

【考点】反倾销措施

17.【答案】A

【解析】国有资产监督管理机构负责审核国家出资企业的增资行为。其中，因增资致使国家不再拥有所出资企业控股权的，须由国有资产监督管理机构报本级人民政府批准。

【考点】企业增资

18.【答案】B

【解析】（1）选项A：合营企业的组织形式为有限责任公司或者股份有限公司（不包括合伙企业）；（2）选项C：合营企业的组织形式为有限责任公司的，董事会是其最高权力机构；（3）选项D：董事长是合营企业的法定代表人。

【考点】合营企业

19.【答案】C

【解析】（1）国家工商总局负责非价格垄断行为，滥用市场支配地位，滥用行政权力排除、限制竞争方面的反垄断执法工作；（2）国家发展改革委员会负责依法查处价格垄断行为；（3）商务部负责经营者集中行为的反垄断审查工作。

【考点】《反垄断法》的实施机制

20.【答案】B

【解析】普通合伙人的继承人为无民事行为能力人或者限制民事行为能力人的，经全体合伙人一致同意，可以依法成为有限合伙人，普通合伙企业依法转为有限合伙企业；全体合伙人未能一致同意的，合伙企业应当将被继承合伙人的财产份额退还该继承人。

【考点】退伙

21.【答案】A

【解析】（1）选项B：作为有限合伙人的自然人故意给合伙企业造成损失，经其他合伙人一致同意，可以决议将其除名；（2）选项C：作为有限合伙人的自然人死亡或者被依法宣告死亡，当然退伙；（3）选项D：作为有限合伙人的自然人丧失民事行为能力，并不当然退伙。

【考点】退伙

22.【答案】A

【解析】（1）共有人对共有的不动产或者动产没有约定为按份共有或者共同共有，或者约定不明确的，除共有人具有家庭关系等外，视为按份共有。按份共有人对共有的不动产或者动产享有的份额，可以约定；没有约定或者约定不明确的，按照出资额确定；不能确定出资额的，视为等额享有。（2）按份共有中，处分共有的不动产或者动产，应当经占份额2/3以上（≥2/3）的按份共有人同意，但共有人之间另有约定的除外。在本题中，朋友6人等额享有该汽车，故同意转让的共有人至少应当达到的人数是4（6×2/3）人。

【考点】按份共有

23.【答案】A

【解析】（1）选项B：可撤销合同受除斥期间的限制，不适用诉讼时效的规定；（2）选项C：请求他人不作为的，应当自权利人知道义务人违反不作为义务时起算；(3) 选项 D：国家赔偿的，自国家机关及其工作人员行使职权时的行为被依法确认为违法之日起算。

【考点】诉讼时效的种类与起算

24．【答案】C

【解析】外国投资者以股权作为支付手段并购境内公司的，境外公司应合法设立并且其注册地具有完善的公司法律制度，且公司及其管理层最近3年未受到监管机构的处罚。

【考点】外国投资者并购境内企业

二、多项选择题

1．【答案】ABCD

【解析】(1) 选项 A：普通合伙人退伙后，对基于其退伙前的原因发生的合伙企业债务，承担无限连带责任。在本题中，发生事故的燃气炉系当年4月合伙人共同决定购买，其质量不符合相关国家标准，此时甲依然是普通合伙人，应当对此承担无限连带责任。(2) 选项 B：普通合伙人入伙，新合伙人对入伙前合伙企业的债务承担无限连带责任。(3) 选项 CD：合伙企业不能清偿到期债务的，普通合伙人承担无限连带责任。在本题中，乙、丙作为普通合伙人，应当对合伙企业不能清偿的债务承担无限连带责任。

【考点】合伙企业和合伙人的债务清偿、入伙和退伙

2．【答案】ABCD

【解析】法律关系的客体包括物、行为、人格利益、智力成果。(1) 选项 AC：属于物，是物权法律关系的客体；(2) 选项 B：行为包括作为和不作为。

【考点】法律关系的客体

3．【答案】ABD

【解析】国务院和地方人民政府应当按照政企分开、社会公共管理职能与国有资产出资人职能分开、不干预企业依法自主经营的原则，依法履行出资人职责。

【考点】企业国有资产的概念和监督管理体制

4．【答案】ACD

【解析】选项 B：我国的信用证是以人民币计价、不可撤销的跟单信用证。

【考点】国内信用证

5．【答案】ABD

【解析】保证合同是单务合同、无偿合同、诺成合同、要式合同、从合同。

【考点】保证合同

6．【答案】ABCD

【解析】清算组在清算期间行使下列职权：(1) 清理公司财产，分别编制资产负债表和财产清单；(2) 通知、公告债权人；(3) 处理与清算有关的公司未了结的业务；(4) 清缴所欠税款及清算过程中产生的税款；(5) 清理债权、债务；(6) 处理公司清偿债务后的剩余财产；(7) 代表公司参与民事诉讼活动。

【考点】公司清算

7．【答案】ABC

【解析】上市公司发行股份的价格不得低于市场参考价的90%，市场参考价为本次发行股份购买资产的董事会决议公告日前20个交易日、60个交易日或者120个交易日的公司股票交易均价之一。

【考点】上市公司重大资产重组

8.【答案】ABD

【解析】（1）选项A：根据规定，以有偿出让方式取得的建设用地使用权，出让最高年限按下列用途确定：①居住用地70年；②工业用地50年；③教育、科技、文化、卫生、体育用地50年；④商业、旅游、娱乐用地40年；⑤综合或者其他用地50年。（2）选项C：建设用地使用权出让，可以采取拍卖、招标或者双方协议的方式，其中，工业、商业、旅游、娱乐和商品住宅等经营性用地及同一土地有两个以上意向用地者的，应当采取招标、拍卖等公开竞价的方式出让；没有条件，不能采取拍卖、招标方式的，可以采取双方协议的方式。

【考点】建设用地使用权

9.【答案】ABD

【解析】选项C：剥离义务人负责支付监督受托人和剥离受托人的报酬。

【考点】经营者集中附加限制性条件批准制度

10.【答案】ACD

【解析】存在下列情形的，债券受托管理人应当召集债券持有人会议：（1）拟变更债券募集说明书的约定（选项A）；（2）拟修改债券持有人会议规则；（3）拟变更债券受托管理人或者受托管理协议的主要内容；（4）发行人不能按期支付本息（选项C）；（5）发行人减资、合并、分立、解散或者申请破产；（6）保证人、担保物或者其他偿债保障措施发生重大变化（选项D）；（7）发行人、单独或者合计持有本期债券总额10%以上的债券持有人书面提议召开；（8）发行人管理层不能正常履行职责，导致发行人债务清偿能力面临严重不确定性，需要依法采取行动的；（9）发行人提出债务重组方案的；（10）发生其他对债券持有人权益有重大影响的事项。

【考点】公司债券持有人的权益保护

11.【答案】CD

【解析】中华人民共和国境内经济活动中的垄断行为，适用《反垄断法》；中华人民共和国境外的垄断行为，对境内市场竞争产生排除、限制影响的，适用《反垄断法》。

【考点】《反垄断法》的适用范围

12.【答案】BC

【解析】有限合伙人的下列行为，不视为执行合伙事务：（1）参与决定普通合伙人入伙、退伙（选项A错误）；（2）对企业的经营管理提出建议；（3）参与选择承办有限合伙企业审计业务的会计师事务所；（4）获取经审计的有限合伙企业财务会计报告；（5）对涉及自身利益的情况，查阅有限合伙企业财务会计账簿等财务资料；（6）在有限合伙企业中的利益受到侵害时，向有责任的合伙人主张权利或者提起诉讼；（7）执行事务合伙人怠于行使权利时，督促其行使权利或者为了本企业的利益以自己的名义提起诉讼；（8）依法为本企业提供担保（选项D错误）。

【考点】有限合伙企业事务执行的特殊规定

13.【答案】ACD

【解析】外国投资者以股权作为支付手段并购境内公司所涉及的境内外公司的股权，应符合以下条件：（1）股东合法持有并依法可以转让；（2）无所有权争议且没有设定质押及任何其他权利限制；（3）境外公司的股权在境外公开合法证券交易市场（柜台交易市场除外）挂牌交易；（4）境外公司的股权最近1年交易价格稳定。

【考点】外国投资者并购境内企业

14.【答案】ACD

【解析】特别提款权"货币篮"包括人民币、美元、欧元、日元和英镑。

【考点】人民币加入特别提款权"货币篮"及其影响

三、案例分析题

1.【答案】

（1）债权人申报债权的期限，最短不得少于 30 日，最长不得超过 3 个月。

【考点】破产债权申报

（2）甲公司管理人对 A 公司申报的 50 万元借款本息债权应予确认。根据规定，债务人的保证人已经代替债务人清偿债务的，以其对债务人的求偿权申报债权。

【考点】涉及保证的破产债权申报

（3）甲公司管理人对 C 公司申报的 60 万元借款本息债权不应予以确认。根据规定，债权人已向管理人申报全部债权的，保证人不能再申报债权。

【考点】涉及保证的破产债权申报

（4）甲公司管理人对 D 公司申报的 70 万元债权应予确认。根据规定，连带债务人数人均被裁定适用破产程序的，其债权人有权就全部债权分别在各破产案件中申报债权。

【考点】破产债权申报

（5）甲公司管理人不将 E 公司债权编入债权登记表的理由不成立。根据规定，管理人必须将申报的债权全部登记在债权登记表上，不允许以其认为债权超过诉讼时效或不能成立等为由拒绝编入债权登记表。

【考点】破产债权的确认

2.【答案】

（1）A 银行第一次拒付的理由成立。根据规定，被背书人名称是背书行为的绝对应记载事项，有权提示付款的持票人应为票面上记载的权利人。在本题中，在补记之前，背书行为尚未成立，庚公司不能取得票据权利。

【考点】汇票背书

（2）A 银行第二次拒付的理由不成立。根据规定，背书人未记载被背书人名称即将票据交付他人的，持票人在票据被背书人栏内记载自己的名称与背书人记载具有同等法律效力。在本题中，在补记之后，庚公司享有票据权利，A 银行不能拒绝付款。

【考点】汇票背书

（3）丙公司拒绝庚公司追索的理由不成立。根据规定，背书人在汇票上记载"不得转让"字样，其后手再背书转让的，原背书人（丁公司）对后手的被背书人不承担保证责任，但其他票据债务人仍应当对持票人承担票据责任。

【考点】记载"不得转让"字样汇票的背书

（4）乙公司拒绝庚公司追索的理由不成立。根据规定，背书时附有条件的，所附条件不具有汇票上的效力，即不影响背书行为本身的效力。

【考点】附条件的背书

3.【答案】

（1）赵某应对招股说明书中的虚假财务数据承担行政法律责任。根据规定，信息披露义务人的董事、监事和高级管理人员，负有保证信息披露真实、准确、完整、及时和公平义务，应当视情形认定为直接负责的主管人员或者其他直接责任人员承担行政责任,但其能够证明已尽忠实、勤勉义务,没有过错的除外。在本题中,赵某为甲公司董事长,赵某直接决定通过外部借款、伪造银行单据等方式冲减应收账款,应当认定为直接负责的主管人员。

【考点】虚假陈述的行政责任

(2)乙会计师事务所、丙律师事务所应对招股说明书中的虚假财务数据承担行政法律责任。根据规定,证券服务机构未勤勉尽责,所制作、出具的文件有虚假记载、误导性陈述或者重大遗漏的,应当承担行政责任。

【考点】虚假陈述的行政责任

(3)赵某的行为不符合公司法律制度的规定。根据规定,股份有限公司不得直接或者通过子公司向董事、监事、高级管理人员提供借款。

【考点】借款的限制

(4)孙某的行为不符合公司法律制度的规定。根据规定,公司董事、监事和高级管理人员对公司负有勤勉义务和忠实义务。在本题中,孙某作为公司董事,却不关注公司事务,明显违反了勤勉义务。

【考点】董事、高级管理人员的义务

(5)投资者李某无权要求甲公司赔偿其投资损失。根据规定,李某在甲公司的虚假陈述行为揭露日之后才买入甲公司股票,其投资损失与甲公司的虚假陈述行为不构成因果关系,李某无权要求甲公司赔偿其投资损失。

【考点】虚假陈述的民事责任

(6)①投资者钱某2018年3月10日卖出股票所受的投资损失不能要求甲公司赔偿。根据规定,钱某在甲公司的虚假陈述行为揭露日之前就卖出了甲公司股票7 000股,其投资损失与甲公司的虚假陈述行为不构成因果关系,因此,钱某无权要求甲公司赔偿该投资损失。②投资者钱某2018年8月25日卖出股票所受的投资损失可以要求甲公司赔偿。根据规定,钱某在甲公司的虚假陈述行为实施日之后、揭露日之前买入,揭露日之后卖出的3 000股,其投资损失与甲公司的虚假陈述行为构成因果关系,因此,钱某有权要求甲公司赔偿该投资损失。

【考点】虚假陈述的民事责任

4.【答案】

(1)甲公司有权解除与乙公司的绒布面料买卖合同。根据规定,当事人一方迟延履行债务或者有其他违约行为致使不能实现合同目的的,当事人可以解除合同。

【考点】法定解除

(2)甲公司不能要求乙公司返还20万元。根据规定,定金数额不得超过主合同标的额的20%;如果超过20%的,超过部分无效。在本题中,甲公司只能要求乙公司返还18万元(退10万元+赔8万元)。

【考点】定金

(3)甲公司不能要求乙公司赔偿全部损失19万元。根据规定,买卖合同约定的定金不足以弥补一方违约造成的损失,对方请求赔偿超过定金部分的损失的,人民法院可以并处,但定金和损失赔偿的数额总和不应高于因违约造成的损失。在本题中,甲公司要求乙公司返还18万元(其中对乙公司的惩罚为8万元)之后,只能再要求乙公司赔偿损失11(19-8)万元。

【考点】定金

(4)甲公司无权解除与丙公司的丝质面料买卖合同。根据规定,当事人约定检验期间的,买受人应当在检验期间内将标的物的数量或者质量不符合约定的情形通知出卖人。买受人怠于通知的,视为标的物的数量或者质量符合约定。

【考点】标的物的检验

(5)丝质面料遭山洪毁损的损失由甲公司承担。根据规定,标的物毁损、灭失的风险,在标的物交付之前由出卖人承担,交付之后由买受人承担,但法律另有规定或者当事人另有约定的除外。在本题中,由于标的物质量被视为符合约定,应认定丙公司已经成功完成交付,风险应由甲公司承担。

【考点】标的物的风险负担

(6)①甲公司与丁银行借款合同约定的4%月利率合法。自2013年7月20日起,我国全面开放金融机构贷款利率管制,除个人住房贷款利率浮动区间暂不调整外,金融机构其他贷款利率不再设上下限。②借款到期后,甲公司应向丁银行支付的借期内的利息为1.92(48×4%)万元。根据规定,在借款合同中,借款的利息不得预先在本金中扣除。利息预先在本金中扣除的,应当按照实际借款数额返还借款并计算利息。

【考点】借款合同

(7)戊公司的理由成立。根据规定,当事人在保证合同中对保证方式没有约定或约定不明确的,承担一般保证责任,一般保证人享有先诉抗辩权。

【考点】保证

2018年注册会计师全国统一考试《经济法》试卷

一、单项选择题

1.【答案】C

【解析】(1)选项A:从需求者角度界定相关商品市场,一般要考虑的因素;(2)选项B:从需求者角度界定相关地域市场,一般要考虑的因素;(3)选项C:判断商品之间是否具有竞争关系、是否在同一相关市场的基本标准是商品间较为紧密的相互替代性;(4)选项D:相关时间市场。

【考点】界定相关市场的基本标准和分析视角

2.【答案】B

【解析】合伙企业的生产经营所得和其他所得,按照国家有关税收规定,由合伙人分别缴纳所得税。合伙企业不缴纳企业所得税。

【考点】合伙企业的特征

3.【答案】D

【解析】选项ABC:属于不动产。

【考点】物的概念与种类

4.【答案】C

【解析】(1)选项A:实行国营贸易管理的货物和经授权经营企业的目录,由国务院对外贸易主管部门会同国务院其他有关部门确定、调整并公布;(2)选项B:实行国营贸易管理货物的进出口业务只能由经授权的企业经营,但国家允许部分数量的国营贸易管理货物的进出口业务由非授权企业经营的除外;(3)选项D:判断一个企业是不是国营贸易企业,关键是看该企业是否在国际贸易中享有专营权或特许权,与该企业的所有制形式并无必然联系。

【考点】关于国营贸易的特别规定

5.【答案】C

【解析】外国投资者以股权并购境内公司应报送商务部审批。

【考点】外国投资者并购境内企业的申报程序

6.【答案】D

【解析】(1) 选项 AB：属于准用性规范。(2) 选项 C：属于委任性规范。(3) 选项 D：属于确定性规范。确定性规范是指内容已经完备明确，无须再援引或者参照其他规范来确定其内容的法律规范。

【考点】确定性规范的定义

7.【答案】A

【解析】公开发行股票数量在 2 000 万股（含）以下且无老股转让计划的，可以通过直接定价的方式确定发行价格。

【考点】股票公开发行的方式

8.【答案】A

【解析】董事、高级管理人员侵犯公司利益，有限责任公司的股东可以书面请求监事会或者不设监事会的有限责任公司的监事向人民法院提起诉讼。如果监事会或者不设监事会的有限责任公司的监事收到股东的书面请求后拒绝提起诉讼，或者自收到请求之日起 30 日内未提起诉讼，或者情况紧急、不立即提起诉讼将会使公司利益受到难以弥补的损害的，股东有权为了公司的利益以自己的名义直接向人民法院提起诉讼。

【考点】股东代表诉讼

9.【答案】B

【解析】负担行为是使一方相对于他方承担一定给付义务的法律行为。处分行为是直接导致权利发生变动的法律行为，不需要义务人积极履行给付义务。物权变动是典型的处分行为。(1) 选项 AC：属于负担行为。(2) 选项 B：属于处分行为。(3) 选项 D：不属于民事法律行为，属于事实行为。

【考点】处分行为

10.【答案】B

【解析】票据金额、出票日期、收款人名称不得更改，更改的票据无效。

【考点】票据行为的成立与生效

11.【答案】D

【解析】管理人依法编制的债权登记表，应当提交第一次债权人会议核查。

【考点】破产债权的确认，债权人会议职权

12.【答案】D

【解析】(1) 选项 AB：属于限制民事行为能力人；(2) 选项 C：属于无民事行为能力人。

【考点】法律关系的主体

13.【答案】A

【解析】上市公司董事会、监事会、单独或者合并持有上市公司已发行股份1%以上的股东可以提出独立董事候选人，并经股东大会选举决定。

【考点】上市公司独立董事制度

14.【答案】A

【解析】在公司章程没有另外规定的情况下，自然人股东死亡后，其合法继承人可以直接继承股东资格。

【考点】有限责任公司的股权移转

15.【答案】B

【解析】股东（大）会、董事会决议存在下列情形之一，当事人主张决议不成立的，人民法院应当予以支持：(1) 公司未召开会议的，但依据《公司法》或者公司章程规定可以不召开股东（大）会而直接作出决定，并由全体股东在决定文件上签名、盖章的除外；(2) 会议未对决议事项进行表决的；(3) 出席会议的人数或者股东所持表决权不符合《公司法》或者公司章程规定的；(4) 会议的表决结果未达到《公司法》或者公司章程规定的通过比例的；(5) 导致决议不成立的其他情形。

【考点】股东大会、股东会或者董事会决议制度

16.【答案】B

【解析】已经成为非上市公众公司的，向特定对象发行股票时，须经过中国证监会的核准。

【考点】与非上市公众公司有关的股票定向发行

17.【答案】A

【解析】有限合伙企业由2个以上50个以下合伙人设立；但是，法律另有规定的除外。

【考点】有限合伙企业设立的特殊规定

18.【答案】C

【解析】(1) 选项AD：应承担违约责任；(2) 选项B：应承担侵权责任。

【考点】缔约过失责任

19.【答案】A

【解析】合伙企业的利润分配、亏损分担，按照合伙协议的约定办理；合伙协议未约定或者约定不明确的，由合伙人协商决定；协商不成的，由合伙人按照实缴出资比例（1:1:2）分配、分担；无法确定出资比例的，由合伙人平均分配、分担。

【考点】合伙企业的损益分配

20.【答案】A

【解析】根据《企业国有资产法》的规定，履行出资人职责的机构依照法律、行政法规及企业章程的规定，任免国有独资公司的董事长、副董事长、董事、监事会主席和监事。

【考点】国家出资企业管理者的选择和考核

21.【答案】D

【解析】选项ABC：属于限制类外商投资项目。

【考点】限制类外商投资项目、禁止类外商投资项目

22.【答案】C

【解析】财政部门是金融企业国有资产的监督管理部门。

【考点】金融企业国有资产的监督管理部门

23.【答案】D

【解析】除合伙协议另有约定外，合伙人向合伙人以外的人转让其在合伙企业中的全部或者部分财产份额时，须经其他合伙人一致同意。

【考点】合伙人财产份额的转让

24.【答案】A

【解析】(1) 选项A：企业国有资产是指国家作为出资人对所出资企业所享有的权益。(2) 选项BCD：企业国有资产与企业法人财产不同。企业国有资产是指国家作为出资人对所出资企业所享有的权益，而不是指国家出资企业的各项具体财产。出资人将出资投入企业，所形成的企业的厂房、机器设

备等企业的各项具体财产，属于企业的法人财产权。

【考点】企业国有资产的概念和监督管理体制

二、多项选择题

1.【答案】ABCD

【解析】其他交易条件是指除商品价格、数量之外能够对市场交易产生实质影响的其他因素，包括商品品质、付款条件、交付方式、售后服务等。

【考点】市场支配地位的概念

2.【答案】BD

【解析】（1）选项AC：合伙人发生与合伙企业无关的债务，相关债权人不得以其债权抵销其对合伙企业的债务，也不得代位行使合伙人在合伙企业中的权利。（2）选项BD：合伙人的自有财产不足清偿其与合伙企业无关的债务的，该合伙人可以以其从合伙企业中分取的收益用于清偿；债权人也可以依法请求人民法院强制执行该合伙人在合伙企业中的财产份额用于清偿。

【考点】合伙企业与第三人的关系

3.【答案】AC

【解析】（1）选项AC：无相对人的意思表示于意思表示完成时即可产生法律效力，法律另有规定的，依照其规定。如订立遗嘱、抛弃动产等单方民事法律行为。（2）选项BD：有相对人的意思表示又分为对话的意思表示和非对话的意思表示。以对话方式作出的意思表示，相对人知道其内容时生效。以非对话方式作出的意思表示，到达相对人时生效。如订立合同过程中的要约和承诺、债务免除、授予代理权、合同解除等意思表示。

【考点】意思表示

4.【答案】ABC

【解析】我国实行以市场供求为基础（选项C）、参考"一篮子"货币进行调节（选项A）、有管理的浮动汇率制度（选项B）。我国自1994年1月1日起，将官方汇率和调剂市场汇率两种汇率并轨。

【考点】人民币汇率制度

5.【答案】ABCD

【解析】在中国领域内履行的下列合同，专属适用中国法律：（1）中外合资经营企业合同（选项C）；（2）中外合作经营企业合同（选项A）；（3）中外合作勘探、开发自然资源合同（选项D）；（4）中外合资经营企业、中外合作经营企业、外商独资企业股份转让合同（选项B）；（5）外国自然人、法人或者其他组织承包经营在中国领域内设立的中外合资经营企业、中外合作经营企业的合同；（6）外国自然人、法人或者其他组织购买中国领域内的非外商投资企业股东的股权的合同；（7）外国自然人、法人或者其他组织认购中国领域内的非外商投资有限责任公司或者股份有限公司增资的合同；（8）外国自然人、法人或者其他组织购买中国领域内的非外商投资企业资产的合同。

【考点】外商投资纠纷案件的审理及法律适用

6.【答案】ABCD

【解析】我国的法律渊源主要有宪法、法律、法规、规章、司法解释、国际条约和协定。（1）选项AD：中国人民银行发布的《支付结算办法》和中国证监会发布的《上市公司信息披露管理办法》属于部门规章；（2）选项B：《最高人民法院关于适用<中华人民共和国物权法>若干问题的解释（一）》属于司法解释；（3）选项C：《中华人民共和国立法法》属于法律。

【考点】法律渊源

7.【答案】ACD

【解析】（1）选项AC：我国现行法之下的本票仅有银行本票，而不存在商业本票。现行法之下的本票均为见票即付，而不存在远期的本票。（2）选项B：本票收款人名称，属于本票的绝对必要记载事项，未记载将导致出票无效。（3）选项D：银行本票未记载付款地的，以出票人的营业场所为付款地。

【考点】本票

8.【答案】ABCD

【解析】根据国务院《关于开展优先股试点的指导意见》，公开发行优先股的公司，必须在公司章程中规定以下事项：（1）采取固定股息率（选项C）；（2）在有可分配税后利润的情况下必须向优先股股东分配股息（选项A）；（3）未向优先股股东足额派发股息的差额部分应当累积到下一会计年度（选项B）；（4）优先股股东按照约定的股息率分配股息后，不再同普通股股东一起参加剩余利润分配（选项D）。

【考点】优先股发行

9.【答案】ABCD

【解析】债务人或者第三人有权处分的下列权利可以出质：（1）汇票、本票、支票（选项C）；（2）债券、存款单（选项A）；（3）提单、仓单（选项B）；（4）可以转让的基金份额、股权（选项D）；（5）可以转让的注册商标专用权、专利权、著作权等知识产权中的财产权；（6）应收账款；（7）法律、行政法规规定可以出质的其他财产权利。

【考点】质权

10.【答案】ABC

【解析】国家出资企业及其各级子企业有下列行为之一的，必须对相关资产进行资产评估：（1）整体或部分改建为有限责任公司或者股份有限公司；（2）以非货币资产对外投资；（3）合并、分立、破产、解散（选项A）；（4）非上市公司的国有股东股权比例变动；（5）产权转让（选项B）；（6）资产转让、置换（选项C）；（7）整体资产或者部分资产租赁给非国有单位；（8）以非货币资产偿还债务；（9）资产涉讼；（10）收购非国有单位的资产；（11）接受非国有单位以非货币资产出资；（12）接受非国有单位以非货币资产抵债；（13）法律、行政法规规定的其他需要进行评估的事项。

【考点】企业国有资产的评估

11.【答案】ABCD

【解析】根据《上市公司章程指引》的有关要求，上市公司股东大会还有以下职权：对公司聘用、解聘会计师事务所作出决议；审议公司在1年内购买、出售重大资产超过公司最近1期经审计总资产30%的事项；审议批准变更募集资金用途事项；审议股权激励计划；审议批准下列对外担保行为：（1）本公司及本公司控股子公司的对外担保总额，达到或超过最近1期经审计净资产的50%以后提供的任何担保（选项C）；（2）公司的对外担保总额，达到或超过最近1期经审计总资产的30%以后提供的任何担保（选项A）；（3）为资产负债率超过70%的担保对象提供的担保（选项B）；（4）单笔担保额超过最近1期经审计净资产10%的担保；（5）对股东、实际控制人及其关联方提供的担保（选项D）。

【考点】股东大会职权

12.【答案】AC

【解析】合伙人有下列情形之一的，当然退伙：（1）作为合伙人的自然人死亡或者被依法宣告死亡（选项C）；（2）个人丧失偿债能力；（3）作为合伙人的法人或者其他组织依法被吊销营业执照、责令关闭、撤销，或者被宣告破产（选项A）；（4）法律规定或者合伙协议约定合伙人必须具有相关资格而丧失该资格；（5）合伙人在合伙企业中的全部财产份额被人民法院强制执行。

【考点】当然退伙

13.【答案】BCD

【解析】股东义务主要有三个方面：第一，出资义务，即按照法律和公司章程的规定，向公司按期足额缴纳出资；第二，善意行使股权的义务；第三，公司出现解散事由后，股东有组织清算的义务。

【考点】股东权利与义务

14.【答案】ABCD

【解析】（1）选项A：联合拒绝向特定经营者供货或者销售商品，属于联合抵制交易的协议；（2）选项B：划分商品销售地域、销售对象或者销售商品的种类、数量，属于分割销售市场或者原材料采购市场的协议；（3）选项C：约定采用据以计算价格的标准公式，属于固定或者变更商品价格的协议；（4）选项D：拒绝采用新的技术标准，属于限制购买新技术、新设备或者限制开发新技术、新产品的协议。

【考点】横向垄断协议规制制度

三、案例分析题

1.【答案】

（1）本次合并构成甲公司的重大资产重组。根据规定，只要资产总额比、营业收入比和资产净额比中有其一达到法定标准即构成重大资产重组。在本题中，乙公司资产总额占甲公司同期经审计资产总额的比例超过50%，构成重大资产重组。

【考点】重大资产重组的界定

（2）方案初稿中关于非公开发行股票的内容有两处不符合规定。①发行定价不符合规定。根据规定，上市公司非公开发行股票的，发行价格不低于定价基准日前20个交易日公司股票均价的80%（根据修订后的新规定）。②股份锁定期不符合规定。根据规定，发行对象为上市公司的控股股东、实际控制人或者其控制的关联人的，其认购的股份应自发行结束之日起18个月内不得转让（根据修订后的新规定）。

【考点】上市公司非公开发行

（3）甲公司拒绝B银行偿债请求的理由不成立。根据规定，公司决定合并的，应当在作出合并决议之日起10日内通知债权人，并于30日内在报纸上公告；债权人（不论债权是否到期）自接到通知书之日起30日内，未接到通知书的自公告之日起45日内，可以要求公司清偿债务或者提供相应的担保。

【考点】公司合并

（4）人民法院驳回贾某的诉讼请求符合公司法律制度规定。根据规定，会议召集程序或者表决方式仅有轻微瑕疵，且对决议未产生实质影响的，人民法院不予支持。在本题中，公司未按照章程的规定发送电子邮件通知，但并未影响贾某及其他股东出席会议，对决议无实质影响。

【考点】股东会决议的撤销

（5）甲公司拒绝周某异议股东股份回购请求的理由成立。因为异议股东股份回购请求权中的"异议"应当通过出席会议并参与决议提出，周某表达异议的途径不符合要求，甲公司有权拒绝其回购请求。

【考点】异议股东回购请求权

(6) 应当以 40 万股为基数。根据规定,短线交易界定中的"买入后 6 个月内卖出"是指最后一笔买入时点起算 6 个月内卖出。

【考点】短线交易

(7) 归甲公司所有。根据规定,上市公司、股票在国务院批准的其他全国性证券交易场所交易的公司的董事、监事、高级管理人员、持有或者通过协议、其他安排与他人共同持有该公司股份 5%以上的股东将其持有的公司股票或者其他具有股权性质的证券在买入后 6 个月内卖出,或者在卖出后 6 个月内又买入,由此所得收益归该公司所有。

【考点】短线交易

2.【答案】

(1) 破产案件由丙地级市中级人民法院管辖。根据规定,执行案件移送破产审查,由被执行人住所地人民法院管辖。在级别管辖上实行以中级人民法院管辖为原则、基层人民法院管辖为例外的管辖制度。

【考点】"执转破"案件的审查

(2) 乙县人民法院拟将执行案件移送异地中级人民法院进行破产审查的,在作出移送决定前,应先报甲地级市中级人民法院执行部门审核同意。

【考点】"执转破"案件的审查

(3) X 房产应以 100 万元计入管理人报酬的计酬基数。根据规定,担保权人优先受偿的担保物价值(300 万元),不计入债务人最终清偿的财产价值总额(管理人报酬的计酬基数)。

【考点】管理人报酬

(4) A 公司为 C 公司提供质押担保的行为不能撤销。根据规定,对没有财产担保的债务提供财产担保的,是指对原来已经成立的无财产担保的债务事后补充设置担保,只要补充设置担保的行为发生在人民法院受理破产申请前 1 年内,就可以撤销;但不包括债务人在可撤销期间内设定债务的同时提供的财产担保。

【考点】撤销权

(5) 对于 A 公司提出的终止破产程序的申请,人民法院不予支持。根据规定,由于债务人财产的市场价值发生变化导致其在案件受理后破产原因消失的,不影响破产案件的受理与继续审理,人民法院不得裁定驳回申请。

【考点】破产案件的受理

3.【答案】

(1) 甲银行拒绝向 G 公司付款的理由不成立。根据规定,票据债务人不得以自己与出票人之间的抗辩事由(甲银行与出票人 A 公司之间的承兑协议被撤销)对抗持票人,但持票人明知存在抗辩事由而取得票据的除外。

(或者:根据规定,基于票据行为的无因性,票据基础关系的瑕疵并不影响票据行为的效力。在本题中,虽然甲银行与 A 公司之间的承兑协议已被人民法院撤销,但甲银行承兑行为的效力并不因此而受影响,甲银行仍应对持票人承担票据责任。)

【考点】票据抗辩

(2) F 公司不能取得票据权利。根据规定,以欺诈、偷盗或者胁迫等手段取得票据的,或者明知有前列情形,出于恶意取得票据的,不得享有票据权利。在本题中,F 公司对 E 公司伙同 D 公司财务人员李某伪造签章取得票据的行为知情,不得享有票据权利。

【考点】不享有票据权利

（3）G公司取得票据权利。根据规定，虽然F公司实质上不享有票据权利，但形式上享有票据权利，在其向G公司背书转让时，符合票据权利善意取得的构成要件，G公司善意取得票据权利。

【考点】票据权利的善意取得

（4）G公司不能向C公司追索。根据规定，C公司并未在票据上签章，并非票据债务人，不承担票据责任。

【考点】追索权

4.【答案】

（1）①甲与乙的委托合同于2016年6月6日生效。因为委托合同属于诺成合同。②乙于2016年7月4日取得代理权。因为授权行为属于单方民事法律行为，自授权人甲完成授权意思表示时成立。

【考点】委托合同，单方民事法律行为

（2）卫生间管道严重漏水的维修费用2 000元应当由甲承担。根据规定，承租人在租赁物需要维修时可以要求出租人在合理期限内维修；出租人未履行维修义务的，承租人可以自行维修，维修费用由出租人负担。

【考点】租赁合同当事人的权利与义务

（3）甲无权解除与丙的租赁合同。根据规定，双方当事人书面约定租赁期间为2016年8月1日至2018年7月31日，该约定有效；租赁期间，承租人丙并不存在违约行为，出租人甲无权在2018年2月租赁期间未满时主张任意解除租赁合同。

【考点】租赁合同的解除

（4）丁无权要求丙搬离。根据规定，租赁物在租赁期间发生所有权变动的，不影响租赁合同的效力，即"买卖不破租赁"。

【考点】买卖不破租赁

（5）丙无权主张甲与丁的买卖合同无效。根据规定，出租人出卖租赁房屋未在合理期限内通知承租人或者存在其他侵害承租人优先购买权的情形，承租人可以请求出租人承担赔偿责任，但不得主张出租人与第三人签订的房屋买卖合同无效。

【考点】承租人的优先购买权

（6）戊和庚应按债权比例清偿。根据规定，抵押权已登记的，按照登记的先后顺序清偿；顺序相同的，按照债权比例清偿。

【考点】抵押权的实现

2019年注册会计师全国统一考试《经济法》试卷

一、单项选择题

1.【答案】C

【解析】全面推进依法治国的总目标是建设中国特色社会主义法治体系，建设社会主义法治国家。

【考点】全面依法治国新理念、新思想、新战略

2.【答案】C

【解析】公司分立前的债务由分立后的公司承担连带责任。但是，公司在分立前与债权人就债务清偿达成的书面协议另有约定的除外。

【考点】公司分立

3.【答案】B

【解析】不得担任管理人的情形：(1) 因故意犯罪受过刑事处罚（选项A）；(2) 曾被吊销相关专业执业证书（选项C）；(3) 与本案有利害关系（选项D）；(4) 人民法院认为不宜担任管理人的其他情形。

【考点】管理人的资格与指定

4.【答案】B

【解析】物包括不动产和动产。不动产包括土地、海域（选项B）及房屋、林木等地上定着物。

【考点】物的种类

5.【答案】B

【解析】(1) 选项A：实行国有独资或控股；(2) 选项CD：实行国有独资或绝对控股；(3) 选项B：放开竞争性业务，允许非国有资本平等进入。

【考点】国有企业混合所有制改革

6.【答案】D

【解析】设立公司的过程中，发起人以设立中公司的名义与他人订立合同，公司成立后自动承担该合同义务。公司未成立，则单一发起人独自承担设立所产生的债务；发起人为数人的，连带承担债务。

【考点】公司设立阶段的债务

7.【答案】C

【解析】作为原因关系的合同无效、被撤销，并不影响票据行为的效力。

【考点】票据基础关系对票据行为效力的影响，可撤销的民事法律行为

8.【答案】A

【解析】上市公司在1年内购买、出售重大资产或者担保金额超过公司资产总额30%的，应当由股东大会作出决议，并经出席会议的股东所持表决权的2/3以上通过。

【考点】上市公司股东大会的决议方式

9.【答案】A

【解析】(1) 对境外机构和境外个人而言，仅对其发生在中国境内的外汇收支或者外汇经营活动适用该条例；(2) 境内机构是指境内的国家机关、企业、事业单位、社会团体、部队等，外国驻华外交领事机构和国际组织驻华代表机构除外（选项C）；(3) 境内个人是指中国公民和在中国境内连续居住满1年的外国人，外国驻华外交人员和国际组织驻华代表除外（选项BD）。

【考点】《外汇管理条例》的适用范围

10.【答案】C

【解析】(1) 对内转让：普通合伙人之间转让在合伙企业中的全部或者部分财产份额时，应当通知其他合伙人。(2) 对外转让：除合伙协议另有约定外，普通合伙人向合伙人以外的人转让其在合伙企业中的全部或者部分财产份额，须经其他合伙人一致同意。在本题中，合伙协议约定：合伙人对外转让财产份额应当经持有3/5以上合伙财产份额的合伙人同意，依合伙协议约定。

【考点】合伙企业的财产

11.【答案】A

【解析】(1) 未经保证人同意变更主合同的，如果加重债务人的债务，保证人对加重的部分不承担保证责任，因此，丙的保证责任范围还是原来的200万元；(2) 未经保证人同意变更主合同履行期限的，保证期间为原合同约定的或者法律规定的期间（期限至2019年6月30日）。

【考点】主合同变更的保证责任

12.【答案】C

【解析】选项D：有相对人的意思表示分为对话的意思表示和非对话的意思表示。

【考点】意思表示

13.【答案】C

【解析】申请在科创板公开发行股票并上市的公司，证券交易所按照规定的条件和程序，作出同意或者不同意发行人股票公开发行并上市的审核意见。

【考点】科创板首次公开发行股票的发行条件和程序

14.【答案】B

【解析】如果某一合伙人实际支付的清偿数额超过其依照既定比例所应承担的数额，该合伙人有权就超过部分向其他未支付或者未足额支付应承担数额的合伙人追偿。在本题中，合伙协议约定合伙企业债务由各合伙人平均清偿，即每人承担3万元，此时，甲可以向丙或丁追偿3万元，但不可以再向乙追偿。

【考点】合伙企业与第三人的关系

15.【答案】C

【解析】制订公司的年度财务预算方案、决算方案属于董事会职权。

【考点】董事会职权

16.【答案】A

【解析】企业国有资产属于国家所有，国务院代表国家行使企业国有资产所有权。

【考点】企业国有资产的监督管理体制

17.【答案】B

【解析】选项ACD：自然人从出生时起到死亡时止，具有民事权利能力，依法享有民事权利，承担民事义务。

【考点】法律关系主体的种类

18.【答案】B

【解析】（1）选项A：在垄断协议及滥用市场支配地位的禁止，以及经营者集中的反垄断审查案件中，均可能涉及相关市场的界定问题；（2）选项C：界定相关市场涉及的维度包括时间、商品和地域等三个维度，但并非任何市场界定都涉及全部三个维度；（3）选项D：需求替代是界定相关市场的主要分析视角。

【考点】相关市场界定

19.【答案】C

【考点】在创业板上市的公司首次公开发行股票的条件

20.【答案】B

【解析】有限合伙人可以将其在有限合伙企业中的财产份额出质；但是，合伙协议另有约定的除外。

【考点】有限合伙企业财产出质的特殊规定

21.【答案】D

【解析】（1）选项A：所谓准入前国民待遇，是指在企业设立、取得、扩大等阶段给予外国投资者及其投资不低于本国投资者及其投资的待遇；（2）选项B：负面清单由国务院发布或者批准发布；

(3) 选项C："准入前国民待遇＋负面清单"模式已经推广到全国范围。

【考点】外商直接投资的准入管理

22.【答案】A

【考点】普通合伙企业的设立

23.【答案】D

【解析】选项D：反倾销调查应当自立案调查决定公告之日起12个月内结束；特殊情况下可以延长，但延长期不得超过6个月。

【考点】反倾销措施

24.【答案】A

【解析】(1) 选项B：以无偿划拨方式取得的建设用地使用权，除法律、行政法规另有规定外，没有使用期限的限制。(2) 选项C：以划拨方式取得土地使用权的，转让房地产时，应当按照国务院规定，报有批准权的人民政府审批。有批准权的人民政府准予转让的，应当由受让方办理土地使用权出让手续，并依照国家有关规定缴纳土地使用权出让金。(3) 选项D：住宅建设用地使用权期间届满的，自动续期，并非所有均自动续期。

【考点】建设用地使用权，无偿划拨

二、多项选择题

1.【答案】BD

【解析】(1) 选项AC：属于双方民事法律行为；(2) 选项BD：属于单方民事法律行为。

【考点】民事法律行为的分类

2.【答案】CD

【解析】选项CD：支票的金额和收款人名称可以由出票人授权补记。

【考点】支票

3.【答案】BD

【解析】(1) 选项AC：企业国有资产属于国家所有，国务院和地方人民政府依法代表国家对国家出资企业履行出资人职责。选项A中只说到了国务院代表国家对国家出资企业履行出资人职责，不够严谨。(2) 选项B：国务院和地方人民政府应当按照政企分开、社会公共管理职能与企业国有资产出资人职能分开、不干预企业依法自主经营的原则，依法履行出资人职责。(3) 选项D：政府授权国有资产监督管理机构依法对国有资本投资、运营公司履行出资人职责。国有资本投资、运营公司对授权范围内的国有资本履行出资人职责。

【考点】企业国有资产的监督管理体制

4.【答案】ABCD

【考点】所有权、抵押权、质权、留置权

5.【答案】AD

【解析】(1) 选项A：我国采取的是强制的事前申报模式，即当事人在实施集中前必须事先向商务部申报，经商务部审查批准后才可以实施集中。(2) 选项B：参与集中的每个经营者50%以上有表决权的股份或者资产被同一个未参与集中的经营者拥有的，可以免于向商务部申报。(3) 选项C：参与集中的所有经营者上一会计年度在全球范围内的营业额合计超过100亿元人民币，并且其中至少两个经营者上一会计年度在中国境内的营业额均超过4亿元人民币的经营者集中，应当事先向商务部申报，未申报的不得实施集中。(4) 选项D：经营者提交的文件、资料不完备的，应当在国务院反垄断执法机构规定的期限内补交文件、资料。经营者逾期未补交文件、资料的,视为未申报。

【考点】经营者集中的申报

6.【答案】AB

【解析】股份有限公司的股东有权查阅公司章程、股东大会会议记录、董事会会议决议、监事会会议决议、财务会计报告、股东名册和公司债券存根。

【考点】股东的查阅权

7.【答案】BC

【解析】市场集中度是对相关市场的结构所作的一种描述,体现相关市场内经营者的集中程度,通常用赫芬达尔-赫希曼指数（HHI 指数）和行业前 N 家企业联合市场份额（CR_n 指数）来衡量。

【考点】对经营者集中竞争影响的评估

8.【答案】ABCD

【解析】股东（大）会、董事会决议存在下列情形之一,当事人主张决议不成立的,人民法院应当予以支持:(1) 公司未召开会议的,但依据《公司法》或者公司章程规定可以不召开股东会或者股东大会而直接作出决定,并由全体股东在决定文件上签名、盖章的除外（选项 A 正确）;(2) 会议未对决议事项进行表决的（选项 C 正确）;(3) 出席会议的人数或者股东所持表决权不符合《公司法》或者公司章程规定的（选项 D 正确）;(4) 会议的表决结果未达到《公司法》或者公司章程规定的通过比例的（选项 B 正确）;(5) 导致决议不成立的其他情形。

【考点】公司决议的效力

9.【答案】BD

【解析】外汇批发市场是指商业银行等金融机构之间进行外汇买卖所形成的市场。

【考点】外汇市场的概念

10.【答案】ABCD

【解析】合伙协议约定合伙期限的,在合伙企业存续期间,有下列情形之一的,合伙人可以退伙:(1) 合伙协议约定的退伙事由出现;(2) 经全体合伙人一致同意;(3) 发生合伙人难以继续参加合伙的事由;(4) 其他合伙人严重违反合伙协议约定的义务。

【考点】退伙

11.【答案】CD

【解析】(1) 选项 A:甲对遗失物并不丧失所有权。(2) 选项 B:如果遗失物通过转让为他人所占有时,权利人有权向无处分权人请求损害赔偿,或者自知道或者应当知道受让人之日起 2 年内向受让人请求返还原物。如果受让人通过拍卖或者向具有经营资格的经营者购得该遗失物的,权利人请求返还原物时应当支付受让人所付的费用。

【考点】拾得遗失物

12.【答案】ABC

【解析】(1) 选项 A:除合伙协议另有约定外,普通合伙人向合伙人以外的人转让其在合伙企业中的全部或者部分财产份额时,须经其他合伙人一致同意。(2) 选项 BC:除合伙协议另有约定外,合伙企业的下列事项应当经全体合伙人一致同意:①改变合伙企业的名称;②改变合伙企业的经营范围、主要经营场所的地点;③处分合伙企业的不动产（不包括动产）;④转让或者处分合伙企业的知识产权和其他财产权利;⑤以合伙企业名义为他人提供担保;⑥聘任合伙人以外的人担任合伙企业的经营管理人员。(3) 选项 D:合伙企业的利润分配、亏损分担,按照合伙协议的约定办理;合伙协议未约定或者约定不明确的，由合伙人协商决定；协商不成的，由合伙人按照实缴出资比例分配、分担；无法确定出资比例的，由合伙人平均分配、分担。

【考点】合伙企业的事务执行

13.【答案】ABCD

【解析】中国境内投资者对外直接投资，需要遵守投资所在国即东道国的法律和政策，以及中国与有关东道国签订的双边投资保护协定和双方共同缔结或参加的多边条约中的相关规定。与此同时，作为投资者的母国，中国国内法中的相关规定当然也要予以适用。

【考点】对外直接投资概述

14.【答案】BC

【解析】(1) 选项 A：股份有限公司向特定对象发行股票，发行后股东人数超过 200 人时，才须经中国证监会核准；(2) 选项 B：上市公司无论是公开发行新股还是非公开发行新股，均应经中国证监会核准；(3) 选项 C：股份有限公司申请股票公开转让之前，股东人数已经超过 200 人的，应当经中国证监会核准；(4) 在科创板公开发行股票，实行注册制，无须中国证监会核准。

【考点】非上市公众公司的界定，向特定对象发行股票，首次公开发行股票的程序

三、案例分析题

1.【答案】

(1) 异议不成立。根据规定，债务人账面资产虽大于负债，但因资金严重不足或者财产不能变现等原因，无法清偿债务的，人民法院应当认定其明显缺乏清偿能力。

【考点】破产原因

(2) 异议不成立。根据规定，破产案件的诉讼费用，应计入破产费用，由债务人财产随时清偿，无须预交。相关当事人以申请人未预先交纳诉讼费用为由，对破产申请提出异议的，人民法院不予支持。

【考点】破产原因

(3) 管理人无权以未到期为由拒绝付款。根据规定，买受人破产，其管理人决定继续履行所有权保留买卖合同的，原买卖合同中约定的买受人支付价款的期限在破产申请受理时视为到期，买受人管理人应当及时向出卖人支付价款。

【考点】所有权保留买卖合同中的取回权

(4) 丙公司无权取回起重机。根据规定，买受人管理人无正当理由未及时支付价款，给出卖人造成损害，出卖人主张取回标的物的，人民法院应予支持。但是，买受人已支付标的物总价款 75% 以上或者第三人善意取得标的物所有权或者其他物权的除外。

【考点】所有权保留买卖合同中的取回权

(5) 丁公司无权取回已交付的原材料。根据规定，出卖人对在运途中标的物未及时行使取回权，在买卖标的物到达管理人后向管理人行使在运途中标的物取回权的，管理人不应准许。

【考点】在途标的物的取回权

2.【答案】

(1) ①挖掘机维修不需要征得甲的同意。根据规定，按份共有人对共有的不动产或者动产作重大修缮的，应当经占份额 2/3 以上的按份共有人同意，但共有人之间另有约定的除外。②乙有权要求甲分担 20% 的维修费用。根据规定，对共有物的管理费用及其他负担，有约定的，按照约定；没有约定或者约定不明确的，按份共有人按照其份额负担。

【考点】共有物的处分

（2）乙无权拒绝向丙支付全部维修费用。根据规定，因共有的不动产或者动产产生的债权债务，在对外关系上，共有人享有连带债权、承担连带债务，但法律另有规定或者第三人知道共有人不具有连带债权债务关系的除外。

【考点】按份共有的对外关系

（3）乙的份额转让不需要征得甲的同意。根据规定，按份共有人对其享有的份额有处分自由，故可自由转让其享有的共有的不动产或者动产份额。

【考点】按份共有人转让自己的个人份额

（4）乙在寻找份额买主时要求甲在接到通知之日起15日内决定是否行使优先购买权，不符合法律规定。根据规定，优先购买权的行使期间，按份共有人之间有约定的，按照约定处理；没有约定或者约定不明确的，转让人向其他按份共有人发出的包含同等条件内容的通知中载明行使期间的，以该期间为准。在本题中，通知中未包含载明同等条件内容。

【考点】按份共有人转让自己的个人份额

（5）丁取得挖掘机的所有权。根据规定，动产物权的设立和转让，自交付时发生效力，但法律另有规定的除外。

【考点】物权变动

（6）甲与戊之间买卖挖掘机的行为有效。根据规定，当事人一方以出卖人在缔约时对标的物没有处分权为由主张合同无效的，人民法院不予支持。

【考点】无权处分

（7）丁有权拒绝戊交出挖掘机的请求。根据规定，丁取得挖掘机的所有权，戊只能要求甲承担违约责任，无权要求丁交出挖掘机。出卖人因未取得所有权或者处分权致使标的物所有权不能转移，买受人要求出卖人承担违约责任或者要求解除合同并主张损害赔偿的，人民法院应予支持。

【考点】物权行为的特点

3.【答案】

（1）构成内幕信息。根据规定，公司分配股利或者增资的计划属于内幕信息。

【考点】内幕信息的认定

（2）构成内幕交易。因为李某于1月25日向赵某提出"高送转"利润分配动议，赵某属于内幕信息知情人，而内幕信息知情人在内幕信息敏感期内泄露信息的，构成内幕交易行为。

【考点】内幕信息的认定

（3）福明公司的做法符合公司法律制度的规定。根据规定，公司为了实现增加资本的目的，可以将公积金的一部分转为资本。

【考点】公积金

（4）不符合证券法律制度的规定。根据规定，董事会就发行新股形成相关决议构成重大事件，上市公司应当在董事会形成决议的2个交易日内履行重大事件的信息披露义务。在本题中，董事会于2月26日（星期一）形成决议，至3月1日（星期四）已经超过2个交易日。

【考点】重大事件的披露

（5）孙某的抗辩不成立。根据规定，影响内幕信息形成的动议、筹划、决策或者执行人员，其动议、筹划、决策或者执行初始时间，应当认定为内幕信息的形成之时。

【考点】内幕信息的认定

（6）程某的行为构成内幕交易。根据规定，内幕信息知情人员的近亲属，在内幕信息敏感期内，明示他人从事与该内幕信息有关的证券、期货交易，相关交易行为明显异常，且无正当理由或者正当信息来源的，构成内幕交易。

【考点】内幕交易行为的认定

（7）王某的抗辩理由不成立。根据规定，"持有或通过协议、其他安排与他人共同持有上市公司5%以上股份的自然人、法人或者其他组织收购该上市公司股份，不构成内幕交易"要求主体为已持有上市公司5%以上股份的自然人、法人或其他组织。

【考点】内幕交易行为的认定

4.【答案】

（1）甲银行拒绝向F公司付款的理由不成立。根据规定，承兑人不得以其与出票人之间的资金关系来对抗持票人，拒绝支付汇票金额。

【考点】汇票的承兑

（2）A公司的理由不成立。根据规定，票据债务人不得以自己与持票人的前手之间的抗辩事由对抗持票人，但持票人明知存在抗辩事由而取得票据的除外。

【考点】票据抗辩

（3）D公司的背书有效。根据规定，背书时附有条件的，所附条件不具有汇票上的效力，即不影响背书行为本身的效力。

【考点】汇票的背书

（4）C公司不应承担票据责任。根据规定，C公司并未在票据上签章，并非票据债务人，不承担票据责任。

【考点】票据责任

2020年注册会计师全国统一考试《经济法》试卷

一、单项选择题

1.【答案】B

【解析】金融企业经批准进行改组改制、拟在境内或者境外上市、以非货币性资产与外商合资经营或者合作经营的经济行为，涉及资产评估的，资产评估项目实行核准。中央金融企业资产评估项目报财政部核准。地方金融企业资产评估项目报本级财政部门核准。

【考点】核准制与备案制

2.【答案】D

【解析】（1）选项A：经常项目外汇收入实行意愿结汇制（而非强制结汇制）；（2）选项B：经常项目包括贸易收支、服务收支、收益（包括职工报酬和利息、红利等投资收益）和经常转移；（3）选项C：经常项目外汇支出凭有效单证，无须审批。

【考点】经常项目

3.【答案】A

【解析】（1）选项B：要约以对话方式作出的，应当即时作出承诺，但当事人另有约定的除外；（2）选项C：受要约人超过承诺期限发出承诺的，为迟延承诺，除要约人及时通知受要约人该承诺有效以外，迟延承诺应视为新要约；（3）选项D：承诺的内容应与要约的内容一致，受要约人对要约的内容作出实质性变更的，视为新要约，受要约人对要约的内容作出非实质性变更的（除要约人及时表示反对或者要约表明承诺不得对要约的内容作出任何变更外），该承诺有效，合同的内容以承诺的内容为准。

【考点】承诺

4. 【答案】A

【解析】（1）相较于"外资三法"，《外商投资法》的特色与创新主要体现在四个方面，即从企业组织法转型为投资行为法（选项B错误），更加强调对外商投资的促进和保护（选项D错误），全面落实内外资一视同仁的国民待遇原则，以及更加周延地覆盖外商投资实践。（2）根据对间接投资通常的几种理解，《外商投资法》及其实施条例至少提供了将资本市场投资、协议控制模式投资、外商投资企业在中国境内再投资等涵盖在内的可能性。

【考点】外商投资法律制度

5. 【答案】A

【解析】（1）选项B：有限合伙人不执行合伙事务，不得对外代表有限合伙企业；（2）选项C：合伙事务执行人若因自己的过错造成合伙企业财产损失的，应向合伙企业或其他合伙人负赔偿责任；（3）选项D：执行事务合伙人可以就执行事务的劳动付出，要求企业支付劳动报酬。

【考点】合伙企业的事务执行

6. 【答案】C

【解析】有限责任公司的股东未履行出资义务或者抽逃全部出资，经公司催告，在合理期间内仍未缴纳或者返还出资，公司以股东会决议解除该股东的股东资格，该股东请求确认该解除行为无效的，人民法院不予支持。

【考点】股东违反出资义务的责任

7. 【答案】A

【解析】票据上的主债务人，是指本票出票人、汇票承兑人。之所以将其称为主债务人，是因为最后持票人应当首先对其请求付款（支票的出票人并非付款请求权的对象），并且在追索关系中，其为最终的偿还义务人（支票的付款人不被列为追索对象），不再享有再追索权。

【考点】汇票的承兑

8. 【答案】B

【解析】限制性条件包括如下几类：（1）剥离有形资产、知识产权等无形资产或者相关权益等结构性条件；（2）开放其网络或者平台等基础设施、许可关键技术（包括专利、专有技术或者其他知识产权）、终止排他性协议等行为性条件；（3）结构性条件和行为性条件相结合的综合性条件。

【考点】经营者集中附加限制性条件批准制度

9. 【答案】D

【解析】地方企业实施的中方投资额3亿美元以下境外投资项目，由投资主体注册地的省级政府发展改革部门备案。

【考点】对外直接投资法律制度

10. 【答案】C

【解析】（1）选项A：负担行为是使一方（义务人）相对于他方（权利人）承担一定给付义务的法律行为，这种给付义务既可以是作为的，也可以是不作为的；（2）选项B：处分行为是直接导致权利发生变动的法律行为；（3）选项D：负担行为中的权利人可以享有履行请求权。

【考点】民事法律行为的分类

11.【答案】A

【解析】合伙企业的财产在支付清算费用后，清偿顺序依次为：（1）支付职工工资、社会保险费用和法定补偿金；（2）缴纳所欠税款；（3）清偿债务。

【考点】合伙企业的解散与清算

12.【答案】C

【解析】根据中国证监会《创业板首发管理办法》的规定，公司在创业板首次公开发行股票，发行后股本总额不少于3 000万元。

【考点】在创业板上市的公司首次公开发行股票的条件

13.【答案】A

【解析】（1）选项ABC：法人的权利能力从法人成立时产生，其行为能力伴随着权利能力的产生而产生；法人终止时，其权利能力和行为能力同时消灭。（2）选项D：法人的行为能力通过其法定代表人或其他代理人来实现。

【考点】权利能力和行为能力

14.【答案】C

【解析】禁止任何人以下列手段操纵证券市场，影响或者意图影响证券交易价格或者证券交易量：（1）单独或者通过合谋，集中资金优势、持股优势或者利用信息优势联合或者连续买卖；（2）与他人串通，以事先约定的时间、价格和方式相互进行证券交易；（3）在自己实际控制的账户之间进行证券交易；（4）不以成交为目的，频繁或者大量申报并撤销申报；（5）利用虚假或者不确定的重大信息，诱导投资者进行证券交易；（6）对证券、发行人公开作出评价、预测或者投资建议，并进行反向证券交易（选项C正确）；（7）利用在其他相关市场的活动操纵证券市场；（8）操纵证券市场的其他手段。

【考点】操纵证券市场行为

15.【答案】D

【解析】（1）选项ABC：登记对抗；（2）选项D：建设用地使用权自登记时设立。

【考点】基于法律行为的物权变动

16.【答案】A

【考点】法的特征

17.【答案】D

【解析】在垄断民事纠纷案件中，被诉垄断行为属于《反垄断法》禁止的横向垄断协议的，被告应对该协议不具有排除、限制竞争效果承担举证责任，即横向垄断协议的排除、限制竞争效果的举证责任倒置（由被告承担举证责任）。司法解释未对纵向垄断协议的举证责任作出规定。因此，纵向垄断协议排除、限制竞争效果的证明仍应按"谁主张，谁举证"的原则，由原告承担举证责任。

【考点】《反垄断法》禁止的纵向垄断协议

18.【答案】B

【解析】一审法庭辩论终结前，其他股东基于同一分配方案请求分配利润并申请参加诉讼的，应当列为共同原告。

【考点】表决权、分红权与增资优先认缴权

19.【答案】B

【解析】（1）选项A：受赠人有下列情形之一的，赠与人可以撤销赠与：①严重侵害赠与人或者赠与人近亲属的合法权益；②对赠与人有扶养义务而不履行；③不履行赠与合同约定的义务。（2）选项

B：受赠人有忘恩行为时，无论赠与财产的权利是否转移，赠与是否具有救灾、扶贫等社会公益、道德义务性质或者经过公证，赠与人或者赠与人的继承人、法定代理人可以撤销该赠与。（3）选项 C：赠与人本人的撤销权，自知道或者应当知道撤销原因之日起 1 年内行使。（4）选项 D：赠与人的继承人或者法定代理人的撤销权，自知道或者应当知道撤销原因之日起 6 个月内行使。

【考点】赠与合同

20.【答案】D

【解析】国有独资公司、国有企业、上市公司及公益性的事业单位、社会团体不得成为普通合伙人，但可以成为有限合伙人。

【考点】普通合伙企业的设立

21.【答案】C

【解析】年度报告应当在每一会计年度结束之日起 4 个月内编制完成并披露。

【考点】定期报告

22.【答案】C

【解析】资本公积金不得用于弥补公司的亏损。

【考点】公积金

23.【答案】B

【解析】（1）选项 A：法律事实分为事件与行为，其中行为分为法律行为与事实行为；（2）选项 BD：民事法律行为以意思表示为要素，以设立、变更或终止权利义务为目的；（3）选项 C：事实行为的法律后果通常由法律直接规定，常见的事实行为有创作行为、侵权行为、拾得遗失物、建筑房屋等。

【考点】法律事实，民事法律行为的分类

24.【答案】A

【解析】合伙人有下列情形之一的，当然退伙：（1）作为合伙人的自然人死亡或者被依法宣告死亡；（2）个人丧失偿债能力（选项 A 正确）；（3）作为合伙人的法人或者其他组织依法被吊销营业执照、责令关闭、撤销，或者被宣告破产；（4）法律规定或者合伙协议约定合伙人必须具有相关资格而丧失该资格；（5）合伙人在合伙企业中的全部财产份额被人民法院强制执行。

【考点】退伙

二、多项选择题

1.【答案】ABCD

【解析】反垄断执法机构调查涉嫌垄断行为，可以采取下列措施：（1）进入被调查的经营者的营业场所或者其他有关场所进行检查（选项 B）；（2）询问被调查的经营者、利害关系人或者其他有关单位或者个人，要求其说明有关情况（选项 C）；（3）查阅、复制被调查的经营者、利害关系人或者其他有关单位或者个人的有关单证、协议、会计账簿、业务函电、电子数据等文件和资料（选项 A）；（4）查封、扣押相关证据（选项 D）；（5）查询（不包括冻结）经营者的银行账户。

【考点】反垄断调查

2.【答案】ABCD

【解析】（1）选项 ABC：境内机构可以使用自有外汇资金、符合规定的国内外汇贷款、人民币购汇或者实物、无形资产及经外汇局核准的其他外汇资产来源等进行境外直接投资；（2）选项 D：境内机构境外直接投资所得利润也可留存境外用于其境外直接投资。

【考点】直接投资项下的外汇管理

3. 【答案】ABCD

【解析】除合伙协议另有约定外，合伙企业的下列事项应当经全体合伙人一致同意：（1）改变合伙企业的名称（选项B）；（2）改变合伙企业的经营范围、主要经营场所的地点（选项AC）；（3）处分合伙企业的不动产；（4）转让或者处分合伙企业的知识产权和其他财产权利；（5）以合伙企业名义为他人提供担保；（6）聘任合伙人以外的人担任合伙企业的经营管理人员（选项D）。

【考点】合伙企业的事务执行

4. 【答案】ACD

【解析】选项B：国家对外国投资者的投资原则上不实行征收。

【考点】投资保护

5. 【答案】CD

【解析】（1）选项A：有限责任公司新增资本时，股东有权优先按照实缴的出资比例认缴出资。但是，全体股东可以事先约定不按照出资比例优先认缴出资。（2）选项B：有限责任公司股东的优先认缴权是法定权利，认购数额以其实缴出资比例为准，除非全体股东约定其他认购比例。（3）选项C：股东可以放弃行使自己的增资优先认缴权，其放弃的认缴份额并不当然成为其他股东行使增资优先认缴权的对象。（4）选项D：增资优先认缴权可以在公司原股东之间自由转让，但不得转让给股东以外的人。

【考点】表决权、分红权与增资优先认缴权

6. 【答案】ABD

【解析】（1）选项ABC：在中华人民共和国境内，股票、公司债券、存托凭证和国务院依法认定的其他证券的发行与交易，适用《证券法》；（2）选项D：政府债券、证券投资基金份额不完全是《证券法》中的证券，只有当其在证券交易所上市交易时，才适用《证券法》。

【考点】《证券法》的适用范围

7. 【答案】BCD

【解析】选项BCD：属于占有产权登记的内容。

【考点】企业国有资产产权登记的内容

8. 【答案】ABCD

【解析】《反垄断法》适用的主体和行为：（1）以经营者为主体的垄断行为；（2）行业协会参与的垄断行为；（3）滥用行政权力排除、限制竞争行为，在理论上通常被称为"行政垄断行为"。《反垄断法》第八条规定："行政机关和法律、法规授权的具有管理公共事务职能的组织不得滥用行政权力，排除、限制竞争。"

【考点】《反垄断法》的适用范围

9. 【答案】ABCD

【解析】《票据法》规定了汇票到期日的四种记载方式，分别是：见票即付；定日付款；出票后定期付款；见票后定期付款。

【考点】汇票的出票

10. 【答案】ACD

【解析】添附是附合、混合与加工的总称。

【考点】添附

11. 【答案】ABC

【解析】合伙协议未约定合伙期限的，合伙人在不给合伙企业事务执行造成不利影响的情况下，可以退伙，但应当提前30日通知其他合伙人。

【考点】退伙

12.【答案】ABCD

【解析】主动退市可以采取三种模式：一是上市公司向证券交易所主动提出申请；二是由上市公司、上市公司股东或者其他收购人通过向所有股东发出收购全部股份或者部分股份的要约，导致公司股本总额、股权分布等发生变化不再具备上市条件；三是上市公司因新设或者吸收合并，不再具有独立主体资格并被注销，或者上市公司股东大会决议解散。

【考点】股票上市与退市

13.【答案】ABD

【解析】在诸种社会规范中，道德规范虽不同于法律规范，但又与法律规范联系最为密切。从法律与道德的关系来看，一方面，法律意识与道德观念紧密联系、相互重叠，法律规范与道德规范的调整范围相互交叉、相互包容。另一方面，法律与道德也存在区别。法律属于社会制度的范畴，道德属于社会意识形态的范畴；法律规范的主要内容是权利与义务，并且强调两者之间的平衡，道德则强调对他人、对社会集体履行义务，承担责任；法律规范是由国家强制力保证实施的，而道德规范则主要依靠社会舆论、人的内心信念、宣传教育等手段实现。

【考点】法的概念与特征

14.【答案】ABD

【解析】合同的担保方式一般有五种，即保证、抵押、质押、留置和定金。其中，保证、抵押、质押和定金，都是依据当事人的合同而设立，称为约定担保。留置则是直接依据法律的规定而设立，无须当事人之间特别约定，称为法定担保。

【考点】担保方式

三、案例分析题

1.【答案】

（1）张某有资格向人民法院提出重整申请。（1分）根据企业破产法律制度的规定，债权人申请对债务人进行破产清算的，在人民法院受理破产申请后、宣告债务人破产前，债务人或者出资额占债务人注册资本1/10以上的出资人，可以向人民法院申请重整。（1分）

（2）重整计划草案通过了出资人组的表决。（1分）根据企业破产法律制度的规定，出资人组对重整计划草案中涉及出资人权益调整事项的表决，经参与表决的出资人所持表决权2/3以上通过的，即为该组通过重整计划草案。参加表决股东的合计出资比例为60%，其中投赞成票的股东的合计出资比例为45%，超过了法定比例。（1分）

（3）重整期间，丙银行不能就甲公司抵押的设备实现抵押权。（1分）根据企业破产法律制度的规定，重整期间，为了不因以担保财产清偿执行而影响债务人生产经营，原则上对债务人的特定财产享有的担保权暂停行使。（1分）

（4）乙会计师事务所关于"人民法院已批准甲公司自行管理财产和营业事务，因此管理人不再负有义务"的观点不正确。（1分）根据企业破产法律制度的规定，经人民法院批准由债务人自行管理财产和营业事务的，管理人应当对债务人的自行管理行为进行监督。（1分）

（5）债权人可以向人民法院提出申请，作出终止债务人自行管理的决定。（1分）根据企业破产法律制度的规定，甲公司擅自转移财产属于严重损害债权人利益的行为，管理人应当申请人民法院作出

终止债务人自行管理的决定。但是，由于管理人怠于履行其监督义务，债权人可以直接向人民法院提出申请。（1分）

2.【答案】

（1）C公司未取得票据权利。（1分）C公司与项某合谋，伪造的背书行为无效，故不能取得票据权利。（1.5分，答出"伪造无效""明知伪造"等关键词均可得分）

（2）D公司取得票据权利。（1分）虽然C公司并非票据权利人，但D公司善意且无重大过失，并且支付了相应对价，故取得票据权利。（1.5分，答出"善意取得"即可得分）

（3）B公司不应承担票据责任。（1分）由于B公司的签章系项某伪造，B公司并未在汇票上签章，因此不是票据义务人，不应承担票据责任。（1.5分）

（4）C公司应当承担票据责任。（1分）票据伪造行为虽为无效行为，但C公司的签章是真实的，该真实签章的效力不受伪造行为影响。（1.5分）

3.【答案】

（1）甲公司与乙医院的买卖合同于2017年7月7日成立。（1分）根据合同法律制度的规定，2017年7月6日乙公司向甲公司发出的传真，改变了价款等内容，构成对要约内容的实质性变更，属于新要约，甲公司次日的回复构成对此新要约的承诺。（1分）

（2）乙医院无权就外观有轻微划痕的呼吸机主张部分解除合同，（0.5分）但有权就严重变形无法正常使用的呼吸机主张部分解除合同。（0.5分）根据合同法律制度的规定，因标的物不符合质量要求，致使不能实现合同目的，买受人可以解除合同。外观轻微划痕不影响合同目的，不构成解除事由。（1分）标的物为数物，其中一物不符合约定的，买受人可以就该物解除合同，因此，就严重变形无法正常使用的呼吸机，乙公司有权部分解除合同。（1分）

（3）甲公司无权要求丙公司赔偿被洪水冲走的呼吸机。（1分）根据合同法律制度的规定，承运人对运输过程中货物的毁损、灭失承担赔偿责任。但是，承运人证明货物的毁损、灭失是因不可抗力等造成的，不承担赔偿责任。（1.5分）在本题中，山洪暴发构成不可抗力，呼吸机被洪水冲走，承运人丙公司不承担赔偿责任。

（4）甲公司有权要求乙医院支付被洪水冲走呼吸机的价款。（1分）根据合同法律制度的规定，当事人没有约定交付地点或者约定不明确，（0.5分）标的物需要运输的，出卖人将标的物交付给第一承运人后，标的物毁损、灭失的风险由买受人承担。（1分）呼吸机被山洪冲走构成标的物灭失的风险，应由买受人承担，故乙医院有义务支付该呼吸机的价款。

（5）乙医院无权要求甲公司同时支付违约金5万元和双倍返还定金10万元。（1分）根据合同法律制度的规定，在同一合同中，当事人既约定违约金，又约定定金的，在一方违约时，当事人只能选择适用违约金条款或者定金条款，不能同时要求适用两个条款，（1.5分）故乙医院只能在违约金条款与定金条款中择一适用。

（6）甲公司通知丁公司直接向乙医院交付呼吸机，构成甲公司向乙医院的交付。（1分）根据物权法律制度的规定，动产物权设定和转让前，第三人依法占有该动产的，负有交付义务的人可以通过转让请求第三人返还原物的权利代替交付。（1分，或答"甲公司构成指示交付"）

（7）乙医院有权要求甲公司就2019年12月5日发现的呼吸机质量瑕疵进行赔偿。（1分）根据合同法律制度的规定，出卖人交付的标的物不符合质量要求的，买受人可以依法要求其承担违约责任。（0.5分）但买受人收到标的物应当及时检验并通知出卖人，买受人在合理期限内未通知或者自收到标的物之日起2年内未通知出卖人的，视为标的物的质量符合约定，但对标的物有质量保证期的，适用质量保证期,不适用该2年的规定。(1分)乙医院就该质量瑕疵通知甲公司时虽然已经超过2年,但因双方约定的质量保证期为5年,乙医院在质量保证期内通知甲公司,有权主张甲公司损害赔偿。

4.【答案】

(1) 甲公司6月18日的公告构成信息披露违法行为中的虚假记载(0.5分)和误导性陈述(0.5分)。信息披露义务人在信息披露文件中对所披露内容进行不真实记载,应当认定构成所披露的信息有虚假记载的信息披露违法行为。(0.5分)信息披露义务人在信息披露文件中或者通过其他信息发布渠道、载体,作出不完整、不准确陈述,致使或者可能致使投资者对其投资行为发生错误判断的,应当认定构成所披露的信息有误导性陈述的信息披露违法行为。(0.5分)

(2) 甲公司董事长关于"公司董事和高管不应该作为共同被告"的主张不成立。(1分)根据证券法律制度的规定,信息披露义务人虚假陈述致使投资者在证券交易中遭受损失的,信息披露义务人应当承担赔偿责任,发行人的控股股东、实际控制人、董事、监事、高级管理人员和其他直接责任人员以及保荐人、承销的证券公司及其直接责任人员,应当与发行人承担连带赔偿责任,(1分)但是能够证明自己没有过错的除外。(1分)(或答"信息披露义务人的董事、高管与信息披露义务人针对虚假陈述民事赔偿责任承担连带责任,除非能证明自己没有过错")

(3) 李某关于"虚假陈述实施日为2019年6月5日"的主张不成立。(1分)虚假陈述实施日是指信息披露的公布日,即信息披露义务人在指定信息披露媒体发布虚假陈述文件的日期。在本题中,信息披露义务人是甲公司,甲公司于6月18日发布重大合同公告,该日即为甲公司实施虚假陈述的日期。(1分)

(4) 人民法院将2019年6月19日认定为虚假陈述揭露日,符合证券法律制度的规定。(1分)虚假陈述被揭露的意义在于其对证券市场发出了一个警示信号,提醒投资者重新判断股票价值,进而对市场价格产生影响。市场在2019年6月19日对农业农村部的公告有明显反应,6月19日被认定为虚假陈述揭露日符合法律规定。(1分)(或答"2019年6月19日农业农村部的公告起到了揭露或澄清的效果"即可得分)

(5) 人民法院认可投资者赵某的原告资格,符合证券法律制度的规定。(1分)虚假陈述民事赔偿诉讼的原告投资者应该在虚假陈述实施日及以后,至揭露日或者更正日之前买入该证券,并在虚假陈述揭露日或者更正日以后,因卖出该证券发生亏损,或者因持续持有该证券而产生亏损。(1分)在本题中,虚假陈述实施日是2019年6月18日,赵某于当日买入后一直持有,(1分)符合原告资格。

(6) 甲公司董事和高管的行为构成操纵市场。(1分)《证券法》规定:"禁止任何人以下列手段操纵证券市场,影响或者意图影响证券交易价格或者证券交易量……利用虚假或者不确定的重大信息,诱导投资者进行证券交易。"(1分)在本题中,甲公司董事和高管授意袁某发布虚假信息,误导市场,致使6月18日当日股票涨停,影响了证券交易价格,该行为构成《证券法》规定的操纵市场。(1分)(或答"当日交易量显著增多,影响了证券交易量,构成《证券法》的操纵市场")

(7) 袁某关于"他不是信息披露义务人""没有义务核实信息的真实性"的辩解不成立。(1分)《证券法》规定,禁止任何单位和个人编造、传播虚假信息或者误导性信息,扰乱证券市场。即使不是信息披露义务人,也有义务在知道或者应当知道信息为虚假信息或者误导性信息时,不予传播。(2分)